曹溪宗史 고중세편

간 | 행 | 사

　대한불교조계종은 한국불교를 대표하는 종단으로서 청정 승풍과 수행 종단으로서의 면모를 내외에 잘 보여 주고 있습니다. 비록 우리 종단이 9세기경 선을 전해 온 도의국사(道義國師)를 종조(宗祖)로 모시고 있지만, 그 선의 뿌리를 굳게 내리게 한 삼국시대의 불교 또한 조계종의 종지(宗旨)와 종풍(宗風)을 싹 틔운 기름진 토양으로서의 역할을 다했다고 할 것입니다.

　대한불교조계종은 선을 표방하고 있으면서도 기타 교학과 수행을 배제하지 않고 섭수하여 세계 어느 나라에서도 찾아볼 수 없는 독특한 가풍과 문화를 형성해 왔습니다. 선 수행이 중심에 서 있으면서 화엄의 회통 정신을 배경으로 교학을 아우르고 있습니다. 이렇게 본 종단은 원융 가풍(圓融家風)에 서 있으면서도 그것이 무원칙한 혼합주의가 아니라 선을 중심으로 조화와 통일을 이루고 있는 것입니다.

　구산선문(九山禪門)의 태동에서부터 우리나라 선문은 선을 중심으로 하되 교를 배척하지 않았습니다. 예를 들어 중국 선원에는 불전(佛殿)이 없고 법당(法堂)만 있었으나 우리나라 구산선문의 선찰(禪刹)에는 불전도 갖추고 있었던 것입니다. 고려시대 보조 지눌(普照知訥)국사는 선을 중심으로 선교쌍수(禪敎雙修)의 수행 가풍을 내세워 조계종을 다시 한번 이 땅에 천명하여 발전시켰으며, 이후 고려 말 태고 보우(太古普愚)국사는 간화선 수행 가풍을 공고히 다지고 오교(五敎)를 널리 홍통(弘通)하고자 했습니다.

　조선시대에 들어 세종 조에 11개 종파가 선교 양종으로 정리되고 그마저도 없어지는 무종파시대를 맞이했지만 조계의 법맥만은 면면히 이어졌습니다. 청허 휴정(清虛休靜), 부휴 선수(浮休善修)의 양대 산맥에 의해 조선 불교가 선교의 융합의 정신을 견지하며 법맥을 계승하게 되었던 것입니다.

　근・현대로 접어들어 경허 성우(鏡虛惺牛), 용성 진종(龍城震鐘)에 의해 선풍이 진작되어 많은 선원이 열려 눈 푸른 납자를 배출해 왔으며, 교학 쪽에서도 기라성 같은 강사스님들이 출현하여 강맥을 이었습니다. 대중 포교와 문화 창달에도 사부

대중들의 일치된 정신으로 불교를 저변에 확산시키는 데 많은 기여를 하였습니다.

이러한 선과 교학, 그리고 문화와 사회 전반에 걸친 선각자들의 노력으로 일제강점기에 교단 통일운동을 억제하던 일제의 억압을 극복하고 1941년 조선불교조계종이 출현하였습니다. 그 이후 청정 승풍의 구현을 위한 정화운동의 소용돌이가 지나가고 1962년 통합종단 대한불교조계종이 출범하여 도제 양성, 역경, 포교의 3대 지표를 세우고 종단 발전을 위해 노력해 왔습니다. 그러나 잦은 분규로 발전을 향한 행보는 더딜 수밖에 없었습니다. 그래서 1994년 개혁종단이 출범하여 화합과 안정의 기조 속에서 교육, 포교, 문화, 사회 전반에 걸쳐서 조금씩 진일보하면서 오늘에 이르고 있습니다.

훌륭한 역사와 전통을 자랑하는 조계종이건만, 그 동안 우리 종단은 종단의 역사를 규명하고 그 뿌리와 역사를 확인하는 조계종사에 대한 책이 없었습니다. 다행히도 2001년 1월에 『조계종사, 근·현대 편』을 간행하여 근·현대 조계종의 역사를 정리하였지만, '고 중세 편'은 시일을 기다릴 수밖에 없었습니다. 이제야 『조계종사, 고·중세 편』을 간행하여 조계종사는 1,700여 년 한국불교의 역사를 간직하면서 우리 곁에 오게 되었습니다.

조계종 역사의 전 과정을 정리하여 조계종도로서의 정체성을 확립하고 또한 후세에 좋은 연구 자료를 남기고자 이렇게 책을 간행하게 되었습니다. 이 『조계종사』를 바탕으로 전 종도들의 가슴에 확고한 자긍심과 역사의식을 심어 주어 조계종의 앞날을 환히 밝히기를 기대합니다.

이 책이 간행되기까지 수고해 주신 연구진과 집필진에 감사드립니다. 그리고 관심과 격려를 아끼지 않은 종단의 어른 스님들에게도 감사의 마음을 올리며, 책의 편찬을 위해 많은 노력을 기울인 불학연구소 관계자에게도 격려의 말을 전합니다.

불기 2548년 4월

대한불교조계종 교육원장 靑 和

편 | 찬 | 사

　개혁종단 출범 10년째를 맞이하여 이렇게 『조계종사, 근·현대 편』에 이어 『조계종사, 고·중세 편』을 편찬하게 되어 기쁜 마음 금할 수 없습니다. 이로써 우리 종단은 고대로부터 현대에 이르는 조계종사 전반을 돌아볼 수 있게 되었으며 종단의 뿌리와 역사를 확인하는 정체성 확립에 또 하나의 뚜렷한 발자국을 남기게 되었습니다.

　종단의 사상과 역사에 대한 규명은 조계종도로서의 정체성을 정립하는 매우 중요한 일입니다. 그래서 승가대학(강원)의 교육 목표에 조계종지의 체득과 조계종사에 대한 올바른 이해를 두고 있으며, 동국대학교나 중앙승가대학에서도 조계종사를 정규 교과목으로 편성하여 이를 교육시키고 있는 것입니다. 비단 스님들을 육성하는 교육기관뿐만 아니라 조계종의 신도를 육성하는 신도 전문교육기관에도 종지와 종사에 대한 이해가 들어가 있습니다. 그러나 이렇게 조계종사의 교육을 중요시하면서도 정작 우리 종단에서는 이를 위한 교재 하나 변변히 갖추지 못했습니다. '조계종사'라는 교과목이 편성되어 있음에도 불구하고 종사가 제대로 정립되어 있지 않은 데다가 교재마저 없어서 이에 대한 교육은 부분적으로 끝날 수밖에 없었던 것이 현실이었습니다.

　이는 실로 1,700여 년 역사를 자랑하는 한국불교 대표 종단으로서 부끄러운 일이라 할 수 있습니다. 물론 그 동안 조계종의 역사와 정체성을 규명하기 위한 선학자들의 연구가 없었던 것은 아닙니다. 그분들 덕분에 조계종사에 대한 연구가 어느 정도 이루어져 본 『조계종사』를 편찬하는 데 많은 도움을 준 것은 사실입니다. 다만 선대의 연구가 부분적 고찰로 끝나거나 완결성을 짓지 못한 결과 미흡한 상태로 남아 있었던 것입니다.

　조계종의 역사는 한국불교의 역사와 궤적을 함께 합니다. 오랜 세월 동안 이 불연(佛緣) 깊은 대지에서는 많은 고승석덕이 출현하여 한국불교의 법등을 밝히면서 사상과 신앙, 그리고 전통문화의 창달에 앞장서 왔습니다. 그동안 조계종단은 이러한 역사와 문화의 원형을 찾고 선양하는 데 큰 힘을 기울이지 못한 것은 사실입니다. 다만 최근에 들어 불학연구소에서 『강원총람』, 『선원총람』, 『조계종사, 근·현대 편』, 『사진으로 본 통합종단 40년사』 등을 간행하여 이러한 작업에 일조를 해 왔을 따름입니다.

이번에 발간되는 『조계종사, 고·중세 편』은 『조계종사, 근·현대 편』에 이어 조계종의 역사를 종합적이고 체계적으로 검토하여 한국불교의 한 축을 정립하는 의미 있는 일이라 생각합니다. 특히 많은 부분 공백으로 남아 있는 한국불교사에서 조계종의 역사를 규명하는 작업은 불교사 연구의 심화를 기할 수 있는 계기가 될 것입니다.

『조계종사, 고·중세 편』을 편찬하는 과정에서 여러 가지 어려움을 겪었습니다. 도의국사(道義國師) 이전의 한국불교사에 대한 규명 문제라든가, 조계종 법통 정립과 중천조(重闡祖)로서의 위상 문제, 그리고 조계종과 여타 종단 및 교학과의 관계를 어떻게 다룰 것인가가 커다란 문제로 다가왔습니다. 그래서 이와 관련해서는 종헌(宗憲)에 기반을 두면서 종사를 서술하자는 원칙을 세워, 종헌에 입각하여 조계종의 종조(宗祖), 중흥조(重興祖)를 중심으로 '조계종사'를 살폈습니다. 아울러 한국불교사의 전체 관계 속에서 조계종의 위상을 찾으려고 노력했습니다.

그러나 연구 시간의 부족과 역사적 규명 작업의 미흡으로 내용에 다소 부족한 점이 있을 줄 압니다. 이런 점에 대해서는 추후 다시 검토하여 개정판을 낼 때 보완하도록 하겠습니다.

아무튼 어려운 조건에도 불구하고 지도위원을 맡아 주시고 지도와 편달을 아끼지 않은 전 교육원장 무비스님, 법산스님, 김상현 동국대 교수님께 감사의 말씀 올립니다. 그리고 이 책이 나오기까지 수고해 주신 조계종사 편찬위원회의 연구진과 집필진 여러분들께도 고마운 마음 전합니다. 아울러 이 책이 나오기까지 노심초사하며 교정과 편집은 물론 『조계종사』를 편찬하는 데 큰 힘을 기울인 연구과장의 노고를 깊이 치하하는 바입니다. 책을 펴내 준 조계종 출판사의 발전 또한 빕니다.

불기 2548년 4월
대한불교조계종 교육원 불학연구 소장

목 | 차

총설. 조계종사의 범주와 서술 내용

(1) 종조·중흥조와 법통 인식 ··· 11
(2) 시대 구분과 주요 서술 내용 ······································ 14
(3) 수행 및 신앙 전통 ··· 18

Ⅰ. 불교의 수용과 발전

1. 삼국시대의 불교 수용과 발전 ······································ 23
(1) 고구려 ··· 23
(2) 백제 ··· 29
(3) 신라 ··· 34
(4) 가야 ··· 39

2. 통일신라와 발해의 불교 ··· 44
(1) 교학의 융성 ·· 44
(2) 통일신라시대의 불교 신앙 ··· 53
(3) 발해의 불교 ·· 60

Ⅱ. 선의 전래와 조계종의 성립

1. 선의 전래 ··· 69
(1) 중국 선종의 형성과 발전 ·· 69

(2) 선의 전래 ··· 85
2. 종조 도의국사와 조계종의 성립 ························ 90
　(1) 도의국사의 생애와 사상 ······························ 90
　(2) 조계종의 성립 ·· 106
3. 구산선문의 형성과 전개 ································· 113
　(1) 구산선문 형성의 사회적 배경 ······················ 114
　(2) 각 산문의 형성 과정과 전개 모습 ················ 116
　(3) 구산선문의 선풍과 선사의 위상 ··················· 129

Ⅲ. 조계종의 발전과 사상적 특성

1. 고려 초기의 조계종 ·· 137
　(1) 고려 초기의 숭불 정책과 불교의 발전 ············ 137
　(2) 교학불교의 상황 ··· 144
　(3) 조계종의 발전과 새로운 선 사상의 도입 ········ 152
2. 고려 중기의 조계종 ·· 161
　(1) 천태종 개창과 조계종의 위기 ······················· 161
　(2) 새로운 선풍의 도입과 조계종 ······················· 166
3. 지눌과 선풍의 진작 ·· 177
　(1) 지눌과 수선사 ·· 177
　(2) 지눌의 선 사상 ··· 189
　(3) 중흥조로서의 위상 ······································ 207

4. 고려 후기의 조계종 ·· 210
   (1) 지눌 이후의 수선사 선풍 ·· 210
   (2) 일연의 활동과 사상 ··· 219
   (3) 몽산선풍의 수용 ··· 224

5. 보우와 선문의 통합 ·· 228
   (1) 보우국사의 생애와 임제선 수용 ······························· 228
   (2) 임제선의 수용과 정착 ·· 235
   (3) 보우의 선 사상과 중흥조로서의 위상 ······················· 243

6. 고려 말 선사들의 활동과 사상 ······································ 255
   (1) 선사들의 동향 ··· 255
   (2) 선사들의 생애와 사상 ·· 259

IV. 조계종의 시련과 극복

1. 조선 초기의 조계종 ·· 271
   (1) 태종·세종 대의 불교 탄압 ······································ 271
   (2) 선종으로의 전환 ·· 279
   (3) 조선 초 선사들의 활동과 사상 ································· 282

2. 조선 전기의 조계종 ·· 303
   (1) 연산군·중종 대의 시련 ·· 303
   (2) 명종 대의 부흥과 순교승 보우 ································ 312

3. 휴정과 불교 중흥 ·················· 323
   (1) 휴정의 생애와 승병 활동 ·················· 323
   (2) 휴정의 선 사상 ·················· 329
   (3) 중흥조로서의 위상 ·················· 337
4. 조선 중기의 조계종 ·················· 341
   (1) 승병의 활동과 불교계의 위상 변화 ·················· 341
   (2) 서산계·부휴계 문도와 그 활동 ·················· 346
   (3) 휴정 문도들의 법통 정비 ·················· 358
   (4) 수행 및 수학 체계의 정비와 의례 ·················· 364
5. 조선 후기의 조계종 ·················· 370
   (1) 영조의 불교 정책 ·················· 370
   (2) 정조의 불교 정책 ·················· 372
   (3) 선 논쟁의 전개와 의의 ·················· 377
   (4) 조선 말기 불교계의 변화 ·················· 387
   (5) 조선 말기 선사들의 활동과 사상 ·················· 392
   (6) 근대 불교로의 이행 ·················· 401

■ 찾아보기 ·················· 405

총 | 설
조계종사의 범주와 서술 내용

(1) 종조·중흥조와 법통 인식

『조계종사, 고·중세 편』을 간행하기 위해 편찬위원회에서는 여러 차례에 걸친 연구회의를 개최하였다. 조계종의 역사와 관련한 학계의 논의가 무척 다양한 현 상태에서 집필진의 공통된 사관과 일관된 서술 양식이 반드시 필요했기 때문이다. 이러한 회의와 토론 과정을 거치면서 편찬위원회에서는 몇 가지 서술 원칙과 방향을 정하게 되었다. 무엇보다 본 책자는 조계종단에서 공식적으로 간행하는 종사(宗史)의 성격을 지니고 있으므로 종헌(宗憲)의 내용을 준수한다는 기본 원칙을 정하였다. 특히 종사를 편찬함에 있어 종조·법통 등과 관련된 사항은 학문적 토론 대상이 될 수 없다는 사실을 인식하고 가급적 종헌의 범주 내에서 서술하기로 하였다. 물론 이러한 서술 태도에 대해 다소 작위적이라는 비판을 받을 수도 있을 것이다. 하지만 이들 내용은 다분히 종사의 관점을 반영한 결과이므로 이러한 어려움에 대한 독자들의 이해를 바란다. 그러면 먼저 현행 대한불교조계종 종헌 전문(前文)의 일부 내용을 옮겨 보도록 하겠다.

공유(恭惟)컨대 아(我) 종조 도의국사(道義國師)께서 조계의 정통법인(正統法印)을 사승(嗣承)하사 가지영역(迦智靈域)에서 종당(宗幢)을 게양(揭揚)하심으로부터 구산문이 열개(列開)하고 오교파(五敎派)가 병립하여 선풍교학(禪風敎學)이 근역(槿域)에 미만(彌漫)하였더니 여조(麗朝)의 쇠퇴와 함께 교세가 부진하려 할새 태고국사(太古國師)께서 제종(諸宗)을 포할(包轄)하사 조계의 단일종(單一宗)을 공칭(公稱)하시니 이는 아국(我國) 불교의 특색인지라 세계만방에 자랑할 만한 사실이어니와…(이하 생략)

종헌 전문은 조계종의 역사와 정통성을 천명한 내용으로 이루어져 있다. 이 가운데 위에서 소개한 부분은 도의(道義) – 태고 보우(太古普愚)로 이어지는 조계종의 연원을 밝힌 내용이다. 여기서는 먼저 "도의국사께서 조계의 정통법인을 사승하사"라는 표현이 주목된다. 이미 잘 알려져 있는 내용이지만 조계는 중국 선종 6조 혜능(慧能)을 가리키는 말이다. 그가 수행했던 조계산(曹溪山)을 줄여 '조계(曹溪)'라 하였으므로 조계는 혜능과 그의 법을 이어받은 남종선(南宗禪)을 상징하는 의미로 통용되었다. 따라서 도의가 조계의 정통법인을 사승하였다는 종헌 전문의 표현은 조계종이 혜능과 남종선에 역사적·사상적 근거를 두고 있다는 의미로 이해된다.

또한 종헌 전문에서는 도의에서 비롯한 조계종의 역사가 태고 보우에 이르러 공칭의 단계를 거치게 되었다고 밝히고 있다. 물론 조계종의 명칭이 역사 속에 등장하는 시기는 보우가 활동하던 시기보다 앞서고 있지만, 이러한 표현은 조계종 법통상에서의 중요성을 강조하기 위한 측면으로 이해할 필요가 있다. 즉, 조선 중기 이후 한국불교 선가(禪家)의 법통은 태고 보우 – 청허 휴정(淸虛休靜)을 적통으로 하고 있으며, 종헌 전문은 이러한 인식이 반영된 결과라는 것이다.

특히 최근 들어 조계종 법통에 대한 의구심을 다양하게 전개하는 경우를 볼 수 있다. 현 조계종단에서 인식하고 있는 법통이 서산 문도들에 재구성되고, 그 과정에서 다소간의 문제점이 발생하고 말았다는 사실은 이미 잘 알고 있는 일이다. 그러나 이것은 당시 조선 불교가 처해 있던 상황 속에서 어쩔 수 없이 발생하였던 일종의 고육책으로 이해할 필요가 있다. 서산 문도들이 조선 선가의 법통을 복원하고자 하였을 때 조선 초기 이후의 전법 관계는 전해지지 않았을 가능성이 매우 높다. 이러한 역사적 배경을 감안하지 않은 채 일방적으로 법통 자체를 무시하거나 왜곡하려는 듯한 일부의 인식은 시급히 시정되어야 할 것이다. 적어도 조선 초기까지의 조계종은 주요 산문별로 뚜렷한 법통 의식이 살아 있었다고 보아야 한다. 이 같은 의식은 창종 이래 조계종단을 지탱해 온 생명줄과도 같은 소중한 의미를 지닌다.

한편 위에서 소개한 종헌 전문의 내용과 함께 조계종 종헌 제1조의 내용도 조계종 법통과 관련하여 중요한 사실을 명기하고 있다.

> 본종(本宗)은 대한불교 조계종이라 칭한다. 본종은 신라 도의국사가 창수(創樹)한 가지산문에서 기원하여 고려 보조국사(普照國師)의 중천(重闡)을 거쳐 태고 보우국사의 제종포섭으로서 조계종이라 공칭하여 이후 그 종맥이 면면부절(綿綿不絶)한 것이다(『종헌』 제1조).

종헌 제1조의 내용은 종헌 전문과 다소 차이가 난다. 도의 – 태고 보우 사이의 역사에서 고려 보조국사의 '중천' 사실을 명기하고 있는 것이다. 보조 지눌(普照知訥)은 조계종 역사에서 결코 경시할 수 없는 고승이다. 한때는 지눌과 보우의 위상을 놓고 본질에서 벗어난 논쟁을 크게 벌인 적도 있지만, 현행 종헌은 이렇게 지눌을 '중천조'로, 보우를 '중흥조'로 각각 확정시켜 놓고 있음을 알 수 있다.[1] 비록 '중천조'와 '중흥조'라는 표현상의 차이는 있지만, 지눌과 보우는 조계종을 중흥시킨 중흥조로서의 위상을 함께 지니고 있는 것으로 보아도 무방할 것이다. 본 『조계종사』 역시 이러한 관점을 반영하여 지눌,

---

1) 종헌 제 6조에서는 보우를 '중흥조'로 표현하고 있는데, 그 내용은 다음과 같다.
"본종은 신라 헌덕왕 5년에 조계 혜능조사의 증법손 서당 지장선사에게서 심인을 받은 도의국사를 종조로 하고, 고려의 태고 보우국사를 중흥조로 하여 이하 청허와 부휴 양법맥을 계계승승한다."

보우, 그리고 조선시대 청허 휴정을 중흥조의 관점에서 중시하고자 하였음을 밝혀 둔다.

(2) 시대 구분과 주요 서술 내용

종조 도의를 기준으로 본다면 조계종은 적어도 1,200여 년에 이르는 유구한 역사를 간직하고 있다. 이러한 역사를 일목요연하게 정리할 수 있는 시대 구분 방법을 찾아내기는 결코 쉬운 일이 아니다. 편찬위원회에서는 시대 구분이 지녀야 할 보편성·객관성·타당성 등을 충분히 고려하여 '고·중세 편'과 '근·현대 편'으로 각각 나누어 종사 편찬을 진행하기로 하였다. 고대 – 중세 – 근대로 구분되는 시대 구분법은 이른바 '3시대 구분법'으로, 현재 역사학계에서 가장 널리 통용되고 있는 구분법이다. 물론 이 구분법은 서양 역사의 특성을 전제로 발전된 것이라는 점에서 여전히 적지 않은 문제점을 지니고 있다. 또한 불교 종파인 조계종의 역사를 구분하는 방법으로 '3시대 구분법'이 가장 적절한 것이라고 단언하기도 어렵다. 다만, 아직까지 이 구분법이 전 세계적으로 가장 유용하게 채택되고 있을 뿐 아니라 우리 역사 일반에서도 보편적으로 적용되고 있다는 사실을 충분히 감안하고자 하였다. 이렇게 해서 시도된 조계종사 시대 구분의 대강은 아래와 같다.

『조계종사, 고·중세 편』
  Ⅰ. 불교의 수용과 발전
  Ⅱ. 선의 전래와 조계종의 성립
  Ⅲ. 조계종의 발전과 사상적 특성
  Ⅳ. 조계종의 시련과 극복

『조계종사, 근·현대 편』
 Ⅰ. 근대 교단의 태동(1876~1910)
 Ⅱ. 민족불교의 시련과 극복(1910~1945)
 Ⅲ. 불교의 자주화와 교단 개혁(1945~1962)
 Ⅳ. 대한불교조계종의 성립과 발전(1962~1999)

 고·중세 편과 관련한 시대 구분에서는 먼저 조계종 성립 이전의 한국불교와 관련한 내용을 어떻게 포함시킬 것인가 하는 문제가 제기되었다. 사실 '한국불교사'와 '조계종사'를 구분하여 서술하는 일은 무척 어려운 과제에 속한다. 특히 조선시대 이후 현대에 이르기까지의 역사 속에서 조계종과 한국불교를 선명하게 분리하는 일은 그 자체가 불가능할 정도이다. 또한 현재적 관점의 조계종단과 역사 속의 조계종단을 구분하는 것도 결코 단순한 일이 아니다.[2] 좁은 의미에서 본다면 조계종사는 조계종이 성립되는 그 시점부터 서술되어야 할 것이다. 하지만 금번 종사의 편찬에서는 보다 순리적인 종사의 이해를 위해 조계종 성립 이전의 한국불교 역사를 함께 다루고자 하였다. 선이 들어오기 이전의 삼국시대나 통일신라시대의 불교를 선불교가 정착되기 위한

---

2) 한 예로 대각국사 의천에 대한 종사적 관점의 문제를 들 수 있다. 의천은 분명 한국불교사 전체에서 매우 중요한 위상을 지니고 있다. 그는 한국불교를 대표할 만한 고승으로서의 면모를 지니고 있을 뿐 아니라, 한국불교 발전을 위해서도 뚜렷한 공적을 남겼다. 하지만 의천의 천태종 개창으로 인해 고려 중기 조계종은 심대한 타격을 받은 바 있다. 비록 일시적이나마 이 시기 조계종은 교단 전체가 흔들릴 정도의 위기 상황을 맞이했던 것이다. 현대 조계종단의 위상으로 보았을 때, 의천은 분명 적극적으로 수용할 필요가 있는 역사 속의 고승이다. 하지만 고려 중기 역사 속의 의천은 조계종과 상당히 다른 입장에 서 있던 고승이었다. 조계종사의 편찬 과정에서 이 같은 점들을 어떻게 수용하고 서술해 갈 것인가 하는 문제에 대해 적지 않은 어려움을 겪어야 했다. 또한 현대 조계종단에 소속되어 있는 개별 사찰의 역사와 조계종 역사 사이에서 나타나는 역사적 괴리 현상을 과연 어떻게 서술할 것인가 하는 문제도 여전히 남게 된다. 이러한 문제점들에 대해서는 가급적 역사적 사실에 충실하되 조선 전기 이후처럼 불가피한 경우에만 나름대로의 해석적 방법을 도입하기로 하였다. 그 구체적인 서술 내용은 본문을 통해 확인할 수 있을 것이다.

전사(前史)로 간주한 것이다.

학계에서는 조계종의 정확한 성립 시기에 대해 매우 다양한 논의가 진행되어 오고 있다. 이러한 현상은 곧 조계종의 뚜렷한 성립 시기를 입증할 만한 사료적 근거가 불분명하다는 사실을 의미한다. 따라서 조계종의 성립 시기에 대한 서술은 자료 근거와 함께 나름대로의 종사관이 전제된 상태에서 진행될 필요가 있다. 현행 대한불교조계종 종헌에는 신라 말의 고승 도의를 종조로 한다는 내용이 전문에 명시되어 있다. 이것은 도의가 귀국하여(821년) 선법을 펴게 되는 9세기 초·중반을 기해서 조계종이 성립되었다고 보는 종사관의 표현이다. 물론 조계종이 단일 종단으로서 체계를 갖추기 시작하고, 그 체계 속에서 승려를 선발하는 등의 고유한 종단 업무가 가능했던 시기는 이보다 뒤에 해당할 것이다. 하지만 조계종의 연원이 나말여초의 구산선문에 있고, 그 구산선문 개조(開祖) 가운데 도의가 가장 먼저 선법을 전래한 것이 분명한 역사적 사실에 해당하므로 조계종의 역사를 도의에서부터 시작하는 것에 별다른 문제가 없을 듯하다.

조계종 성립 이후부터 고려 말까지의 시기는 조계종의 발전기로 설정하였다. 이 시기는 이른바 조계종의 정체성이 확립되어 가던 시기로 주목된다. 보조 지눌·태고 보우 등 조계종의 중흥조로 추앙되는 고승들이 이 시기에 집중적으로 활동하였다. 특히 현대 조계종단에서도 중심 수행으로 인정되고 있는 간화선 수행 전통이 이 시기에 확립되었다는 것은 매우 중요한 의의를 지닌다. 고려시대의 조계종은 가장 영향력 있는 종단으로서뿐 아니라, 교종 계통의 종단과는 다르게 사상적 발전을 크게 이룩한 종단으로서의 면모도 지니게 되었음을 드러내고자 하였다.

조선왕조 이후의 조계종은 종단 성립 이후 최대의 시련기를 겪게 되므로 '조계종의 시련과 극복'이라는 관점에서 이해하고자 하였다. 세종·태종 연간의 강력한 불교 탄압책으로 인해 1424년(세종 6) 이후 현대에 이르기까지 실질적인 조계종의 역사는 단절되고 만다. 이때의 탄압책 이후 조계종의 종명

대신 '선종'이라는 명칭이 남게 되었으며, 그나마 연산군·중종 대에 이르면 선종 종단마저 역사 속에서 자취를 감추게 되고 만다. 이러한 시기의 역사에 대한 조계종사 차원에서의 서술은 거의 불가능하다고 보아야 하겠지만, 여기서는 현재적 관점의 서술 태도를 취하기로 하였다. 특히 현대 조계종단의 법통 인식이 태고 보우·서산 휴정 및 부휴 선수(浮休善修)에 그 연원을 두고 있음을 고려할 때, 조선 전기 이후의 '선종시대' 혹은 '무종파시대(無宗派時代)'에 대한 서술 역시 폭넓은 의미의 조계종사에 포함된다는 점을 적극적으로 인식하고자 하였다. 비록 종명은 상실되고 말았지만, 오히려 이 시대를 살다 간 사부대중은 꺼져 가던 법등을 유지하고 그것을 되살려 놓기 위해 신명을 다했던 공로자들로 조계종사 속에 기록되어야 할 것이다.

근대 이후 조계종사는 개항기부터 설정하였다. 물론 개항기 이후 '조선불교조계종(朝鮮佛敎曹溪宗)'으로 조계종 명칭이 다시 역사 속에 부각되는 1941년까지는 조선 전기 이후와 동일한 관점에서 종사를 서술할 수밖에 없었다. 일제강점기 한국불교의 재건을 위해 힘썼던 선각자들은 한국불교 역사를 대표할 만한 종단의 명칭을 찾기 위해 많은 노력을 하였다. 그 결과 '임제종(臨濟宗)', '조선불교선교양종(朝鮮佛敎禪敎兩宗)' 등의 종명에 이어 조계종의 이름을 다시 내세우게 되었으며, 이와 함께 도의를 종조로 추앙하는 작업도 진행되었다. 물론 이후의 역사 전개 과정 속에서 종파 명칭이라든가 종조와 관련해 난항을 겪은 일도 있었다. 하지만 이러한 모습은 정화운동의 산물이라는 성격이 강하므로 우리는 오히려 일제강점기 교단에서 논의했던 내용들을 통해 조계종의 역사성과 정통성을 쉽게 찾을 수 있다. 정화운동을 계기로 조계종은 1962년 '대한불교조계종(大韓佛敎曹溪宗)'이라는 공식 이름으로 새롭게 출범하게 되었으며, 그 명칭이 오늘에 이르고 있다.

이렇듯 실로 오랜 역사를 거치면서 조계종은 한국불교 전체의 운명과 그 궤를 함께 해오고 있다. 종사의 편찬 과정에서 때로는 학문적인 접근으로는 도저히 해결하기 어려운 난제에 부딪히는 경우가 종종 발견된다. 하지만 조계종의 이름이 권력자들의 강압적인 수단에 의해 역사 속에서 사라졌다고 하더라도, 그 사라진 역사를 외면할 수 없는 것 또한 종사 편찬을 담당한 편찬자들의 몫이라고 여기게 되었다. 만약 무종파시대의 역사라고 해서, 또는 오늘날 조계종과는 그 명칭이 다른 선종시대의 역사라고 해서 조계종사의 서술에서 제외한다면, 그 시대를 살다 간 대중들의 수행과 신앙, 전법의 노력은 어디에서 평가할 수 있는 것인지 되묻지 않을 수 없다.

(3) 수행 및 신앙 전통

최근 들어 조계종단에서는 간화선을 중심으로 조계종의 제 수행법과 수행체계를 정립하고자 하는 연구가 진행되고 있으며 여기에 대한 여러 가지 논의가 제기되고 있다. 어떤 이는 조계종의 수행법이 너무 다양하기 때문에 일관된 수행을 하기가 어렵다고 하고, 또 어떤 이는 간화선 수행은 너무 어렵고 비현실적이라는 이야기를 하기도 한다. 그러나 이러한 문제는 이미 조계종의 유구한 역사 속에서 수많은 선지식들에 의해 증명된 내용에 불과하다. 먼저 조계종에서 수용하고 있는 참선, 간경, 염불 등의 다양한 수행법은 단지 오늘의 문제가 아니라 한국불교 전체의 역사 속에서 줄곧 취해 왔던 원융적 수행법이라는 사실을 인지할 필요가 있다. 조계종을 이끌어 온 종사들은 한결같이 배타적인 수행관을 보이지 않았다. 그들은 다만 어떻게 수행하느냐에 우선적인 관심을 보였을 뿐이다. 지눌은 "만일 이와 같이 선정과 지혜를 아울러서 온갖 행을 함께 닦으면, 어찌 이것을 헛되게 침묵만 지키는 어리석은 선이나 다만 문자만 찾는 미친 지혜에 견주겠는가?"(『권수정혜결사문』)라고 역설한 바 있다. 조계종은 분명 선을 종지로 하는 종파이지만, 오랜 역사 속에서 단지 선 수행만을 고집하는 수행 전통을 보이지는 않았던 것이다.

물론 고려 후기 간화선(看話禪) 수행이 정착된 이래 오늘까지 간화선법은 조계종단 내에서 최상승의 수행으로 자리하고 있다. 이에 대해서는 깨달음을 성취하기 위해 아직까지 이 이상의 수행법을 발견하지 못했다는 역사적 산물이라는 관점에서 이해할 필요가 있다. 수행에 대한 다양한 논의 자체를 부정할 필요는 없을 것이다. 다만 이러한 논의는 우리가 조계종의 역사를 소중히 인식하고, 그 역사 속에서 깨달음의 빛을 이어 온 종사들의 존재를 인정하는 인식하에 진행되어야 할 것이다.

구산선문의 정착 이래 조계종에서는 교선을 통합하는 수행 전통을 중시하여 왔으며 그 전통은 현대 조계종단에서도 그대로 유지되고 있다. 이미 낭혜무염(朗慧無染, 800~888)은 "마음이 몸의 주인이지만 몸은 마음의 스승이 되어야 한다. … 혹자는 말하기를 교와 선이 같지 않다고 하나, 나는 그런 종지를 보지 못했다. 말이란 본래 많은 것이니 내가 알 바 아니다. 대체로 같다고 해도 같은 것이 아니고, 다르다고 해도 다른 것이 아니다. 조용히 앉아서 생각을 쉬는 것이 수행자들이 취할 일이다"(「낭혜화상탑비」)라고 지적한 바 있다.

구산선문을 개창한 초기의 선사들은 대부분 화엄학 전공자들이었다. 그들은 한결같이 중국에서의 선법 전래 이후 선 수행의 중요성을 크게 부각시켜 나갔지만, 교학의 필요성을 부정하지는 않았다. 이후 보조 지눌·태고 보우·청허 휴정으로 이어지는 고승들의 사상 속에서도, 또한 경허 이후 조계종을 이끌어 온 고승들의 사상에서도 이와 같은 경향은 여실히 드러난다. 조계종의 종지는 선 중심 사상을 표방하고 있지만 그렇다고 해서 교를 배척하지 않는 '원융불교'로서의 특성을 오늘날까지 그대로 유지하고 있는 것이다. 이에 대해 종범스님의 다음과 같은 견해는 경청할 만하다. "한국불교에 있어서 선교 통합의 수행은 『화엄경』의 성최정각(成最正覺)·교화중생의 가르침을 이념으로 하는 교문(敎門) 수행과 『육조단경』의 돈오성불·즉시도탈(卽時度脫)의 법어를 신봉하는 선문(禪門) 수행을 겸수하는 것이다. 교문 수행은 보현행이고, 선문 수행은 무구행(無求行)이다. 보현행과 무구행을 동시에 닦는 것은 안으로는 무구행을 닦고 밖으로는 보현행을 닦는 것이다. 무구행으로 달마선법을 존중하고 보현행으로 대승교의를 신행한다. 이것이 '부종수교'(扶宗樹敎, 달마선의 종지를 부호하고 대승불교의 교의를 수립한다는 뜻으로 선교 통합의 조계종풍을 의미한다. 고려 말부터 오늘에 이르도록 고승들의 비명에 '조계종 … 부종수교'를 명기하였다)를 정체성으로 하는 한국불교의 특성이며 전통이다."

조계종의 원융적 수행 및 신앙 전통의 특성은 역대로 중시해 왔던 경전들을 통해서도 살펴볼 수 있다. 물론 조계종은 『금강경』과 전등법어(傳燈法語)를 소의경전으로 하고 있다(『종헌』 제3조). 지눌 역시 "사람에게 읽기를 권할 때는 언제나 『금강경』으로 법을 세우고, 이치를 연설할 때에는 반드시 『육조단경』을 썼으며, 이통현의 『화엄론』과 대혜의 어록으로 우익(羽翼)을 삼았었다"(「보조국사비」)라고 하여 『금강경』을 최우선으로 하였음을 알 수 있다. 하지만 지눌의 경우처럼 조계종의 역사에서 『금강경』과 역대 조사들의 법어만 중시되었던 것은 아니다. 『금강경』 못지않게 중시해 왔던 것이 『화엄경』과 『법화경』이며, 이들 두 경전은 특히 한국불교 전체의 신행 특성과도 깊은 연관성을 보이고 있다. 즉, 한국불교는 이미 삼국시대부터 당탑(堂塔) 배치, 존상(尊像) 봉안의 의범을 『법화경』 교의에 의해 행하고, 점안·예경 등의 의례는 화엄신앙으로 봉행하였음을 알 수 있다. 구산선문이 정착된 이후에도 한국의 선찰(禪刹)들은 이러한 전통을 대부분 따르고 있었다.

신앙적 측면에서만 본다면 조계종은 별도의 신앙 체계를 갖추고 있었다기보다 오히려 한국불교 전체의 신앙적 특성 속에 함께 자리하고 있었다고 보는 것이 더욱 타당해 보인다. 그리고 그 신앙의 중심에는 화엄신앙이 자리하고 있었다. 불교 전래 초기부터 보편화된 화엄신앙은 점진적으로 중요한 법풍을 형성하면서 화엄신앙으로의 통합을 이루었고, 이러한 화엄신앙의 통합이 '회통통합'·'원융통합'으로 대표되는 조계종과 한국불교의 신앙 특성을 유지해 왔다. 이상과 같은 조계종의 수행 및 신앙 전통에 대한 올바른 이해가 전제될 때 비로소 조계종도로서의 정체성을 확인할 수 있을 것이다.

Ⅰ. 불교의 수용과 발전

1. 삼국시대의 불교 수용과 발전
  (1) 고구려
  (2) 백제
  (3) 신라
  (4) 가야

2. 통일신라와 발해의 불교
  (1) 교학의 융성
  (2) 통일신라시대의 불교 신앙
  (3) 발해의 불교

불교의 수용과 발전

1. 삼국시대의 불교 수용과 발전

(1) 고구려

1) 불교의 수용

고구려가 중앙 집권적 귀족 국가의 체제를 갖추게 된 것은 제17대 소수림왕(小獸林王, 371~383) 때다. 소수림왕은 371년에 즉위했다. 백제의 기습으로 고국원왕이 전사한 위기 상황에서 왕위에 올랐고, 이러한 위기를 극복하기 위해서는 근본적인 체제 개혁이 필요했다. 소수림왕은 그에게 주어진 과제를 성공적으로 달성했다. 372년에 불교의 수용과 태학(太學)의 설립, 그리고 그 이듬해 율령(律令) 반포 등이 그것이다. 불교가 국가의 정신적 통일에 기여했다면, 율령의 반포는 국가 조직의 정비를 의미하는 것이다. 불교의 수용에 대해 『삼국사기』와 『삼국유사』에서는 다음과 같이 기록하고 있다.

372년(소수림왕 2)에 전진왕(前秦王) 부견(符堅)이 사신과 승려 순도(順道)를 시켜 불상과 경문(經文)을 보내 왔다. 이에 왕은 사신을 보내 답례하고 토산물을 바쳤다. 또 4년에는 아도(阿道)가 진(晋)나라에서 왔다. 이듬해 2월에는 초문사(肖門寺)를 지어서 그곳에 있게 하고, 또 이불란사(伊弗蘭寺)를 지어 아도를 머물게 하였다. 이것이 고구려 불법의 처음이다.

고구려의 불교 전래와 그 수용의 배경에는 국제 외교적인 문제가 있다. 환도성을 함락시키는 등 고구려에 압력을 가하던 전연(前燕, 360~370)은 모용위(慕容暐) 때 전진왕 부견에 의해 370년에 멸망되었다. 이때 고구려는 국내로 망명해 온 전연의 태전(太傳) 모용평(慕容評)을 붙잡아 부견에게 압송함으로써 호의를 표했다. 모용평은 40만 대군을 거느리고 부견과 싸우다가 참패한 주장(主將)이었다. 모용평의 압송은 모용복(慕容伏)의 옛 원한에 대한 보복인 동시에 파죽지세로 동남하는 전진의 세력을 외교적으로 무마하려는 저의도 없지 않았을 것이다. 북중국의 새로운 패자가 된 부견은 동남의 무시 못할 존재인 고구려에 대한 호의로 불교를 전해 주었던 것이다.

이처럼 고구려의 불교 전래는 국제 외교를 그 배경으로 하고 있다. 부견은 불교에 대한 열의가 남달랐고 국가 통치의 방편으로서 이를 보호하려 했다. 그는 10만의 대군을 이끌고 양양(襄陽)을 공격하고, 그곳에서 난을 피하고 있던 도안(道安, 312~385)을 모셔다가 자신의 측근에 두고 국정을 보좌하도록 했다. 부견이 여광(呂光)으로 하여금 군사 7만을 이끌고 쿠차(kucha)로 원정하여 무력으로 구마라집(鳩摩羅什, 344~413)을 초청한 것도 유명하다.

『삼국사기』에 의하면, 372년에 고구려에 불교가 처음으로 전해졌다고 하지만 이보다 앞서 고구려에 불교가 있었던 흔적이 있다. 동진(東晉)의 고승인 지도림(支道林, 314~366)이 고구려의 도인(道人)에게 글을 보냈다는 기록이 그것이다. 그 편지의 내용은 축법심(竺法深)의 높은 덕과 불교 홍통(弘通)의 공적을 찬양한 것이다. 지도림이 366년까지 생존했던 사실에 유의하면, 이 도인은 고구려에 불교가 공식적으로 전해진 372년 이전에 활약한 고승이 된다. 사문을 도인이라 칭한 것은 도교의 도사와 구별하기 위해서다. 이웃하고 있는 중국에 불교가 전래된 것이 1세기 중반이었던 점을 감안하면 고구려에도 372

년 이전에 불교를 접하고 있었을 가능성은 많다. 고구려 도인에게 글을 보냈다는 지도림과 또 그가 찬양했다는 축법심은 격의불교(格義佛敎)의 대표적 인물이었다. 격의불교는 노불습합(老佛習合)의 도가적 성격이 강한 것이다. 고구려의 초기 불교에는 이러한 격의불교의 영향이 적지 않았을 것이다.

한편 담시(曇始)가 동진(東秦)의 태원(379~396) 말년에 고구려에 불교를 처음 전했다는 기록도 있다. 즉, 『양고승전』에 의하면, 관중 사람인 석담시가 396년경에 경·율 수십 부를 가지고 요동에 와서 교화하여 삼승(三乘)의 교를 가르쳐서 삼귀오계(三歸五戒)의 법을 세웠다. 이것이 고구려에 불도를 알게 한 시초였다고 한다. 그리고 담시는 의희(義熙, 405~418) 초, 즉 405년경에 중국으로 돌아갔는데, 그는 진흙을 밟아도 발에 묻지 않고 언제나 깨끗했으므로 그를 백족화상(白足和尙)으로 불렀다는 것이다. 최치원 또한 「지증대사비」에서 담시가 처음으로 고구려에 불교를 전했다고 했다. 이러한 『양고승전』과 「지증대사비」의 기록에 주목하여, 고구려 불교의 초전을 396년 담시에 의해 이루어진 것으로 보는 주장도 없지 않다. 그러나 이러한 주장은, 일찍이 일연도 부정한 바 있듯이, 받아들이기 어렵다. 그래도 담시의 요동 교화는 사실일 것이다. 이 무렵 중국불교는 초기적인 격의불교에서 벗어나 불교 본연의 모습을 찾아가고 있었다. 그 대표적 인물이 도안이다. 도안이 확립한 새롭고 본격적인 불교가 담시에 의해 고구려에 전해진 것으로 이해된다.

고국양왕은 391년(고국양왕 8) 3월에 교시를 내려 불교를 믿어서 복을 구하라고 했다. 국왕이 모든 국민에게 불교를 믿도록 권했던 사실은 주목할 필요가 있다. 국왕은 국민들이 복되게 살기 위해서는 불교를 믿는 것이 좋다는 생각을 했던 것 같다. 이것을 고구려 불교의 구복적 성격으로 이해하는 경우도 있다. 그러나 불법은 복되게 살도록 하는 가르침이므로 이를 숭신(崇信)하여서 복을 얻도록 하라는 뜻으로 해석하는 경우도 있다. 여기서 구복(求福)은 수복(修福)을 의미하는 것이기 때문이다. 고구려로 왔던 순도는 인과로 교시하고 화복으로 설했다고 한다. 즉, 인과화복(因果禍福)의 설을 강조했던 것이고,

이 설은 기존 무속종교의 기복과는 다른 것이었다.

불교의 수용과 더불어 고구려 사람들의 인생관이나 종교관에는 커다란 변화가 있었다. 무속종교가 보이지 않는 신에게 의지하는 것이었다면 인과와 수복을 강조하는 불교는 스스로 자신의 업을 개척해 가야 한다고 가르치고 있었기 때문이다.

2) 사원과 불상과 신앙

초문사(肖門寺)와 이불란사(伊弗蘭寺)는 고구려 최초의 절이다. 그 후 392년(광개토왕 2)에 평양의 아홉 곳에 절을 창건했고, 498년(문자명왕 7)에 금강사를 창건했다. 또 반룡사, 영탑사, 백록원사 등의 절도 있었다. 북한에는 청암리사지, 정릉시지, 상오리사지, 원오리사지, 영명사, 안국사 등의 고구려 사지가 전한다고 한다. 원래의 금강사 절터로 추정되는 청암리사지 및 정릉사지는 중문, 탑, 금당, 강당, 동서 양전 등의 가람배치를 갖고 있고, 이는 전형적인 고구려 양식이다. 동명왕릉의 능사(陵寺)인 정릉사는 지금 복원되어 있다. 영탑사에는 8각 7층의 석탑이 있었고, 요동성에도 아육왕탑이 있었다.

7세기 중반경에 요동에 고구려의 불상이나 탑이 전하고 있었다. 불교 신앙의 유포에 따라 불상의 조성이 활발하게 이루어졌을 것임은 쉽게 짐작해 볼 수 있다. 5세기 중엽에 축조된 고구려 고분 벽화에 불상을 향해 예배하는 그림으로, 장천 1호분이 그것이다. 불상을 향해서 오체투지(五體投地)로 절하는 남녀의 모습에는 정성이 배어 있다. 보살상과 비천상 등 불교적 그림으로 채워져 있는 고분 벽화를 통해 불교 신앙이 고구려 사람들의 생활에 깊이 퍼져 있었음을 짐작할 수 있다. 무용총의 현실 후벽에는 두 사람의 출가자로부터 설법을 듣는 묘주(墓主)의 모습이 그려져 있다. 그리고 덕흥리 고분의 묵서에는 일곱 가지 보물을 모두 가진 전륜성왕과 관련된 구절이 보이고, 또 벽화 그림의 내용 등은 전륜성왕이 거처하는 성을 묘사한 것으로도 생각된다. 따라서 고구려의 지배 이념에 불교적 정치 이념인 전륜성왕 사상의 영향도 있었을 것 같다.

고구려에서 예배 대상으로 불상이 활발하게 조성되기 시작한 것은 6세기 무렵부터이다. 고구려 불상의 명문 중에는 현겁천불, 미륵존상, 석가상, 무량수상 등의 존명(尊名)이 보인다. 이로써 이들 존상들이 예배 대상이 되었음을 알 수 있다.

연가7년명 금동여래입상은 고구려가 평양으로 천도한 뒤 약 100년이 지난 539년에 만들어졌다고 하는데, 현재로서는 우리나라에서 제작 연대가 확실한 가장 오래된 불상이다. 광배 뒷면에는 동사(東寺)의 승려 40명이 공동으로 발원하여 천불(千佛) 조성의 공양불사를 행한 사례를 전하는 명문이 있다. 이로써 고구려에는 현겁천불 신앙이 있었음도 알 수 있다. 1946년 평양시 평천리에서 출토된 영강7년명 불상의 광배명문을 통해서 고구려에 미륵 신앙이 수용되어 있었음도 알 수 있다. 덕흥리 고분의 묵서 명문에 보이는 자연음식, 자연음악 등의 용어는 『무량수경』의 영향이고, 이 고분의 벽화 중에 보이는 수목은 아미타불국토를 묘사한 것이라는 해석도 있다. 고구려 유적인 호로고루성에서 가로 세로 각 4cm 크기의 금불동이 발견되었는데, 이는 몸에 모시고 다니는 호신불이었던 것 같다.

3) 고구려의 승려들

고구려의 대승상이었던 왕고덕(王高德)은 불법을 숭상하여 이를 두루 펴고자 했다. 이에 576년(평원왕 18)에 의연(義淵)을 북제에 파견해서 법상으로부터 불교 역사의 대강과 남도파 지론종의 학풍을 배워오게 했다고 한다. 475년(장수왕 21), 승려 도림(道琳)은 백제로 잠입하여 첩보 활동을 하기도 했다. 혜량(惠亮)은 고구려의 멸망이 멀지 않았음을 예견하고 신라로 망명하였다.

6세기 전반 고구려에서는 도교의 수입으로 인해 불교와 갈등이 생겼고, 이것은 고구려 멸망의 한 원인이 되기도 했다. 즉, 고구려 말기인 영류왕(618~642)과 보장왕(642~668) 때에는 사람들이 다투어 도교의 일파였던 오두미교(五斗米敎)를 신봉했다. 또 643년(보장왕 2)에는 당나라에 요청해서 숙달(叔

達) 등 6명의 도사가 오고, 불교의 사원을 빼앗아 도관을 삼아서 갈등이 생겨났다. 이 때문에 당시 고구려의 대표적인 고승 보덕(普德)은 도교를 믿게 되면 나라가 위태롭게 될 수도 있다는 것을 왕에게 여러 차례 간했다. 그러나 왕이 이를 듣지 않자 보덕은 650년(보장왕 9)에 남쪽 전주의 고달산으로 망명했다. 고구려 멸망 18년 전의 일이었다.

보덕은 『열반경』에 해박했고, 그의 문하에서 11명의 뛰어난 제자들이 배출되었을 정도로 유명한 고승이었다. 보덕이 남쪽의 백제 땅 전주로, 그리고 혜량이 신라로 각각 망명했던 점이나 고구려의 승려들이 국내에서보다도 해외에서 더 많은 활동을 보여 주고 있는 것에 주목할 필요가 있다. 고구려 국내 자료의 부족이 그 일차적 원인이겠지만 지배층의 전제주의적 무단정책과 도교의 숭상으로 인한 종교적인 갈등에도 그 원인은 있었다고 하겠다.

6세기 말에서 7세기 초에 걸쳐 고구려 승려들 중에는 수나라나 당나라로 구법 유학을 한 경우가 많았다. 고구려 요동 출신의 승랑(僧朗)은 5세기 후반에 중국으로 가서 승조(僧肇) 계통의 신삼론학(新三論學)을 연구하며, 공사상의 새로운 학문적 체계를 이룩했다. 581년경에 촉에 들어간 인법사(印法師)는 삼론(三論)을 강의했고, 수나라에서 삼론을 강의한 실법사(實法師)도 고구려 출신이다. 파야(波若)는 596년에 중국 천태산의 지자대사 지의(智顗)의 문하로 갔고, 스승의 가르침에 따라 천태산의 최고봉인 화정에서 16년 동안이나 천태교관(天台敎觀)을 닦고 신이(神異)가 많았다고 한다. 지황(智晃)은 설일체유부(說一切有部)에 능하여 이름을 날렸다.

최초로 일본으로 간 고구려 스님은 혜편(慧便)이다. 그는 584년 소아마자의 스승이 되었다. 혜편은 선신, 선장, 혜선 등에게 수계했는데, 이들은 일본 최초의 비구니가 되었다. 혜자(慧慈)는 595년(영양왕 6)에 일본으로 가 성덕태자(聖德太子)의 스승이 되어 그에게 불법을 가르쳤다. 담징(曇徵)은 학문에 능통할 뿐 아니라 그림과 글씨에도 능했다. 그는 610년에 법정(法定)과 함께 일본으로 갔다. 담징은 성덕태자의 환영을 받고 나라의 법륭사에 머물렀는데, 유명한 법륭사의 금당 벽화는 그가 그린 것이다. 애석하게도 이 벽화는 1948년 불에 타 없어졌다. 그는 일본에 채색과 종이와 먹과 맷돌과 연자방아의 제작법을 전했다. 도현(道顯)도 일본에 건너간 고구려 승려인데, 왕명으로 대안사에 살면서 불교를 가르쳤다. 그는 『일본서기』라는 역사서를 지었다고 한다.

추고조(推古朝, 593~627)에 고구려 승려로서 가장 큰 영향을 끼친 사람은 혜관(慧觀)이다. 일본 삼론종의 시조로서 존경을 받았던 그는 625년(영류왕 8)에 일본으로 건너가 원흥사에 머물렀다. 그 해 여름 크게 가물었는데, 왕명을 받고 기우제를 행하여 큰비가 내림에 승정으로 임명되기도 했다. 일본 승려 중에는 고구려로 구법 수학한 경우도 있었다. 일본승 혜사(慧師)와 도등(道登)도 고구려에서 구법 수학했고, 흥복사의 승려 행선(行善)도 고구려에 머물며 불교를 배워 718년에 돌아갔다.

(2) 백제

1) 백제 불교의 발전

백제는 한강 유역에 도읍하고 있던 4세기 후반에 이미 불교를 수용했지만 한성 시대와 웅진 시대의 불교에 관한 기록은 거의 없고 사비 시대인 성왕(聖王, 523~553) 이후의 기록이 약간 전할 뿐이다. 사비 시대라 할지라도 불교에 관한 기록이 적고 유적과 유물 또한 많지 않다. 전하는 기록이 적을 뿐, 백제에는 불교가 성했고, 당시 백제인의 생활은 불교 신앙에 깊이 뿌리박고 있었다. 서산마애불의 평화로운 미소나 백제대향로의 조형미 등으로도 백제인의 불교 신앙을 짐작해 볼 수 있다. "백제에는 승려와 사탑(寺塔)이 매우 많다"는 『주서(周書)』의 기록에서 이를 잘 확인할 수 있다.

『삼국사기』에는 백제의 불교 전래와 수용에 대하여 다음과 같은 기록이 있다.

384년(침류왕 원년) 9월에 호승(胡僧) 마라난타가 진나라에서 왔다. 왕은 그를 맞아 궁내(宮內)에 모시고 예배·공경하였다. 불법이 이로부터 시작되었다. 385년에 한산에 절을 창건하고 승려 10명을 출가시켰다. 아신왕은 392년(즉위 원년)에 불법을 숭신(崇信)하여 복을 구하라는 교를 내렸다.

『해동고승전』과 『삼국유사』에도 384년에 불교가 전래되었다는 같은 사실을 전하고 있다. 고구려에 불교가 전래된 10여 년 후에 백제에도 불교가 전해졌다는 것은 자연스럽다. 곧 한산에 절을 짓고 승려를 출가시켰다고 한다. 『일본서기』에 전하는 백제 승려 관륵(觀勒)의 표문(表文)에 의하여 백제의 불교 전래 시기가 452년이라고 주장하는 경우도 있지만 따르기 어려운 견해이다.

웅진 시대 백제 구법승의 발길은 중국은 물론이고 멀리 인도에까지 미치고 있었다. 발정(發正)은 천감 연간(502~519)에 양나라로 유학하여 30여 년 만에 귀국했다. 귀국 길에 월주 지방에서 관음도실(觀音堵室)을 찾아보기도 했는데, 그곳은 일찍이 두 사람의 수행자가 『화엄경』과 『법화경』을 독송했던 수행처였고, 관음 영험 설화가 전해지던 곳이다. 「미륵불광사사적(彌勒佛光寺事蹟)」에 의하면, 백제의 승려 겸익(謙益)은 526년(성왕 4)에 인도에서 범본(梵本) 5부율(律)을 가져와 28명의 승려와 함께 번역했다고 한다. 겸익을 따라온 인도의 배달다삼장(倍達多三藏)도 이 번역에 참여했다. 겸익의 인도 유학과 율부 번역은 백제 불교의 역량과 폭이 국제적인 것이었음을 알게 해 준다. 율부 72권의 번역이 끝나자 담욱(曇旭)과 혜인(惠仁)이 율소(律疏) 36권을 저술하기도 했다.

이처럼 백제에서 계율학이 발전하자, 588년(위덕왕 35)에는 일본의 선신니(善信尼) 등이 백제에 유학하여 3년 동안 계율을 배우기도 했다. 또 527년(대통 원년)에 양나라 황제를 위하여 웅천주에 대통사(大通寺)를 짓기도 했다. 이 절터는 공주시 반죽동에 전한다. 무녕왕릉에도 불교 신앙의 흔적을 찾아볼 수 있다. 무녕왕비는 불교 신자였고 정토에 왕생하기를 발원했음이 그 목침의 도상에 나타나는데, 이것은 북위 용문석굴의 것과 일치한다고 한다.
　성왕은 538년(성왕 16)에 사비로 천도하고 중흥의 기반을 다졌다. 성왕은 541년(성왕 19)에 양나라에 사신을 보내 『열반경』을 비롯한 여러 경의 주석서와 공장·화사 등을 청했는데 양나라에서는 이를 보내 주었다고 한다. 그리고 강남으로 유학 갔던 백제 승려가 길장(吉藏, 549~624)의 『열반경의기(涅槃經義記)』 등을 가지고 귀국했다는 기록도 보인다. 이로써 백제에서의 일체의 모든 중생이 다 같이 불성을 갖고 있음을 강조하는 『열반경』에 대한 관심과 이해가 적지 않았음을 알 수 있다.
　554년 관산성 전투에서 성왕이 신라군에게 사로잡혀서 참수되는 비극을 겪게 되었을 때, 태자 여창은 비명에 전사한 부왕의 명복을 빌고자 출가수도를 희망하기도 했다. 그는 여러 신하의 만류로 출가를 포기하고 즉위하여 위덕왕(威德王, 554~597)이 되었다. 그는 특별히 100명을 출가시켜 부왕의 명복을 비는 여러 불사를 일으키기도 했는데, 능산리사지에서 출토된 백제대향로 또한 이 무렵에 만들어진 것이다.
　백제에서는 천태 및 삼론학(三論學)에 대한 이해를 갖고 있는 승려도 있었는데, 현광(玄光)과 혜현(惠現)이 그들이다. 현광은 중국으로 건너가 천태종의 2조인 남악 혜사(南岳慧思, 514~577)로부터 『법화경』의 「안락행품」을 중심으로 배웠다. 그리고 법화삼매(法華三昧)를 증득하여 귀국해 웅천에서 교화했는데, 백제 위덕왕 때에 주로 활동했다. 현광은 중국에 그 이름이 알려졌을 뿐만 아니라 귀국 도중에는 용궁에 초청 받아 강의했다는 설화가 전할 정도로 유명한 고승이었다. 혜현은 무왕 때의 승려로 『법화경』 독송을 업으로 삼았고, 삼론을 공부하기도 했다. 그는 수덕사(修德寺)에 머물다가 달마산으로 옮겨 갔다. 무왕(武王, 600~640) 때에 일본으로 건너간 관륵(觀勒)도 삼론에 조예가 깊었다. 이로써 백제 불교계에 천태 및 삼론학에 대한 이해를 가진 고승이 있었음을 알 수 있다. 의영(義榮)이 『약사본원경소(藥師本願經疏)』와 『유가론의림(瑜伽論義林)』을 저술했다고 하지만 전하는 것이 없다. 「관세음응험기」에 의하면, 무광왕(武廣王, 무왕)은 지금 익산인 지모밀지에 제석사를 새로 지었다고 한다. 그 탑의 초석 안에 동판에 『금강반야경』을 써서 목함에 담아 부처님 사리와 함께 봉안했는데, 639년(무왕 40) 11월에 크게 벼락이 치고 비가 내리면서 화재가 일어나 이 절이 모두 불타게 되었지만, 사리병과 『금강경』 목함은 여전히 그 속에 불사리와 경전을 보존한 그대로 타지 않고 있었다고 한다. 이것은 백제에서 『금강경』을 탑 속에 봉안한 사례를 알려 준다.

2) 백제 불교의 성격

법왕(法王)은 신심이 돈독하고 불교 진흥을 위해서 힘쓴 왕이었다. 왕은 599년(법왕 원년) 12월에 명을 내려 살생을 금하고, 민가에서 기르는 매를 거두어서 놓아 주고, 고기 잡는 도구와 사냥하는 도구를 불살랐다. 그 이듬해(600년) 정월에 왕흥사를 창건하고 승려 30명을 득도시켰다. 또한 당시 크게 가물었으므로 왕은 칠악산에 행차하여 기우제를 지냈다. 이처럼 법왕이 살생을 금한 것은 불교의 윤리를 국민의 생활 속에 전파하려는 노력의 하나로 이해된다. 불살생(不殺生)은 자비를 적극적으로 실천하는 일이다. 불교의 계 정신은 나쁜 행위를 막고 훌륭한 일을 전하는 데 본래의 뜻이 있다. 백제의 불교가 계율을 중시했던 것도 이 때문일 것이다.

백제 사회에는 6세기 이후부터 미륵신앙이 유행했던 것 같다. 미륵사와 미륵불광사 등의 절이 이 시기에 세워졌던 것으로도 짐작된다. 미륵불광사는 성왕 때의 중요한 절이다. 또한 미륵선화(彌勒仙化) 설화에 의하면, 위덕왕 때 신라의 승려 진자(眞慈)가 미륵선화를 친견하고자 웅진의 수원사를 찾아갔다고 한다. 이 무렵 공주 지방에는 미륵신앙이 행해지고 있었던 것이다. 미륵사는 백제 미륵신앙의 중심 사원이었고, 전륜성왕(轉輪聖王)의 이념을 구현하고자 했던 백제 왕실의 원찰이기도 했다.

『삼국유사』에 의하면, 무왕의 비가 미륵사 건립을 발원하자 신라 진평왕이 공인(工人)을 보내어 원조해 주었다고 한다. 이 절의 창건 시기에 대해서는 서동(薯童) 설화의 해석 여하에 따라 무왕대설, 무녕왕대설, 동성왕대설 등이 있다. 아무튼 미륵사는 삼국 제일의 규모를 가진 대가람이었다. 조선 초기까지도 이 절의 석탑이 우뚝 서 있었다.

이 절의 창건 연기 설화에 의하면 용화산 아래의 못에서 미륵삼존이 출현했다고 한다. 따라서 미륵사의 창건은 미륵하생신앙(彌勒下生信仰)을 그 배경으로 하는 것이었음을 알 수 있다. 미륵신앙은 유토피아적 이상세계에 대한 동경과 희구라는 특징을 지닌다. 그러나 미륵불의 세상은 사람들의 노력과 공덕이 뒤따르지 않으면 안 된다. 미륵신앙은 희망의 신앙이거니와 끊임없는 정진의 신앙이기도 하다. 아무튼 백제 사람들은 불국토의 건설을 꿈꾸었고, 그것은 미륵사의 창건으로 표출되었다. 경전에 의하면, 미륵불이 이 세상에 출현할 때 전륜성왕이 나타나서 나라를 평화롭게 다스린다고 한다. 이 내용에 유의하면, 백제 왕실의 미륵사 창건은 불교적 정치 이념인 전륜성왕 사상을 실현하려는 정치적 의도가 없지 않았을 것이다. 전륜성왕은 무력이나 힘에 의한 지배자가 아니라 진리의 수레바퀴를 굴려서 천하를 통일하는 이상적인 지도자였다. 왕실에서는 전륜성왕 사상을 빌려서 왕실의 권위를 강화하려는 의도가 없지 않았겠지만, 이 사상을 현실 정치에 구현하려는 욕구도 강했던 것이다.

백제의 승려들에게는 법사(法師), 율사(律師), 선사(禪師), 주사(呪師) 등의 호칭이 사용되었다. 불교의 여러 분야 중에서 어느 하나를 전문적으로 수행하는 승려가 있었던 것이다. 경전의 거의 대부분이 유통되었겠지만 기록으로 확인되는 것으로 『열반경』, 『법화경』, 『유마경』, 『반야심경』 등이 있다. 백제에는 대통사(大通寺), 왕흥사(王興寺), 미륵사(彌勒寺) 등의 큰 절이 있었다. 최근의 발굴로 그 규모가 밝혀진 익산의 미륵사는 삼국 중에서도 가장 큰 절이었다. 신라에서는 선덕여왕 때에 황룡사에 9층탑을 건립하고자 하여 백제의 기술자 아비지(阿非知)를 초청해 간 일이 있다. 이는 백제의 건축 기술이 신라에 비해서 앞서 있었던 사실을 보여 주는 사례이다. 부여의 정림사지 석탑과 익산의 미륵사지 석탑은 현존하는 대표적인 백제의 건축물이다. 그리고 서산 마애삼존불상은 백제인의 예술적 표현력의 탁월함을 보여 주는 대표적인 작품이다.

많은 백제의 고승, 기술자 등이 일본으로 건너가 그곳에서 지도적 역할을 담당하면서 아스카문화를 일으키는 데 기여했다. 일본 고대국가의 정비에 정신적 이념을 제공한 것도 물론 백제이다. 552년(성왕 30)에는 일본에 본격적으로 불교를 전했다. 577년(위덕왕 24)에는 경론과 율사와 선사 등을 보냈다. 585년에는 불사리와 사문과 화공 등이 건너갔는가 하면, 595년에 도일한 혜총(惠聰)은 쇼토쿠태자에게 큰 영향을 끼쳤다. 602년에 일본으로 간 관륵은 최초의 승정(僧正)이 되기도 했다. 백제가 신라에 무력으로 병합된 이후인 신문왕 때에 국로(國老)가 되었던 경흥(憬興)이 백제의 웅천주 출신이었음은 주목할 만하다. 그는 유식학의 대가로 당시의 대표적 고승이었다. 이처럼 융성했던 백제 불교는 통일신라의 새로운 불교 발전에도 공헌했다.

(3) 신라

1) 신라 초기 불교의 성격

5세기 중반경부터 신라에도 불교가 전래되었지만, 그 공인은 고구려나 백제에 비해 훨씬 뒤진 법흥왕(法興王, 540~576) 대에야 가능했다. 527년(법흥왕 14)에 이르러서야 불교가 신라에 공식적으로 들어오게 된 것이다. 그것도 이차돈의 순교가 있고 난 뒤에야 이루어졌는데, 전통 신앙의 뿌리가 깊었을 뿐 아니라 족장 세력이 강했기 때문이기도 했다. 신라의 불교는 진흥왕(眞興王, 540~576) 때부터 크게 발전했다. 신라 왕실은 왕이 곧 불이라는 사상을 수용했고 전륜성왕 사상의 불교적 정치 이념을 구현하고자 했다. 이는 곧 신라 왕실이 찰리종(刹利種)이라는 설과 신라삼보(新羅三寶)의 대두, 청소년의 수양 단체인 풍류도(風流道)의 조직 등으로 나타났다. 불교를 국가의 지도 이념으로 받아들인 진흥왕은 정법으로 통치하는 이상적인 성군(聖君) 전륜성왕을 스스로 꿈꾸고 있었다. 자신의 두 아들 이름을 금륜(金輪)과 동륜(銅輪)이라고 했던 것이나 복속한 여러 지역에 순수비를 세운 것 등이 그 예다. 544년(진흥왕 5)에는 흥륜사가 완공되었고, 이어서 황룡사, 기원사, 실제사 등의 사찰들이 건립되었다. 특히 556년(진흥왕 27)에 완성된 황룡사는 신라 최대의 사찰로 국가불교의 중심이 되었는데, 장육존상을 봉안하고 훗날 구층탑을 건립함으로써 더욱 중시되었다.

　진흥왕 때에 설치된 풍류도, 즉 화랑 제도가 처음부터 불교 사상에 토대하여 설립되었다고 보기는 어렵지만, 이 제도에 미륵신앙의 영향이 적지 않았던 것은 사실이다. 신라 사회에 미륵신앙이 넓게 퍼져 있었음은 『삼국유사』에 전하는 기사와 불상 등을 통하여 쉽게 알 수 있다. 신라 최초의 절이었던 흥륜사의 주불은 미륵불이었다. 진평왕 때의 흥륜사 승려 진자(眞慈)는 미륵상 앞에서 "대성이 화랑으로 화신하여 세상에 출현하여 줄 것"을 발원하였다. 앞서 서술했던 미륵선화를 만나기 위하여 백제의 웅진 수원사를 찾아간 승려가 그다. 다시 경주로 돌아온 그가 '미시'라는 아름다운 소년을 만나 국선으로 받들었다는 미륵선화 설화는 화랑과 미륵신앙과의 깊은 관련성을 시사해 주는 것이다. 아울러 이 설화는 '상카'라는 전륜성왕이 다스릴 때에 미륵이 출현한다는 미륵신앙의 이상세계를 신라 사회에 구체적으로 역사화 시키고자 한 욕구를 보여 주기도 한다. 또한 진평왕 때 화랑으로 활동하였던 김유신은 그의 낭도들을 용화향도(龍華香徒)라고 불렀다. 용화란 미륵보살의 중생 구제와 닿아 있는 말이다. 미륵보살은 장차 성불하여 용화수(龍華樹) 아래에서 중생을 구제하게 되는데, 그때 전개되는 법회가 용화회(龍華會)를 의미하는 것으로 용화와 미륵하생신앙은 관련이 깊다. 아무튼 미래 지향적인 청소년 집단과 미륵신앙이 서로 연결되었던 것은 의심할 여지가 없다.

　신라의 불교 행사로는 팔관회(八關會), 백고좌회(百高座會), 점찰회(占察會) 등이 주목된다. 이들 행사는 윤리를 강조하는 성격이 짙었다. 신라에 처음으로 팔관회 및 백고좌회가 행해진 것은 551년(진흥왕 12) 승통 혜량(惠亮)에 의해서였다. 572년(진흥왕 33)에는 전사한 병졸을 위해 7일 동안 팔관회를 행했고, 613년(진평왕 35) 및 636년(선덕왕 5)에는 황룡사에서 백고좌회를 개최했다. 신라에는 점찰회가 개최되기도 했는데, 원광이 가슬사에 점찰보(占察寶)를 설치했던 경우와 진평왕 때의 비구니 지혜가 매년 춘추에 점찰회를 열었던 예가 그것이다. 점찰회는 과거에 지은 악업을 참회하는 것을 주로 했는데, 일반 대중의 윤리의식을 높여 주는 계기가 되기도 했을 것이다.

수용 초기에 두루 알려진 불교 교리는 인과응보, 권선징악, 수복멸죄(修福滅罪) 등이었는데, 이는 모두 업설로 요약될 수 있다. 법흥왕(法興王)은 사원을 수복멸죄의 장소로 인식하고 있었다. 이러한 인식의 바탕에는 불교의 업설(業說)이 깔려 있다. 멸죄란 지난날의 잘못된 업보를 소멸하기 위한 참회 등의 행위로 나타나는 것이고, 수복(修福)이란 선업(善業)을 닦는 일이기에 그렇다.

원시적인 무속종교에서는 숨겨진 불확실한 힘이 있다고 믿었다. 그것이 자연이든, 운수든, 하늘의 뜻이든, 조상의 뜻이든, 그 무엇이 있어서 인간의 길흉화복을 좌우한다고 생각하여, 이와 같은 힘에 의지하거나 빌어서 인간의 행복을 지원해 주도록 호소했다. 이에 비해 불교의 업설은 인간의 의지적 행위를 강조한다. 따라서 인간이 받는 길흉화복이 하늘의 뜻에 의해 좌우된다거나 운수나 운명의 힘에 있다고 하지 않는다.

신라의 풍속에는 매년 2월 8일부터 15일까지 서울의 남녀가 흥륜사(興輪寺)에 모여서 탑을 도는 법회가 개최되었다. 이를 복회(福會)라고 했다. 곧, 수복을 위한 법회라는 의미였을 것이다. 과거에 지은 악업은 소멸시켜 가야 한다. 이것이 업장의 소멸이고, 멸죄이다. 과거의 악업은 참회를 통해 그것이 내일로 연장되고 성장하는 것을 차단하기 때문이다. 점찰법회는 악업의 참회를 주로 했다.

2) 원광과 자장

진흥왕 대로부터 구법승들이 등장하기 시작했다. 중국에 유학한 승려들이 많았다. 신라 최초의 유학생 각덕(覺德)은 549년(진흥왕 10)에 귀국했고, 565년에는 명관(明觀)이 귀국하면서 1,700여 권의 경론을 가지고 왔다. 또 576년에 귀국한 안홍(安弘)은 『능가경』과 『승만경』 등을 전해 오기도 했다. 구법승들의 중국 유학은 계속되어 600년에는 원광(圓光)이, 602년에는 지명(智明)이, 605년에는 담육(曇育)이 각각 중국에서 귀국했다. 이들 유학생의 귀국으로 중국 불교계의 새로운 조류들이 소개되었다. 이로써 신라 불교는 더욱 발전할 수 있었다.

원광이 중국 유학을 마치고 귀국한 것은 600년(진평왕 22)이었다. 그는 이미 수나라에서 명성을 떨쳐 그 소식이 신라에 전해질 정도로 유명했다. 신라 조정에서는 그의 귀국을 수나라에 외교적으로 요청했고, 그 결과로 돌아올 수 있었다. 귀국 후 국가가 그에게 정치하는 방법을 맡겼고, 도법으로 교화하는 일을 물었다고 한 것으로 보면 그에게 많은 정치적 자문을 구했던 것 같다. 원광은 『열반경』, 『섭대승론』, 『성실론』 등에 관심을 가졌었고, 『여래장경사기』 및 『여래장경소』를 저술하기도 했었다. 따라서 그는 여래장사상(如來藏思想)에 주목했던 것으로 볼 수 있다. 모든 사람에게 여래의 가능성이 있다고 강조하는 이 사상을 토대로 원광은 신라인의 생활 방식을 대승윤리적으로 교화했다고 하겠다. 원광이 외교문서의 작성에 참여하고 있었음은 "국서(國書)가 모두 그(원광)의 심중으로부터 나왔다"고 한 것으로 알 수 있다. 608년(진평왕 30)에 왕이 수나라에 군사 원조를 청하는 걸사표(乞師表)를 원광에게 지어 주도록 요청했던 것은 그 구체적 예이기도 하다. 원광은 귀국 후 가슬사에 머문 적이 있는데, 601년(진평왕 23)경 그에게 가르침을 구하는 귀산(貴山)과 추항(箒項)에게 준 세속오계(世俗五戒)는 유명하다. 충성, 효도, 신의, 어짐〔살생유택〕, 용기 등의 덕목을 담고 있는 세속오계는 세속인의 불교적 생활 규범이다. 정복 전쟁이 거듭되고 있던 당시 상황을 감안할 때 이들 덕목은 절실히 요구되고 있던 국가적 지도 이념이었고, 이를 원광이 제시함으로써 당시 사회에 많은 영향을 주었던 것이다.

자장(慈藏)은 7세기 전반 선덕여왕(善德女王)과 진덕여왕(眞德女王) 대에 주로 활동했던 대표적인 고승이다. 여왕이 통치하던 이 시기 신라는 대내외적으로 매우 어려운 상황에 처해 있었다. 특히 백제에게 대야성(大耶城)을 빼앗긴 642년(선덕여왕 11) 이후의 신라는 사직(社稷)의 보전까지 걱정해야 하는 위기에 몰렸다. 이처럼 어려운 시기를 맞아 자장은 불교로 교화하는 한편 정치 외교적인 자문도 해서 신라가 위기를 극복하고 삼국을 통일하는 데 크게 기여했다. 신라가 위기에 처하자 여왕에 대한 비판적인 여론이 다시 대두했을 뿐만 아니라, 당 태종에 의해서 제기된 여왕폐위론(女王廢位論)의 충격은 비담(毗曇)의 난으로까지 비화했다. 이에 자장은 국왕이 찰리종(刹利種)이라는 설을 유포하여 왕실 혈통의 신성함을 강조하는 한편, 황룡사에 구층탑을 세우도록 선의함으로써 왕권의 강화에 주력했다. 특히 그는 구층탑의 긴립을 통해서 여왕폐위론으로 인해서 동요된 민심을 수습하고 호국의 의지를 유포하려고 했고, 한 걸음 나아가 이웃 나라의 항복까지를 표방함으로써 위기 극복을 삼국통일의 의지로까지 전환시키고자 했다.

고구려와 백제 두 나라의 공격을 받아 고립무원의 상태에 빠진 신라는 외교정책으로 이를 극복하려고 했다. 그러나 김춘추(金春秋)의 고구려 및 일본 방문 외교는 모두 실패했고, 친선 관계에 있던 당나라까지도 신라의 청병(請兵)에 쉽게 응하지 않음으로써 신라의 위기는 계속되었다. 오히려 당 태종은 여왕폐위론을 제안하는가 하면 신라의 독자적 연호(年號) 사용까지도 문제 삼는 등 야욕을 드러내고 있었다. 이제 자장은 당의 복장(服章)과 연호를 받아들이면서라도 대당외교의 성공이 필요함을 건의했고, 이에 따라 조정에서는 김춘추를 당에 파견하여 나당군사동맹을 맺게 되었다. 이처럼 대당외교 성공의 배경에는 자장의 도움이 있었던 것이다. 대당외교의 성공이 신라 삼국통일의 중요한 토대가 되었음과 아울러 황룡사 구층탑의 의미에 유의할 때 자장의 정치외교적 역할이 갖는 의미는 실로 크다. 특히 위기 상황을 통일의 기회로 활용한 그의 정치적 수완을 되새겨 볼 만하다.

자장은 불교의 토착화를 위해 많은 노력을 했다. 그는 이를 위해 신라불국 토설(新羅佛國土說)을 유포했다. 황룡사에는 과거불인 가섭불의 연좌석(宴坐石)이 있다는 설이나, 오대산에는 문수보살이 상주설법(常住說法)한다는 설, 그리고 황룡사에는 호법룡(護法龍)이 수호한다는 등의 설을 유포했다. 이들은 황룡사 장륙존상의 조성 연기 설화와 더불어 신라가 불교와 매우 깊은 인연이 있다는 것을 강조하기 위한 것이었고, 이것은 곧 불교의 토착화를 위한 것이었다. 자장의 이와 같은 노력으로 신라의 국민 중 8~9할은 모두 불교에 귀의하는 성과를 이룩할 수 있었다.

(4) 가야

1) 가야 불교의 남방 전래설

가야(伽耶)의 여러 나라들은 낙동강 서쪽과 남해안의 경상도 지역을 무대로 하고 있었다. 대개 북쪽의 가야산으로부터 남쪽의 김해에 이르고, 서쪽은 섬진강, 동쪽은 낙동강을 경계로 한 지역이다. 그리고 가야의 여러 나라들 중에서도 6국이 강하였다. 흔히 본가야, 대가야, 아라가야, 고령가야, 성산가야, 소가야 등이다. 그리고 가야는 김해의 본가야가 개국한 42년으로부터 대가야가 망한 562년까지 존속했다. 이 때문에 삼국시대가 아니라 가야를 포함시켜 4국시대로 불러야 된다는 주장도 가끔 등장하지만, 삼한이니 삼국이니 하는 용어는 이미 고대로부터 사용되었다. 한국고대사에서 가야의 역사만큼 알려지지 않은 경우도 드물다. 이러한 가야의 여러 나라에 대한 기록은 너무 적고, 가야 불교사 역시 이와 마찬가지다.

한국불교의 남방전래설을 주장하는 이들에 의하면, 가야는 가락국(駕洛國)이 성립하던 시기에 이미 불교가 전래되었다고 하나 이러한 주장을 따르기는 어렵다. 그러나 이웃의 신라 및 백제에서 이미 4~5세기경에 불교를 신봉하고 있었다는 사실에 유의하면, 가야의 여러 나라들만이 불교를 접하지 않았다고 보기도 어렵다. 수로왕비 허황옥(許黃玉)은 인도 아유타국의 공주로 48년에 김해에 도착했다고 한다. 아유타국은 인도 중부에 있던 나라로, 지금의 아요드야로 보는 견해도 있다. 허황후가 배에 싣고 왔다는 파사석탑(婆娑石塔)은 허황후릉 곁에 지금도 전하고 있는데, 『삼국유사』에는 다음과 같이 기록하고 있다.

금관(金官) 호계사(虎溪寺) 파사석탑은 옛날 이 고을이 금관국으로 되어 있을 때에 세조(世祖) 수로왕의 왕비 허황후 황옥이 48년(東漢 建武 24년)에 서역 아유타국에서 싣고 온 것이다. 처음에 공주가 양친의 명을 받들어 바다를 건너 장차 동으로 향하려 하다가 큰 풍파를 만나 못 가고 돌아와 부왕에게 고하였더니, 이 탑을 싣고 가게 했다. 그제야 무사히 항해하여 남쪽 해안에 와서 닿았다. 그때 해동에는 아직 불교가 전래되지 않았으므로 본기(本記)에도 절을 세웠다는 기사가 없고, 452년(제8대 銍知王 2년 壬辰)에 그곳에 절을 세우고 또 왕후사(王后寺)를 세워 지금까지 복을 빌고 있으며, 남쪽의 왜국까지 진압하고 있으니, 본국 본기(本國本記)에 자세히 보인다. 탑은 4면이 모가 난 5층이요, 그 조각은 매우 신통하며 돌은 약간 붉은빛 무늬가 있고, 그 성질이 조금 연하여 이 지방 물건이 아니다. 본초(本草)에서 닭 벼슬 피를 떨어뜨려 시험한다는 것이 바로 이것이다.

험난한 항해에 안전을 기원하며 불상이나 경전 등을 배에 싣고 다녔던 사례가 있음을 감안하면, 탑을 배에 싣고 왔을 가능성도 없지 않다. 일찍이 일연(一然)은 파사석탑을 직접 살펴보고, 우리나라에서 나는 돌이 아니라고 했다. 또한 최근에도 돌의 비중과 석질, 색깔이 인도 특유의 것이라는 주장이 있다. 일연은 파사석탑이 허황후에 의해 인도에서 전해졌을 가능성에 대해 인정하면서도, 당시에는 사람들이 불교를 믿지 않았다고 하면서, 452년(질지왕 2)에 왕후사를 세웠다는 『가락국기』의 기록에 주목했다.

수로왕의 8대손 질지왕(銍知王)은 부지런히 정치를 했으며, 참된 일을 지극히 숭상하여 시조모 허황후를 위해서 그의 명복을 빌고자 했다. 이에 452년(元嘉 29년)에 수로왕과 허황후가 결혼하던 자리에 절을 세우고, 왕후사라고 했다. 또 사자를 보내어 절 근처의 평전 10결을 측량하여 삼보 공양의 비용으로 쓰도록 했다. 이 절이 생긴 지 500년 후에도 장유사(長遊寺)를 세웠는데, 이 절에 바친 전시(田柴)가 모두 3백 결이나 되었다. 이에 장유사의 삼강(三綱)은 왕후사가 장유사의 시지 동남쪽 지역 내에 있다고 하여 왕후사를 폐하고 장사(莊舍)를 만들어 가을에 곡식을 저장하는 창고와 마소를 기르는 마굿간으로 만들어 버렸으니 슬픈 일이다.

5세기 중엽 질지왕에 의한 왕후사 창건은 충분히 가능한 일이라고 하겠다. 이러한 기록으로 본다면 가야 불교는 고구려나 백제에 비해서는 약간 늦게 전래되었으나 신라와는 거의 비슷한 시기에 전파되어 5세기 중엽에는 수용되었을 것이다.

2) 유적으로 본 가야 불교

고령 지역의 대가야는 가야 여러 나라들 중에서도 본가야와 함께 그 세력이 강해서 6세기 중반까지 존속했다. 그런데 1963년에 조사되었던 고령의 고아동 벽화고분에는 묘실과 천장에서 녹색과 적색의 안료로 그려진 8엽의 연화문이 10여 개 확인된 바 있다. 연도 천장에 그려진 4개와 현실 천장에 그려진 1개의 연화문은 지름 26cm 정도의 크기로 비교적 선명하게 남아 있다. 고아동 고분의 연꽃 벽화는 대가야의 불교를 알려 주는 자료로 평가되고 있다.

가야 여러 나라의 하나였던 다라국의 중심 고분군으로 주목되고 있는 합천군 다라리 옥전고분군에서도 연화문이 확인되고 있다. 옥전고분군 M3호분에서는 높이 2cm, 직경 1.8cm 가량의 청동제 연화문 장식이 출토되었다. 윗면에 8엽의 연화문이 돌려 있고, 옆면에는 돌아가며 연꽃잎이 내려져 있으며, 아랫

단은 반쯤 핀 듯한 연꽃 봉오리와 같이 표현되었다고 한다. 그리고 함안 도항리 8호분에서 출토된 연화문 장식 금동판은 안라국의 불교와 관련이 있을 법한 자료이다. 두께 3mm 내외의 금동판에 7엽겹의 연화문을 정교하게 새기고 도금한 것이다. 1963년 경남 의령군 대의면 하촌리의 도로변에서 연가7년명 고구려금동여래입상이 출토되었다. 539년에 조성된 고구려의 금동입상이 안라국의 옛터인 함안에 가까운 지역에서 발견된 것은 특이한 일이다. 이 때문에 이 불상의 출토 경위에 대한 의혹이 있고, 이에 대한 여러 이견이 있다. 그런데 5세기 말부터 6세기 중엽 무렵의 안라국은 고구려와 통하고 있었음에 주목한 경우가 있다. 즉, 『일본서기』에 의하면, 안라국이 고구려와 내통하여 백제의 후방 보급로를 차단하고, 백제의 마진성과 독산성을 공략했다는 것이다. 따라서 고구려에서 조성된 불상이 가야에 전해졌다는 것이다.

후기 가야제국의 맹주였던 대가야는 가야산과 깊은 인연이 있다. 그 신화는 이렇다. 가야산신 '정견모주'는 천신 '이비하'에 감응되어, 대가야왕 '뇌실주일'과 금관국왕 '뇌실청예' 두 사람을 낳았다. '뇌실주일'은 '이진아고왕'의 별칭이고, '뇌실청예'는 수로왕의 별칭이다. 이 신화는 수로왕의 탄생설화와는 달리 대가야를 중심으로 형성된 것이다. 해인사에는 가야산신 '정견모주'를 제사하는 정견천왕사가 있었을 정도로 가야산신 신앙은 오래 전승되었다. 가야산 자락에 위치한 가야 및 야로에는 대가야국 태자 월광(月光)과 인연이 깊었다. 해인사 서쪽 오리에 있었던 거덕사는 월광태자가 결연(結緣)한 곳이다. 이는 최치원이 썼던 「석리정전(釋利貞傳)」 중의 기록이다. 해인사 입구인 야로면 월광리에 있는 월광사는 대가야국 태자 월광이 창건한 절이라고 한다. 그리고 대가야의 이뇌왕이 신라의 이찬 이지배의 딸에게 청혼하여 월광을 낳았다는 기록도 있다. 『삼국사기』에도 이와 관련된 기록이 있는데, 522년(법흥왕 9)에 가야국왕이 사신을 보내어 혼인을 청함에 왕이 이찬 비조부의 누이동생을 보냈다고 한 것이 그것이다. 아무튼, 월광은 가야산 거덕사에서 인연을 맺었고, 야로에 월광사를 창건했다.

대가야에는 성문(城門) 이름 중에 전단량(栴檀梁)이 있었다. 곧, 진흥왕 때 이사부가 이끄는 신라군이 대가야를 습격할 때, 화랑 사다함이 휘하의 병사를 이끌고 먼저 들어간 곳이 전단량이었다. 그런데 전단은 불경에 자주 나오는 단어로서 불교에 사용되는 향나무의 일종이다. 따라서 전단이라는 불경에 나오는 용어를 따서 문의 이름을 삼았던 것으로 해석하는 견해가 있다.

가야산이라는 산 이름이나 가야라는 나라 이름에도 모두 불교의 영향이 보인다. 가야는 가락, 가라, 가양 등으로 불리기도 했다. 이 가야는 갓나라, 즉 변국을 의미한다는 주장도 있고, 가라는 일족, 혹은 동족을 뜻하는 만주어의 하라(hala), 혹은 카라(kala)와 관련이 있을 것이라는 견해도 있다. 그러나 가야라는 국명을 불교와 관련지어 해석한 경우가 많다. 지금도 인도에는 '가야'라는 성과 산이 있다. 가야성은 부처님께서 깨달음을 이루신 붓다가야로부터 북쪽 6마일쯤에 있고, 이 성의 서남쪽 1마일쯤에 가야산이 있다. 이 산을 정확하게는 '가야아시르샤'라고 하는데, 중국에서는 '가야시리사'라고 음역하였고, 간단히 가야라고도 했다. 가야산을 상두산(象頭山), 즉 코끼리 머리 산으로 번역하기도 했다. 인도에서의 가야는 성의 이름이자 산 이름이고, 부처님의 중요한 설법처 중의 하나였다. 경전 중에는 『가야산정경』도 있다. 부처님이 이 산에서 설법을 했기에 붙여진 이름이다. 이것으로 볼 때 가야산의 가야라는 명칭은 불교에서 생긴 것이 틀림없다.

그리고 수로왕이 도읍을 정하면서 가히 16나한이 머물 당이라고 했다는 『가락국기』의 기록이나 수로왕이 부처님을 청하여 설법하게 함으로써 독룡과 나찰녀의 재해에서 벗어날 수 있었다는 '만어산불영설화(萬魚山佛影說話)'는 가야라는 국명이 정해진 뒤에 가야가 불연 깊은 나라라는 사실을 강조하기 위해서 결부시킨 것으로 이해하는 경우도 있다.

2. 통일신라와 발해의 불교

(1) 교학의 융성

1) 원효의 교학

원효(元曉, 617~686)는 삼국 간의 전쟁과 통일이 있었던 7세기에 살았다. 15세경에 출가한 그는 수행과 교학에 매진하는 젊은 시절을 보내고, 40대 중반에 오도를 체험한 후에 환속하여 소성거사(小性居士)로 자처하며 대중을 교화하는 한편, 교학 연구를 위하여 정진했다. 원효의 여러 모습 중에서도 더욱 돋보이는 것은 그가 뛰어난 학승이었다는 점이다. 그는 경·율·논 삼장과 대·소승 경전에 두루 통했던 웅대한 안목의 학승이었다. 그는 불교사상을 새롭게 종합하고 체계화시켜 화쟁사상(和諍思想)을 천명함으로써 고금의 오류를 바로 잡았다. "백가(百家)의 이쟁(異諍)을 화합하여 지극히 공평한 불의(佛意)를 얻었다"는 평가를 얻었던 것도 이 때문이었다. 그의 교학은 한국불교의 토대를 마련하였을 뿐만 아니라 중국과 일본에 많은 영향을 미쳤다.

원효는 당나라 유학을 하지 않았다. 그 무렵 신라에는 당에서 번역되거나 저술된 경론의 대부분이 전해져 있었던 것 같다. 648년에 번역된 『유가론』의 경우, 1년 이내에 신라로 전해졌고, 703년에 번역이 끝난 『금광명최승왕경』은 704년 3월에 견당사 김사양(金思讓)이 이를 가져다 전했다. 이처럼 당시 신라에는 당나라의 여러 불전들이 비교적 빨리 유입되어 있어서 신라에서도 원효 같은 학승을 배출할 수 있었던 것이다.

원효의 교학은 공허한 이론을 위한 학문이 아니었다. 인간의 문제를 해결하고 자신과 함께 많은 사람들을 실천으로 이끌려는 구원론적인 관심으로부터 비롯된 이론이었다. 원효의 교학은 책상 앞에서만 이루어진 것이 아니다. 그의 교학에는 풍부한 인생 체험이 녹아들어 있다. 그는 수많은 저서를 남겼지만, 현학적이거나 훈고적이지 않았다. 간략하고 명쾌한 문장 속에 풍부한 의미를 담으려는 노력을 했다. 그의 교학은 자유롭고 허심탄회한 입장으로부터 출발하고 있었다. 그럼에도 불구하고 그는 타인의 주장이나 견해를 받아들일 줄 알았다. 그가 후배인 의상에게 화엄학에 관한 세 가지 문제를 물어서 의문을 풀었다는 것이나, 또한 지엄(智儼)의 수전법(數錢法)을 의상으로부터 배워서 수용했던 사실, 그리고 또한 그가 새로운 불교학을 적극적으로 수용했던 점 등이 그 예이다.

원효의 교학에는 중국 유학을 했던 학승의 경우와는 다른 특징이 보인다. 유학승들의 대부분은 어떤 종파나 전공을 고수하고 있었다. 이를테면 의상은 화엄학(華嚴學)을, 순경은 유식학(唯識學)을, 명랑은 밀교(密敎)를 각각 전공했던 것 등이 그렇다. 이는 종파적 성격이 강한 중국불교의 영향이기도 했다. 그러나 원효의 학문적 관심은 매우 다양해서 어느 한 분야에만 집중되지 않았다. 이것을 그가 분파적인 중국 불교학계에서 직접 교육을 받지 않은 탓으로만 설명할 수야 없겠지만, 원효 교학의 두드러진 특징임에는 틀림없다. 그의 독창적인 교관과 화쟁사상의 전개에는 불교사상 전체를 조감할 수 있는 큰 안목이 뒷받침되었던 것이다. 원효 교학의 독창성은 교상판석(敎相判釋)에서 돋보인다. 교판이란 많은 경론을 체계적으로 분류하는 것이다. 종래의 중국 교판가들은 흔히 종파주의적 입장에서 벗어나지 못한 경향이 있었다. 그렇지만 원효는 객관적인 입장에서 종래의 잘못을 바로잡고 공평한 판석을 내렸다고 평가받고 있다.

원효의 교학은 젊은 시절부터 만년에 이르기까지 꾸준히 계속되었다. 원효의 많은 저술에 대해 의천(義天)은 "경전마다 모두 주석이 있고 통하지 않은 논이 없다"고 했고, 매월당(梅月堂)은 "여러 경의 소와 초록이 책장에 가득하다"고 했다. 그가 주석을 가했던 경론은 37종이다. 이 중에는 원효가 최초로 주목해서 그 가치를 재천명한 경전도 있고, 『대승기신론』 같은 경우는 몇 차례에 걸쳐 주석을 가하여 별기(別記), 소(疏), 종요(宗要), 대기(大記), 요간(料簡), 사기(私記) 등 6종의 저서를 남겼다. 이러한 것으로 볼 때 원효는 어떤 경론이나 주제에 대해서는 꾸준히 공부하여 심층적인 이해에 도달하기 위해 노력했음을 알 수 있다. 그럼에도 불구하고, 원효의 교학은 경·율·논 삼장과 대·소승의 경전에 두루 미쳤다. 그의 저술은 화엄, 법화, 열반, 반야, 정토, 법상, 율, 유식, 인명, 중관, 비담, 성실 등의 각 부(部) 각 종(宗)의 경론에 걸쳐 폭넓게 이루어졌던 것이다. 이처럼 원효가 일부의 경론이나 어떤 종파에 속한 특수한 부분만을 전공하지 않았음은 원효 교학의 특징으로 지적된다. 원효는 100여 부 240권의 저서를 남긴 대저술가로 불리기도 한다. 약간의 혼란이 있는 저술 목록을 감안하더라도 그기 남긴 것은 적어도 90종에 가깝다. 그는 신라뿐 아니라 동아시아에서도 그 양과 질에 있어서 최고 수준의 저술가였다. 『십문화쟁론(十門和諍論)』, 『금강삼매경론(金剛三昧經論)』, 『기신론소(起信論疏)』, 『화엄경소(華嚴經疏)』 등을 비롯한 그의 저서 대부분이 우리나라를 비롯하여 중국 및 일본에 전해져 유통되었다.

2) 화엄교학의 전개

의상(義相, 625~702)은 661년에 당나라에 들어가, 장안의 종남산 지상사(至相寺) 지엄(智儼, 602~668) 문하에서 화엄을 공부하고, 670년(문무왕 10)에 귀국하여 화엄교학을 두루 펼쳤다. 의상의 교학 및 신앙적인 특징은 지엄이 그에게 지어 준 '의지(義持)' 라는 호에 잘 함축되어 있다. 의상은 학문적이고 이론적이기보다는 신앙적이고 실천적인 측면이 강했다. 그는 삼법의(三法衣)와 정병(淨瓶)과 발우 이외에는 어떤 것도 소유하지 않았다. 정토신앙에 투철했던 그는 일생 동안 아미타불이 계시는 방향인 서쪽을 등지고 앉지 않았다. 토지와 노비를 보시하고자 하는 국왕의 제의를 굳이 사양했다. 그는 부석사에 아미타불을 본존으로 모시고 「서방가(西方歌)」를 지어 정토왕생을 염원했는가 하면, 낙산사의 관음진신(觀音眞身)에 예배하며 지은 「백화도량발원문(白花道場發願文)」에서는 관음보살을 본사로 모실 것과 백화도량에 왕생하기를 발원하기도 했다. 또한 「일승발원문(一乘發願文)」에서는 연화장세계(蓮華藏世界)에 왕생하여 비로자나불 친견하기를 소원했다. 그리고 「투사례(投師禮)」에서는 여러 불보살과 경전 등의 삼보를 귀의의 대상으로 삼았다. 의상은 많은 저서를 남기지 않았고, 전하는 글 중에는 짧은 게송이나 발원문이 대부분이다. 의상의 『화엄일승법계도(華嚴一乘法界圖)』는 『화엄경』 60권의 내용을 압축하고 요약하여 7언 30구 210자로 구성한 특이한 저술이다.

　의상은 신라에 화엄대교(華嚴大敎)를 전함으로써, 해동화엄의 초조(初祖)가 되었다. 그는 676년(문무왕 16)에 부석사를 창건하고 화엄을 전파했다. 그의 노력은 교단의 조직과 확대, 제자 교육 등으로 전개되었다. 의상은 황복사, 부석사에서, 그리고 소백산의 추동에서 수많은 제자들을 모아 화엄교학을 전했다. 어떤 때는 그의 저서 『법계도(法界圖)』를, 또 어떤 때는 『화엄경』을 강의했다. 690년경 당나라 법장(法藏)의 문하에서 공부하던 승전(勝詮)이 법장의 저서 일부를 의상에게 전해서 신라에 유포되기 시작했다. 의상이 법장의 『탐현기(探玄記)』 20권을 풀이했던 것도 이 무렵이었다. 의상은 40일을 기약하고 강의하는가 하면, 장장 90일 동안이나 강의에 전념하기도 했다. 제자들 또한 열심이었다. 그들은 스승에게 끊임없이 물었고, 배운 바를 부지런히 기록했으며, 또한 실천에 옮겼다. 『지통기(智通記)』와 『도신장(道身章)』 등은 제자 지통과 도신이 각각 의상의 강의를 정리하여 간행한 것이다. 이처럼 신라의 초기 화엄교학은 착실히 다져지고 있었다. 초기 화엄학의 전통은 훗날에도 계승되어 의상의 몇 대 제자들에 이르기까지 그의 『법계도』를 연구하여 『법융기(法融記)』, 『진수기(眞秀記)』, 『원통기(圓通記)』 등이 이루어졌고, 마침내 고려시대에는 『법계도기총수록(法界圖記叢髓錄)』으로 집대성되기도 했다.

　의상에게는 수많은 제자가 있었지만, 특히 십대제자가 유명했다. 곧, 『삼국

유사』에 열거된 오진(悟眞), 지통(智通), 표훈(表訓), 진정(眞定), 진장(眞藏), 도융(道融), 양원(良圓), 상원(相元), 능인(能仁), 의적(義寂) 등이다. 이들 십대 제자들은 십성제자(十聖弟子)로 불리기도 했듯이, 모두 성인으로까지 존경받았던 뛰어난 인물들이다. 이들 중에서도 진정, 상원, 양원, 표훈 등은 더욱 뛰어났다. 이들을 두고 특별히 사영(四英)이라고 했기 때문이다. 의상이 702년에 돌아간 후, 대개 8세기 전반까지는 의상의 직제자들에 의해 화엄교학이 계승·전파되었다.

그런데 8세기 중엽에는 손제자 신림(神琳)이 부석사의 화엄학풍을 진작시켰다. 그는 곧 부석적손(浮石嫡孫)으로, 부석사에 운집한 천여 명의 대중을 상대로 화엄학을 강의했다. 신림은 많은 제자를 배출함으로써 신라 화엄교학의 발전에 크게 기여했다. 그의 제자에는 법융(法融), 숭업(崇業), 질응(質應), 순응(順應) 등이 있었다. 법융은 『법계도』에 대한 주석서인 『법융기(法融記)』와 지엄(智儼)의 십구(十句)에 대한 주석서인 『십구장(十句章)』을 저술하여 훗날 화엄교학에 영향을 미쳤다. 또한 법융의 제자에는 범체(梵體)가 있었는데, 9세기 중엽에 부석사에 주석했다. 신림에게 수업한 순응은 766년에 중국으로 건너가, 선교(禪敎)를 두루 공부했다. 돌아와서는 가야산에 해인사(海印寺)를 창건했다. 802년(애장왕 3)의 일이었다. 그 후 해인사의 화엄학풍은 현준(現俊), 결언(決言), 희랑(希朗) 등에게 계승되면서 더욱 발전해 갔다.

의상계 화엄으로 분류하기 어려운 화엄학승도 적지 않았다. 명효(明晶), 법해(法海), 원표(元表), 범여(梵如), 연기(緣起), 견등(見登), 표원(表員) 등의 경우가 그렇다. 700년에 당으로부터 귀국한 명효는 『불공견삭다라니경』의 번역을 요청해 이를 신라에 유포했으며, 『화엄경』에 토대를 둔 『해인삼매론(海印三昧論)』도 저술했다. 명효의 『해인삼매』는 의상의 법계도와 유사한 형태를 가지고 있지만 그대로 모방했다고 보기는 어렵다. 『법계도』가 가로 15행, 세로 14행의 직사각형인데 비해 『해인삼매도』는 가로 세로 14행의 정사각형이고, 또한 『법계도』는 인도(印道)의 방향이 중앙으로부터 왼쪽을 향해서 돌아가도록 되어 있음에 비해 『해인삼매도』는 그 반대편인 오른쪽으로 돌게 된 점 등이 다르다. 『해인삼매도』는 소박하고 실질적인 교훈을 담아 수행자의 여설수행(如說修行)을 강조했다. 그리고 화엄사상을 밀교적 시각에서 해석한 것 등의 특징이 있다. 명효의 불교사상적 위치는 화엄과 밀교의 융합에 있었다.

법해는 754년(경덕왕 13) 여름, 국왕의 초청으로 황룡사에서 『화엄경』을 강의하였다. 이때 그는 동해의 물을 기울이는 법력(法力)을 과시했고, 왕은 그를 더욱 공경했다는 설화가 전한다. 원표는 천보 연간(742~755)에 당나라에 유학했고, 서역의 성지를 순례한 후 755년으로부터 759년 사이에 귀국했다. 그는 장흥에 보림사를 창건하고 천관보살(天冠菩薩) 주처 신앙을 유포하기도 했다. 범여는 787년(원성왕 3)에 소년서성(少年書省)에 임명되고, 『화엄경요결(華嚴經要決)』을 저술하기도 했다. 8세기 중엽 황룡사 출신의 연기는 화엄사를 창건했고, 756년에 『화엄경』을 사경하기도 하였다. 그는 특히 『화엄경』과 『기신론』에 통한 학장(學匠)으로 많은 제자를 가르쳤고, 『화엄경개종결의(華嚴經開宗決疑)』 등 5부 45권의 저서를 남기기도 했다. 8세기 후반에 주로 활동한 황룡사의 표원은 『화엄경문의요결문답(華嚴經文義要訣問答)』을 남겼다. 역시 8세기 후반에 활동한 견등(見登)도 『대승기신론동이약집(大乘起信論同異略集)』, 『화엄일승성불묘의(華嚴一乘成佛妙意)』를 저술했다.

아무튼 신라의 화엄교학은 화엄의 다양한 주제에 관해 논의하고 연구했다. 고려 초 균여(均如, 923~973)가 접했던 선배 학승들의 화엄교에 대한 의기(義記)는 30여 종이나 될 정도였던 것이다. 의상법사의 십대제자들은 물론 또 그 제자들의 제자들에 의해 화엄교학과 화엄신앙은 신라 사회에 두루 전파되었다. 그리하여 신라하대에는 전국의 여러 곳에 화엄종 사찰이 건립되었다. 화엄십찰(華嚴十刹)이 이를 말해 준다. 팔공산의 미리사(美理寺), 지리산의 화엄사, 태백산의 부석사, 가야산의 해인사, 계룡산의 갑사, 금정산의 범어사, 원주의 비마라사, 비슬산의 옥천사(玉泉寺), 모악산(母岳山)의 국신사(國神寺), 부아산(牙山)의 청담사(靑潭寺) 등이 그것이다.

3) 유식학의 발달

장안에서 현장(玄奘, 602~664)에 의해 시작된 새로운 학풍은 곧 신라 불교계에도 많은 영향을 주었다. 그것은 신역경론(新譯經論)의 수용과 더불어 시작되었다. 신라의 여러 승려들이 현장의 문하에 참여하여 수업을 받았을 뿐 아니라, 귀국하여 이를 널리 펴는 경우도 생겨났기 때문이다. 648년에 번역된 『유가사지론』이 1년 만에 신라에 전해진 예로 미루어 볼 때, 신역경론의 대부분이 곧 신라로 전해졌을 것으로 짐작된다. 당시 현장의 문하에는 신라의 유학승이 상당수 있었다. 즉, 신방(神昉), 지인(智仁), 승현(僧玄), 순경(順憬), 의적(義寂) 등이 이 경우에 해당한다. 신방은 현장의 역장(譯場)에 참여해서 여러 경론의 번역에 종사했고, 현장 문하 사영(四英) 중의 한 사람으로 꼽혔다. 그는 『십륜경초(十輪經抄)』 등 6부 29권의 저서를 남겼다. 지인은 한때 필수(筆受)로 현장의 번역을 도운 바 있고, 『십일면경소(十一面經疏)』 등 5부 30권의 저서를 남겼다. 승현은 『오종성의(五種性義)』 1권을 남겼다. 신라로 귀국하여 활동했던 순경은 두타행(頭陀行)을 행하고 학문에 힘써서 승속의 존경을 받았으며, 그 명성을 당나라에까지 떨쳤던 고승이다. 그는 또 현장 문하에서 배운 법상(法相), 인명(因明), 구사(俱舍) 등을 신라에 홍포해서 신라 법상의 시조가 되기도 했다.

입당 유학했던 의적 또한 현장의 문인이었을 가능성이 있는데, 7세기 말경에는 귀국하여 활동했다. 도증(道證)은 의적을 유식육대가(唯識六大家) 중의 한 명에 포함시켰다. 의적은 당나라 규기(窺基)의 유식사상에 대해서는 비판적인 입장에 있었는데, 그의 『대승의림장(大乘義林章)』은 규기의 『법원의림장(法苑義林章)』을 파척하기 위해서 저술한 것이었다. 의적은 『보살계본소(菩薩戒本疏)』, 『법화경론술기(法華經論述記)』 등 25부 70여 권의 많은 저술을 남겼고, 그의 관심은 유식·반야·법화·열반·정토·미륵·계율 등 다방면에 걸쳐 있었다.

한편 현장계의 유식학과는 별개로 중국에서 유식학의 지평을 넓고 깊게 펼친 신라의 승려로 원측(圓測, 612~696)을 들 수 있다. 원측은 신라와 중국은 물론 일본의 유식학에게까지 영향을 끼친 국제적인 불교학자였다. 심지어 그의 학식은 오늘날 티베트불교의 주류를 이루고 있는 쫑카파에 큰 영향을 끼쳤다. 중국에서도 원측을 따르는 학자가 많아 그를 경모하는 탑이 그가 유식학을 펼쳤던 서명사(西明寺)에 세워질 정도였다. 그는 산스크리트 어, 티베트 어 등에도 능하여 무려 6개 국어에 통하였다고 한다. 그는 현장이 중국에서 신유식학(新唯識學)을 펴기 전에 구유식학(舊唯識學)을 연구했다. 그리고 신유식학과 구유식학 모두를 수용하여 독자적인 학설을 전개했다. 원측은 현장의 수제자인 규기(窺基)가 오성각별설(五性各別說)에 따라 '일천제'는 성불할 수 없다는 주장을 한 데 반해 모든 중생은 누구나 성불할 수 있다는 일성개불설(一性皆佛說)을 주장했다.

이 밖에도 7세기 후반으로부터 8세기 초에는 원효, 도증(道證), 경흥(憬興), 도륜(道倫), 승장(勝莊), 법위(法位), 현일(玄一), 영인(靈因), 현범(玄範), 의영(義榮), 행달(行達), 의빈(義賓), 혜경(慧景) 등 많은 유식학승이 활발한 연구를 진행해서 유식의 융성을 이루었다. 특히 순경, 의적, 원효, 경흥 등의 학문적 업적은 뛰어났다. 백제 출신의 경흥은 신문왕(681~691) 때 국로(國老)가 되어 대궐을 출입하면서 조정의 여러 자문에 응하기도 했던 고승이다. 경흥은 47종이나 되는 저서를 남겼는데, 이것은 그 무렵 원효 다음으로 많은 것이었다. 또한 그의 교학은 불교 전반에 걸치는 것이었다.

원측의 제자인 도증이 신라로 귀국한 것은 692년이다. 그는 10여 부의 저서를 남겼다. 8세기 초를 전후한 시기에 활동한 흥륜사의 도륜(道倫)은 18부의 저술을 남겼다. 특히 705년경에 쓴 『유가론기(瑜伽論記)』 24권(또는 48권)은 『유가론』 100권에 대한 주석인데, 그 내용이나 분량으로도 전무후무한 대작이었다. 『금광명최승왕경소(金光明最勝王經疏)』 등의 저술을 남긴 승장도 원측의 제자였다. 도증의 제자로 8세기 중엽 경덕왕(景德王) 때에 활동한 태현(太賢)은 52부 110권의 방대한 저서를 남김으로써 원효, 경흥과 더불어 신라 3대 저술가로 꼽히고 있다. 특히 유식학(唯識學)과 인명학(因明學)의 대가였던 그는 신라는 물론 중국과 일본에까지 많은 영향을 끼쳤고, 존경을 받았다. 당나라의 도봉(道峯)은 「태현법사의기서(太賢法師義記序)」에서 태현을 500년에 한 번 나타난 성인으로 찬양했고, 일본의 응연(凝然, 1240~1321)은 「태현법사행장록(太賢法師行狀錄)」을 짓기도 했다.

이들 일군의 유식학승들은 화엄학자들과 교리적인 논쟁도 전개했는데, 순경은 『화엄경』의 초발심시변성정각(初發心時便成正覺)이라는 구절을 강하게 비판하기도 했다. 의적은 의상의 극과회심지의(極果廻心之意)에 대해서 비판했고, 도증도 화엄종 중심의 교리에 대해서 비판한 바 있다. 이러한 사실은 화엄학과는 구분되는 유식학의 한 학파가 뚜렷이 형성되어 있었음을 알게 해 준다.

이상에서 살펴본 바와 같이, 신라중대의 불교계는 교학이 크게 융성했다. 특히 유식과 화엄에 대한 관심이 높았다. 그에 반해 이 무렵의 밀교는 잡밀(雜密)의 단계에 머물러 있었다. 신라의 밀교승으로는 문무왕 대(669~680)의 명랑(明朗), 신문왕 대(681~691) 및 효소왕 대(692~701)에 활약한 혜통(惠通) 등이 있었다. 또한 밀교 경전에 대한 주석서도 나타났는데, 경흥의 『십이문다라니경소(十二門陀羅尼經疏)』와 도륜의 『십일면신주심경소(十一面神呪心經疏)』 등이 그것이다. 그리고 견당사 김사량(金思讓)이 704년 3월에 귀국하면서 『금광명최승왕경』을 신라에 전했다. 경흥, 도륜, 승장 등이 모두 이 경에 대한 주석서를 남겼다. 신라의 초기 밀교는 유가유식과 밀접한 관계가 있었다는 지적도 있다.

이들 저술은 신라, 당, 일본 등지로 두루 유포되었다. 7~8세기에는 많은 불서가 필사되어 유통되기도 했겠지만, 필사의 어려움과 한계는 대량의 인쇄가 가능한 목판본을 발명하게 된 동기가 되었을 것이다. 8세기 중반 목판본 『무구정광대다라니경(無垢淨光大陀羅尼經)』의 간행은 이 시기 불교학의 융성과도 관련이 있다. 불교는 문자의 보급에 크게 기여했고, 종이를 만드는 기술도 승려들에 의해서 전승되었다. 목판본 『무구정광대다라니경』이 인쇄되던 8세기 중반경의 신라 사회에는 많은 불전이 필요했다. 이 시기의 불교학은 세계적인 수준에 이르러 있었기 때문이다. 8세기 중반인 751년 무렵에 간행된 『무구정광대다라니경』은 세계에서 가장 오래된 목판 인쇄물이다. 탑을 만드는 공덕을 강조한 이 경이 미타산과 법장에 의해 당나라에서 한문으로 번역된 것은 704년경이었다. 그런데 이 경이 불국사의 석가탑 속에서 발견되었다. 이 목판 인쇄물은 그 간행 시기가 명기되어 있지 않아서 정확한 간행 연대는 알 수 없지만, 김대성이 불국사를 창건한 751년 무렵에 간행되어 탑 속에 봉안된 것으로 이해하는 것이 학계의 일반적인 견해이다. 결국 신라중대 불교학의 융성은 목판 인쇄술의 발달로 이어지게 되었던 것이다.

(2) 통일신라시대의 불교 신앙

1) 중대 왕실의 불교 신앙

신라중대 왕실은 적극적으로 불교를 신앙했고 국왕들은 불제자로 자칭하기도 했다. 문무왕(文武王, 661~691)은 불법을 공경하여 유언으로 화장을 당부했고 죽어서도 불법을 받들어 숭상하기를 원했다. 효소왕(孝昭王, 692~701)은 망덕사 낙성법회에 친히 참석하여 공양을 베풀었다. 왕위에 오르기 전에 오대산에서 수행한 바 있는 성덕왕(聖德王, 702~736)은 살생이나 도살을 금하도록 하교했으며, 경덕왕(景德王, 742~764)은 진표(眞表)로부터 보살계를 받았다. 궁중에는 원당인 내원(內院)이 있었고, 국왕은 고승을 궁중으로 초청하기도 했다. 어떤 경우에는 특정 사원의 법회에 직접 참석하기도 했으며, 신앙 영험에 감동하여 불사를 일으키기도 했다. 왕실에서는 선왕(先王)을 위한 추복(追福) 불사를 행했다. 불사의 방법에는 창사, 건탑(建塔), 주종(鑄鐘),

강경(講經), 설재(設齋), 토지의 시납(施納) 등 여러 형태가 있었다. 특히 성전사원(成典寺院)은 왕실 원당의 성격이 강했다.

8세기 동아시아의 지배적 종교는 불교였기에 신라와 당, 그리고 일본 사이에는 불교 문화의 교류가 활발했고, 신라는 당나라나 일본과의 외교 정책으로 불상을 선물로 보내거나 사신이 사원을 방문해서 참배한 예도 있다. 신라 왕실에서는 천재지변이나 외침 등 어려움을 당하면 불교에 힘입어 이를 극복하려고 노력했는데 다음의 예가 그 경우다. 문무왕은 당나라의 침략을 물리치기 위해서 명랑(明朗)의 건의에 따라 사천왕사를 창건했다. 성덕왕은 이효거사(理孝居士)를, 그리고 경덕왕은 태현(太賢)을 각각 초청해서 기우제를 주관케 했다. 효소왕은 잃어버렸던 만파식적과 부례랑(夫禮郎)이 백율사 관음보살의 영험에 의해 되돌아왔다고 하여 많은 보시를 했다.

중대의 신라 왕실에서는 고승을 국사(國師)에 책봉했는데, 국사는 국왕 위에 상징적으로 존재했지만 승정(僧政)이나 국정에 실제로 참여한 것 같지는 않다. 중대의 국왕은 국사 이외에도 여러 고승과 인연을 맺고 있었다. 문무왕은 지의(智義), 명랑(明朗), 의상(義相) 등 여러 고승과 가까웠고, 신문왕은 경흥(憬興)을 국로(國老)에 책봉했으며, 효소왕은 밀교승 혜통(惠通)을 국사로 삼았다. 경덕왕은 진표(眞表), 충담(忠談), 월명(月明), 태현, 법해(法海), 표훈(表訓), 원표(元表), 이순(李純) 등 여러 고승을 만났다. 국왕은 이들로부터 불법을 청해서 듣거나 정치적 자문을 구했고, 혹은 간언을 듣기도 했다. 문무왕은 의상의 간언에 따라 축성의 대역사를 중지했고, 경덕왕은 이순의 간언을 수용하여 음악 즐기던 일을 중지했다.

불교는 민족 융합에 기여했고, 또한 정치 이념이나 왕실의 의식에 이르기까지 적지 않은 영향을 미쳤다. 삼국민의 공통된 종교는 불교였다. 따라서 불교는 통일 직후 삼국민 사이에 쌓인 마음의 상처를 아물게 하고 민족이 융합하는 데 기여했다. 불교의 전륜성왕 사상은 중대의 정치 이념에 영향을 주었고, 경덕왕은 원표, 이순, 월명, 충담 등으로부터 정치적 자문을 구하기도 했다.

그렇다고 불교는 중대 전제왕권을 옹호하기만 했다거나 국왕은 불교를 정치에 이용했다고 이해할 필요는 없다. 문무왕은 유언으로 화장을 당부했고, 효성왕도 유언에 따라 화장하고 뼈를 동해에 산골(散骨)했듯이, 당시의 국왕은 불교로부터 많은 영향을 받기도 했기 때문이다. 신라중대 귀족들의 불교 신앙도 돈독했는데 여러 신앙의 유형이나 성격이 왕실의 신앙과 확실하게 구별되지 않을 정도로 비슷했다. 결국 신라중대 왕실은 적극적으로 불교를 신앙하고 후원했으며, 이 시기의 정치에 미친 불교의 영향은 적지 않았다고 하겠다.

2) 여러 신앙의 유행

통일신라시대에는 미륵신앙, 관음신앙, 미타신앙 등이 유행했고, 이러한 신앙은 지배층은 물론 피지배층까지도 크게 영향을 주었다.

미륵신앙의 경우, 이 시대에는 전반적인 불교학의 발달에 따라 경전에 대한 이해를 토대로 전개되었다. 미륵삼부경에 대한 교학적 연구가 깊이 있게 진행되었는데, 원효, 원측, 경흥, 의적, 태현 등이 남긴 연구가 약 12종 19권에 이르렀다. 이는 미륵신앙의 신라적인 변용에 밑거름이 되었다. 그리하여 수행을 통해 미륵불로 현신성도(現身成道)했다는 설화를 비롯한, 월명의 도솔가, 충담의 미륵불상에의 차 공양, 태현이 용장사의 미륵불상을 돌 때면 미륵상이 따라서 얼굴을 돌렸다는 설화, 김지성이 돌아가신 부모를 위해 미륵상을 조성했다는 등의 많은 미륵신앙에 관한 자료가 남아 오고 있는 것은 미륵신앙의 폭넓은 유포를 말해 준다.

경덕왕 때의 진표는 가장 열렬한 미륵신앙자로 그는 피나는 수행을 통해 미륵으로부터 훗날 도솔천에 태어날 것이라는 수기를 받기도 했다. 그가 주석했던 금산사는 현재까지도 미륵신앙의 대표적 도량이 되고 있다. 금산사에는 미륵장육상(彌勒丈六像)을 조성해 모셨고, 금당 벽에는 진표가 미륵보살로부터 수계하는 모습을 그렸다. 금산사가 미륵신앙의 중요한 도량으로 된 것은 바로 이 때문이다.

미륵신앙은 삼국시대 이래로 폭넓게 유포되고 있었지만 법상종과는 더욱 밀접한 관계에 있었다. 유식학 연구의 대표적인 논서인 『유가론』은 미륵보살의 가르침에 의하여 무착(無着)이 저술했다고 한다. 이로부터 법상종〔유가종〕에서는 미륵신앙을 주로 하게 되었던 것인데, 진표도 역시 법상종과의 인연이 있었다. 진표가 미륵보살로부터 받은 두 간자의 신훈(新勳)과 본유(本有)의 의미는 유식학의 종자설과 깊은 관련이 있기 때문이다. 사회가 혼란하던 후삼국 시대에는 미륵불을 자칭하는 인물이 등장했다. 곧 궁예다. 그가 미륵불 행세를 한 배경에는 새로운 시대의 도래를 희구하던 민중들의 인심을 자기 쪽으로 끌어들이려 했던 정치적 계산이 있었겠지만, 그가 결코 미륵불이 아니었음은 물론 정법으로 다스리는 전륜성왕도 못 되었다.

대자대비를 서원으로 하는 관세음보살은 어떤 경우에도 중생의 부름에 응하여 모든 고난으로부터 구해 준다고 한다. 이 때문에 관음신앙은 가장 영향력 있는 신앙으로 유포되었다. 『화엄경』, 『법화경』, 『아미타경』, 『능엄경』 등의 여러 경전에는 관세음보살에 대해 설하고 있다. 의상은 낙산의 관음굴에서 예배·발원할 때 「백화도량발원문」을 지었고, 낙산사를 창건하고 관음주처신앙을 유포했다. 의상의 관음신앙은 『화엄경』에 배경을 둔 구도적인 것이었다. 관음의 가피력이 그에게 드리우기를 발원했다. 이는 자신의 성정 본각(性淨本覺) 중에 관음의 자비가 나타나기를 바라는 것으로 자비의 실천인 이타행을 의미한다. 백율사, 중생사, 민장사 등은 관음신앙의 중요한 도량이었다. 백율사의 관음은 이상한 승려의 모습으로 나타나 화랑인 부례랑을 구했고, 민장사의 관음은 가난한 여인 보개의 아들 장춘(長春)을 구했다. 그리고 중생사의 관음은 신라 말 최은함이 기도하여 낳은 강보의 어린 아기인 최승로를 돌보았다고 한다. 분황사의 천수천안관세음보살은 희명의 간절한 기도에 응하여 5세 아들의 눈을 뜨게 했다. 향가 「도천수대비가」는 희명이 기도하며 부른 노래다. 석굴암에 십일면관세음보살이 조성된 것도 「도천수대비가」가 지어진 8세기 중반의 경덕왕 때(742~764)이다.

신라 사회에는 정토신앙이 유행하고 있었다. 의상도 평생 서방정토를 향해 앉을 정도로 정토신앙에 투철했고, 원효의 대중 교화도 정토신앙에 그 토대를 두고 있었다. 원효가 전국의 방방곡곡을 다니며 교화한 공으로 가난하고 무지몽매한 사람들까지도 모두 아미타불을 외우게 되었다고 한 것이 바로 그렇다. 오랜 전쟁으로 지쳐 있던 많은 사람들의 가슴속에 이상세계인 극락세계를 설정한다고 하는 것은 커다란 희망이었다. 원효는 「미타증성게(彌陀證性偈)」를 지어 이러한 사람들의 염원을 담아 내기도 했다. 문무왕(661~680) 때의 광덕(廣德)은 서방정토에 왕생하기를 발원하며 수행했다. 그는 밤마다 단정히 앉아 아미타불을 칭념(稱念)하거나 16관(觀)을 관했다. 그가 지은 「원왕생가」는 정토왕생을 발원한 향가로 유명하다. 원효의 「미타증성게」와 광덕의 「원왕생가」는 『무량수경』에, 그리고 16관은 『관무량수경』에 나타나는 교설을 바탕으로 하고 있다. 경덕왕 때의 귀진(貴珍)은 염불만일회(念佛萬日會)를 조직하여 수행했고, 그의 여종 욱면(郁面)도 지성으로 염불하여 살아 있는 현생의 몸으로 서방정토로 왕생했다고 한다. 경덕왕 때의 승려 월명(月明)이 죽은 누이동생을 제사 지내면서 지어 부른 「제망매가(祭亡妹歌)」에도 미타찰, 즉 아미타불이 계신 서방정토에서 누이와 만나기 위해 도 닦아 기다리련다는 간절한 염원이 담겨 있다.

경전이 곧 신앙의 대상이 되어, 특정 경전에 대한 수지·독송·강경·사경·유포 등에 의한 공덕이 강조되었다. 신라시대의 경우, 『화엄경』, 『법화경』, 『인왕반야경』, 『금광명경』, 『점찰경』 등이 신앙되었다. 『화엄경』과 『법화경』의 석경(石經)이 조성되고, 『화엄경』 사경이 이루어졌던 것도 이 때문이다. 『화엄경』의 「보살주처품(菩薩住處品)」에서는 20여 곳에서 보살이 상주설법한다고 했다. 신라에도 보살주처신앙이 수용되어, 오대산·금강산·천관산 등에는 문수보살·담무갈보살·천관보살이 상주설법한다고 신앙하게 되었다. 낙산의 관음보살주처신앙도 『화엄경』의 「입법계품」에 토대한 것이었다.

신라불교는 『점찰경(占察經)』을 특별히 신앙했다. 『점찰경』에 기초한 점찰법회는 신라 중고기부터 행해지고 있었음은 전술한 바와 같다. 이 법회는 통일신라시대에도 그대로 계승되었는데, 도량사(道場寺)의 점찰회와 흥륜사의 육륜회(六輪會)가 그 대표적인 사례라고 하겠다. 전자는 죽은 사복(蛇福)과 그의 모를 위하여 세워졌던 도량사에서 매년 3월 14일에 항례적으로 실시되던 법회이고, 후자는 신문왕(681~691) 때 흥륜사에서 열렸던 법회이다. 특히 흥륜사의 육륜회 개최를 위해 이 절의 승려 점개(漸開)는 시주를 구하러 다녔고, 신도 복안(福安)이 베 50필을 보시했다는 기록으로 볼 때 이 무렵 신라인들의 점찰법회에 대한 높은 관심을 짐작해 볼 수 있다.

흥륜사에서 개최되었던 육륜회란 『점찰경』에서 설하고 있는 3종 목륜상(木輪相) 중의 하나인 육륜상으로 삼세에서 받는 과보의 차별상을 점치는 법회였다. 이처럼 『점찰경』의 교설에 의한 점찰법회는 신라 불교의 중요한 법회의 하나로 자리잡았다. 8세기 중반의 진표(眞表)와 그 계승자들에 의해 『점찰경』 신앙은 민간에 널리 확대되고, 사상적으로 심화되었다. 진표는 그의 전 생애를 『점찰경』에서 설하고 있는 바에 따라 수행하고 교화하였으며, 또한 그의 제자들에 의해 계승된 『점찰경』 신앙은 금산사·법주사·동화사 등지에서 널리 전파되고 있었다.

이 까닭에 진표를 점찰교법의 확립자이며 참회불교의 집대성자라고 보는 견해도 있다. 진표는 모악산 숭제(崇濟) 문하에서 12세에 머리를 깎고 출가했다. 숭제는 진표에게 『점찰선악업보경』을 전하면서 수행과 교화의 지침으로 삼도록 했다. 이에 진표는 『점찰경』에 의해 망신참법(亡身懺法)으로 수행했다. 『점찰경』에 의한 이 참회 수행법은 중국의 경우 수나라와 당나라에서 이미 성행한 바 있지만, 신라에서는 진표가 처음으로 이를 실천했던 것이다. 그는 무릎과 팔뚝이 부서지고 피가 흘러내릴 정도로 참회했다. 진표는 마침내 지장보살로부터 정계(淨戒)를 받고, 미륵보살에게서 제8간자와 제9간자를 전해 받았다.

진표의 법을 얻은 제자로는 영수(領袖)·영심(永深)·보종(寶宗)·신방(信

芳)·체진(體珍)·진해(珍海)·진선(眞善)·석충(釋忠) 등이 있었고, 이들은 모두 산문의 개조가 되었다고 하지만, 특히 진표의 점찰교법은 속리산 법주사의 영심에게로 계승되었다. 영심은 복숭아나무 위에서 거꾸로 떨어지면서까지 용맹스럽게 참회함으로써 진표로부터 간자를 전해 받을 수 있었다. 진표가 영심에게 간자를 전하면서 당부한 것은 점찰교법으로써 두루 중생을 구하는 한편 또 이를 두루 유포시키라는 것이었다. 이렇게 진표의 법통을 이어 제자가 된 영심은 속리산에서 점찰교법으로 교화 활동을 펼쳤다. 영심이 단을 만드는 법은 점찰육륜(占察六輪)과는 조금 달랐지만, 수행하는 법은 산속에 전하는 본규와 같았다고 한다.

심지(心地)는 신라 제41대 헌덕왕(809~826)의 왕자이다. 그는 15세에 머리를 깎았다. 수행에 정진하던 심지는 속리산의 영심이 법회를 개최한다는 소식을 듣고 찾아가서 참회 수행에 참여하였다. 눈이 내리는 마당에서 예배하기도 하고, 팔꿈치와 이마에서 피가 흘러내릴 때까지 수행하여 마침내 영심으로부터 간자를 전해 받아 팔공산으로 돌아갔다. 그는 동화사에 참당을 지어서 간자를 봉안했다. 그는 참당을 중심으로 점찰법회를 개최했고, 이 법회는 동화사의 전통으로 오래 계승되었다.

이 밖에도 원효를 비롯한 대중승들은 왕실과 귀족을 무대로 활동하지 않고 철저히 서민대중과 함께 하며 이들을 교화했다. 그러한 인물들이 바로 원효를 비롯해 혜숙(惠宿)과 혜공(惠空), 대안(大安) 등이다.

혜숙은 시골을 무대로, 혜공은 거리를, 대안은 장터를 돌아다니며 일반인들에게 불교를 전하여 서민불교를 심었으며, 원효는 각 고을을 돌아다니며 모든 사람들과 아이들에게까지 부처님의 가르침이 미치게 하였다. 이러한 고승들의 행적은 불교 대중화의 모범적인 사례이며, 선구적인 보살행이었다. 나아가 원효는 저술하던 붓을 던지고 속복(俗服)을 입고 스스로 소성거사(小性居士)라 이름하고, 박을 들고 전국 방방곡곡을 노래하고 춤을 추면서 '나무불(南無佛)'을 불러 널리 불법을 알리니 모두 불교를 알게 되었다 한다. 특히 무애무는 한국불교 무용의 효시를 이루었으며 현대 일본에도 무애무와 무애가가 전해지고 있다는 점에서 그 영향력을 미루어 짐작할 수 있다. 이리하여 신라 불교는 왕실, 귀족, 서민 차별 없이 온 국민이 다같이 신봉하고 이해할 수 있게 되었다.

또한 통일신라시대에 이룩된 찬란하고 완숙한 경지의 한국불교 예술은 우리나라 불교미술은 물론 한국문화의 황금기로 자리매김한다. 불국사(佛國寺)와 석굴암(石窟庵)의 건축 공간과 조형미는 세계문화유산으로 등재되어 그 아름다움을 내외에 과시하고 있다. 성덕대왕신종이라 불리는 봉덕사 종의 그윽한 울림은 진정 신이롭다 할 것이며 감은사지 3층석탑을 비롯한 석가탑, 다보탑은 정교하고 웅장한 불교미술의 백미를 보여 준다.

한편, 통일 이후 국력의 신장과 함께 신라 불교는 해외로 뻗어 나가 큰 활동을 전개하였다. 중국과의 교역이 활발해지면서 산동반도나 강소성(江蘇省) 등에 신라인이 많이 살게 되자, 그곳에 신라원(新羅院)이라는 사찰을 세우고 불교 활동을 전개하였다. 이것은 신라 불교의 대륙 진출이라고 할 만하다. 또한 혜초(慧超)가 일찍이 당에 들어갔다가 인도 및 서역의 불교 유적지를 두루 순례하고 돌아와 『왕오천축국전(往五天竺國傳)』을 저술한 것은 8세기 이전 불교의 상황을 알 수 있게 한 것으로써 신라 불교의 저력을 잘 보여 주는 것이다.

(3) 발해의 불교

1) 발해의 불교 신앙

발해의 중경 및 동경 지역은 과거 고구려 영역에 속했던 곳이고, 첫 도읍지인 구국(舊國)과 상경 지역은 고구려의 영역 밖에 있었다. 따라서 중경 및 동경 지역의 불교는 고구려 불교의 전통이 계승된 곳임에 비해 고구려 영역에 속하지 않았던 구국 및 상경 지역의 경우는 발해 건국 이후에 불교가 새롭게 유입된 곳이라고 하겠다. 동경 지역에서 발견되는 이불병좌상(二佛竝坐像)은 고구려 법화신앙의 전통이 계승된 것으로 이해되는 것도 이 때문이다.

9세기 이후에 활동한 발해의 승려로 석인정(釋仁貞), 석정소(釋貞素), 살다라(薩多羅), 재웅(載雄), 대원화상(大圓和尙), 무명승(無名僧) 등이 있었다. 희왕 때의 인정은 814년에 대사(大使) 왕효렴(王孝廉, ?~815)을 따라 일본에 사신으로 가서 일본의 문인들과 교유했다. 그는 시를 잘 지었다. 희왕으로부터 선왕 때에 주로 활동한 정소(?~828)는 발해와 당나라와 일본을 여러 차례 왕래했다. 그는 당나라에 유학하여 응공(應公) 문하에서 수학했고, 일본의 유학승 영선(靈仙, ?~828)을 만나 교유하기도 했다. 영선은 응공의 스승이었다. 정소는 당나라 오대산에 있던 영선과 일본의 조정을 오가면서 중개자 역할을 했다. 이 때문에 그는 발해와 당과 일본을 오갔던 것이다. 당으로부터 귀국하던 그는 828년에 풍랑을 만나 목숨을 잃었다.

9세기 후반에 장안의 서명사(西明寺)에 머물렀던 살다라는 조수(鳥獸)의 말에도 능했다고 한다. 대원은 826년(선왕 9)에 함경북도 명천군 칠보산의 개심사(開心寺)와 용강성 석두현의 해성사(海城寺)를 창건했다. 무명승(722~793)은 율장(律藏)에 밝았는데, 선종에 대해서도 많은 관심을 가지고 입당 이후에는 조사들의 유적을 두루 탐방했다. 그 후 그는 낙양의 동덕사(同德寺)에 오래 주석했다. 재웅은 926년에 발해가 망하자 60인과 함께 927년(고려 태조 10)에 고려로 망명했던 승려이다.

발해의 왕실에서는 불교를 적극적으로 신앙하고 있었다. 713년 12월에 당나라에 도착한 발해의 왕자는 시장에 가서 교역하고 절에 가서 예불하기를 청하여 허락을 받았다고 한다. 이로써 발해 왕실은 건국 초기부터 불교를 신봉하고 있었음을 알 수 있다. 문왕(737~793)의 존호 대흥보력효감금륜성법대왕(大興寶曆孝感金輪聖法大王)에는 불교 전륜성왕 이념의 영향이 보인다. 무력이 아닌 불법으로 세상을 통치하려 했던 것은 불교적 정치 이념이다. 왕실의 불교 신앙 사례로는 정효공주(貞孝公主) 무덤에서도 주목된다. 지하에 무덤을 만들고 그 위에 벽돌로 탑을 쌓았기 때문이다. 발해에는 무덤 위에 건물을 짓던 전통이 있었는데, 불교의 영향으로 건물이 탑으로 변모한 것으로 이해된다. 그리고 정효공주 무덤 앞에는 절을 세워 능사(陵寺)로 삼아 명복을 빌었다. 왕실 내지 귀족을 위해 축조된 탑으로는 마적달탑과 영광탑 등이 있었다.

발해의 지배층에도 불교를 이해하고 신앙하는 경우가 많았는데, 일본에 파견되었던 사신 중에 불교와 관련된 활동을 한 예가 보인다. 일본에 파견된 사신이 763년 정월에 동대사(東大寺)에서 예불했다는 기록이 전한다. 아마도 이들은 762년에 사신으로 갔다가 이듬해에 귀국한 왕신복(王新福) 일행으로 추측된다. 왕효렴은 814년(희왕 2)에 사신으로 일본에 갔는데, 일본의 고승 공해(空海, 774~835)와 교유하기도 했다. 이듬해에 왕효렴이 일본에서 사망하자 공해는 그를 추도하는 시를 남기기도 했다. 800년을 전후한 시기에 일본에 갔던 발해의 어느 사신이 일본에서 예불을 거행했다. 당시 사신을 접대하는 책임을 맡았던 안배길인(安倍吉人)은 이 소식에 감동하여 시를 지었고, 지금도 이 시가 전한다. 그 발해 사신의 이름은 전하지 않지만, 일본인을 감동시킬 정도의 신심을 가지고 있었던 것이다.

861년에 일본으로 갔던 발해 사신 이거정(李居正)은 『불정존승다라니경(佛頂尊勝陀羅尼經)』을 전해 주기도 했다. 이 사실은 일본 석상사에 소장되어 있는 이 경의 발문에 의해서 알 수 있다. 이 경은 밀교 계통에 속한다. 따라서 발해에도 밀교 경전이 유통되었음을 알 수 있다. 심양에서는 존승다라니(尊勝陀羅尼)가 새겨진 석경당(石經幢)이 발견된 바 있고, 개원(開元) 2년(714) 운운(云云)의 기록이 확인되기도 하였다. 8세기 전반의 발해 불교계에는 밀교가 수용되어 있었던 것이다. 일본에 사신으로 갔던 사도몽(史都蒙) 일행이 777년(문왕 41)에 귀국하면서 가지고 간 물품 중에는 수정 염주 4관(貫)이 포함되어 있었다. 814년(희왕 2)에 당나라에 파견되었던 발해 사신 고예진(高禮進) 일행은 당나라에 금불상과 은불상 각각 1구를 바치기도 했다.

2) 발해 불교의 유적과 유물

　중경, 동경, 상경을 중심으로 한 지역과 그 주변에는 많은 불교 사원이 건립되었다. 지금 이들 지역에 많은 불교 유적이 남아 있고, 또 유물이 발견되는 것은 이 때문이다. 구국 관할 지역의 사지로는 유일하게 묘둔사지가 있다. 지금의 중국 길림성 돈화시 흥석향 일심촌에 그 터가 있다. 중경 현덕부 관할 지역의 사지는 고산촌사지를 비롯하여 10여 곳에 절터가 남아 있다. 용정시 덕신향 소재지에서 2리 떨어진 중평촌에 있는 중평촌사지에서는 석조삼존불상이 발굴되기도 했다. 동경 용원부 지역은 한때 발해의 수도로 발전한 곳인데, 오늘날의 훈춘시와 러시아, 북한 등 3국이 서로 접하는 곳이다. 이 지역에서는 모두 8곳의 사지가 발견되었다. 상경성의 경우, 외성(畏城) 안에서 8곳, 외성 북쪽 성벽 밖의 2곳 등 모두 10개의 사지가 있다.

　중국 동북경 내의 기타 지역에도 세 곳에 절터가 있다. 남경남해부는 발해 5경 중의 하나로 옥저의 옛 지역인데, 오매리사지와 개심사지가 있다. 특히 오매리사지에서는 금동불상편과 명문이 있는 금동판이 발견되기도 하여 주목되는 곳이다. 명문에 의하면, 이 절에는 546년(고구려 양원왕 20)에 세운 5층탑이 있었음을 알 수 있다. 북한의 함경북도 명천군 보촌리에 있는 개심사지에서 묵서가 있는 목함(木函)이 발견된 바 있다. 묵서에 의하면, 이 절은 826년(선왕 9)에 대원화상(大圓和尙)에 의해 창건되었음을 알 수 있다. 러시아 연해주 지역에서 보고된 발해의 불교 유적으로는 향산사지 등 4곳이 있다. 향산사지에서는 많은 도기와 소조불상 등이 발굴되었고, 사지의 입구 부근에서 삼존불상이 발견되기도 하였다.

　불교의 융성에 따라 많은 불상이 조성되었다. 지금까지 1,000구에 가까운 불상이 발견되었다고 한다. 그 소재 또한 다양하여 석불(石佛), 철불(鐵佛), 금동불(金銅佛), 전불(塼佛), 소조불(塑造佛), 건칠불(乾漆佛) 등이 발견되었다. 대표적인 석불은 상경성 흥륭사에 봉안되어 오고 있는 대석불이다. 이 석불은 발해 불상이지만, 청나라 때 개조되기도 했다. 이 불상의 크기는 대좌를 포함하여 3.3m에 달했다. 이 밖에도 중평촌사지, 신생촌사지, 오일촌사지, 양목임자촌사지, 오매리사지, 팔련성 동남사지 등에서 석불이 출토되었다. 팔련성사지에서 출토된 석조사존불상(石造四尊佛像)은 형태가 완전하고 조각이 우수한 것으로 알려지고 있다. 그리고 비상형(碑像形)이 일본의 대원(大原) 미술관에 전하는데, 거기에 834년(咸化 4)에 조문휴(趙文休)의 어머니 이씨가 아미타불과 관음보살 및 대세지보살을 조성하였다는 명문이 있다. 전불은 상경성 제4사지와 제5사지, 그리고 팔련성 제2사지와 제3사지에서 출토되었다. 전불은 소형에 속하고 거푸집을 사용하여 만들었기에 그 형태가 비슷하다. 상경성 토대자촌에서 12.1cm의 소형 철불이 발견되었는데, 천불상의 일부였을 가능성도 제기되고 있다. 금동불상은 상경성 제5사지와 오매리사지, 향산사지 등에서 출토되었다. 상경성 제5사지에서 발굴된 금동관음보살입상은 높이 10.3cm의 소형이다.

불상의 형식을 보면, 관음보살입상(觀音菩薩立像), 선정인여래좌상(禪定印如來坐像), 미타정인여래좌상(彌陀定印如來坐像), 이불병좌상(二佛並坐像), 삼존불(三尊佛), 오존불(五尊佛) 등이 있다. 발해 불교를 신앙적인 측면에서 보면, 법화신앙, 관음신앙, 아미타신앙, 밀교신앙 등으로 분류할 수 있다. 두 불상이 나란히 앉아 있는 모습의 이불병좌상은 팔련성 부근에서 출토되었다. 석가불과 다보불(多寶佛)이 나란히 앉는 경우는 『법화경』에 그 배경이 있다. 따라서 이불병좌상이 출토된 동경 용원부 일대에는 『법화경』을 소의경전으로 하는 천태종이 전파되어 있었을 가능성이 지적되기도 한다. 또 오랜 기간 수도 역할을 하였던 상경 용천부 지역은 관음상이, 그리고 동경 용원부 지역은 이불병좌상이 각각 주류를 이루었다. 이 때문에 상경 지역에서는 관음신앙이 성행하고, 동경에서는 법화신앙이 성행했을 것으로 보는 견해도 있다.

탑으로는 정효공주무덤탑과 마적달탑, 그리고 영광탑 등이 있었다. 길림성 훈춘시 마적달향 마적달촌에 있던 마적달탑은 1921년에 무너졌다고 하는데, 이 탑도 무덤 위에 세운 것이다. 길림성 장백조선자치현에 있는 영광탑은 5층

전탑으로 현재까지 잘 보존되어 있다. 이 탑 아래도 역시 무덤이다. 이상의 세 탑은 모두 사리탑이 아니라 무덤탑의 성격을 띄고 있다. 탑 아래에 무덤을 만들고 그 아래에 시신을 안치하였던 것이다. 따라서 이 탑은 승려가 아니라 왕실이나 귀족을 위해 축조된 것이고, 이것은 발해 불교의 한 특색이다.

발해의 절터에서도 사리구가 발견된 사례가 있다. 함장촌사지, 영성고성사지, 상경성 토대자촌사지 등이 그 경우다. 상경성 토대자촌사지에서 발굴된 사리함은 5중으로 되었는데, 밖의 석함으로부터 철함, 동함, 칠함, 은함의 순서로 구성되어 있었다. 은함 안에는 은으로 만든 복숭아형의 병을 넣고, 그 병 안에 다시 감색의 유리병이 있는데, 그 속에 사리 5과가 있었다. 그리고 영성고성사지 출토 사리함은 석함, 동함, 은함, 금함 등 4중 구조로 되었고, 그 속에 사리 12과가 있었다고 한다. 흥융사에는 높이 5m나 되는 큰 석등이 전한다. 그리고 상경성 내의 사지에서는 철제향로 및 석제향로가 발견되기도 했다.

II. 선의 전래와 조계종의 성립

1. 선의 전래
   (1) 중국 선종의 형성과 발전
   (2) 선의 전래
2. 종조 도의국사와 조계종의 성립
   (1) 도의국사의 생애와 사상
   (2) 조계종의 성립
3. 구산선문의 형성과 전개
   (1) 구산선문 형성의 사회적 배경
   (2) 각 산문의 형성 과정과 전개 모습
   (3) 구산선문의 선풍과 선사의 위상

선의 전래와 조계종의 성립

1. 선의 전래

(1) 중국 선종의 형성과 발전

중국에서 발생한 많은 종파들이 각각 의거하는 경전에 입각해 종지와 종풍을 수립하고 있는 데 비해 선종만은 염화미소(拈華微笑), 정법안장(正法眼藏)의 부처님의 마음을 전하는 종파라 말할 수 있다.

중국 선종은 육조 혜능(六祖慧能, 638~731)이 등장하여 사상적 기초를 다지면서 조사선(祖師禪)을 구축해 냈으며, 그의 제자 마조 도일(馬祖道一, 709~788), 석두 희천(石頭希遷, 700~790) 대에 이르러서 선종 교단을 형성하게 된다. 그러나 이때까지 선종 교단은 율종 사원에서 더부살이하는 형식으로 명맥을 유지해 왔지 자체적으로 독립적인 생활을 해 오지는 못했다. 그러다가 백장 회해(百丈懷海, 720~814)가 청규(淸規)를 수립하고 선 수행자들만의 선원(禪院)을 건립하면서부터 율종 사원으로부터 독립하여 선종이 교단으로서 명실상부한 위치를 점하게 된 것이다.

그러나 선종의 전통에 따르면 중국의 선종은 달마(達摩)가 중국에 들어오면서 시작된다고 한다. 즉, 달마를 선종의 초조(初祖)로 삼아 달마로부터 선종이 모습을 드러내게 되었다는 것이다. 양나라 무제 보통 원년에 해당하는 520년 9월에 달마대사가 중국의 광동에 도착한다. 달마는 양무제를 만났지만 실망하고 북방의 위나라로 가게 되며, 이후 숭산(嵩山)의 소림사(少林寺)에 머물면서 면벽 수선(修禪)에 열중했다. 이후 제자를 양성하게 되어 중국 선종의 단초를 열게 되었다. 따라서 중국 선종사의 시대 구분은 달마를 중심으로 달마 이전과 달마 이후로 나뉘게 된다.

1) 달마 이전의 선

보리 달마가 중국 선종의 초조이지만 달마 이전에도 선은 있었다. 인도에서 불교가 전래되면서 수많은 선경(禪經)이 번역되어 선학 연구가 진행되고 있었다. 『안반수의경』, 『선요가욕경』, 『선행법상경』, 『오문선요경』, 『좌선삼매경』, 『달마다라선경』 등 소승 계통의 선경이 번역되어 중국 선사상 출현의 토대를 쌓아 가고 있었다. 또한 이와 달리 대승 계통의 선경도 전래되어 번역된다. 『반주삼매경』, 『관불삼매경』, 반야부 제 경전, 『법화경』, 『화엄경』, 『능가경』, 『유마경』 등이 그것이다. 이러한 경전들은 중국 선종의 형성에 지대한 영향을 미치게 되며, 소승계 선경과 함께 중국 선종의 토대를 구축하는 데 많은 기여를 하게 된다.

대·소승의 선경과 경전들이 번역되면서 많은 승려들이 이들을 연구하기 시작했다. 스스로 선사라 칭하는 승려들이 등장하게 되는 것이다. 예컨대 519년에 찬술된 『양고승전』은 역경(譯經), 의해(義解), 신이(神異), 습선(習禪), 명률(明律), 송경(誦經), 흥복(興福) 등으로 분류하고 있으며, 645년에 찬술된 『속고승전』에서도 역경, 의해, 습선, 명률, 호법(護法), 감통(感通) 등으로 목차를 만들고 있다. 여기서 습선(習禪)이란 선정을 닦는다는 의미이므로, 이미 그 당시에 선정을 수행하여 유명해진 승려들이 존재했다는 것을 알 수 있다.

한대에 안세고(安世高)가 『안반수의경(安般守意經)』을 번역한 이래 많은 승려들이 선경(禪經)을 번역하게 된다. 그리고 불교의 중국화가 진행됨에 따라 초기의 선학자들은 도가의 신선 사상이나 호흡, 토납(吐納) 등의 방술 사상의 영향을 받게 된다. 이는 주로 지관쌍수(止觀雙修)이며, 마음을 모아 선정에 들어가는 것에 편중되어 있었다. 선정을 닦는 사람들은 대부분 신통을 찾았으며, 장좌불와로 수선의 주요 형식을 삼았다.

강승회(康僧會, ?~280)는 명심론(明心論)을 주장했다. 그의 명심 사상은 후대 선학에서 수심론의 선구로 평가된다. 강승회의 뒤를 이어 등장한 승조(僧稠)는 수심(修心)을, 승실(僧實)은 조심(雕心)을 주장했다. 그렇지만 수식관(數息觀)이나 4념처관(四念處觀), 9차제정(九次第定) 등의 관법을 벗어나지 못하고 있었다.

위진남북조 시기의 반야사상과 불성론의 성행은 선학의 중국화를 위한 초석을 다지는 계기가 되었다. 선관법과 대승의 공사상이 결합하여 중국 선학계에 새로운 기풍을 형성하고 있었다. 대표적인 고승인 축도생(竺道生)은 돈오성불론(頓悟成佛論)의 기초를 확립했으며, 천태의 혜문선사는 일심삼관(一心三觀) 사상을 주장하게 되었다. 그리고 이들의 사상이 정립되는 이면에는 삼론학(三論學)을 중심으로 전개되고 있던 반야사상의 영향이 매우 크다. 남조 제량 시대에 활동한 보지(寶誌, 418~514)선사는 즉심즉불(卽心卽佛) 사상을 제창하여 중국 선학의 새벽을 열고 있다.

선학의 사상적 맥락에서 도생은 돈오성불론 외에 실유불성론(悉有佛性論)을 주장했다. 도생과 동시대를 살다가 요절한 승조(僧肇, 384~414)는 『유마경』의 불이법문(不二法門)을 응용하여 출가가 세상으로 돌아가는 것과 떨어져 있는 것이 아니라고 주장하여 고원한 사변철학에 치우치기 쉬운 불교 사상을 현실적인 생활 속에서 찾도록 만들었다. 따라서 번뇌가 바로 깨달음이며, 깨달음이 바로 번뇌라는 그의 주장은 후대의 선종 사상에 커다란 영향을 미치게 된다.

2) 달마 이후의 선

중국에서 선종이라는 명칭이 사용되기 이전에 어떠한 명칭으로 불렸을까? 그 이전에는 능가종(楞伽宗), 동산종(東山宗) 등으로 불리는 종파들이 차례로 등장하였다. 그리고 그것들이 혜능을 실질적인 개창조로 삼는 선종으로 변하게 되었다. 이렇게 혜능이 등장하기 이전의 선의 흐름을 인도의 선이 중국의 선으로 정착되는 과도기적 과정, 즉 인도의 선이 중국의 선종으로 토착화되는 과정으로 정의된다. 다시 말해서 달마 이후부터 혜능 이전까지의 선은 점차로 깨달아 가는 인도의 점오선(漸悟禪)이 몰록 깨닫는 중국의 돈오선(頓悟禪)으로 정착하는 과정인 것이다. 중국의 돈오선은 역대 조사들의 이심전심에 의한 사자상승(師資相承)을 강조하고 조사들이 부처와 같은 위치를 점하기에 조사선이라고 한다. 이것이 바로 중국의 선종 가풍으로서 두드러진 특색을 보여 주고 있다. 그렇다면 달마 이후 이 시기의 선을 조사선 전사(前史)로 볼 수 있다.

능가종

능가종은 4권 『능가경(楞伽經)』의 번역자인 구나발타라(求那跋陀羅, 394~468)를 제1조로 해서 보리달마를 제2조로 삼는다. 3조는 혜가(慧可), 4조는 승찬(僧璨), 5조는 도신(道信), 6조는 홍인(弘忍) 등으로 전등되었다. 중국 선종사 관계로 가장 오래된 책은 홍인의 제자인 현색이 쓴 『능가인법지(楞伽人法志)』이다. 이어서 정각이 쓴 『능가사자기(楞伽師資記)』가 있는데, 이러한 책들을 통해서 알 수 있는 점은 『능가경』의 전통을 사자상승하고 있다는 것이며, 그것을 능가종이라 부르는 것이다. 645년경에 찬술된 『속고승전』에 기재되어 있는 「보리달마전」이나 「혜가전」에 기록되어 있는 것도 능가종의 전통을 계승하는 것이다.

초기 능가종의 개척자들의 사상을 알려 주는 자료는 그다지 많지 않다. 주요 인물인 보리달마는 다분히 전설적인 분위기가 많다. 달마의 선 사상을 알려 주는 가장 오래된 문헌은 『이입사행론(二入四行論)』이다. 이 책에서는 도에 들어가는 데는 많은 방법이 있지만 결국은 경전의 이치(理)로부터 들어가는 것(理入)과 실천행으로부터 들어가는 것(行入)의 두 가지로 귀결된다고 말한다. 『이입사행론』에 나오는 달마의 가르침은 간명하다. 이치를 깨닫고 독실하게 행위하는 것이다. 달마는 경전을 훈고주석(訓古註釋)하는 것으로 수도의 본질을 삼으려 하지 않고, 실천궁행하는 것으로 선의 핵심을 삼고자 했다.

보리달마에게 법을 얻은 스님은 신광 혜가(神光慧可)이다. 혜가는 달마의 몇 안 되는 제자 중의 한 사람이다. 달마의 제자가 되기 전의 이름이 신광이었다. 신광이 소림사에 찾아와 달마대사에게 법을 묻고 제자가 되었다. 이 두 사람의 만남에서 중국선의 정신적 전통이 세워지게 되며 보리달마는 비로소 선의 상징으로 등장하게 된다. 혜가는 달마대사가 돌아간 뒤인 534년경에 동위의 업도(鄴都)에 나아가 선지를 펼치게 된다. 그러나 경전의 주석에만 집착해 있던 당시의 불교도들은 그의 교설을 마구니의 말이라 하며 믿지 않았다. 이는 혜가의 사상이 당시 불교계의 상식과 전혀 다른 것이었음을 의미하는 것이기도 하다. 혜가의 사상은 달마의 『이입사행론』의 근본 사상을 밝게 깨닫고 『능가경』에 의지하면서 만법일심(萬法一心)의 도리에 입각하여 두 가지의 극단적인 견해〔二見〕의 대립은 모두 각자의 마음이 다루는 망상에 지나지 않는다고 하는 것이다. 이는 달마의 『이입사행론』의 입장을 한 걸음 진전시킨 것이라 할 수 있다.

혜가의 법을 이어받은 이는 3조인 완공 승찬(皖公僧璨)이다. 승찬은 북주의 폐불(廢佛)을 몸소 겪어야 하는 격동기를 보냈다. 폐불이란 국가 정책에 의해 사원을 정리하고, 재산을 몰수하며, 불교 교단을 대대적으로 숙청했던 불교 말살 정책을 지칭하는 것이다. 이러한 현실 때문인지 승찬의 전기는 알 수 없다. 승찬의 저술로 전해지는 『신심명(信心銘)』에서 그의 사상적 일면을 볼 수 있을 뿐이다. 『신심명』은 달마의 『이입사행론』과 혜가의 안심법문(安心法門)에 이어 심법(心法)의 깊은 사색과 체험의 결정을 담고 있다. 승찬은 606년에 서서 입적했다.

동산종의 발생과 전개

동산종(東山宗)이란 쌍봉 도신(雙峰道信)과 황매 홍인(黃梅弘忍)의 선법을 말한다. 도신(580~651)은 기주(蘄州)의 쌍봉산(雙峰山)에 들어가 30년간 하산하지 않았다. 그 뒤를 이은 홍인(602~675)이 도신의 사상을 계승하여 많은 문인들을 양성하게 된다. 홍인은 두 개의 봉우리로 된 쌍봉산 중에서도 동쪽에 있던 빙무산(憑茂山)에 거주했기 때문에 동산종이라 불리게 되었다.

『능가사자기』 「신수조」에 의하면, 측천무후가 신수에게 "계승한 법은 어느 가문의 종지인가?" 하고 묻자, "기주 동산의 법맥을 받았으며, 수도를 논한다면 동산법문에 지나지 않습니다"라고 대답하고 있다. 측천무후가 구체적인 수도의 내용을 묻자, "『문수설반야경(文殊說般若經)』에 의거한 일행삼매(一行三昧)"라고 대답하고 있다.

이 일행삼매는 신수의 스승인 홍인에게 법을 전한 도신이 강조한 수행법이다. 도신이 일행삼매를 주체로 삼고 있었던 것은 『내증불법혈맥보』 등에 의해서도 증명된다. 일행삼매란 무수한 선근과 무한한 수행으로 진여법계의 평등한 일상(一相)을 한결같이 염(念)하여 마음이 삼매에 드는 것을 말한다. 즉, 조용한 곳에서 정좌하여 모든 망상을 제거하고 마음을 한 부처님에다 두고 오로지 부처님 명호를 칭명하면서 염하여 그것이 생각생각 끊어지지 않아 삼매가 되어 최후에 깨달음을 이루는 것이다.

도신은 『대승입도방편법문(大乘入道方便法門)』이란 저술을 남기고 있다. 이 책에서 그는 부처는 마음이라고 하면서 이 마음의 근원을 깨닫는 실천행으로서 5가지 방편문을 설했다. 그 5가지 문 중에서 맨 마지막 문이 수일불이(守一不移)이다. 그것은 마음이 한 가지를 굳게 지켜 흔들림이 없어[守一不移],

움직임과 고요함에 관계없이 항상 머무르면, 배우는 사람들로 하여금 분명하게 불성을 보게 하여 빨리 정문(定門)에 들 수 있다는 이치이다.

이 '수일불이'가 도신 선법의 핵심을 이룬다. 이것은 다시 말해서 단좌하여 한 대상을 한결같이 간(看)하는 작용을 일컫는다. 이를 좌선간심(坐禪看心, 혹은 坐禪觀心)이라 한다. 그것은 마음을 간하여 점차로 마음을 닦아 나가 일행삼매를 통해 깨달음을 얻는 것을 그 궁극 목표로 한다. 이렇게 점차적으로 수행하여 마음을 관하는 좌선간심은 훗날 육조 혜능의 비판을 받게 된다.

이러한 도신의 가르침은 후에 북종선으로 발전하는 데 중요한 계기가 된다. 도신의 법은 황매 홍인에게 계승되어 수일불이는 수심제일(守心第一), 혹은 수본진심(守本眞心)으로 발전된다.

황매 홍인이 활약한 시기는 당나라 초기이다. 홍인은 스승 도신이 머물던 쌍봉산의 동쪽에 있는 빙무산, 즉 동산(東山)에서 오직 달마의 선법을 전하며 제자들의 육성에 힘썼다. 그래서 문하에는 많은 제자가 있었으며, 그런 제자들이 전국 각지에서 선풍을 드날렸다. 홍인의 사상은 그의 법문집인 『수심요론(守心要論)』, 훗날 『최상승론(最上乘論)』이라 부르는 책을 통해 알 수 있다. 홍인은 도신의 일행삼매나 수일불이 사상을 한층 발전시켜 수심(守心)을 강조한다. 『수심요론』의 기본 사상도 수심이다.

수심설의 근거는 『금강삼매경』의 "일심의 한결같음을 지키는 것이 여래선에 들어가는 것이다"는 문구에 두고 있다. 즉, 일심의 한결같음을 지키는 것은 자기의 있는 그대로의 본심을 지키는 것이며, 그것은 또한 진실한 자기에 눈 뜨는 것이다. 이것이 수심제일(守心第一), 수본진심(守本眞心)의 관심법이다. 이러한 좌선관법의 구체적인 방법으로 홍인은 일자관(一字觀) 혹은 일일상관(一日想觀) 등을 닦아 특이한 선풍을 보여 주었다.

선종사적으로는 도신과 홍인에 이르러 마음을 한결같이 지켜(守心) 마음을 관하여 깨달아 가는 점수점오(漸修漸悟) 법문이 사실상 완성되었다고 말할 수 있다. 아울러 홍인은 『금강경』에 바탕을 둔 반야의 측면을 중시하기도 했는데 이러한 점은 돈오를 중시한 육조 혜능에게로 이어졌다.

동산종의 또다른 걸출한 인물은 우두 법융(牛頭法融, 594~657)이다. 법융은 절관망수(絶觀忘守)를 기치로 하고 있다. 그의 주장은 수일불이나 수본진심을 표방하며 좌선관심을 가르치고 있던 도신이나 홍인과 정반대의 사상적 입장을 견지하고 있었다. 즉, 본래 무심하기 때문에 관할 마음도 없고 지켜야 할 마음도 없기에 수심의 법은 버려야 한다는 것이다. 법융은 스승인 도신보다 14세가량 젊고, 홍인보다는 8세가량 많으며, 신수보다는 10여 세, 혜능보다는 44세가 많은 선배였다. 그러나 후대의 평가에 의하면 법융의 우두종이 도신에게 법을 받았다는 면보다는 신수계의 북종(北宗)과 혜능계의 남종(南宗)과도 다른 독특한 선풍을 전개하였다는 쪽으로 비중을 두고 있다. 이 계통은 법융(法融) – 지엄(智儼) – 혜방(慧方) – 법지(法持) – 지위(智威) – 혜충(慧忠) 등으로 전해지며 우두종의 법통을 세웠다. 그러나 8세기 이후 우두종 계보가 희미해진다.

법융의 저술인 『절관론(絶觀論)』 1권은 뒷날 『달마화상절관론』으로 호칭되었다. 달마의 논서 중에서 『절관론』이 가장 분명하게 그의 심요를 전하는 것이라고 평가하는 학자들도 많지만, 사실 이 책은 달마의 저술이 아닌 법융의 저술이다. 법융의 저술은 『절관론』 이외에 『주금강반야경』 1권과 『금강반야경의』 1권이 있다.

북종선의 개창조, 신수

황매 홍인의 제자 중에서 중요한 사람은 신수(神秀, 606?~706)와 혜능(慧能, 638~713), 그리고 법지(法持, 635~702)이다. 신수는 이른바 동산법문의 정통이었지만 그의 계통은 뒤에 북종이라 불렸다. 혜능은 특히 『금강반야경』을 중시하였으며, 그의 계통은 뒤에 남종이라 불렸다. 법지는 염불선을 널리 홍포했으며 그의 일문은 뒤에 우두종이라 불리게 된다. 이들은 모두 동산종에 속하는 인물들이지만 뒤에 각각 하나의 문파를 형성하게 되었으므로 동산종과 구분하여 소개하려고 한다.

　북종선의 개창조는 대통 신수(大通神秀)이다. 황매 홍인의 문하에는 많은 제자가 있었지만 그중 뛰어난 제자 중의 한 사람이 신수였다. 신수는 낙양과 장안을 중심으로 활동하며 왕실과 귀족들을 상대로 포교하여 많은 사람들의 존경과 숭앙을 받게 되어 낙양과 장안의 법주(法主)이자 세 황제의 국사로 불렸다.

　신수의 선 사상은 『관심론(觀心論)』과 『대승무생방편문(大乘無生方便門)』을 통해 살펴볼 수 있다. 『관심론』은 마음의 내관(內觀)을 중시하여 마음만을 관하는 것을 가르친다. 그러면 마음을 어떻게 관해야 하는가? 그것은 좌선에 들어가 간심간정(看心看淨)하여 우리들의 깨끗한 마음을 덮고 있는 오염된 망념을 제거해 나가는 것이 그 구체적인 방법이다. 즉, 결가부좌하고 마음을 간하여, 그 마음이 깨끗한 마음과 더러운 마음으로 나누어져 있는 마음의 구조를 알고, 다시 그 깨끗한 마음을 간하여 깊고 깊게 쉼 없이 닦아 나가 깨달음을 얻는 것이요, 그것이 참다운 수행이라 한다. 이렇게 쉼 없이 닦아 나간다는 점에서 신수의 선법은 점수적인 돈오법이요, 더러운 마음을 제거하고 깨끗한 마음을 얻는다는 점에서 이전의 도신이나 홍인과는 다른 지혜의 측면을 강조하고 있음을 알 수 있다.

　『대승무생방편문』은 다섯 종류의 대승경론에 의거하여 도에 들어가는 방법을 체계화한 것이다. 그 다섯 종류의 경전이란 『기신론』, 『법화경』, 『유마경』, 『사익경(思益經)』, 『화엄경』을 말한다. 이러한 대승경전을 통해 도에 들어가는 방편을 설한 것은 이전의 일행삼매나 수심의 내용보다는 수행의 길을 한층 더 구체적으로 체계화한 것이다.

　신수선의 특징은 대략 세 가지로 집약할 수 있다. 첫째는 마음을 거두어 망념(妄念)으로부터 떠나라고 강조하고 있는 것이다. 둘째는 화엄교학의 성과를 도입하고 있다. 셋째는 점수법으로 시시때때로 더러운 마음을 제거해 나가는 실천 체계를 갖추고 있다.

신수의 뒤를 이은 보적(普寂, 651~739)에게는 『전법보기』 1권이 있다. 그는 구나발타라를 제1조로 하는 능가종과 동산종의 전등설을 개작하여 보리달마를 초조로 삼았다. 그래서 그를 계승한 계통을 달마종이라 부르게 되었다. 뒤에 북종선은 몇 대를 거치지 못하고 남종선에 자연스럽게 융합된다.

남종선의 개창조, 혜능의 생애와 사상

남종선의 개창조는 조계 혜능(曹溪慧能, 638~713)이다. 그가 달마로부터 해서 6대째가 되기 때문에 육조 혜능(六祖慧能)이라고도 한다. 이렇게 남종선의 계보는 능가종과는 달리 달마를 제1조로 삼으며, 2조는 혜가(慧可), 3조는 승찬(僧璨), 4조는 도신(道信), 5조는 홍인(弘忍), 6조 혜능으로 이어진다. 한국의 선사들은 이 혜능의 남종선을 받아들여 이 땅에 선문을 개창한다. 따라서 혜능과 그 문하에서 전개되는 남종선의 흐름은 본 조계종단의 정맥을 형성하게 되며 한국 조사선 전통의 커다란 부분을 차지하고 있다.

혜능은 일찍 부친을 여의고 어렵게 자라나 배운 것이 없었으며 항상 나무를 베어다 팔아 어머니를 봉양했다. 하루는 『금강경(金剛經)』 독송 소리를 듣고 그 자리에서 마음문이 밝아져 깨달음을 얻고 출가하여 5조 홍인(五祖弘忍)에게서 참선 수학하였다. 방앗간에서 일을 하면서 머물기를 8개월, 게송을 짓고 깨달음을 인가받고 남쪽으로 내려가 은거하다가 보림사(寶林寺)에서 크게 선풍을 드높여 많은 신봉자들이 그를 따랐다. 그의 제자들이 선법을 이어 중국 선종의 커다란 물줄기를 형성하게 되었다. 혜능의 저술로 『육조단경(六祖壇經)』이 있다. 이 경전은 혜능의 사상적 자서전이며, 중국 조사선의 새로운 출발을 선언하는 중국 선종의 창립 선언서이다. 아울러 조사선의 수행법을 잘 제시하고 있는 수행 지침서의 역할을 하고 있다. 『법보단경(法寶壇經)』으로도 불리는 이 경전은 혜능이 대범사(大梵寺)에서 행한 설법을 중심으로 혜능의 문답과 어록을 제자 법해(法海)가 기록한 법어집이다. 조사들이 쓴 어록에 부처님의 말씀이라는 경명이 붙은 것은 이것이 유일하다.

이 『육조단경』의 가르침에 의하면, 혜능은 『금강경』에 의지해 발심하고 『금강경』에 의지하여 깨달음을 얻는다. 즉, 그는 『금강경』을 듣고 그 자리에서 깨달았던 것이다. 이를 일러 언하변오(言下便悟)라 한다. 그래서 그의 사상은 언하변오를 바탕으로 한 반야로 일관되어 있다. 혜능은 보리와 반야는 일체중생이 본래 지니고 있는 것이라 본다. 여기에 더하여 혜능은 정혜(定慧)는 일체로써 둘이 아니며, 반야로 일체를 관조하고 모든 대상에 대해 취사(取捨)가 없이 곧바로 깨닫는 돈오견성(頓悟見性)을 천명하였다.

이렇게 해서 혜능에 이르러 중국 선종의 사상적 기틀이 형성되어 그는 중국 선종의 실질적인 개조로 자리 잡는다. 이 중국 선종이 바로 조사선이다. 조사선은 깨달음에 이르는 길로 점수를 부정하고 순간에 바로 깨우치는 돈오(頓悟)에 서 있다. 이것은 신수가 주장하는 점수 선법으로서의 좌선간심이나 간심간정을 혜능이 비판한 데서 잘 나타난다. 즉, 혜능은 마음을 간하고 그 깨끗함을 간하기 위해 한곳에서 움직이지 않고 좌선하는 것을 부정했으며 망념을 제거하여 마음이 일어나지 않는 것이 좌선이 아니라 걸림 없는 마음을 내는 것이 중요하다고 했다. 이와 관련하여 혜능은 일행삼매란 "행주좌와(行住坐臥)에 항상 한결같이 직심(直心)을 행하는 것"이라고 말한다. 직심이란 무집착의 마음이다. 이것은 좌선을 선의 기본 형태로 인정하면서도 본래부터 지니고 있는 깨달음의 성품〔本有覺性〕에 대한 신념을 일상생활 전체에서 체현하려는 것이다. 따라서 도를 닦고 도를 깨침에는 출가나 재가의 구별 없이 어떤 경우에도 타당하다고 하였다. 또한 혜능은 오염된 마음을 제거하여 깨끗한 마음을 깨닫는다는 신수가 설한 마음의 염(染)과 정(淨)에 대한 대립적인 개념을 비판하고 그 염정이 둘이 아님을 주장했다. 그래서 더러운 마음을 떠나 깨끗한 마음을 찾아가는 점수법보다는 바로 더러운 이 마음 그 자체가 깨끗한 마음이라고 즉각 돈오하는 염정불이(染淨不二), 번뇌즉보리(煩惱卽菩提)를 천명했다. 이렇듯 혜능의 선 사상은 언하변오(言下便悟), 돈오견성(頓悟見性), 돈오돈수(頓悟頓修), 정혜불이(定慧不二), 염정불이를 그 특징으로 한다.
　이러한 혜능의 돈오와 신수의 점수에 대한 차이점을 『육조단경』에 등장하는 양자의 오도송을 빌어 설명해 보겠다. 신수는 다음과 같이 게송을 짓는다.

　　身是菩提樹 心如明鏡臺　몸은 보리의 나무요 마음은 밝은 거울과 같나니
　　時時勤拂拭 莫使有塵埃　때때로 부지런히 털고 닦아서 티끌과 먼지 묻지
　　　　　　　　　　　　　않게 하라.

이에 대해 혜능은 다음과 같이 읊는다.

　　菩提本無樹 明鏡亦非臺　보리는 본래 나무가 없고 밝은 거울 역시 대가 없네
　　本來無一物 何處有塵矣　본래 한 물건도 없는데, 어디에 때가 끼리.

　신수가 보리와 번뇌를 분리해서 번뇌의 오염된 때를 수시로 부지런히 닦아 내 보리의 깨끗한 마음을 잘 간직하라고 하는 반면, 혜능은 보리가 번뇌를 떠나서 따로 없으며 또한 본래 한 물건도 없으니 때가 낄 리 만무하다고 한다. 혜능의 입장에서는 중생들의 본래 그 마음자리가 부처의 자리이기에 신수의 게송처럼 수시로 번뇌를 닦아 낼 필요가 없는 것이다. 염정불이(染淨不二)다. 염정이 따로 없이 그대로 마음이 밝기 때문에 수시로 점수할 필요가 없다는 것이다. 부처의 입장에서 그 마음자리를 돈오 견성할 뿐이다.
　혜능은 많은 제자들을 길렀지만 그 중에서 뛰어난 자로는 남악 회양(南岳懷讓, 677~744), 청원 행사(靑原行思, ?~740), 하택 신회(荷澤神會, 684~758)가 걸출한 인물이다. 특히 신회는 육조 혜능만이 황매 홍인의 적통임을 주장하며 신수계의 북종선을 비판하였다. 신회의 북종선 비판은 두 가지 목표를 가지고 있었다. 첫째는 북종의 법통을 비판함과 동시에 남종선의 정통성을 확립하는 것이었다. 둘째는 북종의 점수법을 비판하고 돈오문을 건립

하는 것이었다. 이렇게 하여 북종이 획득한 기존의 사상적 권위에 대해 강하게 비판한 결과, 당시의 전반적 분위기에 편승하여 남종선의 우위를 확립하게 된다.

신회의 후원자들은 측천무후 시대의 정치적 혼란을 평정하고 개원(713~755)의 혁신을 완성한 현종 초기의 혁신파 관료들이었다. 측천무후와 왕궁 귀족의 귀의를 받았던 신수의 북종 교단이 타격을 받게 된 것은 당연한 일이었다. 그러나 남종선이 득세하게 된 것은 이보다도 신회가 벌인 활대(滑臺)에서의 논쟁에서 북종이 패했기 때문이다. 이 활대에서의 쟁론은 일종의 무차법회로서 여기서 신회는 목숨을 아끼지 않고 자신의 논지를 전개했다. 이 목숨을 아끼지 않는 정신이 바로 조사선의 정신이며 그것이 당시의 쟁론에 참여했던 사람들의 마음을 이끌었던 것이다. 그리고 혜능의 남종선이 중국인의 성향에 잘 맞았기 때문이기도 하다. 즉, 혜능의 돈오선은 왕공귀족이나 계급적 차별, 지식의 높낮이에 관계없이 현 삶에서 누구나 즉각적으로 깨우치는 길을 제시하여 중국인의 마음, 아니 인간의 보편적인 마음을 사로잡았던 것이다. 이렇게 해서 남종선이 확고하게 자리 잡아 마침내 혜능이 선종의 육조로 확립된다. 신회의 계열은 후세에 하택종(荷澤宗)이라 불리게 된다.

홍주종과 석두종

혜능의 선사상을 계승하여 발전시킨 선사는 남악 회양과 그의 제자인 마조 도일(709~788), 그리고 청원 행사의 문하에서 나온 석두 희천(700~790) 계통이다. 이들은 각각 홍주종(洪州宗)과 석두종(石頭宗)으로 불렸다. 여기에 우두종(牛頭宗)의 경산 법흠(714~792)을 합하여 3대 종장이라 부르게 된다. 특히 마조 계통의 융성은 남종선의 번영을 이끌게 된다.

마조는 지금의 사천성에 해당하는 한주 출신이며, 속성은 마(馬)씨였다. 어려서는 홍인의 법을 이은 지선(智詵)의 제자인 처적(處寂)에게 배우고, 유주의 원율사에게 구족계를 받았다. 그는 신라 출신 김무상(金無相)의 제자이기도 했다. 마조는 이후 회양의 문하에 들어와 심인을 받았으며, 강서 지방의 임천과 홍주를 중심으로 선풍을 드날렸다. 때문에 그의 선문을 홍주종이라 부르게 되었다. 또한 청원 행사의 제자인 석두 희천이 호남지방에서 선풍을 드날리며 선의 번영을 구가하고 있었다. 강서의 마조와 호남의 석두가 중국 남종선의 융성기를 열고 있었던 것이다.

마조 사상의 특징은 화엄종의 법계연기사상이나 우두 법융의 반야사상, 더 소급하여 승조의 촉사이진(觸事而眞)의 영향을 받고 있다. 그리고 이러한 것들을 종합하여 일상성의 진실이라는 점까지 선 사상을 발전시키고 있다. 즉, 심상한 마음의 작용에서 진리 자체, 부처님 자체를 보는 것이다. 평상시의 마음이 다름 아닌 도라는 의미의 '평상심시도(平常心是道)' 라 하는 것이다. 마조의 세자는 80여 명에 이른다. 주요 제자로 백장청규(百丈淸規)를 수립한 백장 회해(百丈懷海, 749~814)와 조주선사의 스승인 남전 보원(南泉普願, 748~835) 등이 있다.

마조 도일의 제자 중에 백장 회해는 황벽 희운(黃檗希運, ?~850)과 위산 영우(潙山靈祐, 771~853) 두 제자들을 둔다. 이 두 명 중에서 황벽의 제자인 임제 의현(臨濟義玄, ?~867)이 임제종(臨濟宗)을 창시하게 된다. 위산의 제자인 앙산 혜적(仰山慧寂, 840~916)은 스승과 함께 위앙종(潙仰宗)을 개창한다.

임제는 지금의 산동성에 해당하는 조주 남화 출신이며, 처음에는 계율과 유식을 배웠다. 이후 황벽의 문하에서 참선을 하다가 대우(大愚)를 만나 확철대오하게 된다. 십여 년간 대우를 시봉했으며, 그의 유언에 따라 황벽의 제자가 되었다. 이후 중앙의 통제력이 미치지 못하는 지금의 하북성 진주에 임제원을 만들어 주석하며 선풍을 드날렸다. 그의 사상은 세 가지로 집약할 수 있다. 첫째는 있는 그대로의 자기가 부처라 깊이 확신하는 것이다. 둘째는 미혹으로부터 깨달음으로 가는 구체적인 실천이 '다만 밖에서 구하지 말라' 는 한 가지에 달려 있다. 셋째는 주체적인 자유의 선양이다. 현실 속에서 자신의 본질에 대해 눈뜨고, 자기 자신의 자유를 실현하는 데 있었던 것이다.

석두종(石頭宗)의 종조라 할 수 있는 석두 희천은 남악 행사의 제자이다. 초기에 그의 활동은 매우 미미했던 것으로 전한다. 규봉 종밀은 석두종의 가르침과 우두종의 가르침을 동일시하고 있기도 한데, 당시까지 분명한 종풍을 보여주지 못했기 때문에 발생한 일이다. 그는 『참동계』와 『초암가』라는 저술을 남기고 있다.

석두 희천의 사상적 특징은 첫째, 사람은 모두 불성을 지니고 있다는 점에서 '즉심즉불(卽心卽佛)'을 강조하고 있다. 둘째, 화엄사상 내지 노장사상의 영향을 받아서 이사원융(理事圓融)과 물아일체(物我一體)를 강조한다. 그리고 마음과 부처와 중생은 차별이 없다는 논리에 입각해 원융사상을 전개한다. 셋째, 스스로 자신의 마음을 깨우치는 것이지 바깥에서 찾는 것이 아니라고 주장한다.

그는 많은 제자들을 양성했다. 그 중에서 천황 도오(天皇道悟, 748~807), 약산 유엄(藥山惟儼, 759~828), 단하 천연(丹霞天然, 739~824) 등이 뛰어난 인물들이다. 이들 중에서 천황 도오의 문하는 용담 숭신 – 덕산 선감 – 설봉 의존(雪峰義存, 828~908)으로 계승되며, 설봉 의존의 문하에서 운문 문언(雲門文偃, 864~949)이 운문종(雲門宗)을, 현사 사비의 계열에서 법안 문익(法眼文益, 885~958)이 법안종(法眼宗)을 개창한다. 또한 약산 유엄의 문하는 운암 담성(雲巖曇晟) – 동산 양개(洞山良价) – 조산 본적(曹山本寂, 840~901)으로 전해지며, 조산 본적이 조동종(曹洞宗)을 개창하게 된다.

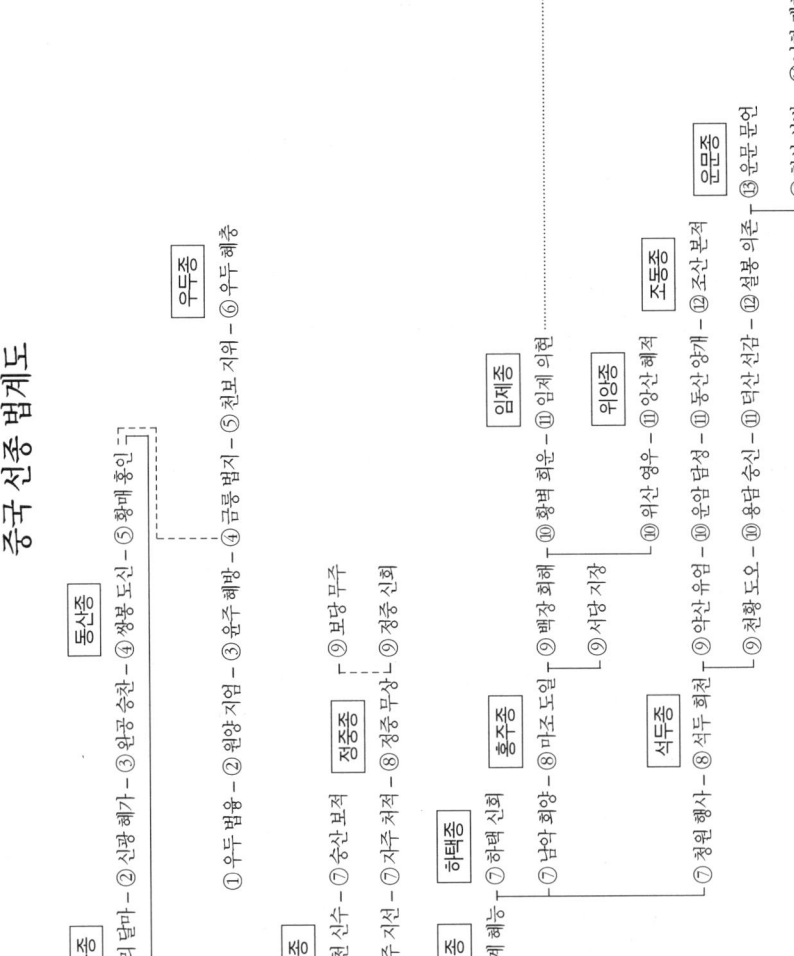

(2) 선의 전래

1) 선 전래 시기 신라의 사회적 배경

　신라 불교는 공인된 이래 약 3백 년에 걸쳐 경전의 전래와 이해, 연구와 새로운 주석서의 저술 등 수 많은 명저를 남기게 되며, 탄탄한 교학불교의 토대를 수립하게 된다. 그러나 신라하대가 되면 신라 안의 불교계 상황이 서서히 변하게 된다. 중국에서 유학하고 귀국하는 승려들이 증가하게 되면서 교학불교와는 그 성격이 다른 선불교가 수입되기 시작하는 것이다. 물론 선불교는 전래 초기에 많은 주목을 받지 못하였다. 그러나 중국불교계의 주류로 선종이 등장하면서 신라의 불교계 역시 선종의 영향권 안으로 서서히 들어가게 된 것이다.

　선불교가 신라인들에게 주목을 받게 된 것은 전통적인 권위주의의 교학 중심 불교를 정면에서 비판하고 새로운 시대사조를 이끌고자 하는 안팎의 염원이 표출되었기 때문이라고 말할 수 있다. 즉, 교학불교의 중심에 서 있던 많은 승려들이 기득권 세력과 결탁하여 정치세력화되고 있었으며, 의례와 교조주의에 몰입하게 되어 대중성을 상실하고 있었기 때문이었다. 따라서 정치적 혼란과 궤적을 함께 하면서 사회변혁의 구심적 역할을 하지 못하고 있었기 때문에 비판의 중심에서 벗어날 수 없었다. 그런 점에서 사회의 안정과 변화를 희구했던 많은 사람들은 새로운 활로를 모색하지 않을 수 없었다. 그리고 때맞추어 중국에서 서서히 자리를 잡아 가고 있었던 선불교를 그 대안으로 제시하고자 했던 것이다.

　선불교를 수입했던 승려들이 중앙에서 멀리 떨어진 심산유곡에서 지방의 산사를 중심으로 활동하게 된 배경에는 이상과 같은 사회적 배경을 고려하지 않을 수 없다. 따라서 그들은 선문을 개창한 초기에 일시적으로 왕실이나 귀족의 후원을 받기도 했다. 그러나 점차 그들의 도움에 기대치 않고 자급자족의 경제 생활을 지향하면서 일체의 형식과 권위를 탈피해 실천수도에 매진하고자 했다. 이런 점이 기존의 교학불교에서 찾아볼 수 없었던 선불교의 독자적인 성격이다.

신라하대에 전래된 선법은 현대 한국의 선원에까지 그 영향을 미치고 있다. 좌선과 작무(作務), 선원 생활 등이 그대로 전승되고 있기 때문이다. 따라서 교학불교를 부정하고 실천불교를 지향했다는 것은 신라 사회의 변화를 희구했던 당시 불교인들의 염원을 그대로 드러내고 있는 것이다.

신라하대의 혼란기에도 불구하고 도당유학 승려들이 많았던 것은 왕실과 귀족들의 비호 아래 사원의 규모가 방대해졌기 때문이다. 따라서 많은 승려들이 수행에 몰두할 수 있었다. 동시에 귀국한 유학승들이 지방의 산사를 중심으로 불교를 전하고 있을 때 많은 승려들이 여기에 동참하고 있다. 성주산문이 2천여 명, 사자산문이 1천여 명, 가지산문이 8백여 명, 봉림산문이 5백여 명 등 기록에 남아 있는 동참 승려들의 숫자는 매우 많다. 그럼에도 불구하고 현존하는 자료를 통해 이름과 사적을 희미하게나마 확인할 수 있는 승려는 불과 25여 명에 지나지 않는다. 이들을 중심으로 초기 선종이 신라에 전래되는 상황을 엿볼 수 있다.

2) 초기 선의 전래자들

신라에 선종이 전래된 사실을 알려 주는 자료는 많지 않지만 최치원이 찬술한 「봉암사지증대사적조탑비(鳳巖寺智證大師寂照塔碑)」에 의해 그 대강을 알 수 있다. 이 탑의 비문에 의하면 신라에 전래된 선법의 계통은 크게 두 가지로 분류할 수 있다. 첫째는 보리 달마에서 혜가, 승찬, 도신으로 이어지는 능가종의 선법을 전래한 것이다. 둘째는 남종선 중에서도 홍주종으로 일컬어지는 마조의 제자인 서당 지장의 선법을 전래한 도의(道義), 홍척(洪陟), 혜철(惠哲) 등이다.

「지증대사적조탑비」에 의하면, 신라 불교에 최초로 선법을 전래한 선승은 법랑(法朗)이다. 그는 도신의 선법을 신라에 수입하여 제자들을 양성했다. 탑비에 의하면 지증대사 도헌(道憲)은 혜은(惠隱)의 제자이며, 법계로는 쌍봉 도신의 제자인 법랑(法朗) – 신행(信行) – 준범(遵梵) – 혜은 – 도헌으로 이어지고 있음을 밝히고 있다. 여기서 주목할 것은 바로 능가종의 선맥이 이미 당시에 전래되어 계승되고 있었다는 사실이다. 신행은 법랑의 법을 이었으나 때가 불리하여 당나라로 유학길에 오른다. 당나라에 들어가니 숙종황제가 몸소 시편(詩篇)을 주면서 "용이 바다를 건너는데 배를 의지하지 않고, 봉이 허공을 가로질러 날면서 달을 인정하지 않는구나"라고 극찬하였다고 한다.

법랑이 신행에게 법을 전한 사실은 813년에 건립된 김헌정이 지은 「해동고신행사비」에도 기록되어 있다.

다시 법랑선사가 호거산에서 지혜의 등불을 전한다는 말을 듣고 그곳으로 가 머리를 조아려 깊은 진리를 받았다. 7일이 지나지 않아서 시험하여 물으니 옳고 그름을 깊은 뜻으로 조용히 대답하기를, "마음을 찾되 마음이 없음으로 한다"고 하니 화상이 탄복하여 "훌륭하다, 마음의 등불의 법이 모두 너에게 있구나"라 하셨다

이어지는 이 비문의 내용에 의하면, 신행은 3년간 법랑선사를 모신 뒤에 당나라에 들어가 수도한 것으로 되어 있다. 이런 점을 고려하면 법랑이 당나라에서 귀국한 뒤에 지금의 경상북도 청도군 운문면에 있는 호거산에 주석하면서 신행에게 선법을 전수했다는 것을 알 수 있다.

법랑에 대한 여러 기록들을 종합해 보면, 그는 신라 제27대 선덕여왕(632~646)에서 제33대 헌덕왕(702~737) 시대에 활동했음을 추정할 수 있다. 이 시대는 삼국이 정립해 있던 시대이며, 교학불교의 융성기이기 때문에 선법을 홍포하기에는 어려운 점이 많았다. 그래서 제자인 신행이 다시 당나라로 들어가지 않을 수 없었다. 신행은 당나라에서 북종선의 대가인 보적(普寂)의 제자,

지공(志空)의 문하에서 3년간 공부하고 인가를 받았다.

신행이 언제 귀국했는가에 대해서는 명확하게 말할 수 없다. 다만 귀국 이후 그의 선법을 준범에게 전하고, 준범은 혜은에게 전하며, 다시 도헌을 거쳐 봉암사에 희양산 선문을 형성하게 되는 것이다. 이것은 도신에게서 능가종의 선풍을 전해 온 이래 다시 그가 보적의 제자 지공선사에게 북종선을 받아 왔다는 사실을 확인해 주는 것이기도 하다. 그는 779년(혜공왕 15) 지리산 단속사에서 76세로 입적하였다.

북종선을 전한 신행이 입적한 뒤 40여 년이 지나 도의(道義, 783~821)가 당나라에서 37년간의 수학을 마치고 귀국하게 된다. 그는 중국에서 화엄종을 비롯한 각종 교학을 섭렵하고 홍주종의 마조 도일의 수제자인 서당 지장(西堂智藏, 738~817)의 인가를 얻은 이후 821년(헌덕왕 13)에 귀국하여 신라 사회에 최초로 남종선을 전하게 된다.

신라 사회에서 선종의 흥기는 도의의 귀국 이후에 이루어진다. 도의는 귀국 후 경전을 읽고 외우며, 연구하는 등 교학불교의 전통에 익숙해 있었던 당시 신라 불교계 인사들에게 그다지 환영받지 못한다. 오히려 도의의 선법을 마구니의 말이라 비난하며 배척했다. 교학과 기복적 신앙에 익숙해 있던 당대의 시대 분위기는 스스로 자성을 깨우쳐 단박 깨닫게 된다는 도의의 선법을 받아들이기 힘들었던 것이다.

884년에 조성한 김영 찬술의 「보조선사영탑비명(普照禪師靈塔碑銘)」에는 도의의 법계에 대해 밝히고 있다. 김영은 달마를 제1조로 삼았으며, 도의를 제1대 조사, 염거(廉居)를 제2대 조사, 체징(體澄)을 제3대 조사로 삼고, 체징이 자신의 스승임을 말하고 있다. 도의의 제자인 염거는 명주의 진전사(陳田寺)에서 스승인 도의에게 수학한 이후 제자인 체징에게 법을 전한다. 보조선사 체징은 전라남도 장흥군 유치면에 있는 가지산(迦智山)에 보림사(寶林寺)를 창건하고 선풍을 드날리게 되었다.

도의가 귀국한 뒤에 5~6년이 지나자, 당나라에서 수학한 홍척, 혜철, 혜소

(慧昭), 현욱(玄昱), 도윤(道允), 범일(梵日), 무염(無染) 등의 선승들이 한결같이 홍주종의 선법을 계승한 뒤에 귀국하며, 전국의 각지에서 독자적인 산문을 개창하게 된다. 이후 일군의 선사들이 석두종의 선법을 전하고 있다. 이들은 모두 남종선의 선법을 전하고 있다고 말할 수 있다. 실천적인 불교인 선종이 신라 말 고려 초기에 걸쳐 꽃을 피울 단초를 마련하게 되는 것이다.

2. 종조 도의국사와 조계종의 성립

(1) 도의국사의 생애와 사상

1) 도의국사의 생애

도의는 가지산문(迦智山門)의 개창 조사이자 신라에 남종선(南宗禪)을 처음으로 전래한 선사이다. 그러나 그의 행적에 대한 기록은 『조당집』 권17에 실린 「도의전」이 있을 뿐이다. 기타 고려시대에 천책(天頙)이 편찬한 『선문보장록』이 있으며, 884년(헌강왕 10)에 건립한 장흥 보림사 「보조국사체징비」, 887년(정강왕 2)에 건립한 쌍계사 「진감국사비」, 924년(경명왕 8)에 건립한 「봉암사지증대사적조탑비」, 939년(고려 태조 22)에 건립한 풍기 「비로암진공대사비」 등이 단편적이지만 그의 행적을 알려 주고 있다.

이상에 열거한 자료 중에서 비교적 그의 행적을 소상하게 알려 주고 있는 『조당집』 권17에 의거하여 생애를 살펴보겠다.

도의는 명주(溟洲, 강원도 강릉)에 살았다. 법호는 명적(明寂)이요, 법명이 도의(道義)다. 속성은 왕씨로, 지금의 서울에 해당하는 북한군(北漢郡) 출신이다. 잉태하기 전 그의 부친은 흰 무지개가 뻗어서 방으로 들어오는 꿈을 꾸었고, 그의 모친은 어떤 스님과 잠자리를 같이하는 꿈을 꾸었다. 꿈에서 깨어나니 이상한 향기가 방 안에 가득하였다. 그 뒤로 반 달이 지나서 태기가 있었는데 39달 만에야 모태에서 나왔다. 탄생하던 날 저녁에 갑자기 이상한 스님이 석장을 짚고 문 앞에 와서 말하길, "오늘 낳은 아기의 태를 강가 언덕에다 두시오"라고 말하고는 홀연히 자취를 감추었다. 마침내 그 스님의 말씀에 따라 태를 갖다 묻으니 큰 사슴들이 와서 이를 지켰는데, 해가 바뀌어도 떠나지 않왔고 오고 가는 사람들을 보고도 해치려는 생각을 내지 않았다. 출가하여 법호를 명적이라 한 것은 이러한 일이 있었기 때문이다.

도의는 784년(선덕왕 5)에 사신인 한찬호(韓粲號), 김양공(金讓恭)과 함께 당나라에 들어갔다. 곧바로 오대산에 들어가 문수보살로부터 감응을 받았다. 그후 여러 지역을 방문한 뒤 광부(廣府) 보단사(寶檀寺)로 갔다. 그는 그곳에서 구족계를 수지하고 조계산으로 가 혜능(慧能)의 조사당에 참배를 드리려고 하자 갑자기 문이 열렸고, 예배를 세 번 드리고 나니 문이 저절로 닫혔다.

그로부터 도의는 다시 발길을 돌려 홍주(洪州) 개원사(開元寺)로 가서 서당 지장을 뵙고 가르침을 묻는다. 도의는 서당대사를 만나 의단(疑團)을 해결하고 체증을 푸니, 서당은 마치 돌 속에서 미옥(美玉)을 고른 듯하고 조개껍질 속에서 진주를 주운 듯하다고 기뻐하면서 "진실로 법을 전한다면 이런 사람에게 전하지 않고 그 누구에게 전하랴"라고 말하고 인가를 내렸다. 이어 두타(頭陀)의 길을 떠나 백장 회해의 처소를 찾아가 수학하니, 백장이 탄복하여 말하길 "강서(江西, 馬祖道一)의 선맥이 모두 동국으로 가는구나"라고 탄식했다고 전한다.

이상 도의가 중국으로 건너가 선법을 받은 과정까지의 생애를 통해 그가 육조 혜능의 선을 이었음을 알 수 있다. 즉, 보단사는 혜능이 선법을 펼쳤던 유서 깊은 곳이며, 조계산 또한 혜능의 주석처다. 이는 도의가 이런 곳들을 순례하여 중국의 조사선 문하로 들어갔고 도의의 선이 혜능의 선을 계승하였음을 보여 주는 것이다. 나아가서 혜능의 선을 크게 떨쳐 선종 교단을 발족시킨 마조 도일, 선원을 연 백장 회해와 그의 제자 서당 지장의 선법을 이어 옴으로써 도의는 당시 만개했던 중국 선종의 농익은 선풍을 신라 땅에 들여오게 되는 것이다.

도의는 그후 821년(헌강왕 13)에 귀국한다. 최치원이 지은 「지중대사적조탑비」에는 당시의 사정을 다음과 같이 자세하게 기록하고 있다.

821년(장경 원년)에 이르러 도의라는 승려가 서쪽으로 바다를 건너 중국에 들어가 서당의 심오한 종지를 보았다. 지혜의 빛이 지장선사와 비등해서 돌아왔으니, 처음 선종을 전한 사람이다. 그러나 원숭이의 마음으로 분주한 망상에 사로잡힌 무리들이 남쪽을 향해 북쪽으로 달리는 잘못을 감싸고, 메추라기의 날개를 자랑하는 무리들이 남해를 횡단하려는 대붕(大鵬)의 큰 뜻을 꾸짖었다. 이미 말을 암송하는 데만 마음이 쏠려 다투고 비웃으며 마구니의 말이라 하는 까닭에 빛을 지붕 아래 숨기고, 종적을 깊은 곳에 감추었다. 신라의 왕성〔동해의 동쪽〕으로 갈 생각을 그만두고 마침내 북산(北山, 설악산)에 은거하였으니 어찌 『주역』에서 말한 "세상을 피해 살아도 근심이 없다"는 것이 아니겠으며, 『중용』에서 말한 "세상에서 알아주지 않아도 뉘우침이 없다"는 것이 아니겠는가. 꽃이 겨울 산봉우리에서 빼어나 선정의 숲에서 향기를 풍기매 개미가 고기 있는 곳에 모여들 듯이 도를 사모하여 산을 메웠으며, 교화를 받고는 마침내 산을 나섰으니 도는 인력으로 폐지할 수 없는 때가 되어야 마땅히 행해지는 것이다.

이 내용에서 보건대 도의는 귀국한 이후 선의 이치를 설파했으나 호응을 얻지 못했다. 경전을 숭상하고 절대신을 관조(觀照)하는 법에 익숙해 있었던 당시 사람들에게는 도의가 설파하는 무위임운(無爲任運)의 종지가 허황한 것으로 인식되었던 것이다. 이에 인연이 성숙하지 않았다고 판단한 도의는 설악산에 있는 진전사로 들어가 은둔하며, 그곳에서 제자들을 양성하였다. 이는 당시 그를 배척하는 사람들이 있었음에도 가르침을 받고자 찾아온 사람들이 많았음을 알려 주는 것이다. 이에 자신의 가르침을 염거(廉居)에게 당부하였으며, 염거는 설악산의 억성사(億聖寺, 지금의 선림원지로 추정됨)에서 조사의 심인을 전하며 도의의 가르침을 펼치게 된다. 다시 염거는 도의의 선법을 체징(體澄)에게 전하고, 체징은 전라남도 장흥의 보림사(寶林寺)를 창건하여 가지산문을 열었다.

2) 도의국사의 선 사상

도의국사의 선 사상을 단편적으로나마 알려 주는 자료는 두 가지가 있다. 보림사에 있는 「보조선사창성탑비(普照禪師彰聖塔碑)」와 고려시대의 천책(天頙)이 편찬한 『선문보장록(禪門寶藏錄)』이다. 보림사에 있는 「창성탑비」에는 도의의 선법을 무위임운을 종지로 삼고 있다는 것 이외에는 다른 흔적을 찾을 수 없다. 그런 점에서 『선문보장록』은 비교적 도의의 선 사상을 가늠할 수 있게 한다. 따라서 여기서는 『선문보장록』에 나오는 도의와 유관한 내용 전체를 분석하여 정리하기로 한다. 내용은 화엄종의 승통 지원(智遠)과 도의의 문답으로 시작된다.

(A) 지원승통이 도의국사에게 묻기를 "화엄의 4종 법계(法界) 이외에 다시 어떤 법계가 있으며, 55선지식의 행포법문(行布法門) 이외에 다시 어떠한 법문이 있습니까? 즉, 이 교학 이외에 별도로 조사선(祖師禪)의 도(道)라 말할 수 있는 것이 있습니까?" 선사가 대답하기를, "승통께서 들은 바의 4종법계는 조사 문하에서는 그 이치(理致)를 바로 들어서 일체의 정리(正理)를 녹여 없애 버리기 때문에 주먹 안의 법계의 모습은 오히려 불가득입니다. 본래 행(行)과 지(智)가 없는 조사의 심선(心禪) 중에서는 문수와 보현의 모습도 볼 수 없는 것입니다. 55선지식의 행포법문도 물 속의 포말과 같을 뿐이며, 4지(智)와 보리 등의 도(道) 역시 쇠가 광석(鑛石)에 들어 있는 것과 같을 뿐입니다. 그런 즉 여러 가지 가르침 안에 뒤섞여 있어서 얻을 수 없습니다. 그러므로 당나라의 귀종(歸宗)화상은 일대장교(一大藏敎)에서 밝힐 수 있는 것은 무엇인가라는 질문에 대해서 단지 주먹을 들었을 뿐입니다."

(B) 지원이 또 묻기를 "그렇다면 교리에서 신(信), 해(解), 행(行), 증(證)

을 실행한다는 것은 어떻게 그 정당함을 정할 수 있으며, 어떠한 불과(佛果)를 성취할 수 있습니까?" 도의가 대답하길 "무념(無念), 무수(無修)의 이성(理性)이 신·해·수·증일 뿐입니다. 조종(祖宗)이 법을 보이지만 부처와 중생이 얻을 수 없으며, 도의 성품〔道性〕이 곧바로 드러날 뿐입니다. 그러므로 5교 이외에 특별히 조사의 심인법을 전했을 따름입니다. 그래서 부처의 형상을 나타낸 까닭은 조사의 바른 이치를 이해하기 어려운 근기들을 대면하기 위해 짐짓 방편의 몸〔方便身〕을 나타낸 것입니다. 설사 다년간 불경을 독송한다 해도 이런 것으로 심인법을 증득하기는 영원토록 어려울 뿐입니다." 지원이 일어나 절하며 말하길 "지금까지 불장엄〔화엄〕의 교훈을 들었지만, 부처의 심인법은 엿볼 수가 없었습니다" 하였다.

이상 『선문보장록』의 내용은 크게 두 가지로 구분할 수 있다. 첫째는 교학불교에 대한 비판이다(A부분). 둘째는 조사 심인법(心印法)의 수립이다(B부분). 교학불교 비판에서 그는 화엄종의 4종 법계와 55선지식의 행포법문을 부정한다. 그것은 교학불교가 개념에 얽매여 불교의 근본 마음 자리를 찾지 못하기 때문이다. 반면 조사선에서는 바로 이 순간의 사태에 즉하여 곧바로 자신의 성품을 보라고 한다. 도의는 이것을 말하고자 하는 것이다. 둘째는 조사 심인법의 수립에서 무념무수설(無念無修說)을 강조하였다. 즉 신·해·행·증의 수행 체계에 대해서 조사선의 무념무수설을 내세운 것이다. 결국 도의국사의 사상적 특징은 무념무수의 사상에 들어 있다고 말할 수 있다. 따라서 무념무수설을 중심으로 도의의 사상적 특징이 무엇인가를 살펴보기로 한다.

3) 무념무수설의 연원과 내용

무념설의 연원과 내용

무념설은 육조 혜능과 그의 제자인 하택 신회가 제창한 남종선의 대표적인 사상으로 알려져 있다. 다른 계통으로는 정중무상(淨衆無相)의 무념설이 있다. 여기서는 두 계통의 사상적 특징을 고찰하고 도의선사와의 연관성을 살펴보기로 한다. 혜능의 사상을 알려 주는 『법보단경』에서는 무념에 대하여 다음과 같이 표명하고 있다.

> 선지식아! 나의 이 법은 본래부터 돈점(頓漸)에서 모두 무념을 세워서 종지로 삼는다. 무상(無相)을 체(體)로 삼고, 무주(無住)를 근본으로 삼는다. 무엇을 무상이라 하는가? 무상이란 상(相)에서 상(相)을 여읜다. 무념이란 염(念)에서 염(念)하지 않는다. 무주란 사람의 본성이니 생각 생각[念念]이 머무르지 않으며, 앞의 생각, 지금의 생각, 뒤의 생각이 생각 생각마다 상속하여 단절함이 없다. 만일 한 생각이 단절하면 법신이 바로 색신을 떠난다. 생각 생각 속에서도 일체법 위에 머무름이 없다. 한 생각이 머물 것 같으면 생각 생각이 바로 머물므로 계박(繫縛)이라 부른다. 일체의 위에서 생각 생각이 머물지 않으면 묶임[縛]이 없는 것이다. 이것은 무주(無住)로 근본을 삼은 것이다. 선지식아, 다만 일체 상을 여의는 것이 무상이다. 다만 상을 여읠 수 있다면 체성(體性)이 청정하다. 이것은 무상으로 체를 삼은 것이다. 일체의 대상 위에서 물들지 않는 것을 무념이라 부른다. 자신의 생각 위에서 대상을 여의고, 법 위에서 생각을 내지 않는 것이다. … 이것은 무념을 세워서 종지로 삼은 것이다. 곧 미혹 때문에 대상 위에서 생각을 지니게 되며, 생각 위에서 문득 사견(邪見)을 일으키고, 일체의 진로(塵勞)와 망념이 이것에서 생긴다. 그러므로 이 교문(敎門)은 무념을 세워 종지로 삼는다.

이상의 인용문에서 보았듯이, 혜능은 무념과 무상, 무주를 동일한 개념의 다른 작용으로 설명하고 있다. 무상과 무주는 『금강경』에서 공사상을 표현하는 개념이다. 일체의 대상에 집착하지 않는 것이며, 마음에 편견이나 자기 범주를 만들지 않는 것을 의미한다.

혜능은 무상을 상이리상(相而離相)이라 표현하고 있는데, 이 때의 이상(離相)이란 "보고 듣고 깨우치고 인식하더라도 일체의 대상에 물들지 않는다(見聞覺知 不染萬境)"는 것을 의미한다. 정상적인 일상생활 속에서도 항상 외부의 경계와 접촉하는 가운데 사상적으로 명상(名相)이나 대상에 집착하지 않는 일종의 정신적인 자유를 말하는 것이다.

무주라는 용어의 개념은 『금강경』에서 공이나 무집착의 의미로 사용된다. "선남자 선여인이 아뇩다라삼먁삼보리심을 발할 때 어떻게 머물러야 하며, 어떻게 그 마음을 조복시켜야 합니까?"라는 전제에 대하여 "보살마하살은 마땅히 이와 같이 청정한 마음을 낸다. 마땅히 색(色)에 머물지 않고 마음을 낸다. 마땅히 소리, 냄새, 맛, 감촉, 대상에 머물지 않고 마음을 낸다. 마땅히 머무는 바 없이 마음을 내야 한다"고 가르친다. 이 문답에서 '머무는 바 없는 무소주(無所住)'가 바로 무주와 상통하는 개념인 것이다. 나아가 범어본에서는 주(住)가 집착이란 의미로 해석되고 있다는 점은 세계와 주위의 사물에 대하여 고정적인 견해나 취사선택하는 특정한 심리적 상태에 집착하지 않는다는 것을 의미한다.

이상에서 무상과 무주에 대하여 설명하였지만 이 두 용어는 무념과 동일한 개념의 다른 표현에 불과하다. 혜능은 아예 이 두 개념이 무념이란 용어의 개념 속에 포괄되어 있다고 선언하고 있다.

그렇다면 무념의 정확한 개념은 무엇인가. 혜능은 무(無)와 염(念)을 분리하여 설명하고 있다. "무란 어떤 사물이 없다는 것이며, 염이란 어떤 사물을 생각한다는 것인가"라고 자문한 뒤에 "무란 두 가지의 상〔二相〕과 여러 가지의 진로(塵勞)가 없다는 것이며, 진여는 염의 체이며, 염은 진여의 작용"이라고 자답한다. 따라서 무념은 어떤 것도 생각하지 않는다는 의미가 아니라 진여의 작용이 끊임없다는 의미이며, 육근(六根)이 견문각지(見聞覺知)하지만 그것은 진여의 작용에 불과할 뿐이라 보는 것이다. 다만 진여는 견문각지한 일체 경계에 물들지 않고 항상 청정하다는 것이 무념의 진정한 의미이다.

하택 신회 역시 그의 『현종기』에서 "무념으로 종지를 삼고, 무작(無作)으로 근본을 삼는다. … 무념의 염은 바로 총지(摠持)를 생각하는 것이다"라고 말하고 있다. 총지란 다라니로서 그 다라니는 능지(能持)로도 의역되는데, 여기서는 전 불교를 총괄하는 가르침으로 보아야 한다. 즉, 무념이 모든 불교를 구족하고 있다는 것이다. 그의 『남종정시비론』에서는 무념에 대하여 다음과 같이 정의하고 있다.

> 무엇을 여여(如如)라 하는가? 이른바 무념이다. 무엇을 무념이라 하는가? 이른바 유무를 생각하지 않으며, 선악을 생각하지 않으며, 끝이 있음〔有邊際〕와 끝이 없음〔無邊際〕을 생각하지 않으며, 한량 있음〔有限量〕과 한량 없음〔無限量〕을 생각하지 않는다. 깨달음을 생각하지 않으며, 깨달음으로써 생각을 삼지 않는다. 열반을 생각하지 않으며, 열반으로 생각을 삼지 않는다. 이것이 무념이다. 이 무념이란 바로 반야바라밀이다. 반야바라밀이란 바로 일행삼매(一行三昧)이다.

인용문에 따르면, 신회는 여여와 무념을 동일한 개념으로 전제하고, 양극단의 대립과 사량분별을 초월한 경지를 무념이라 정의한다. 나아가 무념이 바로 반야바라밀이며 일행삼매라 규정하고, 무념이 곧 수행이요, 수행의 결과 체득되는 성불의 경계라 간주한다.

신회는 혜능의 삼학(三學) 사상을 계승하여 선정과 지혜가 둘이 아님〔定慧不二〕을 주장하게 되며, 수행에 있어서 무수지수(無修之修)에 비중을 둔다. 이로써 선정을 닦지 않는 것으로 선정을 삼는〔以不修禪定爲禪定〕 논리가 가능하게 되었다. 그의 『남종정시비론』에 의하면 "앉는다는 것〔坐〕이란 생각이 일어나지 않는 것으로 좌(坐)를 삼는다. 이제 선을 말하자면 본성을 보는 것으로 선을 삼는다"고 하며, 『유마경』 권상 「제자품」에서 유마거사가 사리불존자가 숲 속에 앉아 좌선하고 있는 것을 보고, 다만 앉아 있는 것만으로는 참다운 좌선이 될 수 없다고 비난했던 고사를 상기시키고 있다. 결국 신회의 무념설은 특별한 수행의 형식을 필요로 하지 않는 수행법으로 안착하며, 그의 무념법을 수행하는 한 현실생활을 이탈할 필요성도 없어지게 되었다는 점에서 중국인의 문화 환경에 맞는 불교적 수행법을 찾아냈다고 볼 수 있다.

처음 혜능이 『금강경』을 중심으로 『유마경』을 비롯한 대승경전들의 사상을 흡수하여 무념설을 제창했다면, 신회는 『유마경』을 중심으로 『금강경』과 『대승기신론』을 비롯한 대승경전들의 사상을 흡수하여 혜능의 사상을 심화시키고 자신의 독자적인 사상 세계를 구축한 것이다.

신라 출신으로서 중국 사천성 성도 지방에서 활약하며 중국 선종계에 하나의 거대한 산봉우리를 만든 선사가 정중종(淨衆宗)의 김무상(684 ~ 762)이며, 그 역시 무념설을 주장하고 있다. 특히 김무상은 한때 마조 도일의 스승이었다는 점에서 마조에게 무념의 이치를 전했을 가능성이 있다. 김무상의 무념설은 신회의 그것보다 더 발전된 모습으로써 무념으로 계·정·혜 삼학을 새롭게 해석하였다. 요컨대 무상의 삼학은 서로 연결되어 한 몸을 이루고 있으며 이것이 무념으로 통합된다는 데 있다. 즉, 생각이 정지되어 무념이 되면 계·정·혜 삼학을 구족하게 되어 모든 불교를 갖추게 된다는 것이니, 이런 점은 신회의 무념 법문보다 한 단계 나아간 것으로 평가된다. 또한 무념을 이루는 방법론으로 염불을 제창한 것도 무상만의 독자적인 방법이라 하겠다.

무수설의 연원과 내용

도의선사가 주장한 무수(無修) 사상의 연원을 밝히기 위해서는 그의 스승인 서당 지장과 서당의 스승인 마조의 사상을 살펴보는 것이 중요하다. 무수란 수행이 필요 없다는 말이다. 단도직입적으로 말해 인위적인 좌선을 통해 마음을 간하는 수행을 부정하는 것이요, 점수의 길에 이르는 그 닦음을 부정하는 것이다. 이러한 무수설은 이미 혜능에 의해 천명되었으며 신회, 마조, 백장, 황벽, 임제 등 역대 조사선의 대종장들에 의해 널리 받아들여지고 발전되었다.

여기서는 도의에게 직접 선법을 전한 지장과 그의 스승 마조 두 선사를 중심으로 무수 사상의 계보와 무수 사상의 논리적 근거를 탐색해 보겠다. 무수 사상에 대한 마조의 견해를 살펴보면 다음과 같다. 즉, 『전등록』에서는 이렇게 말한다.

도(道)는 수(修)를 쓰지 않는다. 다만 오염되지 말라. 어떤 것이 오염인가? 다만 생사의 마음이 있어서 취향을 조작하는 것이니 모두가 오염이다. 만일 그 도를 곧바로 깨닫고 싶으면 평상심이 도다. 평상심에는 조작이 없고, 시비가 없으며, 취사가 없고, 단상(斷常)이 없으며, 범성(凡聖)이 없음을 말한다. 경전에서 말하길 "범부의 행도 아니고 성현의 행도 아닌 것이 보살의 행이다." 다만 지금처럼 행주좌와 근기에 따라 중생(物)을 대접하는 것이 모두 도이다. 도는 바로 법계 내지 항하사와 같은 미묘한 작용(妙用)이니 법계를 벗어나지 않는다. 만일 그렇지 않다면 어떻게 심지법문(心地法門)이라 할 수 있는가.

인용문에서 알 수 있듯이, 마조는 "도는 수를 사용하지 않는다(道不用修)"를 천명하고 있다. 여기서 도는 그가 추구했던 최고의 진리, 해탈의 길을 지칭하는 것이다. 『고존숙어록』에서는 "도는 수에 속하는 것이 아니다(道不屬修)"라 말하고 있다. 이상의 인용구에서 용(用)과 속(屬)의 의미상의 차이는 없다. 도는 닦는 것과 무관하게 존재하는 것이므로 수행이란 형식에 구애받지 말고, 다만 물들지 않으면 된다고 보며, 평상심처럼 인위적인 조작이나 분별을 하지 않으면 된다는 것이다. 그는 『유마경』「문질품」에 나오는 경구를 인용하여 "생사에 있으면서도 오염된 행을 하지 않고, 열반에 머물러 있어도 영원히 멸도에 들지 않는다"고 말하며, 원생보살(願生菩薩) 사상에 입각하여 범부의 신분에 있어도 세속사에 탐닉하지 않고, 성인의 경지에 있어도 중생을 버리지 않는 자세가 진정한 보살행이라 주장한다. 따라서 무수라 하여 절대적으로 수행하지 않는 것은 아니다. 범부들이 수행하지 않는 그런 차원과는 질적으로 완전히 다른 무수이다. 이런 차원에서 본다면 마조의 "도는 닦음에 속하는 것이 아니다"나 "평상심이 도이다"라는 주장은 서로 밀접한 상관성을 지니고 있다고 볼 수 있다.

그렇다면 마조가 말하고자 하는 평상심은 무엇인가? 분별이나 차별, 집착의 작위성이 없는 마음을 의미한다. 왜냐하면 사람의 인식 능력은 물 자체를 파악하는 것이 불가능하다고 본다. 자신의 편견이 반영된 영상을 인식하고 있다고 본다. 어떠한 인식이란 반드시 어떠한 양태의 색상이 전제될 수밖에 없다는 점에서 원천적으로 인간의 인식 체계에 대한 불신을 지니고 있는 것이기도 하다. 그래서 마조는 색이 마음에 의지하여 발생한다는 점에서 색무자성(色無自性)을 체득하고 색즉시공(色卽是空)을 주장하는 것이다. 때문에 마조는 다음과 같이 선언한다.

> 대저 법을 구하는 사람은 마땅히 구하는 것이 없어야 한다. 마음 이외에 달리 부처가 없다. 부처 이외에 달리 마음이 없다. 선도 취하지 않고, 악도 버리지 않는다. 정예(淨穢)의 양변(兩邊)에 모두 의지하지 않는다. 죄의 자성이 공함을 통달하여, 생각 생각이 불가득이다. 자성이 없기 때문에 삼계는 오직 마음일 뿐이며, 삼라만상이 한 법의 인출인 것이다. 무릇 보이는 형색은 모두 마음을 보는 것이다. 마음은 스스로 마음이 아니다. 형색이 있기 때문에 마음이 있다. 그대가 수시로 말할 수 있다면 사(事)에 나아가든 이(理)에 나아가든 모두 걸릴 것이 없다. 보리도의 결과도 또한 이와 같다. 마음에서 생긴 것을 곧 형색이라 이름한다. 형색의 공함을 알기 때문에 생(生)이 바로 불생(不生)이다. 만일 이 의미를 체달한다면 다만 수시로 옷을 입고 밥을 먹고, 성태(聖胎)를 기르며, 자연스러움에 맡기어 시간을 지낼 수 있다. 다시 어떤 일이 있으리오.(『조당집』권14)

위의 인용문은 마조의 사상을 집약적으로 표현한 것으로 "마음은 저절로 존재하게 되는 마음이 아니며 형색 때문에 마음이 있는 것이다(心不自心 因色故有心)"라는 견지에서 마음과 부처와 형색과 공을 통일시켰으며, 상호 침투시켜서 서로 대체 개념이 될 수 있게 만들었다. 그 결과 중생의 입장이든 부처의 입장이든, 아니면 현상〔事〕의 입장이든 진여〔理〕의 입장이든 걸림이 없다. 일거수일투족이 불성을 기르는 것이며, 자연의 운행에 맡기어 자유롭게 살 수 있는 것이다. 따라서 『경덕전등록』에서는 다음과 같이 말하고 있다. "서 있는 곳이 참된 곳이니 모두 자신의 주체인 것이다. 만일 그렇지 않은 사람이라면 또한 어떤 사람인가? 일체법이 모두 불법이며, 제법이 바로 해탈이다. 해탈자가 바로 진여다. 제법은 진여에서 나온 것이 아니다. 행주좌와는 모두 불가사의한 작용이라 시절을 기다리지 않는다"라고 하였다.

이런 문화 형태가 사유 체계화된 것이 현실을 떠나 특별히 진실한 것은 존재할 수 없다는 촉사이진론(觸事而眞論)이다. 노장사상의 중요한 개념의 하나인 촉사이진론을 위진 시대의 승조(僧肇)법사가 『유마경』의 번뇌가 바로 깨달음이라는 가르침에서 힌트를 얻어 이론적으로 체계화했다. 그것을 삼론종, 천태종, 화엄종이 계승했다. 화엄종의 대표적 사상가인 징관(澄觀)은 이것을 수용하여 현실 속에 이상이 있다고 설파했다. 화엄종의 법계연기 사상은 촉사이진론의 또 다른 표현이 아닐까 의심될 정도로 이 사상이 농후하게 배어 있다.

마조가 인용한 "있는 곳마다 부처가 있다. … 능히 일체 중생의 의심의 그물을 깨뜨려 유무의 속박을 벗어나게 되면 범부나 성인의 감정이 모두 소진하고 인법이 함께 공하게 된다"는 구절은 『화엄경』의 성기(性起) 사상의 영향이다. 모든 것이 불성의 작용이라 보는 점에서는 동일하지만 수행의 계위(階位)를 역설하는 화엄종과 달리, 홍주종은 "자신의 마음이 부처다(自心是佛)", "마음에 상즉하는 것이 부처의 마음이다(卽心是佛心)"를 믿으며, 수행의 계위를 거치지 않고 본성을 돈오하라고 제창한다. 일체가 불성의 작용이라 진여 아닌 것이 없다는 점에서는 불수부좌(不修不坐)가 바로 여래청정선이라 천명할 수 있는 것이다. 이런 차원에서 본다면 다만 평상심을 유지하는 것이 무생법인(無生法忍)의 현현이라 보는 마조의 주장은 선을 새로운 차원으로 승화시킨 것으로 평가받기에 충분하다.

일체법이 불성의 작용으로 현현한 것이므로 어느 것 하나 소중하지 않은 것이 없이 진여의 표현이라 한다면 굳이 '즉심시불'을 말하는 것조차 분별의식이 아닌가 하는 어떤 스님의 질문에 대하여 마조는 "어린애의 울음을 그치게 하기 위한 방편"이라 대답한다. 다시 "울음을 그치면 어떻게 하는가?" 하는 질문에 "마음도 아니고 부처도 아니다(非心非佛)"라 대답한다. 주객 대립의식이 완전히 끊어진 경지를 말하는 것이다.

마조의 상수제자는 서당 지장이다. 도의는 서당 지장의 인가를 받은 것으로 기록되어 있다. 그렇다면 시당 지장의 사상 속에는 무수 사상이 어떻게 표현되어 있을까. 『조당집』이나 『경덕전등록』 등의 문구에 직접 도불속수(道不屬修)나 불수부좌(不修不坐)와 같은 용어는 보이지 않는다. 다만 지장의 전반적인 사상 경향이 마조의 즉심시불의 사상을 충실하게 계승하고 있다는 점에서 무수라고 직접 언급하지는 않았지만 무수 사상의 흐름을 벗어나지 않았다고 말할 수 있다. 『경덕전등록』 권7에는 이고(李翱)라는 관리와의 문답이 실려 있다.

> 이고가 어떤 스님에게 물었다. "마대사님은 어떠한 가르침이 있습니까?" 어떤 스님이 말씀하시길 "대사께서는 혹 즉심시불을 말씀하시기도 하고, 혹은 마음도 아니고 부처도 아니라 말씀하십니다." … 이고가 서당에게 또 물었다. "마대사님에게 어떠한 가르침이 있습니까?" 서당이 이고를 불렀다. 이고가 대답하자, 서당께서 말씀하시길, "뿔을 두드리면 움직인다."

이상의 인용문은 불성은 작용에 있다는 마조의 사상을 충실하게 연출한 것이다. 현실에 부딪치는 일체의 모든 것이 진여[觸事皆如]라는 사상을 명쾌하게 보여 주고 있다. 보다 명확하게 서당의 사상을 가늠해 보기 위해 다른 실례를 찾아보기로 한다.

어떤 속사(俗士)가 물었다. "천당과 지옥이 있습니까?" 스님이 말씀하시길 "있다." "불법승 삼보가 있습니까?" "있다." 다시 많은 질문이 있었지만 모두 있다고 대답했다. 질문하길, "스님께선 어찌 틀리지 않았다고 말합니까?" 스님께서 말씀하시길, "그대는 일찍이 존숙(尊宿)을 보았는가?" 대답하길, "저는 일찍이 경산스님을 찾아뵌 적이 있습니다." 스님께서 말씀하시길, "경산스님이 그대에게 어떻게 말하시던가?" 대답하길, "그분은 일체가 모두 없다고 말씀하셨습니다." 스님께서 말씀하시길, "경산스님도 마누라가 있는가?" 대답하길, "없습니다." 스님께서 말씀하시길, "경산스님은 없다고 말해서 바로 얻었다." 속사(俗士)가 절하고 물러갔다.

이 인용문에서 속사는 천당과 지옥이 있다는 대목에서는 유(有: 긍정)에 빠지고, 경산의 설법을 들은 뒤에는 무(無: 부정)에 빠져 있었기 때문에 유무에 집착하지 말고 자유자재할 때 해탈인이 될 수 있다는 점을 알려 주고 있다. 따라서 이것 역시 평상심이 바로 도라는 것의 다른 표현이다. 그러나 동문인 대주 혜해(大珠慧海)는 즉심즉불을 주장할 뿐만 아니라 '불성은 작용에 있다'는 차원에서 '닦아야 할 도가 없다'고 주장한다. 보다 선명하게 조사선의 특징을 드러내고 있는 것이다. 이러한 사상들은 '불성은 본래 청정한 것이므로 닦아서 완성되길 기다리지 않는다'는 무수 사상의 연장선상에 있는 것이다.

그렇다면 전술한 마조 계열의 무수 사상은 그 연원이 어디까지 소급되는가. 마조의 스승인 남악 회양은 "벽돌을 갈아서 거울을 만들 수 없다"는 비유를 통해 "선은 앉고 눕는 데 있지 않다(禪非坐臥)"는 촉사이진의 사상, 그리고 자신의 심지법안(心地法眼)을 통해 체득되는 무상삼매는 불성과 상응하는 특정한 절차가 없다는 무념선법, 나아가 불성과 도는 형상이 없으며, 시공의 제약을 받지 않는다는 등의 사상을 천명하고 있다.

또한 혜능의 제자이며, 회양과 동문인 본정(本淨, 667~762)은 "도는 본래 무수다. 선사가 굳이 수행하더라도 도는 본래 조작이 없는데 선사가 일부러 조작하는 것이다"라고 말하고 있다. 이러한 것들을 종합해 본다면 무수 사상은 혜능에서 시작하여 마조와 그의 제자들에 이르러 완전한 체계를 세우고, 새롭게 발전할 기틀을 완성한다.

4) 종조로서의 위상

도의는 대한불교조계종의 종조이다. 그는 육조 혜능의 남종선, 구체적으로 말해서 조사선 전통에 시 있는 중국 선종을 이 땅에 최초로 들여와 선법을 펼쳤다. 물론 도의가 직접 조계종을 개창하지는 않았지만 현 대한불교조계종의 근간을 형성하고 있는 조사선을 최초로 들여왔다는 점에서 국사는 종조로 추앙되고 있다. 이러한 맥락에서 고려 불교에서도 한결같이 도의를 해동선문(海東禪門)의 초조로서 추앙하였다는 점도 주목해 볼 필요가 있다.

앞에서도 살펴본 바와 같이 도의는 육조 혜능 – 남악 회양 – 마조 도일 – 서당 지장으로 이어지는 남종선의 정법을 계승하여 최초로 조사선의 선불교를 신라에 전했다. 비록 그가 시대적 불운으로 설악산에 은거하여 생존 당시에 대대적인 선문은 개창하지 못했지만, 그의 법손인 보조 체징이 장흥 보림사에 가지산문을 열어 선법을 높이 세워 조사선이 조계종의 주류를 형성하게 되었던 것이다.

실제로 도의의 생애를 알려 주는 짤막한 기사를 통해서 볼 때도 그의 삶은 육조 혜능의 선법을 만나면서 크게 변화하게 되는 것을 알 수 있다. 사실 도의는 교학승으로서 당나라에 풍미하고 있는 화엄을 비롯한 교학을 배우려고 입당한 것이다. 당시 당나라의 오대산은 교학불교 중심지요, 대표적인 문수도량이었다. 특히 그곳은 화엄불교와 화엄신앙의 성지로서 많은 구도자들의 발길을 모았던 것이다. 도의가 그런 오대산에 들어가 화엄의 중심 위치를 점하고 문수보살을 예경하고 그 감응을 받았다는 표현은 교학의 핵심을 맛보았다는 의미로 해석될 수 있다.

그러한 도의가 귀국하지 않고 다시 남쪽으로 발길을 돌려 육조 혜능의 조사선을 접하게 되었던 것이며, 곧바로 조사선에 매료되어 그것이 그의 삶을 지배하게 된다. 이미 화엄종 승려로서 당나라에 들어간 도의가 다시 보단사에서 구족계를 받았다는 의미는 이전의 화엄불교를 버리고 조사선을 택했다는 것으로 볼 수 있다. 이후 도의는 조사선을 수행하고 당대의 내로라하는 선지식을 참방하여 깨달음을 얻게 되어 그 심요를 전수받았던 것이다. 이렇게 하여 도의는 당시에 만개하였던 조사선의 참면목을 실참하여 깨달음을 얻고 그것을 신라에 가져와 조사선의 씨앗을 유서 깊은 설악산 진전사에서 심어 그 씨가 발아하여 현재 한국의 조계종으로 자라나게 되었던 것이다.

나아가 선종이라는 명칭은 9세기 후반부터 우리나라에 등장하기 시작하는데, 이 선종이란 바로 조계종을 말하는 것으로서 이 선종을 최초로 들여온 이가 도의국사라는 점에서 그의 종조로서의 위상이 각별하다.

또한 도의국사는 현실에 대한 긍정적이면서도 적극적인 남종선의 사상을 그대로 잘 계승하였다고 볼 수 있다. 일반적으로 남종선의 계보에서 조종(祖宗)의 위치를 점유하고 있는 혜능과 신회의 무념설은 『금강경』과 『유마경』에 의거한 반야사상의 연장선상에 있다는 점, 특히 신회는 "지(知)라는 한 글자는 여러 가지 미묘한 문이다(知之一字 衆妙之門)"라고 하여 지는 깨달은 자든 깨닫지 못한 자든 누구에게나 있는 마음의 본체임을 밝혀 반야지혜를 사상의 핵심으로 삼고 있다.

도의의 무수설은 홍주종(洪州宗)의 사상적 특징을 수용하고 있다. 특히 『능가경』의 여래장 사상과 화엄성기 사상을 토대로 정립된 마조 계통의 무수설은 도의에게 매우 친숙한 느낌을 지니게 했고, 그런 점이 도의가 홍주종의 선법을 채택하게 만든 원인의 하나가 되었던 것이다. 번뇌가 바로 깨달음의 원인이며, 일체의 존재는 불성의 현현에 불과하다고 보는 홍주종의 수행론은 도의에게 상당한 매력을 제공한 것으로 보인다. 그러면서도 화엄종의 수행 체계와 달리 번잡하지 않고 관념적인 허식을 부정하며, 도의 일상성을 강조하는 명쾌한 선법은 신라하대의 현학적이고 사제적(司祭的)인 교학불교를 극복하고 신라 사회에 새로운 기풍을 창출하기 위해서도 필요성을 느끼게 되었던 것이다.

비록 도의가 입국하여 대대적인 환영을 받지는 못했지만 그의 조사선 전래는 이후의 사상계에 막대한 영향을 미쳤다. 그는 한국에서 조사선이 정착할 수 있는 기초를 다진 선구자로 평가받아야 마땅할 것이다. 그러면서도 왜 하필 홍주종, 그중에서도 서당 지장의 심인(心印)을 받았을까 하는 점에 대해서는 관심을 기울이지 않을 수 없다. 물론 당시는 홍주종이 크게 유행하고 있었다. 신라 출신인 정중 무상과 인연이 있는 마조의 선법에 관심을 기울이게 되었다는 점을 주목하는 경우도 있으나 이는 앞으로 더 연구가 필요하다. 아무튼 마조의 사상적 정통성을 확보하기 위해 수제자인 서당 지장의 심인을 얻게 된 것으로 보이며, 이것은 신라인의 자긍심과 신불교 운동의 수용이라는 시대적 요청을 한번에 해결한 것으로 평가할 수 있다.

(2) 조계종의 성립

1) 조계종명의 의미

신라 말과 고려 초를 통하여 많은 선사들이 중국에서 남종선을 전래해 왔다. 곧 전국의 명산에 각각 아홉 개의 산문을 만들어 선풍을 드날리게 되었다. 이것을 흔히 구산선문이라 부른다. 이들의 대부분은 남종선과 밀접한 관련을 맺고 있다.

원래 혜능은 황매산에 있는 5조 홍인에게 수학한 뒤에 자신의 고향인 남쪽으로 내려가 소주의 조계산에 근거지를 만들어 활동하고 있었다. 그는 많은 제자들을 양성했는데, 그중에서도 남악 회향과 청원 행사의 제자, 그러니까 혜능의 입장에선 손상좌에 해당하는 마조 도일과 석두 희천에 의해 사상적인 융성기를 맞이하게 되었다. 원래 남악이나 청원은 그다지 유명한 사람은 아니었다. 그렇지만 그들의 제자인 마조와 석두는 발군의 기량을 선보인 선객이었으며, 이중에서도 특히 마조 도일의 기량은 군계일학이었다. 왜냐하면 마조에 의해 남종선이 중국에 확고한 뿌리를 내리게 되었다고 말할 수 있기 때문이다.

물론 우리나라에 전래된 선법은 마조와 석두 양 계통을 망라하고 있다. 그런 점에서 이들의 공통분모는 혜능에게 모아지며, 결국 구산선문을 함께 아우를 수 있는 통칭으로 조계라는 말이 사용되었다. 여기서 조계라는 말은 혜능을 지칭함과 동시에 종파의 이름이기도 하다.

그렇다면 혜능을 왜 조계라고 불렀을까? 혜능은 구족계를 받은 이후 보림사(寶林寺)에서 조사선풍을 크게 드높여 많은 사람들이 그를 따르게 되었다. 이 보림사가 자리한 곳에는 커다란 두 개의 봉우리인 쌍봉(雙峯)과 큰 계곡인 대계(大溪)가 있었다. 두 개의 봉우리 사이에 커다란 계곡이 있고 그 사이로 하천이 흘렀던 것이다. 혜능이 이곳에서 9개월간 설법할 때 인근에 거주하던 조숙량(曹叔良)이 공양을 올렸다 한다. 그래서 이곳을 조숙량의 성인 조(曹)와 지형적 특성에서 나온 계(溪)라는 명칭을 사용하여 조계(曹溪)라 일컫게 되었던 것이다. 그래서 훗날 보림사는 조계보림사(曹溪寶林寺)로 불리게 되었으며, 조계는 혜능을 가리키는 명칭으로 사용되었다.

그러나 이 조계종이라는 종명은 중국에서는 사용되지 않았다. 우리만이 중국의 선종을 도입하여 혜능을 시원적인 개창조로 추앙하게 되었다는 점에서 구산선문 전체를 조계종이라 부르게 되었다. 따라서 이 '조계'라는 종명은 우리나라 선종의 주체적인 표현으로 볼 수 있다.

그러면 우리나라에 조계종이라는 종명이 등장하기 이전에 선종이라는 종명은 언제 등장하게 되었는가? 도의는 선종이 중국에서 자리를 굳힌 시절에 서당 지장으로부터 선법을 이어받아 염거를 거쳐 보조 체징(普照體澄, 804~

880)에게 전했으며 그에 의해 장흥 보림사를 중심으로 가지산문이 개산되었다. 체징이 입적하자, 왕은 884년에 그에게 시호와 탑호를 내리면서 "이러한 일이 선종을 포상하는 예(禮)"라고 밝히고 있다. 이렇게 본다면 선종이 이미 9세기 말에 등장하고 있음을 알 수 있으며 10세기에 이르면 종파로서의 선종이 확고하게 자리잡게 된다. 이 선종은 다름아닌 조계[혜능]의 선종을 말한다. 따라서 조계종은 9세기 후반부터 선종이라는 이름으로 이 땅에서 종파로서의 특징을 갖고 선법을 펼치게 되었다고 보아야 할 것이다. 그리고 이러한 의미에서 혜능의 남종선을 최초로 이 땅에 전래한 도의국사를 조계종의 종조로 삼고 있다. 또한 구산선문 대다수가 혜능의 남종선을 잇기 때문에 고려시대에 이르러 조계는 구산선문을 모두 아우르는 말로 쓰이게 된 것이다.

2) 조계종명의 등장과 정착

그러면 현존하는 사료 중에서 조계종이란 명칭이 보이는 것은 언제부터일까? 지금까지의 조사에 의하면, 1172년(명종 2)에 이루어진 대감국사 탄연(坦然, 1069~1158)의 비명이라 말할 수 있다. 그 비명에는 '고려국 조계종 굴산하 단속사 대감국사(高麗國曹溪宗崛山下斷俗寺大鑑國師)' 라는 구절이 나오고 있다. 이상의 비문을 통해 사굴산문이 조계종에 속해 있었다는 사실을 알 수 있다.

그렇지만 이 비문 이전에 이미 많은 사료에서 조계종이 성립되어 있었음을 시사하고 있다. 조계, 즉 남종선이 고려 선종계를 장악하고, 이들은 승려 선발 고사인 승과(僧科)와 승계(僧階)를 통해 제도적으로 단일한 종파로 묶이게 된다. 이로 인해 승과를 거쳤거나 승과를 준비하는 선승들을 통칭하여 조계업(曹溪業)이라 불렀다. 고려시대에는 승과는 물론 일반 관료를 뽑는 과거에서도 과(科) 대신 업(業)이란 용어를 붙여서 사용했다. 업이란 행위를 의미하고, 이것이 전이되어 특정한 직업을 의미하게 되는 점에서 기인한 것으로 추정된다. 이로 미루어 본다면 조계업은 조계종과 동일한 의미라 말할 수 있으며, 고려 전기의 선종은 조계종 내지 조계업이라 불러도 무방하다.

당시에 건립된 비명에 나타나 있듯이 선종의 산문들이 조계종이란 하나의 명칭으로 통합된 것은 고려 초 중앙집권을 강화하려는 태조 왕건 이하 역대 제왕들의 노력에서 기인하는 것이다. 태조는 당시에 해회(海會)라든가 담선(談禪) 법회를 열어 산재해 있던 불교 세력을 중앙집권적으로 통합하기 위해 여러 가지의 제도를 기획한다. 그러나 불교계의 중앙집권화가 제도적으로 완비된 것은 광종 시대에 승과와 승계가 확립되면서부터다. 광종 시대의 선종은 남종선이 주류였으며, 이때 시행된 승과도 남종선 위주로 시행되었다고 본다.

이제까지 연구에 의하면 광종 때까지 사용된 조계라는 용어는 혜능을 비롯한 그의 선맥을 계승하고 있는 많은 문파에 대한 통칭으로 사용되고 있었다. 고려에서도 남종선이 선종을 주도하고 있었다는 점에서 조계업이나 조계종이 북종선을 포함한 선종 전체를 포괄하는 의미로 사용되고 있었다.

그렇다면 종파를 의미하는 조계업〔조계종〕이란 이름은 언제부터 보이기 시작할까? 현존하는 사료를 검토하면 고려 1132년(인종 10)에 건립된 「선봉사(僊鳳寺) 대각국사비(大覺國師碑)」가 처음이다. 이 이전에 남아 있는 여러 비문들에 나오는 조계라는 용어는 혜능을 지칭하거나 혜능이 활동했던 지역 혹은 그의 선법을 계승한 제자들을 지칭하는 용어였다.

현재 남아 있는 사료에는 조계라는 명칭이 적지 않게 보이고 있다. 남아 있는 자료들을 통해 조계종의 역사와 사상적 정통성을 살펴볼 수 있다. 따라서 이들에 대한 대강의 내용을 요약, 정리하면 다음과 같다.

① 887년(신라 정강왕 2)에 세운 쌍계사의 진감국사비(眞鑑國師碑). 이 비문에는 혜소(慧昭) 진감국사(774~850)를 조계, 즉 혜능의 현손이라 기록하였다.

② 924년(경애왕 1)에 세운 봉림사 진경대사비(眞鏡大師碑). 여기에는 남악 회양이 조계의 적자라는 표현이 나온다. 조계는 물론 혜능을 가리키는

것이다.

③ 937년(고려 태조 20)에 세운 광조사 진철대사비(眞徹大師碑). 이 비문에는 조계를 조사로 삼아 이 땅의 선법이 계승되어 왔음을 밝히고 있다.

④ 939년(태조 22)에 세운 보리사 대경대사비(大鏡大師碑). 이 비문에는 조계의 문하는 회양과 행사를 중심으로 남종선이 계승되고 있음을 밝히고 있다.

⑤ 939년(태조 22)에 세운 비로암 진공대사비(眞空大師碑). 이 비문에는 조계를 조사로 삼고 있으며, 그의 선지를 계승하고 있다고 새겨 있다.

⑥ 943년(태조 26) 건립된 정토사 법경대사비(法鏡大師碑). 이 비에도 조계를 조사로 그 법이 법경대사에게 계승되고 있음을 명기하고 있다.

⑦ 965년(광종 16)에 세운 봉암사 정진대사비(靜眞大師碑). 조계는 동산(5조 홍인)의 법을 받아 남악 회양에게 전했다는 사실을 밝히고 있다.

⑧ 1132년(인종 10)에 건립된 선봉사 대각국사비(大覺國師碑). 여기서는 선종을 조계업, 즉 혜능의 선법을 계승하는 종파로 여기고 있다.

⑨ 1185년(명종 15)에 건립한 예천 용문사 중수비(龍門寺重修碑). 대선사 조응이 1125년에 조계선, 즉 승과에 합격했음을 알리고 있다.

⑩ 유점사사적기(楡岾寺事蹟記). 1189년(명종 19)에 조계대선사 익장(益藏)이 금강산 유점사에 왔다고 밝히고 있다.

⑪ 1211년(희종 7)에 건립된 송광사 보조국사비(普照國師碑). 보조국사 지눌이 8세에 조계의 종휘(宗暉)선사에게서 득도했음을 알리고 있다. 여기의 조계가 혜능을 지칭하는 것인지, 조계종을 지칭한 것인지는 확실하지 않다.

⑫ 1295년(충렬왕 21)에 세운 인각사 보각국존비(普覺國尊碑). 부처님의 가르침이 인도의 28대 조사와 중국의 5대 조사를 거쳐 조계의 한 파가 우리나라에 전래되었음을 알리고 있다.

이상에서 조계라는 용어는 매우 다의적이란 사실을 알 수 있다. 그렇다면 구산선문이 하나의 종명으로 통칭되는 역사적 과정은 어떠할까? 전술한 바가 있듯이 각 산문의 개창 조사들은 모두 그 사상적 연원이 조계에서 비롯되고 있다는 점이다. 중국에서 많은 분파가 발생하고, 우리나라에서도 여러 산문이 나와 다양한 선사들의 선법을 계승했지만 그들은 한결같이 조계의 법맥을 계승하고 있다고 자처했던 것이다.

고려시대 중국으로 간 유학승들은 임제종이나 조동종, 운문종, 법안종에 속하는 선사들에게 수학한 뒤에 귀국하게 된다. 그렇지만 그들은 귀국 이후 중국에서 유학할 당시 자신을 지도했던 스승의 종명과 사상을 전파하기보다는 원래 유학 이전에 자신이 소속되어 있었던 본국의 산문을 더욱 중시했다. 산문에 상관없이 모두가 조계종의 선사가 되는 것이었으며, 자신이 고려의 어느 산문에 속한다는 것을 중시했다는 점에서 독자성과 정통성을 찾고 있었던 것이다.

처음 중국에 유학하여 남종선을 도입한 도의국사나 혜소국사, 그리고 여타 많은 선사들은 대부분 화엄종에 출가하여 화엄학을 공부했던 사람들이었다. 그들은 중국에 들어가 선법을 공부하고 귀국하지만 대부분은 남종선과 인적 고리를 연결하고 있다. 설사 북종선을 비롯한 법안, 운문, 조동종의 선법을 공부하고 귀국한 승려들도 특별하게 종파를 고집하지 않고, 하나의 조계종에 포용되고 있었던 것은 구산문이 각각의 기풍을 지니고 있는 종파로서의 기능보다는 근거지를 의미하는 것이었기 때문이다. 여기에는 또한 구산문의 문도들이 대부분 조계 혜능의 남종선을 따르고 있었고, 그 가풍 또한 파벌적이기보다는 상호 포용하는 입장에 서 있었던 것도 서로가 종파를 고집하지 않았던 커다란 이유로서 작용했다고 본다.

그리고 선종을 대표하는 구산문이 더욱 결속하는 계기가 다가왔다. 그것은 대각국사 의천이 천태종을 개창한 사건이다. 의천은 교종과 선종의 대립과 갈등을 해결한다는 명분으로 송나라에 유학하여 천태종을 고려에 수입하게 된다. 의천은 귀국 이후 국청사에서 천태종 사상을 강의하였다. 이때 구산문에 속했던 많은 사람들이 이 강의에 동참하게 되며, 심지어 천태종으로 소속을 바꾸는 선승들이 적지 않았다. 이에 위기의식을 느낀 구산문을 중심으로 하는 선종, 즉 조계 혜능을 조사로 삼고 있던 종파의 유지와 발전을 위해 구산문의 공동체 의식이 향상되었던 것이다.

이상의 여러 가지 역사적 사실을 배경으로 많은 전문가들은 조계종명이 고착하게 되는 단계를 대략 세 가지로 설명하고 있다.

첫째, 조계 혜능을 조사로 하는 종파라는 의식의 정착이다.

둘째, 구산문에 소속된 선승들이 승과에 응시하게 되어 하나의 종이 형성될 필연성이 등장했다는 지적이다.

셋째, 의천이 천태종을 개장하사 구산문 내부의 결속이 심화되면서 조계종이라는 용어가 널리 사용되었다. 이와 관련 승과와 법계에서도 천태종을 제외한 모든 선문을 조계종이라 하여 천태종과 구별하고자 했다.

이상의 세 가지를 배경으로 고려에는 보조 지눌의 조계산과는 상관없이 이미 조계종이 성립해 있었다. 분명한 사적이 없어서 조계종명이 언제부터 사용되었는지에 대해서는 명확하게 언급할 수 없지만 고려 중기인 「선봉사 대각국사비」가 찬술되기 이전에 이미 조계종이란 종명이 확정되어 있었다는 사실이다. 또한 고려의 조계종은 중국의 남종선을 고려적인 풍토에 맞게 융합적인 성격으로 탈바꿈시킨 종파이며, 그렇기 때문에 해동 특유의 선교융합적인 성격을 지니는 선종으로 그 특징을 지니고 있다.

3. 구산선문의 형성과 전개

신라하대 불교계에 새로운 변화의 바람이 불었다. 왕실과 진골 지배 세력들의 보호 아래 그 절정에 도달하였던 교종이 점차로 쇠퇴하고, 새롭게 대두한 선종이 불교계를 이끌게 되었다. 국내에서 화엄을 수학하다가 당에 유학하여 중간에 선종으로 개종한 승려들이 남종선을 들여왔는데, 이들은 당나라에서 귀국한 이후 지방에 거주하면서 산문을 개창해 그 종지를 펼치고 있었다. 게다가 선승들은 지방뿐만 아니라 중앙에까지 그 영향력을 미쳤다.

선승들이 개창한 산문은 당시 수도였던 경주와 멀리 떨어진 변방에서 성립되었다. 당시의 여러 가지 사정으로 말미암은 것으로 생각되는데 무엇보다 중요한 것은 중앙의 교종 세력이 강하게 선종과 선승들을 배척하였기 때문이다. 그렇지만 선종은 모든 사람들에게 해탈의 방법을 제공하였으며 왕실 불교의 권위를 축소시켰다. 이에 왕실은 선종 사원에 경제적인 지원을 하거나 혹은 통제하려 하였지만 청신한 정신으로 무장한 승려들에게는 불가능한 일이었다. 그리고 선종 산문은 지방에서 대단한 영향력을 행사하였으며 주요 선승들은 교계 안팎으로 큰 존경을 받았다.

산문의 중심 사찰에 남아 지금까지 전해지는 유물들은 당시 선승들이 대단한 영향력을 발휘하였음과 동시에 그 지위가 절대적이었음을 알려 준다.

신라 말에서 고려 초에 형성된 선종 산문을 흔히 구산선문이라 한다.[1] 이는

---

1) 구산선문의 개념은 金映遂, 「曹溪禪宗에 就하야」, 『震檀學報』 9(1938)에 의하여 정립되었다. 이후 高翊晋, 「新羅下代의 禪傳來」, 『韓國禪思想研究』(1984)에서 9산파였다는 것을 다시 확인하였다. 그렇지만 許興植은 나말의 선문은 9산문이 아니라 14산문이었으며, 의천 당대에 14산문 중 법안종과 교류하였던 5산문이 천태종에 합류하고 나머지 9산

한국 선종사에서 매우 중요한 부분 가운데 하나이다. 따라서 신라하대 선종 구산문과 관련하여 많은 연구가 이루어졌다.

(1) 구산선문 형성의 사회적 배경

신라하대에 유행한 선종은 당나라에서 수입한 새로운 사상이었다. 신라에서 새로운 사상이 유행할 수 있었던 것은 신라 승려들이 새로운 사상을 수용할 수 있는 바탕을 마련하고 있었음을 말해 주는 것이다. 또한 당시 선승들은 새로운 사상을 현실적인 필요 속에서 구하였다고 할 수 있다. 이는 당시 신라하대의 상황을 이해하는 과정에서 파악할 수 있다.

신라하대에는 생산력의 증대와 함께 사회는 분화하고, 각계 각층의 다양한 욕구들이 분출하고 있었다. 더구나 자주 발생하는 천재지변으로 인한 흉년과 가혹한 수탈로 민의 몰락이 가속화되고 있었다. 이러한 사회적인 위기에 화엄종을 중심으로 한 불교계는 실천 가능한 새로운 방법을 모색하지 않고 공허한 이론적인 논쟁에 빠져 백성들과는 유리되어 있었다. 또한 화엄종 중심의 불교계는 지배층과 결탁하여 자체의 세력 보존을 꾀하는 방향으로 흘러갔다. 따라서 더 이상 불교의 발전을 기대할 수 없는 상황에 이르렀던 것이다.

대사는 조그만 구멍에 담긴 물에서는 잔을 띄울 수 없듯, 여건이 조성되

문으로 확정된 시기는 11세기 말부터였다고 하였다(許興植, 「禪宗 九山派說의 批判」, 『高麗佛敎史硏究』, 一潮閣, 1990, pp.145~178 참조). 추만호는 「나말려초 선종사상사 연구」, 『이론과 실천』(1992), p.62에서 "구산선문의 성립은 신라시대인 9세기 중반에서부터 시작하여 통일고려 이전의 후삼국시대인 935년 이전까지는 완료되었다고 정리할 수 있다"고 하였다. 이렇게 볼 때 아직 구산문의 형성 시기에 대하여 학계에서 정설이 없음을 알 수 있다.

지 않은 곳에서는 자신이 바라는 바를 이룰 수 없음을 생각하고 "동쪽을 바라보기만 하다가는 서쪽의 담을 보지 못할 것이다. 깨달음의 세계가 멀리 있지 않을 터인데 어찌 살던 곳만을 고집하겠는가"라고 생각하고 선뜻 산에서 나와 바다로 나아가 중국으로 갈 기회를 엿보고 있었다.(崔致遠 撰,「聖住寺朗慧和尙白月葆光塔碑」,『朝鮮金石總覽』(상), 1919, p.75)

위의 기록은 성주사(聖住寺)를 개창한 낭혜(朗慧)화상이 부석사에서 화엄을 공부하다 뜻을 이루지 못하자 중국 유학을 결심하였음을 알려 준다. 당시 부석사는 화엄종찰로 그 영향력이 대단한 곳이었다. 그럼에도 불구하고 낭혜가 부석사를 떠나고자 하였던 것은 그곳의 한계를 알아차렸기 때문일 것이다. 그의 말 가운데 "여건이 조성되지 않은 곳에서는 자신이 바라는 바를 이룰 수 없다"고 하였는데, 이것은 바로 화엄이 한계에 이르렀음을 암시하는 것으로 볼 수 있다. 이는 낭혜뿐만 아니라 당시 화엄을 공부한 많은 승려들이 가졌던 생각으로 파악되며 당나라에 들어가고자 하는 생각을 가지게 되는 배경이 되었던 것으로 헤아려진다.

당나라에 도착한 신라의 승려들은 처음부터 선종에 눈을 돌렸던 것은 아니었다. 화엄종 사찰을 찾는 경우가 대부분이었다. 당나라에서 화엄에 대한 새로운 모색을 추구하였던 것이다. 그렇지만 이들은 얼마 되지 않아 선종으로 돌아섰다. 이렇게 된 이유는 당시 당나라의 화엄종도 신라의 그것과 다를 바가 없었으며 선종의 영향력이 대단하였기 때문이었다. 또한 신라의 승려들이 쉽사리 선종으로 눈을 돌릴 수 있었던 것은 화엄의 성기사상이 당시 홍주종(洪州宗)과 매우 밀접한 관계가 있었기 때문이라 한다. 다시 말하면 신라의 승려들은 홍주종의 사상을 받아들일 수 있는 바탕이 이미 신라에서부터 마련되어 있었음을 알려 주는 것이다. 더구나 많은 승려들은 불교 경전이나 유교에 대한 해박한 지식을 가지고 있었기 때문에 새로운 사상을 수용하는 데 머뭇거리지 않았던 것이다. 즉, 바로 선종을 받아들이는 데 있어 능동적으로 대처하였다. 이는 신라하대 승려들이 중국에서 선종으로 돌아설 수 있는 기본적인 바탕이 마련되었던 것을 알려 준다.

한편 선종 산문이 발전할 수 있었던 배경에는 지방 호족의 적극적인 지원이 있었다는 것이 기존의 일반적인 통설이었다. 그러나 최근에는 실상산문을 위시로 성주산문, 가지산문, 동리산문 등의 예에서 산문의 개창 초기에는 오히려 왕실의 도움이 더 컸다는 견해가 제시되었다.[2] 이러한 견해는 새로운 사상으로서 선종의 도입이 왕실과 호족 모두에게 영향을 주었다는 것을 의미한다.

(2) 각 산문의 형성 과정과 전개 모습

구산선문은 최초의 선종 산문인 가지산문(迦智山門)을 비롯하여 실상산문(實相山門), 사굴산문(闍堀山門), 동리산문(桐裏山門), 성주산문(聖住山門), 사자산문(獅子山門), 희양산문(曦陽山門), 봉림산문(鳳林山門), 수미산문(須彌山門)을 포함한 9개의 산문을 말하는 것이다. 이들 산문들은 신라 말 고려 초 불교계에 커다란 영향력을 행사하였다. 이에 각 산문이 개창되는 과정과 어떻게 발전하였는가 하는 것을 각 산문별로 자세하게 설명하고자 한다.

1) 가지산문

도의(道義)는 당나라에 유학하여 서당 지장(西堂智藏, 735~814)의 법을 받았다. 이후 그는 헌덕왕 13년(821) 무렵에 귀국하였으며 신라의 최초 선종산문인 가지산문을 열었다. 물론 가지산에 보림사(寶林寺)를 개창한 것은 신라 말의 보조 체징(普照體澄, 804~880)이다. 그러나 체징은 도의의 법을 이었기 때문에 학계에서는 가지산문의 개창조를 도의로 파악하고 있는 것이다. 가지

---

2) 曺凡煥, 『新羅禪宗硏究』, 一潮閣, 2001.

산문이 구산선문 가운데 최초로 성립된 것으로 설명하는 것은 도의가 선을 제일 먼저 전해 왔기 때문이다.

도의는 염거(廉居)화상에게 법을 전하였다. 염거는 주로 설악산 억성사(億聖寺)에서 도의로부터 전해 받은 법을 익혔다. 그렇지만 그는 선문을 개창할 수 있는 능력을 갖추지 못하였던 것이다. 그는 보조 체징에게 법을 전했다.

체징은 염거에게서 법을 받은 뒤 837년(희강왕 2) 당나라에 들어갔다가 그의 조사인 도의의 법과 다르지 않다는 것을 알고 840년(문성왕 2)에 귀국하였다. 이후 그는 무주의 황학난야에 머무르다가 859년(헌안왕 3)에 왕의 요청으로 가지산으로 이주하였다. 그리고 그곳에서 선풍을 떨쳤다. 이때부터 김언경 등 신라 진골 지배 세력의 후원을 받으며 사원 세력이 커졌다. 따라서 가지산문의 성립과 발전에는 중앙의 지배 세력이 크게 작용하였던 것으로 해석된다.[3]

체징이 입적한 3년 뒤인 883년(헌강왕 9)에 제자 의초 등이 행장을 지어 올리자, 왕은 시호를 보조라 하고 사호(寺號)를 보림사로 내려 주었다. 사호를 보림사라 한 것은 동국 선종의 총본산임을 인정해 준 것이다. 육조 혜능이 주석하던 소주 조계산 보림사가 중국 선종의 총본산이기 때문이다.

체징의 여러 제자들 가운데 이름이 남아 있는 이들이 여럿 있다. 형미(逈微, 864~917)와 영혜(英惠) 등이 보이고 있는데, 형미는 891년(진성왕 5)에 당나라에 들어가 운거 도응(雲居道膺)의 법을 받고 905년(효공왕 9)에 귀국하였다. 그는 왕건의 귀의를 받았으며 고려로 갔다가 궁예로부터 핍박을 받았던 것으로 알려져 있다.

도의가 남종선을 최초로 들여와 조계종의 종조로서 지니는 의미는 결코 적지 않다. 중국에서 남종선을 들여와 당대에는 그것을 널리 펴는 데 어려움을 겪었지만 보조 체징이 가지산문을 열어 그의 사상을 펼치는 데 밑거름이 되었다. 설악산 진전사에서 흘려보낸 도의의 선풍은 이후 선종 사상이 형성되는

---

3) 李啓杓, 「新羅下代의 迦智山門」, 『全南史學』 7, 1993, pp.287~291.

데 줄곧 영향을 끼쳤다.

2) 실상산문

실상산문은 홍척(洪陟)이 개창하였다. 893년(진성왕 7) 무렵에 찬술된 「봉암사지증대사적조탑비」에 "북산에는 도의요, 남악에는 홍척이다"라고 하였듯이 그는 신라하대 불교사에서 매우 중요한 위치를 차지하고 있다. 그렇지만 그에 대한 자세한 이력은 전해지지 않는다.

홍척은 도의와 마찬가지로 서당 지장의 법을 받고 도의가 귀국한 이후 약 5년 뒤인 826년(흥덕왕 원년)에 신라로 돌아왔다. 그리고 그는 경주로 가지 않고 지리산으로 들어가 실상사(實相寺)를 창건하였다. 그가 지리산을 택한 것은 도의가 설악산에 은거하면서 선종의 법을 제자들에게 전하고 있었기 때문이다. 그러므로 그는 설악산보다는 지리산을 택하여 그의 선 사상을 펼친 것으로 이해된다. 홍척이 개창한 실상산문의 실상사는 원래 지실사(知實寺)였다. 그의 제자인 수철(秀澈, 817~893)화상의 비문에는 지실사를 수축하였다고 했는데, 이 지실사가 바로 실상사이다. 실상사라는 이름은 고려 초에 홍척의 존칭인 실상(實相) 선정국사의 앞머리를 따서 붙인 것이다.

지리산에서 왕성하게 활동을 벌이던 홍척은 830년대에 신라 왕실과 연결되었다. 흥덕왕과 선강태자(宣康太子)의 부름을 받아 왕실로 들어간 그는 선종의 청신한 사상을 설파하였다. 흥덕왕과 선강태자가 그를 주목한 것도 이와 무관하지 않다. 더구나 이곳에는 봉림산문의 개창자였던 원감 현욱(圓鑑玄昱, 787~868)이 희강왕 2년부터 4년 동안 머물러 있었다. 그리고 실상산문은 다른 어느 산문보다 신라 왕실과 밀접한 관계에 있었다.

홍척의 제자 가운데 가장 주목되는 이는 수철화상이다. 그는 단의장옹주(端儀長翁主)의 도움을 받아 실제로 실상산문을 성립시켜 나갔다. 그는 지실사를 더욱 확장하여 실상산문으로 성장시켜 나갔다. 수철의 제자로는 음광(飮光)이 있었으며, 그가 수철화상의 비문을 지었다.

수철화상과 더불어 홍척의 제자인 편운(片雲)화상도 주목된다. 그는 안봉사를 개창하고 그곳에서 홍척의 선 사상을 널리 폈다. 그리고 그는 후백제의 견훤(甄萱)과도 밀접한 관계를 가졌다. 이 때문에 후일 실상산문과 견훤이 밀접한 관계를 가지게 되었던 것이다. 이것은 실상산문이 처음에는 왕실과 매우 밀접한 관계 속에서 성장하였지만 시간의 흐름과 더불어 지방 호족 세력과 관계되었음을 알려 주는 것이기도 하다.

3) 동리산문

동리산문은 혜철(慧哲, 785~861)이 서당 지장의 법을 받아 개창한 산문 가운데 하나이다. 혜철은 부석사에 출가하였다가 30세가 되던 814년에 당나라에 들어갔다. 당나라에서 선과 경전에 정통한 그는 839년에 신라로 돌아왔다. 쌍봉사에 잠시 머물렀다가 이후 동리산에 있는 태안사(泰安寺)에 주석하였다. 그리고 처음에는 왕실과 연결되었는데 문성왕은 그에게 편지를 보내 나라를 다스리는 요체를 물었으며 이에 대하여 그는 봉사 몇 조를 올렸다. 결국 동리산문도 초창기에는 지방 호족보다 왕실과 더 밀접한 관계에 있었던 것이다.

이후 혜철은 왕성한 활동을 보이다가 861년(경문왕 원년)에 열반에 들었다. 그리고 그의 부도는 지금까지 남아 있다. 제자로는 도선(道詵, 827~898)과 ○여(○如; 정확한 이름은 알 수 없다)선사를 들 수 있다. ○여는 혜철의 동리산문을 이어받아 그의 선풍을 계승 발전시켰다. 그의 제자로는 광자대사 윤다(允多, 864~945)가 있는데, 고려 태조 왕건의 귀의를 받았고, "도는 몸 밖에 있지 않고 불은 마음속에 있다"고 하였다.

혜철의 또 다른 제자인 도선은 태안사에 머무르지 않고 863년 이후 광양의 옥룡사(玉龍寺)를 중심으로 새로운 선풍을 열어 나갔다. 그는 풍수지리설을 선종의 종지와 아울러 드날리게 되었는데 지방 호족 세력들에게 큰 영향을 주었다.

도선의 제자인 경보(慶甫, 868~948)는 892년(진성왕 6)에 당나라에 들어가 동산 양개(洞山良价)의 제자인 광인(匡仁)의 법을 받았으며, 921년(경명왕 5)에 견훤의 도움을 받아 귀국하였다. 이후 전주 남복선원(南福禪院)에 머물렀으며 왕건의 초빙을 받아 서로 연결되었다.

4) 봉림산문

봉림산문은 진경 심희(眞鏡審希, 854~923)가 개창하였으나 그 개산조는 원감 현욱이다. 현욱은 824년(헌덕왕 16)에 당나라에 들어갔다. 그리고 마조의 제자인 장경 회휘(章敬懷暉)의 법을 받아 837년(희강왕 2)에 귀국한 뒤 남악 실상사에 머물러 있었다. 그곳에 머무는 동안 신라 왕실의 존숭을 받았으며, 경문왕의 요청으로 혜목산 고달사(高達寺)로 옮겼다. 고달사에 머무는 동안 많은 제자들을 배출하였으며, 열반에 들자 경문왕은 원감국사의 시호를 내렸다.

현욱의 뒤를 이어 진경 심희가 고달사를 중심으로 활동하였다. 심희는 구가야 왕족의 후예인 신김씨(新金氏)로 신분적인 한계로 말미암아 정치적인 진출이 힘들어지자 경문왕과 밀접한 관계에 있던 현욱을 찾았던 것이다. 그렇지만 현욱의 열반 이후 신라 왕실의 지원이 미약해짐에 따라 심희는 혜목산에서 송계선원(松溪禪院)으로 나아갔다. 송계선원도 전란으로 말미암아 안전하지 못하자 또다시 명주로 옮겨갔다. 그러나 명주도 사굴산문 세력의 분열로 심희는 자신의 영향력을 펼 수가 없었다. 이에 그는 김해 지방의 가야계 김씨 세력인 김인광(金仁光)·김율희 등과 연결하여 창원에 봉림산문을 개창하였다.

이러한 과정에 신라 효공왕은 봉림사에 머물고 있는 심희에게 일방적으로 귀의하였다. 그는 심희의 권위를 빌어서 김해 지역의 호족 세력과 우호적인 관계를 유지하려고 하였던 것이다. 이후 심희는 경명왕의 부름에 응하였다. 더 나아가서는 나라를 다스리고 백성을 편안히 하는 방안을 당시 후삼국의 형세와 관련하여 왕에게 개진하기도 하였다. 이에 부응하여 경명왕은 그에게 '법응대사(法膺大師)'라는 칭호를 주었다. 심희는 신라 왕실과 김해 지역의 호족 세력을 연결하는 중요한 매개 역할을 하였으며 김씨 왕실보다는 박씨 왕실에 대하여 보다 더 큰 기대를 걸었다.

심희의 제자로는 경질(景質)·융체(融諦)·원종 찬유(元宗璨幽, 869~958) 등을 들 수 있다. 융체는 상주 공산의 삼랑사에서 선풍을 드날렸다. 찬유는 출가하여 융체를 찾아갔다가 스승의 권유에 의하여 심희를 찾아갔으며, 892년(진성왕 6)에 중국으로 건너가 투자산 대동의 심인을 얻었다. 이후 고려 921년(태조 왕건 4)에 귀국하였다. 그는 창원의 봉림사와 삼랑사를 거쳐 후일 혜목산으로 옮겨 가서 선림을 크게 이루었다. 태조로부터 광종에 이르기까지 고려 왕실의 존경을 받았으며, 문하에는 흔홍(昕弘)·동광(同光)·행근(幸近)·전인(傳印)·훈선(訓善)·금경(金鏡) 등 5백여 명의 제자가 배출되어 그 선풍을 휘날렸다.

5) 성주산문

성주산문은 낭혜 무염(朗慧無染, 800~888)이 개창하였다. 그는 12살에 설악산 오색석사(五色石寺)에 나아가 북종선을 배운 법성(法性)에게서 법을 받았으며, 부석사 석등대덕(釋登大德)에게서 『화엄경』을 수학하였다. 그는 821년(헌덕왕 13)에 당나라에 들어가 불광 여만(佛光如滿)의 소개로 마조 도일(馬祖道一)의 제자인 마곡 보철(麻谷寶徹)에게서 법을 받았다. 이후 보시행을 통해 '동방대보살(東方大菩薩)'이라는 이름으로 널리 알려졌다.

당나라의 폐불 정책으로 말미암아 845년에 귀국한 그는 김흔(金昕)과 당시 시중(侍中)이었던 김양(金陽)의 도움으로 충남 보령에 성주산문을 개창하였다. 따라서 성주산문의 개창도 진골 지배 세력과 밀접한 관련이 있었음을 알 수 있다.

성주산문이 개창되자 신라 왕실은 이곳에 많은 관심을 두었다. 성주사라는 명칭은 문성왕이 내려 주었으며, 헌안왕은 낭혜로부터 좌우명까지 요구하였다. 경문왕은 낭혜를 왕실로 초빙하였으며 상주 심묘사(深妙寺)로 이거하게 하였다. 그곳에서 약 3년 정도 머무른 낭혜는 헌강왕의 부름을 받아 다시 왕실로 갔다가 결국 성주사로 돌아왔다. 이후 재차 헌강왕의 부름을 받아 그는 왕실로 가서 선종의 종지를 왕에게 전하였다. 헌강왕을 이어 정강왕이나 진성왕이 계속해서 그를 불렀지만 끝내 왕실에는 가지 않았다. 지방 호족 세력과의 관계를 염두에 둔 듯하다.

나말여초에 성주산문이 가장 번창하여 이곳을 모르면 일세의 수치로 여길 정도였다. 이에 따라 낭혜의 제자들이 많이 알려져 있는데, 심광(心光)·대통(大通, 816~883)·여엄(麗嚴, 862~930)·자인(慈忍)·영원(靈源)·현영(玄影)·승량(僧亮) 등이다. 심광은 진성왕 대(887~897) 덕유산 영각사(靈覺寺)에서 무염의 선풍을 현양하였으며 제자 현휘(玄暉, 879~941)에게 그 법을 전하였다.

대통은 856년(문성왕 18)에 당나라에 들어가 앙산 징허(仰山澄虛)의 법을 받아 866년(경문왕 원년)에 귀국하였다. 그리고 제천 월광사에서 선을 폈다. 월광사는 도증(道證)이 창건하였는데 무열왕계 후손의 경제적 도움을 받아 창건하였다. 이로써 보건대 성주산문과 왕실이 밀접한 관계에 있었음을 알 수 있다.

여엄은 처음에는 화엄을 공부하였으나 성주사로 가 낭혜에게서 배우고 무염의 제자인 심광에게로 갔다가 당나라로 들어갔다. 운거 도응(雲居道膺)의 법을 받아 귀국하였으며, 강공훤 및 왕건과 연결되었다. 그리고 양평 보리사에 머물면서 선을 현양하였다.

심광의 제자 현휘는 906년(효공왕 10)에 당나라에 들어가 도건(道乾)의 법을 받아 924년(태조 7)에 귀국하였다. 왕건의 귀의를 받아 국사에 봉해졌고 충주 정토사에 주석하였다. 그는 선종사상과 화엄사상을 융합하여 결국 하나로 돌아감을 강조하였다. 이것은 연립적인 통일 사상으로 왕건의 호족 연합 정책을 뒷받침하였다.

성주산문의 법을 이은 승려들은 왕건과 밀접한 관계를 가졌는데, 여엄이 4무외대사(四無畏大士) 중의 한 명으로 왕건에게 존경을 받았으며, 현휘 또한 왕건에게 통일 사상을 고취시켜 줌으로써 중요한 역할을 하였다. 다른 어떤 산문의 승려들보다도 성주산문의 승려들이 고려 왕건과 밀접한 관계를 가졌던 것이다.

6) 사굴산문

사굴산문은 범일(梵日, 810~889)이 개창하였다. 그는 831년(흥덕왕 6)에 중국에 들어가, 마조의 제자인 염관 제안(鹽官齊安)의 법을 받아 846년(문성왕 8)에 귀국하였다. 그는 명주도독 김공(金公)의 지원하에 굴산사에 주석하였으며 김주원계의 후손과도 관계가 있었다. 범일은 신라 정부와는 대립적인 경향을 보였는데 경문왕·헌강왕·정강왕의 부름에 응하지 않았다. 북쪽 변방에 위치해 있었고 더욱이 명주 지역이 반신라적인 성향이 강한 곳이었다. 더욱이 중국에서 황제에 의하여 단행된 회창폐불과 이러한 상황에서도 지방관들이 불교에 대해서 옹호적이었을 뿐만 아니라 자신을 도와주었던 경험 때문에 지방관들과는 친밀한 관계를 유지하면서도 중앙에 대해서는 반왕적인 태도를 취하였다. 범일은 다른 여타 산문들과 달리 신라 왕실에 대하여 배타적인 행동을 취하였다.

그의 제자들로는 개청(開淸, 835~930)·행적(行寂, 832~916)·신의(信義) 등이 있었다. 범일이 열반에 든 이후 개청이 사굴산문을 지켰으나 여러 차례 위험한 상황이 발생하였다. 그런 가운데 알찬(閼湌) 민규(閔規)의 후원으로 굴산사에서 보현산사로 옮겼다. 그리고 왕순식과 연결되었으며 왕예(王乂)와 관경(官景) 등 명주의 여러 중소 호족들과도 관계를 맺었다.

개청은 그의 스승인 범일과는 달리 경애왕이 초빙하자 그에 응하였으며 국사가 되었다. 그리고 궁예 정권 몰락 이후 오랫동안 독자 세력을 유지해 온 왕순식이 왕건과 관계를 맺자 그도 왕건과 관계를 맺었으나 후백제와의 전쟁 등으로 소원한 관계가 유지되었다. 그에게는 신경(神鏡)·총경(聰靜) 등 수백 명의 제자가 있었다.

개청의 도반이었던 행적은 870년(경문왕 10)에 당나라에 들어가, 석상 경저

(石霜慶諸)의 법인을 받아 855년(헌강왕 11)에 귀국하였다. 범일이 열반에 들자 삭주 건자암에서 개산하였으나, 당시의 사정 때문에 신라 왕실로 갔다. 이때 진성왕과 인연을 맺은 듯하며, 효공왕과 신덕왕은 그를 국사에 임명하고 실제사에 머물도록 하였다. 그는 줄곧 친신라적인 태도를 견지하였으며, 범일과는 성향을 달리 하였다. 이후 그는 소율희 형제와 왕족인 명요부인을 단월로 삼았다. 그의 제자로는 약 5백 여명이 있었다고 하며 신종(信宗) · 주해(周解) 등의 이름이 전한다.

신의는 오대산 자장의 구거(후일 월정사)에 거주하고 있었으므로 사굴산문은 강릉과 오대산 일대에 그 세력을 떨쳤음을 알 수 있다.

7) 사자산문

사자산문의 실제 개창자는 절중(折中, 826~900)이지만 그 산문의 개산조는 철감 도윤(澈鑑道允, 798~868)이다. 도윤은 825년(헌덕왕 17)에 당나라에 들어가 마조의 제자인 남전 보원(南泉普願, 748~834)의 법을 받았으며, 남전이 열반에 들고서도 13년 동안이나 당나라에 머물러 있다가 847년(문성왕 9)에 귀국하였다. 그는 847년 귀국 당시 청해진의 폐쇄가 이루어져 전남 지방으로 귀국하지 못하고 중부 지방으로 귀국한 뒤 곧바로 풍악 장담사(長潭寺)에 있었던 것으로 파악된다. 그 뒤 경문왕의 귀의를 받아 무주의 쌍봉사로 이거하였으며 사세가 크게 진작되었다. 그가 입적한 뒤 부도의 조성에도 국왕의 지원이 컸다고 보아진다.

사자산문을 개창한 증효대사 절중은 장담사에 주석하고 있는 쌍봉화상을 찾아가 16년간 법을 배웠다. 이후 그는 흥녕선원(興寧禪院, 지금의 法興寺)을 근본도량으로 하여 사자산문을 개창하였다. 헌강왕이 흥녕선원을 중사성(中使省)에 예속시켰고, 그 후 정강왕과 진성여왕 대에도 대사를 특별히 대우하였다.

절중은 도윤의 법인을 이었으면서도 자인(慈仁)이나 원랑 대통(大統)과의 교류를 통해 성주산문과 관련을 맺고 있었다. 또한 개청(開淸)의 제자인 홍림

(弘琳)과 교류가 있었던 것으로 보아 사자산문은 주위의 여러 산문과도 연결되어 있었음을 알 수 있다. 그러나 그는 한곳에 머물러 있지 못하고 여러 곳을 다녔다. 진성왕 5년에 그는 홍녕사에서 남행하여 무주에까지 이르렀다가 다시 올라와 지금의 강화에 머무르고 있을 때 왕이 그를 국사로 봉하고자 하였으나 거절하였다. 절중의 이러한 행로는 산문의 성장을 보장해 줄 수 있는 지방 세력과의 결합을 원한 것이었으며, 마지막 선택은 고려 왕건이었다.

절중은 900년(효공왕 4)에 입적하였지만, 그의 비는 40여 년이 지난 944년(고려 혜종 원년)에 홍녕사에 건립되었다. 비의 건립에는 명주 세력과 광주 세력인 왕규가 중심이 되어 이루어졌으며 이들의 지원에 힘입어 고려 초 사자산문은 새롭게 중창되었다. 절중의 제자로는 여종(如宗)·홍가(弘可)·이정(理靖)·지공(智空)과 경유(慶猷) 등이 있다.

8) 희양산문

희양산문의 개산조는 지증 도헌(智證道憲, 824~882)이나 실제 개창조는 정진대사 긍양(兢讓, 878~956)이다. 도헌 화상은 구산문을 개창한 다른 선사들과 달리 중국에 들어가지 않고 산문을 성립하였다. 도헌은 일찍 출가하여 혜은(惠隱)에게서 법을 받았는데, 혜은의 스승은 준범(遵梵)이며 준범에게 법을 전한 이는 신행(神行, 704~779)이다. 신행은 일찍이 쌍봉 도신의 법을 이은 법랑(法朗)으로부터 법을 받았으나 당나라로 들어가 북종선을 이은 지공(志空)의 인가를 받았다. 따라서 도헌은 쌍봉 도신과 북종선의 법맥을 이었다고 할 수 있다.

도헌은 단의장옹주가 현계산 안락사를 시납하자 그곳으로 옮겨서 활동하였으며 그가 개인적으로 소유하고 있던 전장 12구 500결을 그곳에 희사하였다. 이후 심충(沈忠)이 땅을 희사한 것을 계기로 봉암사(鳳巖寺)를 창건하였다. 881년(헌강왕 7)에는 왕의 부름을 받고 월지궁에 나아가 선에 대하여 이야기하기도 하였다. 다음 해인 882년에 현계산 안락사에서 입적하였으며 비문은 봉암사에 남아 있다. 그런데 도헌이 봉암사에 머물기는 하였지만 산문을 열지는 못하였다. 이후 그곳을 우연히 들른 긍양이 다시 절을 일으켜 도량을 새로이 열었는데, 그 시기는 935년(태조 18) 이후로 짐작된다.

　지증의 제자로는 성촉(性蠋)·민휴(敏休)·양부(楊孚)·계휘(繼徽)가 있는데 그 가운데 양부에 대해서 어느 정도 알려져 있다. 그는 충남 공주의 서혈원(西穴院)과 경남 강주(康州)의 백암사(伯巖寺)에서 선풍을 드날렸다고 한다. 그렇지만 더 이상의 행적이 자세히 밝혀져 있지 않다. 양부의 제자로는 긍양이 있다. 그는 900년(효공왕 4)에 중국에 들어가 석상의 제자인 도연 곡산(道緣谷山)의 법인을 받아 924년(경애왕 1)에 귀국하였으며 경애왕과 왕건의 귀의를 받았다. 그 뒤 그는 혜종·정종·광종의 존숭을 받으면서 왕정을 돕기도 하였다. 그의 존호는 봉종대사(奉宗大師; 신라 경애왕으로부터 받음)이다. 긍양의 제자로 형초(逈超)가 있으나 행적이 잘 알려져 있지 않다. 그 제자에 지종(智宗)이 있는데, 그는 광종 대에 중국 연수(延壽)의 문하로 나아가 법안종(法眼宗)을 받아 왔다.

　희양산문과 관련하여 제일 문제가 되는 것은 법계와 관련된 것이다. 도헌의 비문에는 도신 – 법랑 – 신행 – 준범 – 혜은 – 도헌 – 양부로 이어지는 법계가 기록되어 있으나 긍양의 비문에는 마조 도일 – 창주 신감 – 혜소 – 도헌 – 양부 – 긍양 – 형초의 법계가 나타나 있다. 긍양의 비문에 법계의 변화가 보이는 것은 북종에서 남종으로 바뀌었음을 보여 주는 것이다. 긍양 자신이 당에서 남종계의 도연으로부터 선법을 받아 오면서 북종선을 버린 것이다. 더구나 신라 말에 남종선이 큰 세력으로 확대되면서 북종선이 자취를 감춰 버린 것으로 보아진다. 이에 그는 혜소의 법계에 자신을 연결시킴으로써 남종선 산문으로 살려 내고자 한 것으로 판단된다.

9) 수미산문

　수미산문은 구산문 가운데 가장 늦게 개창된 산문으로 이엄(利嚴, 870 ~

936)이 개창하였다. 그는 12세에 출가한 이후 896년(진성왕 10)에 중국으로 건너가 청원 행사의 법맥을 이은 운거 도응(?~902)의 문하에서 6년을 공부하고 법인을 받았다. 911년(효공왕 15)에 귀국하여 김율희(金律熙)의 귀의를 받고 머물렀으며 많은 제자들이 모여들었다. 이후 김해를 떠나 영동 영각산(靈覺山)에 머물다 고려 태조의 부름에 응해 스승의 예우를 받았다. 932년에는 해주의 수미산에서 광조사(廣照寺)를 세우고 수미산파를 개창하였다.

수미산문을 개창하는 데 있어 왕건의 역할은 절대적이었다. 왕건뿐만 아니라 그의 외척 세력인 황보씨(皇甫氏) 등이 수미산문을 개창하는 데 지원한 것으로 알려져 있지만 남겨진 기록을 자세히 살펴보면 주위의 호족보다는 왕건의 지원이 절대적이었음을 알 수 있다. 이는 산문의 개창에 있어 호족의 지원보다는 고려 왕실의 지원이 컸음을 보여 주는 것이다.

이엄과 더불어 지평 보리사의 대경 여엄(麗嚴, 862~930), 장단 오룡사의 법경 경유(法鏡慶猷, 871~921), 강진 무위사의 형미(逈微, 864~917) 등은 왕건의 4무외대사(四無畏大師)로 불렸다. 이들 모두는 해안 세력 출신으로서 태조와 일체감 및 유대감을 느꼈다. 그리고 이들은 자신들의 종교적 및 정치적인 이상을 펴기 위하여 태조를 선택하였던 것이다.

이엄이 수미산문을 개창하자 학인들이 많이 모였으며, 그 가운데 처광(處光)·도인(道忍)·정능(貞能)·경숭(慶崇) 등 뛰어난 제자들이 많았다. 그렇지만 이들에 대해서는 자세하게 알 수 없다.

10) 그 밖의 산사

지증 도헌의 비문에는 신라하대 중국에서 유학하고 돌아온 여러 선승들과 그들의 산사에 대한 설명이 들어 있다.

> 고국에 돌아온 사람은 앞서 말한 북산의 도의와 남악의 홍척, 그리고 조금 내려와 태안사의 혜철국사, 혜목산(慧目山)의 현욱(玄昱), 지력사(智力

寺)의 문(聞)대사, 쌍계사의 혜조(慧照), 신흥사의 중언(仲彦), 용암사(湧巖寺)의 체선사(體禪師), 진구사(珍丘寺)의 각휴(覺休), 쌍봉사(雙峰寺)의 혜운(慧雲), 굴산사의 범일, 양조(兩朝) 국사였던 성주사의 무염 등인데, 보리의 종사로서 덕이 두터워 중생의 아버지가 되고 도가 높아 왕자의 스승이 되었다.(崔致遠 撰,「鳳巖寺智證大師寂照塔碑」,『朝鮮金石總覽』(上), p.90)

위의 기록을 보면 이름이 알려진 선승들 가운데 사찰을 개창하고도 산문으로 발전시키지 못한 이들도 적지 않게 나타나고 있다. 이것은 당시 선승들의 영향력 문제일 수도 있고 산문을 운영해 가는 능력에서 비롯된 것이라고 해도 좋을 것이다. 물론 산문을 열었다고 해도 오래 지속되지 못하는 경우도 있었다. 진감 혜소(眞鑑慧昭, 774~850)의 쌍계산문(雙谿山門)이 그 대표적인 예이다.

혜소는 804년(애장왕 5)에 당나라에 들어가 창주 신감의 법을 받아 830년(흥덕왕 5)에 귀국하였다. 신라 왕실의 귀의를 받아 상주에 잠시 머물러 있기도 하였지만 쌍계사에서 활동하였다. 쌍계사에 육조 영당을 건립하여 선종의 본산임을 드러내려 하였다. 그리고 김대비가 혜능의 머리를 취해 오게 하는 연기설화와 관련하여 주목된다.

고려 왕건의 선대와 연결된 순지(順之, 831~895)는 오관산 서운사에서 위앙종의 선풍을 드러냈다. 또한 왕건과 연결된 보양(寶壤)은 청도의 운문사에서 산문을 이루고 있었다.

신라하대 중국 유학을 마치고 돌아온 선승들은 전국에 선종 산문을 개창하였다. 선종 산문이 개창될 수 있었던 것은 당시 선승들이 새로운 사상을 받아들일 수 있는 바탕을 마련하였기 때문이다. 더구나 해상 교통의 발달은 선종의 전파를 더욱 활성화시켰다. 그리고 당나라의 폐불 정책도 신라하대 선종이 융성할 수 있는 계기를 만들어 주었다. 귀국한 선승들이 지방에서 산문을 개창하자 신라 왕실에서는 선종 산문의 영향력을 염두에 두고 정치·경제적인 지원을 아끼지 않았다. 선종 산문을 포섭하려는 목적 때문이었다.

신라하대와 고려 초에 걸쳐 성립된 선종 산문을 구산문이라 부른다. 가지산문을 필두로 하여 8개의 산문이 형성되었다. 그 밖에 후대의 산문이 더 있었지만 9개의 산문이 크게 성장하였던 것이다. 각 산문의 개산조가 곧바로 산문을 개창한 것은 아니다. 가지산문의 경우 개산조와 창건한 인물이 서로 다르다. 그러나 산문에서는 개산조를 높이 받들어 모셨다. 그것은 산문의 형성에 핵심이 되는 것을 말하는 것이다.

각 산문의 개산조나 개창자들은 많은 제자들을 배출하였으며, 제자들은 곧 새로운 사원을 창건하고 산문의 말사로 편입되어 큰 영향력을 행사하였다. 그리고 많은 문도들을 배출하여 그 영향력을 후대까지 미쳤다. 이는 신라하대와 고려 초에 선종 산문이 성장하고 발전하는 계기가 되었던 것이다.

(3) 구산선문의 선풍과 선사의 위상

나말려초를 거쳐 구산선문이 개창되어 이 땅에 선종의 깃발을 휘날리게 되었지만 그것은 중국 선 사상, 특히 남종선의 전개라 말해도 과언이 아니다. 그러나 이들이 조계의 남종선을 수용했다고 할지라도 중국의 선풍을 그대로 이식하지 않고 우리 나름대로의 독자적인 선풍을 수용하여 발전시켰다.

다만 당시 조계종의 선풍은 이들의 사상을 담은 최치원의 「사산비명(四山碑銘)」이나 금석문, 그 밖에 『조당집』과 『경덕전등록』에 실린 단편적인 자료를 떠나 달리 확인할 수 없기에 그 객관적인 전모는 충분히 파악할 수 없다. 그러나 이러한 단편적인 자료나 인물에 대한 조명, 그리고 당시 선종 사찰인 선원의 가람 구조를 통해 그 당시의 선사들의 위상이나 선풍을 다음과 같이 파악해 볼 수 있다.

첫째, 당시의 선사들은 백성과 국왕으로부터 존경을 받고 덕화를 베풀었던 최고의 선지식이었다는 것이다. 최치원은 당시 선사들을 일컬어 "덕이 두터움은 중생에게 부모가 되고, 도의 높음은 국왕에게 스승이 되었다"고 하여 이들 구산선문의 선사들이 신뢰와 존경을 한 몸에 받았음을 알 수 있다. 이러한 선사들의 활동으로 인해 "선정의 숲이 신라에 무성하고 지혜의 물결이 이 땅에서 편하게 흐르게 되었다"고 말하고 있다. 이러한 기사는 당시 선사들이 온 백성으로부터 존경을 한 몸에 받고 있었으며, 이분들의 수행과 깨달음의 빛으로 선풍이 신라의 대지에 널리 퍼져 온 세상을 이익되게 했음을 잘 알려 준다.

실제로 이들은 신라시대의 최고의 지성인들이었다. 이들은 한결같이 일찍 화엄교학을 비롯한 제반 교학에 통달하고 더 많은 가르침을 얻기 위해 당시 정신문화의 산실이자 중심지라 할 수 있는 중국에 유학하여 평균 20여 년 동안 구법의 길을 걸은 끝에 조계 선법을 이 땅에 전래했다. 이들에 대한 평가는 당시 중국의 대종장들이 구산선문의 선사들을 일컬어 "불법이 모두 동으로 가는구나"라고 했던 말에서 잘 나타나 있듯이, 중국선의 핵심을 체달한 최고의 스승들이었던 것이다. 사실 그 당시 당나라는 회창폐불로 인하여 불교가 핍박받고 있었으며 승려들은 모진 고난을 이겨 내야만 했다. 그런 상황에서 구산선문의 선사들은 그 당시 최고조에 달했던 조사선 가풍을 우리나라에 고스란히 전해 줄 수 있었다. 그 정도로 기량이 뛰어났던 것이다.

따라서 이들의 덕화는 위로는 군왕으로부터 밑으로는 만백성에 이르기까지 두루 미쳐 이들로부터 존경을 받았다. 이러한 예는 입적에 든 이들 선사들을 기리기 위해 세운 부도와 탑비에서도 잘 드러난다. 사자산문의 개산조인 도윤의 쌍봉사 철감선사부도(澈鑑禪師浮屠)와 탑비, 실상사 산문의 개산조 홍척의 증각대사부도(證覺大師浮屠)와 탑비, 보림사 보조 체징(普照體澄)의 창성탑과 탑비 등은 당시 최고의 문화 수준을 보여 주는 당대의 걸작으로서 그 시대 백성과 군왕이 최상의 존경을 표했음을 알 수 있다.

이러한 선승들의 덕화는 고려 초까지 이어졌다. 태조 왕건을 도왔던 해동의

4무외대사인 여엄(麗嚴)·형미(逈微)·이엄(利儼)·경유(慶猷)는 선승들이었다. 이들은 당시 백성들로부터 크게 존숭받았다.

둘째, 당대의 비문이나 자료를 보면 구산선문의 선사들을 중국 선문에서 바라보는 대로의 조사로 인식하기보다는 불·보살로 존경하고 있었다. 즉, 구산선문에서 조사를 선원의 방장에 거주하는 장로로 이해한 것이 아니라 어느 곳에 주석하든 군주와 여러 뭇생명들에게 자비와 은덕을 베푸는 '불·보살·신인(神人)'으로 믿고 공경하였던 것이다.

즉, 성주산문의 무염(無染)을 "한 부처님이 이 세상에 출현하심이다"라 하였고, 도의와 쌍계사의 진감(眞鑑)을 일러 두 보살로 일컬었으며, 사굴산문의 범일(梵日)을 "특별한 시대에 태어난 보살이요, 이 세상에 출현한 신인(神人)"으로 인식하였다. 범일이 훗날 강릉 대관령의 산신으로 모셔지기까지 한 것을 보면 이들은 자성을 보아 깨달음에 이르는 이심전심의 불법을 전하고 법을 일깨우는 선사로서의 역할뿐만 아니라 만백성으로부터 귀의의 대상이기도 했던 것이다.

셋째, 당시의 선풍은 화엄불교에 바탕에 두고 조사선을 수용, 전개하고 있다. 구산선문의 선사들이 조사선을 들여와 화엄교학을 배척했다는 주장이 있어 왔지만, 사실 선사들은 조사선을 최고의 가치로 내걸었을 뿐이지 교학을 백안시했다는 말로 받아들여서는 안 된다. 선을 펼치던 초창기에는 도의국사의 가르침을 마구니의 말이라 일컫기도 하고 석가모니도 훗날 조사에게 귀의해 가르침을 전해 받았다는 범일의 진귀조사설(眞歸祖師說) 등은 이들의 조사선 가풍을 말해 주는 것이기도 하지만, 그러한 가풍이 시종일관 지속되었거나 교학을 완전히 부정한 것으로 보이지는 않는다.

이러한 예는 선찰의 구조나 비문에 나타난 어록이나 해당 인물의 생애를 통해서 드러난다. 그것을 제시해 보면 다음과 같다.

신라 선문의 가람 구조를 보면 불상이 봉안되어 있는 불전(佛殿)이 상존했다는 사실을 알 수 있다. 이는 당대 중국 선원에 불전이 없었던 것과는 대조를 보여 준다. 중국 선원의 생활 법도를 밝힌 『백장청규』를 잘 보여 주고 있는 「선문규식(禪門規式)」에서 "불전을 세우지 않고 법당만 세운다"고 분명히 명기하고 있듯이 중국의 선원에는 불전이 없었다.

그렇다면 신라의 선원에서 불전이 세워진 구체적인 예를 들어 보자. 체징이 개창한 가지산 보림사에는 860년(헌안왕 4) 장사현 부사인 최언경(崔彦卿)의 헌금으로 철제비로자나불상을 조성하여 불전에 봉안하고 있었다. 그리고 실상사에는 당시에 조성된 철조약사여래불좌상을 봉안하여 모셨다. 그밖에 진전사지나 선림원지에는 석탑이 존재했고, 그 석탑에 화엄을 상징하는 팔부신중이 부조되어 있음을 알 수 있다. 이러한 사실로 보건대, 한국의 선원에는 불전이 모셔져 있었으며 그것도 비로자나불뿐만 아니라 약사여래불도 모셔 선과 교가 화엄을 바탕으로 이우러져 있음을 어느 정도 보여 주고 있다.

특히 구산선문의 선사들이 모두 한때 화엄학의 대가들이었으며 화엄과 밀접한 마조선을 받아들였다는 점에서 선을 중심으로 한 화엄과의 회통이, 내지는 화엄의 회통 정신을 바탕으로 한 선교의 융합이 엿보인다. 이렇게 구산선문의 선사들은 당나라에서 선법을 배우고 선의 수행 생활을 몸으로 익혀 왔을지라도 신라에서는 신라 불교의 풍토에 알맞게 선법을 펼치지 않을 수 없었던 것이다.

넷째, 무염의 선교관을 통해서 드러나는 선과 교의 상호 관계성이다. 무염은 다음과 같이 말하고 있다.

"혹자는 말하길 교와 선이 같지 않다고 하나, 나는 그런 종지를 보지 못하였다. 말이란 본래 많은 것이니 내가 알 바가 아니다. 대체로 같다 해도 같은 게 아니고, 다르다 해도 다른 게 아니다. 조용히 앉아서 생각을 쉬는 것이 수행승들이 취할 일이다"라고 한 법어가 이에 해당한다. 이는 교와 선을 분리해서 볼 수 없다는 무염의 간명직절한 말이다. 선과 교에 대한 이러한 말은 신라 선문의 선교관을 이해하는 데 중요한 의미를 지닌다.

이러한 여러 정황으로 볼 때 당시의 선풍은 조계 혜능의 남종선을 수용하여 조사선을 이 땅에 심어 왔지만, 한국불교의 독특한 가풍 속에서 그것을 창조적으로 수용했음을 알게 해 준다. 그 창조적 수용이란 화엄의 회통 구조 속에서 교학과 조화를 이루고 불전을 지어 부처님을 모셨으며, 선사들은 조사로서의 특성도 지니면서 불·보살의 화연으로서 만백성의 귀의를 받았던 것이다.

 이런 의미에서 신라하대의 선풍은 화엄의 회통 구조 속에서 선종을 발전시켰다 할 것이다. 즉, 이 시대의 선풍은 화엄의 원융(圓融) 사상을 바탕으로 한 조사선의 선양이었다고 평가된다. 그리고 이러한 선을 중심으로 선과 교를 아우르는 회통 구조는 조계선종을 이끌어 가는 한국불교의 한 특색을 형성하게 되는 것이다. 다시 말해서 조사선을 체로 하여 교를 받아들인 데다가, 심지어는 선의 여러 가풍을 수용하는 이러한 융화의 특징은 고려나 조선조에도 계속 이어져 나간 조계종의 독특한 선풍이라 할 것이다.

III. 조계종의 발전과 사상적 특성

1. 고려 초기의 조계종
    (1) 고려 초기의 숭불 정책과 불교의 발전
    (2) 교학불교의 상황
    (3) 조계종의 발전과 새로운 선 사상의 도입
2. 고려 중기의 조계종
    (1) 천태종 개창과 조계종의 위기
    (2) 새로운 선풍의 도입과 조계종
3. 지눌과 선풍의 진작
    (1) 지눌과 수선사
    (2) 지눌의 선 사상
    (3) 중흥조로서의 위상
4. 고려 후기의 조계종
    (1) 지눌 이후의 수선사 선풍
    (2) 일연의 활동과 사상
    (3) 몽산선풍의 수용
5. 보우와 선문의 통합
    (1) 보우국사의 생애와 임제선 수용
    (2) 임제선의 수용과 정착
    (3) 보우의 선 사상과 중흥조로서의 위상
6. 고려 말 선사들의 활동과 사상
    (1) 선사들의 동향
    (2) 선사들의 생애와 사상

조계종의 발전과 사상적 특성

1. 고려 초기의 조계종

(1) 고려 초기의 숭불 정책과 불교의 발전

1) 태조 왕건의 숭불 정책

고려의 태조 왕건은 건국 초부터 적극적인 숭불 정책을 시행하였다. 건국이후 수도를 철원에서 송악(개성)으로 옮기면서 곧바로 궁궐, 관청과 함께 법왕사(法王寺)와 왕륜사(王輪寺) 등 10사를 창건하여 교화의 중심 역할을 맡게 하였다. 아울러 기존의 사찰에 대하여도 탑이나 불상 등이 훼손된 경우 모두 보수하도록 하였다. 또한 후삼국의 분열을 통일하기 위하여 불교의 정신적 후원에 힘입고자 하였다. 즉, 신라 황룡사 9층탑을 본받아 개경과 서경에 각기 7층탑과 9층탑을 세워 부처님의 가호로 통일을 달성하게 되기를 기원하였다. 실제로 통일을 달성한 이후 왕건은 이를 부처님의 가호에 의한 것이라고 하였는데, 후삼국 통일을 달성한 직후 후백제와 치열한 접전을 벌였던 논산 지역에 개태사(開泰寺)를 창건한 것은 대표적인 기념사업이었다. 왕건은 직접 개태사 창건을 위한 발원문을 지었는데, 그 내용은 통일 전쟁에 승리한 것은 부처님과 신령(神靈)의 은덕이며 앞으로도 불교의 음조를 받아 국가의 안정과 발전을 기원한다는 것이었다.

　이러한 왕건의 숭불 정책은 후대 자손들에게 남긴 '훈요십조(訓要十條)'에도 잘 나타나고 있다. 후대 군주들의 정치 운영을 위하여 남긴 이 유훈은 첫머리에 '부처님의 가호에 의해 나라를 세웠다'고 천명하고 있으며, 사찰의 보호와 안정, 그리고 불교 행사인 연등회와 팔관회를 준수할 것을 강조하고 있다. 이러한 왕건의 숭불 정책과 「훈요십조」에 담겨진 불교 중시는 이후 고려시대 전 시기에 걸쳐 계승, 발전되었다.

　왕건이 이처럼 불교를 존중하는 정책을 취한 것은 무엇보다도 오랜 전란을 겪어 피폐해진 민심을 수습하는 데 불교가 큰 역할을 할 것으로 기대했기 때문으로 생각된다. 서로 다른 정치 세력으로 나뉘어져 싸워 온 사람들을 통합시키기 위해서는 모두가 공통적으로 받아들일 수 있는 정신적인 귀의처가 필요하였는데, 불교가 이러한 역할을 맡을 수밖에 없었을 것이다. 뿐만 아니라 왕건은 불교를 존숭하는 집안의 전통을 가지고 있었다. 왕건의 할아버지는 만년에 사찰에 들어가 불경을 늘 읽었다고 하며, 왕건의 부모는 중국에서 귀국한 요오(了悟)선사 순지(順之)를 위하여 송악 지방에 사찰을 건립하였었다. 이러한 배경을 가진 왕건 역시 왕위에 오르기 전부터 선종 및 교종의 여러 승려들과 긴밀한 관계를 맺고 있었을 뿐 아니라 왕위에 오른 이후에도 고승들의 비문을 직접 짓거나 비문의 제액을 써 주는 등 승려들에 대한 호의적인 태도를 보였다. 특히 왕건이 왕위에 오르기 전부터 후원한 승려들 중 일부는 실제적으로 왕건이 후삼국을 통일하는 데 직접 또는 간접적으로 도움을 준 사례가 적지 않았다.

2) 숭불 정책의 계승

　왕건에게서 시작된 이러한 숭불 정책은 역대의 국왕들에게 그대로 계승되어 고려가 멸망할 때까지 불교는 국가의 보호를 받으며 발전할 수 있었다. 고려 왕실의 불교에 대한 귀의를 상징적으로 보여 주는 것이 역대 국왕들의 원찰과 진전(眞殿) 사원의 존재이다. 태조 이후 역대 국왕들은 자신들의 원찰로서 대규모의 사찰들을 창건하였다. 고려 전기만 하여도 광종이 건립한 불일사(佛日寺)와 귀법사(歸法寺), 현종 대의 현화사(玄化寺), 문종 대의 흥왕사(興王寺), 선종 대의 홍원사(弘圓寺), 숙종 대의 국청사(國淸寺)와 천수사(天壽寺) 등 머무르는 승려의 규모가 1천에서 2천여 명을 넘는 대규모의 원찰들이 건립되었다. 이 사찰들에는 안정된 재정 운영을 위하여 막대한 양의 토지와 노비들이 지급되었고 때로는 사찰 건립을 위하여 하나의 군현이 옮겨지는 경우도 있었다.

또한 고려에서는 역대 국왕들의 영정을 모시고 제사를 지내는 진전 사원이 있었다. 공식적으로 국왕들의 제사를 지내 주는 종묘와 영령전(影靈殿)이 있음에도 불구하고 국왕들의 진전 사원을 따로 설치한 것은 종묘 등에서 거행하는 유교적 의례와는 별도로 생전에 신앙하였던 불교적인 제사를 필요로 하였기 때문이었다. 진전 사원은 각 국왕들의 원찰에 설치하는 것이 일반적이었지만 원찰을 건립하지 않은 국왕의 경우에는 일정한 규모의 사찰이 진전 사원으로 지정되었다. 왕실에서는 또한 승려들을 초청하여 재(齋)를 여는 반승(飯僧) 행사도 자주 거행하였는데, 이때에 초청된 승려들의 수는 만 명 단위가 일반적이었다.

때로 왕실의 지나친 숭불에 대하여 관료들이 비판하는 경우도 있었지만 이때에도 불교의 정당성 자체가 문제시되지는 않았다. 단지 불교는 개인의 신앙의 문제이므로 백성을 다스리는 국왕은 현실의 민생 문제를 보다 더 중요시해야 한다는 입장에서 지나친 사찰 건립과 과도한 불교 행사에서 초래되는 재정적 문제를 지적하는 데 그치고 있었다. 실제로는 그러한 비판을 하는 관료들의 경우도 개인적으로는 독실한 불교 신앙을 가진 사람들이 적지 않았다. 관료들의 경우 사후에 장례식을 사찰에서 거행하는 것은 널리 퍼진 관행이었고, 은퇴한 관료들이 사찰에서 여생을 보내는 경우도 적지 않았다. 또한 관료의 자제들 중 일부는 승려로 출가하는 것이 일반화되어 있었고, 일부 가문에서는 삼촌에서 조카로 대를 이어 출가하고 있었다.

지방 사회의 일반 백성들에게서도 불교 신앙은 절대적인 것이었다. 전국의 각 지역마다 사찰이 건립되어 지역 사람들의 신앙의 구심점이 되었고, 지방민들은 지역 단위로 불교 신앙 공동체인 향도(香徒)를 만들어 사찰의 건립과 보수에 적극적으로 참여하였다.

3) 승정(僧政) 제도의 정비

고려 정부는 불교를 숭상하고 승려들을 우대하는 정책을 추진하였지만 그렇다고 해서 불교 교단의 자유방임을 허락한 것은 아니었다. 오히려 국가가 불교 교단과 승려들을 통제하고 관리할 수 있는 새로운 제도들을 만들어서 국가 운영 체제 안에 위치시켜 나갔다. 보호와 통제라는 두 가지 원리가 고려시대 불교에 대한 정책의 핵심이었다.

불교계를 보호하면서 통제할 수 있는 정책으로 먼저 주목되는 것은 고급 승려들을 선발하는 승과(僧科)의 운영이다. 고려는 중국의 제도를 받아들여 958년(광종 9)에 처음으로 과거 제도를 시행하였는데, 이때에 고위 승려들을 선발하는 승과도 동시에 실시하였다. 승려의 과거 제도는 한국에만 있었던 특별한 제도로서 고려 과거 제도의 모델이 된 중국에도 승과는 없었다. 승과는 종파별로 시행되었는데, 초기에는 화엄종과 유가종(법상종), 조계종 등 3종파의 승과가 시행되었고, 1099년(숙종 4) 의천에 의해 천태종이 개창된 이후에는 천태종을 포함하여 4종파의 승과가 시행되었다.

승과의 시행과 함께 승계 체계도 정비되었다. 승려들의 위계를 나타내는 승계(僧階)는 신라의 경우 대덕(大德), 태대덕(太大德) 등으로 단순하였고, 명망이 있는 승려들에게 특별히 지급하는 명예직의 성격이 강하였다. 그런데 고려시대에는 원칙적으로 승과에 합격한 사람들에 한하여 승계를 주고 그 체계도 훨씬 복잡해졌다. 승계는 초기에는 하위 승계만 있다가 점차 고위 승계가 추가되었는데, 완성된 고려시대의 승계 체계는 다음과 같다.

교종 : 대덕(大德) – 대사(大師) – 중대사(重大師) – 삼중대사(三重大師) –
　　　수좌(首座) – 승통(僧統)
선종 : 대덕 – 대사 – 중대사 – 삼중대사 – 선사(禪師) – 대선사(大禪師)

처음 승과에 합격하면 대덕이 되고 이후 수행 기간과 능력에 따라서 상위의 승계로 승진하였다. 교학불교인 화엄종과 유가종의 승려들은 교종의 승계를 받았고, 조계종과 천태종의 승려들은 선종의 승계를 받았다. 원칙적으로 승과에 합격한 승려들만이 승계를 받고 사찰의 주지를 맡을 수 있었으며, 승계에 따라 주지로 임명될 수 있는 사찰의 규모에 차이가 있었다. 승계를 가지고 있는 승려들은 관료와 같이 대우받았으며, 최고위 승계인 수좌와 승통, 선사와 대선사는 임명 절차나 대우 등에서 재상들과 동등하였다. 한편 승계를 가진 승려들이 중요한 계율을 어길 때에는 승계는 물론 승려로서의 신분을 박탈하는 처벌을 받았다. 간통이나 위법 행위로 적발되면 이들은 평민으로 강등되었고 수도인 개경에 거주할 수도 없었다. 이러한 처벌 내용은 뇌물수수나 횡령 등으로 적발된 관료들에게 부과되는 것과 같은 것이었다.

　일반 승계 외에 불교계를 대표하여 국왕의 자문 역할을 하는 왕사와 국사 제도가 있었다. 왕사나 국사는 명망이 있는 고승을 국왕이 스승으로 모시는 것으로서 이들을 임명할 때에는 국왕이 직접 제자의 예를 표하였다. 왕사나 국사는 명예직의 성격이 강하였지만 때로는 직접 불교 정책에 관여하는 경우도 있었다. 일반적으로 국사가 왕사보다 높은 것으로 인식되었으며 왕사를 거친 후에 국사로 임명되는 경우가 많았다.

　고려시대의 불교와 관련된 업무를 주관하는 관청으로는 승록사(僧錄司)가 있었다. 여기에서는 승려들의 승적을 관리하고 승계 및 주지 인사 등을 집행하는 것은 물론 왕사·국사의 임명, 입적한 고승의 장례 및 탑·비 건립 등 승려와 관계되는 제반 사항을 처리하였다. 승록사는 좌가와 우가로 구성되었으며 주요 관원들에는 승려들이 임명되었다. 승록사의 고위 관직 체계는 다음과 같다.

(좌우)양가도승록(兩街都僧錄)
좌가(左街) : 도승록(都僧錄) – 승록(僧錄) – 부승록(副僧錄) – 승정(僧正)
우가(右街) : 도승록 – 승록 – 부승록 – 승정

이상과 같이 고려에서는 승려들 특히 승과에 합격한 승려들에게 관료와 비슷한 신분을 부여하고 관료 체계와 같은 원리에 의해 운영하였다. 이를 통해 승려들의 위상은 높아졌으며 신분도 안정화되었다. 그러나 한편으로는 이러한 제도들을 통해 승려들이 국가 체제에 예속되는 모습도 나타났다. 승려에 대한 평가가 불교 내부의 기준이 아닌 국가가 정해 준 과거시험 및 승계 제도에 따라서 결정되었으며, 승계의 상승 및 주지 임명을 둘러싸고 정치 세력과 영합하는 일이 벌어지기도 하였다. 무인 집권기에 일어난 결사 운동은 이러한 체제로부터 독립하여 승려의 본모습에 충실하자는 운동이기도 했다.

4) 불교 의례의 성행

왕실의 적극적인 숭불 정책과 승려들에 대한 우대 정책에서 볼 수 있듯이 고려사회 전체에서 불교의 영향력은 대단히 중요한 것이었다. 왕실과 일반민을 포함한 사회의 구성원 전체가 불교 신앙을 적극적으로 받아들였고, 사회 운영 원리에도 불교적 요소가 적지 않았다. 이러한 모습은 고려 사회의 가장 중요한 연례 행사가 불교적 의례인 연등회와 팔관회로 구성되어 있었다는 것에서 잘 나타나고 있다. 연등회(燃燈會)와 팔관회(八關會)의 중시는 태조 왕건의 「훈요십조」에서 이미 이야기되고 있을 뿐 아니라, 고려 사회 구성원 전체의 단결과 정신적 일체감을 매개하는 행사로서 시대가 내려갈수록 점점 더 의미가 강화되었다.

등을 밝혀 부처님의 공덕을 찬탄하는 연등회는 신라시대에도 일부 행해졌었지만, 고려에서는 이 행사의 규모를 확대하고 정기적으로 행해지는 국가적인 행사로 정비하였다. 신라시대에 간헐적으로 개최되던 것과 달리 매년 개최하도록 하였고, 개최하는 곳도 수도만이 아니라 전국의 각 지역에서 동시에 거행하게 하였다. 수도 개경에서는 왕실의 주도하에 태조 왕건에 대한 충성과 국가의 번영을 기원하는 행사로 거행되었는데, 태조 왕건의 진전(眞殿)이 있는 봉은사(奉恩寺)에 참배하는 것이 중요한 의식의 하나였다. 한편 지방에서는 지역 대표자들의 주도하에 사찰에 나아가 지역의 발전과 지역민들의 안녕을 기원하는 행사로 거행되었다.

본래 연등회는 석가의 탄신일에 등을 켜는 불교 의례에서 비롯된 것이었지만, 중국에서는 재래의 풍속과 결합되어 불탄일이 아닌 음력 정월 보름에 개최하였고 신라에서도 이를 따랐다. 고려에서도 처음에는 정월 보름에 개최하였지만 1010년(현종 1)부터는 연등회 날짜가 음력 2월 보름으로 바뀌었다. 음력 2월은 농사의 시작을 준비하는 시기로서 고려의 연등회는 불교 행사인 동시에 전 국민이 함께 한해 살림의 풍요를 기원하는 의미를 가지고 있었다. 연등은 사찰만이 아니라 왕궁과 거리, 민가에 두루 행해졌으며 음악과 놀이로 밤새 즐기는 축제의 장을 이루었다.

팔관회 역시 신라시대에 행해졌었지만 고려에서는 그 규모를 확대하고 의례를 체계화하여 온 국민이 참여하는 정기적인 국가 의례로 발전시켰다. 팔관회는 본래 재가신자들이 정해진 날에 사찰에 모여 여덟 가지 기본적인 계율(살생하지 말라, 도둑질하지 말라, 음란한 짓 하지 말라, 거짓말하지 말라, 술 마시지 말라, 화려한 장식과 유흥을 즐기지 말라, 좋은 자리에 앉지 말라, 오후에 음식을 먹지 말라)을 지키던 의식으로 계율을 지킨 공덕을 통하여 재앙을 물리치고 죽은 사람들의 왕생을 기원하였다. 신라의 팔관회는 나라를 위해 희생한 사람들의 명복을 빌기 위하여 종종 거행되었는데, 고려에서는 여기에 전국의 여러 산과 강, 바다의 신들을 제사 지냄으로써 국토와 백성들의 안녕을 기원하는 성격이 덧붙여졌다. 불교 신앙을 기반으로 하여 토속적인 신앙들을 수용함으로써 신앙을 통한 고려 사회의 단합과 번영을 기원하는 행사로 발전해 갔다.

고을별로 개최되었던 연등회와 달리 팔관회는 수도인 개경에서 온 나라의 사람들이 함께 참여하는 형태로 거행되었다. 매년 음력 11월 보름 왕궁에서 개최된 팔관회 행사에는 국왕과 관리들은 물론 각 지방을 대표하는 사람들이 참석함으로써 고려 전체가 하나의 공동체임을 확인하는 자리가 되었다. 또한 여진족의 추장과 송나라의 상인들, 그리고 고려 전기까지는 특별한 행정구역이었던 탐라(제주도)의 대표도 행사에 참석하여 국왕에게 축하의 인사를 올리고 공물을 바쳤는데, 이들의 참여는 고려를 중심으로 하는 국제 질서의 존재를 확인시켜 주는 의미가 있었다. 음력 11월 보름은 한 해의 농사를 마친 때로서 한 해의 수확에 대하여 감사하고 다음 해의 번영을 기원하는 농경 제례의 의미도 담겨 있었다.

매년 봄과 겨울에 시행된 연등회와 팔관회는 불교를 숭상하는 고려 사회에서 1년 중 가장 중요한 행사이었다. 이 행사들은 부처님에 대한 공양을 통하여 사회 구성원 전체의 단합을 도모하는 종교의례인 동시에 본래 각 지역 공동체마다 거행하던 농경 의례를 불교적으로 포섭한 것이기도 하였다. 불교적인 행사에 전통적인 신앙을 포섭함으로써 불교를 중심으로 한 정신적 통합이 무리 없이 진행될 수 있었고, 아울러 이처럼 불교적으로 체계화된 연례 행사들이 중앙에서 지방에 이르기까지 전체적으로 거행됨으로써 고려는 불교 신앙과 문화에 기반한 사회적 통합을 추진해 갈 수 있었다.

(2) 교학불교의 상황

1) 화엄종의 정비와 발전

신라하대에 대두된 의상계를 중심으로 하는 화엄종은 신라 말 조계종이 세력을 확대하면서 상대적으로 위축되어 있었다. 이 시기 화엄종은 내부적으로 정리된 교학 체계를 제시하지 못하였고 외부적으로는 선사들의 교학 비판에 효과적으로 대응하지도 못하고 있었다. 이러한 위기 속에서 교단 내부적으로는 또한 남악파(南岳派)와 북악파(北岳派)로 분열되어 있었다. 즉, 후삼국으로 분열되어 있던 시기에 해인사에는 화엄종의 종장인 희랑(希朗)과 관혜(觀惠)가 주석하고 있었는데, 이들은 각기 왕건과 견훤의 후원을 받으면서 대립하고 있었고 그 문도 대에 이르러서는 각기 북악파와 남악파로 나뉘어지게 되었다. 이러한 분열은 고려가 후삼국을 통일한 이후에도 한동안 지속되었다고 하며, 따라서 이러한 분열의 배경에는 단순한 후원자의 차이 이외에 사상적 차이도 있었을 가능성이 높다. 구체적인 상황은 알 수 없지만 당시의 상황으로 보아 의상계와 비의상계, 혹은 의상계 내부의 사상적 갈등이었을 것으로 생각되고 있다.

고려 초에 활약한 대표적인 화엄종 승려로는 탄문(坦文)과 균여(均如)가 있다. 탄문(900~975)은 고양의 지방 세력 가문 출신으로 어려서 북한산 지역에서 화엄학을 수학하였다. 일찍이 명성을 날려 왕건에게 주목되었고 후삼국 통일 이후에는 왕실의 배려로 신라 화엄학의 대가 신랑(神朗)을 계승하여 화엄종의 중심 인물로 대두하였다. 광종 대에는 왕사와 국사를 역임하였고 보원사(普願寺)에서 후학들을 양성하였다. 균여(923~973)는 황주의 한미한 가문 출신으로 어려서 출가하여 개경 근처의 화엄종 사찰에서 수학하였다. 신라 이래의 화엄학을 깊이 연구하여 당대 최고의 화엄학자로 명성을 날렸고, 승과가 개설되었을 때에는 그의 이론이 평가의 기준이 되었다. 그리고 동료들과 함께 북악과 남악의 분열을 극복하기 위해 노력하여 양자의 차이를 해소하는 데 성공하였다. 그가 화엄학자로서 명성을 얻은 후 광종은 그를 자신의 원찰인 귀법사에서 강의하게 하는 등 우대하였지만, 한때는 반대자의 모함에 의하여 혹독한 고문을 당하는 사건이 발생하기도 하였다.

균여는 의상과 지엄, 법장의 저술에 대한 주석서를 지었는데, 여기에는 의상계의 화엄학 이론을 바탕으로 하면서 지엄과 법장의 교학을 참조한 그의 독자적인 교학 체계가 잘 나타나 있다. 균여의 화엄학 이론 중 대표적인 것은 『화엄경』의 가르침인 별교일승(別敎一乘)을 다른 경전의 가르침과 질적으로 다른 것으로 평가한 교판론을 들 수 있다. 화엄학에서 일반적으로 일승(一乘)을 별교와 동교의 두 가지 측면으로 나누어서 『화엄경』 이외의 경전에도 일승의 요소가 있다고 설명하려고 한 것과 달리, 균여는 일승에는 별교의 성격만이 있다고 보고 동교는 불완전한 삼승이라고 평가하였다. 이와 함께 그는 자신의 몸을 통하여 모든 존재의 무애함을 체험하는 오척관법(五尺觀法)의 수행법을 제시하였다. 이러한 균여의 이론은 화엄경의 이론에 집중하면서 진리를 직접 체험할 것을 강조한 의상계 화엄학의 전통을 계승한 것인 동시에 조계종이 교학불교를 비판하는 상황에서 『화엄경』의 우월성을 강조하기 위하여 제시된 것으로 평가된다. 한편 균여는 일반인들의 신앙으로서 『화엄신중경(華嚴神衆經)』에 의거하여 화엄신중들의 가호를 비는 신중 신앙을 중시하였고, 보현보살의 중생구제를 노래한 「보현십원가(普賢十願歌)」를 지어 일반인들에게 보현 신앙을 유포시키기도 하였다.

　균여에 의해 이론적 기반을 마련한 화엄종은 이후 급속하게 주요 종단으로서의 위상을 회복하였다. 결응(決凝, 964~1053)은 의상의 가르침을 선양하며 부석사를 중창하였고 천여 명이 넘는 문도를 두었다. 또 창운(昶雲, 1031~1110)은 균여의 신중 신앙을 계승하여 『화엄신중경』에 대한 주석서를 짓고, 혁련정(赫連挺)에게 균여의 전기를 짓도록 하였다. 출가자들의 출신도 높아졌는데, 현종의 왕비의 동생인 난원(爛圓, 1010~1066)이 출가한 이후 문종은 자신의 넷째 아들 의천(義天)을 그 문하로 출가시켰다. 11세에 난원에게 출가한 의천은 13세에 승과를 거치지 않은 채 승통으로 임명되었고, 이후 화엄종을 주도해 갔다. 의천 이후 숙종, 예종, 인종 등도 자신의 왕자 혹은 종실을 화엄종 승려로 출가시켜 의천의 계보를 잇게 하였으며, 고위 관료의 자제들로서 출가한 사람들도 많았다. 한편 문종은 자신의 원찰로 흥왕사(興王寺)를 창건하여 화엄종 사찰이 되게 하였고, 선종도 자신의 원찰 홍원사를 화엄종 사찰로 창건하였다. 고려 전기 화엄종의 주요 사찰은 흥왕사와 홍원사를 비롯하여 귀법사, 영통사, 부석사, 해인사, 화엄사 등이었다.

2) 유가종의 대두와 발전

고려의 유가종은 유식학을 사상적 기반으로 하면서 동시에 신라하대에 성행했던 진표계의 점찰 신앙을 계승한 종파였다. 후삼국이 통일된 이후 진표의 흐름을 계승한 석충(釋冲)이 진표가 미륵에게서 받았다는 점찰간자(占察簡子)를 왕건에게 바치고 후원을 받으면서 유가종은 개경의 불교계에 들어왔지만 고려 초에는 그 활동 양상이 그다지 나타나지 않고 있다. 유가종이 중앙에서 본격적으로 대두되는 것은 목종이 자신의 원찰로 유가종 사찰인 숭교사(崇敎寺)를 창건하면서부터였다. 특히 이 숭교사에서 출가하여 승려 생활을 했던 현종이 국왕이 되어 적극적으로 후원하면서 유가종은 주요 종단으로서의 위상을 확보하게 되었다.

왕실 출신의 현종이 승려가 된 것은 불행한 출생 배경 때문이었다. 즉, 현종의 어머니는 태조의 손녀딸로서 본래 경종의 왕비였는데 경종이 죽고 난 이후에 궁궐에서 나와 홀로 지내는 동안 아저씨뻘 되는 태조의 아들 욱(郁; 安宗)과 사통하여 현종을 갖게 되었다. 현종의 임신으로 두 사람의 사통 사실이 알려지자 욱은 먼 지방으로 유배되어 곧 병사하였고, 현종의 어머니도 현종을 낳은 직후 죽고 말았다. 고아가 된 현종은 외삼촌이 되는 국왕 성종의 배려로 궁궐에서 양육되었지만 성종이 죽고 나자 곧바로 목종의 모후 천추태후에 의하여 승려로 출가하게 되었다.

현종은 출가한 이후에도 자신과 김치양의 사이에서 낳은 아들을 왕으로 즉위시키기 위해 왕위 계승의 경쟁자들을 제거하려 한 천추태후의 암살 음모에 시달렸지만, 삼각산 등지의 사찰에서 승려들의 보호를 받으며 무사히 지내다 천추태후가 실각한 이후에 국왕으로 추대될 수 있었다. 현종은 즉위 후에 불행하게 죽은 자신의 부모들을 위하여 개경 근교에 대규모의 사찰을 건립하였는데, 이것이 후대 유가종의 중심 사찰이 된 현화사였다. 현종은 정성을 다하기 위하여 중국에서 대장경을 수입하여 봉안하고 각지에서 바친 사리와 불아

(佛牙) 등을 안치하였으며, 전국에서 2천여 명의 승려를 모아 이곳에 머무르게 하였다. 현화사가 낙성된 이후 유가종 승려인 법경(法鏡)을 왕사·오교도승통(五教都僧統)으로 삼아 현화사의 주지로 임명하였는데, 그는 현종이 승려로 지낼 때에 각별한 인연을 맺었던 인물로 추정된다. 이처럼 현종과의 특별한 인연 및 현종의 지원에 힘입어 유가종은 곧바로 중심적인 종파로서의 위상을 갖게 되었다.

유가종의 위상이 높아지면서 유가종으로 출가하는 승려들의 출신도 높아지게 되었다. 현종 대에서 문종 초까지의 시기에 왕사 및 국사로 임명되어 유가종은 물론 불교계를 주도한 법경, 정현(鼎賢, 972~1054), 해린(海麟, 984~1067) 등은 지방 향리의 자제들로 그들이 활동한 사찰도 자신의 고향에 있는 사찰이었다. 성현은 죽산 지방 출신으로 고향의 칠장사에서 출가한 후 승과를 통하여 승계를 받았고 법천사(法泉寺)와 현화사의 주지를 역임하였다. 현종 때에 수좌, 덕종 때에 승통에 올랐고, 문종 때에는 왕사와 국사가 되었다. 노년에 고향의 칠장사로 내려와 머물다가 입적하였다.

해린은 원주 출신으로 고향의 법천사에서 처음 출가한 후 개경에서 유식학을 공부하다 목종 4년(1001) 숭교사 개창을 기회로 정식으로 승려가 되었다. 승과에 합격하여 승계를 받은 후 법천사, 해안사, 현화사 등의 주지를 역임하였다. 덕종 대에 수좌, 정종 대에 승통이 되었고, 문종 대에 왕사, 국사에 올랐다. 노년에는 처음 출가하였던 법천사로 내려가 머무르다 입적하였다.

그런데 해린의 문하에 당대 최고 가문 출신인 소현(韶顯, 1038~1096)이 출가하면서 점차 고위 가문 출신들이 유가종을 주도하게 되었다. 소현은 인주(仁州) 이씨 출신으로 재상 이자연의 아들이었고, 누나는 문종의 왕비였다. 소현의 출가 이후 인주 이씨에서는 대대로 승려들이 배출되어 소현의 계보를 잇게 하였으며, 청주 김씨에서도 그러한 모습을 보여 주고 있다. 한편 문종은 다섯째 아들 규탱(竅寔)을 소현의 문하에 출가시켜 화엄종에 출가한 의천과 함께 왕실이 불교계를 주도하게 하려고 하였지만 규가 예종 대에 역모에 연루되어 물러나면서 왕실과 유가종의 연결은 계속되지 못하였다. 고려 전기 유가종의 주요 사찰은 현화사, 숭교사, 해안사, 왕륜사, 금산사, 속리산사(법주사), 동화사, 법천사 등이었다.

3) 교학의 발전과 교장(敎藏) 조성

불교학에 대한 연구도 활성화되면서 유가종과 화엄종에서는 자기 종파의 기초 문헌들을 정리하여 간행하고, 나아가 종파의 사상적 전통을 재인식하려는 움직임도 나타나게 되었다. 유가종에서 이러한 움직임을 주도한 사람은 문종의 처남으로 승통에 오른 소현이었다. 11세에 출가한 소현은 10여 년 만(문종 23년)에 승과에 합격하고서 이후 해안사와 금산사, 현화사 등 유가종 주요 사찰의 주지를 역임하면서 유가종의 핵심적인 역할을 담당하였다. 그는 금산사에 있을 때에 금산사 남쪽에 광교원(廣敎院)을 설치하여 유식학의 문헌들을 수집·정리하고 간행하는 작업을 시작하였으며, 이는 그가 현화사에 주석한 때까지 계속되었다. 그가 노년까지 수집하고 교정하여 간행한 유식학 문헌은 규기의 『법화현찬』과 『유식술기』 등을 비롯하여 32종 353권에 달한다.

한편 그는 유가종 역대 조사들의 현창에도 노력하였다. 금산사 광교원 내부에 법당을 마련하고서 노사나불상과 함께 중국 법상종의 시조인 현장과 규기의 상을 봉안하여 모셨으며, 현화사에 주지할 때에도 법당 내부에 석가여래와 법장, 규기 및 해동의 유가종 조사 6인의 모습을 모시고 승려들로 하여금 공경하게 하였다. 이때 모신 해동 6조가 어떤 사람들인지는 자세히 알려져 있지 않다. 다만 소현의 비문에 특별히 신라의 유가종 조사로 원효와 태현을 언급하고 있어 두 사람이 6조에 포함되었을 것으로 추정되고 있다.

균여 이후 화엄종에서 교학의 발전을 주도한 사람은 대각국사(大覺國師) 의천(義天)이었다. 왕자로서 처음 승려가 된 그는 고귀한 신분임에도 학문에 대한 남다른 열정을 가지고서 여러 스승들을 찾아다니며 다양한 불교 이론을 공부하였다. 그리고 보다 깊은 공부를 위하여 송나라로의 유학을 결심하였다.

하지만 송과 경쟁하는 거란과 공식 외교 관계를 맺고 있던 상황을 고려한 왕실과 관료들은 이에 반대하였다. 이에 의천은 1085년(선종 2) 비밀리에 송으로 건너가 14개월간 화엄학을 비롯하여 천태학, 유식학, 선 등 주요 불교 이론들을 배우고 귀국하였다. 귀국한 이후 의천은 종래의 고려 화엄학과는 다른 교관겸수(敎觀兼修)의 수행법을 강조하였다. 즉, 화엄학이 모든 존재가 서로 긴밀하게 연결되어 있다는 법계연기를 해명하는 교학에 머물면 불교의 진정한 이치를 깨닫지 못하며 심성의 본래 모습을 체득하는 관행(觀行)을 닦아야만 진정함 깨달음에 이를 수 있다고 주장하였다.

따라서 의천은 교학과 관행을 같이 닦는 교관겸수가 화엄학자들에게 필수적인 수행법이라고 주장하였고, 이러한 입장에서 당시 고려 화엄학의 중심이 되고 있던 균여의 교학을 신랄하게 비판하였다. 본래 의천은 고려에서 균여의 교학을 공부하였고 중국에 유학하기 이전에는 균여를 높게 평가하였지만 중국에 유학 이후에는 균여에 대한 평가가 크게 달라졌다. 균여는 교학에만 머물고 관행을 알지 못하였으므로 제대로 된 이론을 제시하지 못하였다고 하였다. 물론 균여도 자신의 5척의 몸의 구성과 작용을 분석하여 화엄의 원융무애한 법계연기를 체득하는 관행을 닦을 것을 주장하였지만, 의천이 볼 때 이러한 관행은 자신의 본원적 심성을 체득하는 것과는 거리가 먼 것이었다.

이처럼 교관겸수를 중시한 의천의 입장은 중국 화엄종의 제4조로 불리던 징관(澄觀)의 사상에 근거한 것이었다. 당나라 후기에 활약한 징관은 화엄학과 함께 선과 『기신론(起信論)』 등을 수학한 후 초기의 화엄사상가에 비하여 일심(一心)의 체득을 강조하는 교학 체계를 수립하였고, 이러한 징관의 이론은 당시 중국 화엄학의 주류적인 입장이었다. 송나라를 비롯하여 거란의 화엄종에서는 징관의 교학을 정통으로 중시하였고, 화엄학의 이론에 대한 이해도 주로 징관의 『화엄경소』에 의거하고 있었다. 의천이 송나라에서 스승으로 모신 정원(淨圓)도 같은 입장이었다. 하지만 의천의 입장이 단순히 송나라 화엄학을 그대로 수용한 것은 아니었다. 당시 송나라 화엄종에서는 징관의 교학

이상으로 교종과 선종의 일치를 주장하는 종밀(宗密)의 이론이 중시되었는데, 의천은 종밀의 교선일치의 입장은 받아들이지 않았다. 오히려 그는 선종에 대하여는 비판적인 입장을 견지하였다. 이러한 의천의 태도는 화엄종 조사에 대한 그의 이해에서도 나타나고 있다. 의천의 스승 정원은 인도 이래 화엄종의 조사로서 화엄 7조를 설정하였는데, 여기에는 징관과 함께 종밀이 포함되어 있었다. 의천은 이를 모델로 하여 귀국한 이후 홍원사에 9조당(九祖堂)을 세우고 인도와 중국의 화엄종 조사들을 모셨는데, 여기에 징관은 포함되었지만 종밀은 누락되었다. 대신 종래 의상계 화엄종에서 중시한 지론종의 조사들을 추가하였다.

정원의 화엄 7조 : 마명(馬鳴) – 용수(龍樹) – 두순(杜順) – 지엄(智儼) – 법장(法藏) – 징관(澄觀) – 종밀(宗密)

의천의 화엄 9조 : 마명 – 용수 – 세친(世親) – 불타삼장(佛陀三藏) – 혜광(慧光) – 두순(杜順) – 지엄 – 법장 – 징관

의천의 교관겸수 주장은 중국 유학을 통하여 습득한 것인 동시에 심성의 체득을 중시한 자신의 입장에서 비롯된 것이라고 해석된다. 이러한 의천의 입장은 일심(一心)을 강조한 원효에 대한 중시에서도 나타난다. 의상계의 사상을 계승한 균여의 교학에서는 원효는 그다지 중시되지 않았다. 그러나 의천은 원효의 사상을 중시하면서 그를 의상과 함께 신라 화엄종의 개창자로 존숭하였다. 의천은 말년에 국왕에게 건의하여 원효와 의상을 각기 화쟁(和諍)국사와 원교(圓敎)국사로 추증하고 그 행적을 기록한 비석을 건립하게 하였다.

의천은 화엄학만이 아닌 불교학 전반에 대하여 관심을 가지고 연구하였는데, 그 과정에서 동아시아의 여러 불교 연구서들을 총괄한 교장(敎藏)을 편집, 간행하였다. 교장은 불경에 대한 각종 연구서들의 모음으로써 불경을 모은 대장경에 대한 해설서들이라는 의미에서 '속장(경)'으로 불리기도 한다.

의천은 중국에 유학하기 전부터 대장경이 거의 완성되는 것을 보고서 그에 이어서 불경의 주석서들을 모아 교장을 편집할 것을 발원하였는데, 중국에서 돌아온 이후에는 본격적으로 그 작업을 추진하였다. 그는 중국에 있을 때에 여러 종파의 연구서 3천여 권을 수집하였다. 귀국한 이후에도 국내의 사찰을 뒤져 옛 문헌들을 찾고 또 송나라와 거란, 일본에 사람을 파견하여 문헌을 수집하였다. 그 성과로서 1090년(선종 7)에 확인된 불경에 대한 주석서들을 경전별로 분류한 『신편제종교장총록(新編諸宗教藏總錄)』 3권을 완성하였는데, 여기에는 총 1,010종 4,857권의 문헌이 수록되었다. 곧이어 의천은 흥왕사에 교장도감(教藏都監)을 설치하고 이 문헌들을 간행하기 시작하였다.

교장의 간행에는 다른 종파의 승려들도 참여하였는데, 특히 유가종 승려들의 참여가 많았다. 유가종의 소현이 간행한 유식학 문헌들도 교장의 일부로 수록되었다. 교장 간행 작업은 의천이 입적한 다음 해인 1102년(숙종 7)까지 계속되었으며, 이때 간행된 책들은 송과 거란, 일본에 전해져 각 나라의 불교학 발전에 크게 기여하였다. 한편 의천은 교장 이외에도 화엄종의 주요 문헌들을 발췌하여 편집한 『원종문류(圓宗文類)』 22권과 불교 승려들의 비문 등을 모은 『석원사림(釋苑詞林)』 250권을 편집하는 등 불교 문헌의 수집과 정리에 심혈을 기울였다. 현재는 그중 『원종문류』 3권과 『석원사림』 5권, 그리고 의천의 제자 확심(廓心)이 『원종문류』를 해설한 『원종문류집해(圓宗文類集解)』 1권이 전해지고 있다.

(3) 조계종의 발전과 새로운 선 사상의 도입

1) 고려 초기 조계종의 발전

신라하대에 급속히 전개되었던 조계종은 고려에 들어와서도 계속하여 발전하였다. 특히 신라 말 사회적 혼란기에 주로 지방 세력들의 후원에 의존하고 있던 선승들은 고려의 후삼국 통일 이후에는 새로이 고려 왕실의 후원을 받으면서 보다 안정된 기반을 구축할 수 있었다. 이로써 신라 말 후삼국의 혼란기에 교학불교를 대체하여 불교계의 주류로 등장하였던 조계종의 위상은 더욱 공고해지게 되었는데, 이는 이 시기에 임명된 국사나 왕사의 대부분이 선사들이었다는 것에서도 확인된다. 태조부터 광종 대까지 임명 사실이 확인되는 승려들 중 선사가 아닌 인물은 화엄종 출신의 탄문뿐이다.

한편 고려 초에 활약한 선사들 중에는 신라 말에 지방 세력가들의 후원을 받았다가 고려가 건국된 이후 새롭게 왕실의 후원을 받고 활동의 중심지를 수도 개경으로 옮기는 경우도 적지 않았다. 새로운 통일국가를 건설한 왕실은 유력한 지방 세력가들과 연결된 고승들을 후원함으로써 지방 세력가들과 정신적인 연결을 맺으려 하였고, 지방 세력가들도 자신들과 정서적 공감을 맺고 있는 선승들을 왕실에 추천함으로써 왕실과의 유대를 강화하려 하였던 것이다. 이처럼 이 시기의 선승들은 지방 세력과 왕실을 연결하여 사회적 통합을 촉진하는 데에도 중요한 역할을 담당하였다.

한편 고려 초기에 활동한 선사들의 선풍은 신라 말 선사들의 선풍과는 차이가 있었다. 즉, 신라 말의 선사들이 대부분 마조 도일(馬祖道一) 계통의 선풍을 진작하였던 데 반하여 고려 초에 활동한 선사들은 이와는 다른 청원 행사(靑原行思) – 석두 희천(石頭希遷) 계통의 선풍을 선양하였다. 이와 같은 차이는 이들이 중국에서 수학한 선사들의 선풍에 차이가 있기 때문이었다. 신라하대에 활동한 초기의 선사들은 대부분 중국에서 서당 지장(西堂智藏), 창주 신감(滄州神鑑), 마곡 보철(麻谷寶徹), 염관 제안(鹽官齊安), 남전 보원(南泉普願), 장경 회휘(章敬懷暉) 등의 문하에서 수학하였는데, 이들은 모두 마조 도일의 문하 제자들이었다. 따라서 신라하대의 선종에는 마조 도일의 사상의 영향이 강하였고, 이러한 흐름은 그 문하에게도 이어졌다. 하지만 고려 초기에 활약한 선사들은 중국에서 운거 도응(雲居道膺), 구봉 도건(九峯道乾), 소산 광인(疎山匡仁), 곡산 도연(谷山道緣), 운개 지원(雲蓋志元), 투자 대동(投子大同) 등의 문하에서 수학하였고, 이들은 모두 청원 행사 – 석두 희천 계통의 선을 계승한 사람들이었다. 이러한 변화가 생겨난 것은 중국에서 시대별로 성행하던 선 사상에 차이가 있기 때문이었다. 9세기 전반에는 마조 도일의 문하에서 수학한 선사들이 커다란 영향력을 미치고 있었지만, 9세기 말경에는 청원 행사 - 석두 희천의 흐름을 계승하는 선사들의 영향력이 커져 있었다. 이에 따라 고려 초에는 기존의 마조 도일 계통의 선 사상과는 다른 청원 행사 – 석두 희천 계통의 선이 새롭게 수용되어 선 사상의 내용이 더욱 풍부해지게 되었다. 한편 신라 말에 활약한 선승들 중에서도 9세기 후반에 활약한 대통(大通, 816~883)과 순지(順之) 등은 위앙종(潙仰宗)의 개창자 앙산 혜적(仰山慧寂)의 문하에서 그 선풍을 배워 왔는데, 원상(圓相)에 의한 가르침을 편 위앙종의 선풍은 같은 마조 도일 계통이면서도 초기의 흐름과는 선풍에 차이가 적지 않았다.

2) 태조 대의 주요 선승과 조동종 수용

고려 초에 활동한 대표적인 선승들로는 고려의 건국 이전부터 태조 왕건과 연결되어 후원을 받고 있던 여엄(麗嚴, 862~930), 이엄(利嚴, 870~936), 충담(忠湛, 869~940) 등과 후삼국 기간 동안에는 지방 세력의 후원을 받다가 고려의 건국 이후 새롭게 왕실의 후원을 받게 된 현휘(玄暉, 875~941), 경보(慶甫, 868~948), 긍양(兢讓, 878~956), 찬유(璨幽, 869~958) 등이 있다. 이들 중 처음에 화엄학을 수학한 후 중국에 유학하여 선으로 전향하였던 이엄을 제외하면 나머지 고승들은 모두 국내에서 이미 산문에 출가하여 선을 배우고 나서 다시 중국에 유학하여 선을 익히고 돌아온 인물들이었다.

여 엄

여엄은 경주 출신으로 처음에는 화엄종 사찰인 무량수사(無量壽寺)에 출가하여 화엄을 익혔다. 하지만 얼마 후 교종이 참된 가르침이 아니라고 깨닫고 나서 선종으로 전향하여 성주산문을 개창한 낭혜를 찾아가 수학하였다. 887

년(진성여왕 원년)에 낭혜화상이 입적한 후 동문 사형인 심광화상(深光和尙)에게 수학하다가 얼마 후 중국으로 유학하여 당시 선풍을 드날리고 있던 운거 도응의 문하에서 수학하여 그의 법인을 얻은 후 909년(효공왕 13)에 귀국하였다. 귀국 직후부터 왕건의 후원을 받은 그는 고려의 건국 이후 태조 왕건의 초청을 받아 개경에서 멀지 않은 보리사(菩提寺)에 머물다가 930년(태조 13)에 입적하였다. 문인으로는 흔정(昕政) 등 50여 인이 있었다.

이 엄

이엄은 경주에서 웅천주(熊川州, 지금의 공주)로 낙향한 진골 집안 출신으로 12세에 화엄종 사찰인 가야갑사(迦耶岬寺)에서 출가하였다. 이후 27세 때까지 화엄학을 수학한 후 불법을 보다 폭넓게 연마하기 위하여 중국으로 유학하였다. 중국에서는 여엄과 마찬가지로 운거 도응의 문하에서 수학하고 그의 법을 계승하여 15년 만인 911년에 귀국하였다. 귀국 직후에는 김해 지역의 유력가인 소율희(蘇律熙)의 후원을 받았지만, 고려가 건국된 직후인 922년(태조 5)에 태조 왕건의 초청을 받아 개경으로 옮겼고, 후삼국 통일이 이뤄지기 직전인 933년(태조 16)에는 태조의 명으로 해주의 광조사(廣照寺)에 주석하면서 수미산문을 개창하였다. 936년에 입적하였으며, 문하에 처광(處光), 도인(道忍)을 비롯한 많은 제자들이 그의 선법을 계승하였다.

충 담

충담은 어려서 장순(長順)선사의 문하에 출가하여 선법을 익혔고, 21세 되던 889년(진성여왕 3)에 영신사(靈神寺)에서 구족계를 받았다. 이후 선법을 보다 깊이 공부하기 위하여 중국으로 유학하였다. 중국에서는 처음 운개 지원의 문하에서 수학하여 그의 법을 전수받고, 다시 여러 지역을 행각하며 선법을 연마하였다. 10여 년의 유학을 마치고 918년에 귀국한 직후 태조 왕건의 초청을 받아 궁궐에서 설법하고 왕사로 책봉되었다. 이후 태조는 그가 머무르며 가르침을 펼 수 있도록 원주에 흥법사(興法寺)를 건립하여 주었고, 충담은 이곳에 머무르다 940년(태조 23)에 입적하였다. 태조는 특별히 그의 덕을 사모하여 그의 행적과 덕을 기리는 비문을 직접 지어 주기도 하였다.

현 휘

현휘는 남원 출신으로 어려서 출가하여 낭혜화상의 제자인 심광화상의 문하에서 수학하여 선법을 익혔다. 이후 32세 되던 906년(효공왕 10)에 중국으로 유학하여 구봉산 도건대사의 심요(心要)를 얻고, 다시 사방을 유력하며 선법을 익혔다. 유학한 지 20년 가까이 된 924년(태조 7)에 마침내 귀국하자, 태조 왕건은 곧바로 그를 궁중으로 모셔 설법을 듣고 국사로 모시었다. 이후 태조의 요청으로 충주 근처의 정토사(淨土寺)에 머물다 941년(태조 24)에 입적하였으며, 활행(闊行)을 비롯한 3백여 명의 제자가 있었다.

경 보

경보는 영암 출신으로 어려서 출가한 후 광양 백계산(白鷄山)의 도승(道乘)화상 문하에서 선법을 익혔다. 이후 성주사의 무염과 굴산사의 범일 등 당시의 대표적 선사들을 두루 찾아다니며 수학하였고, 다시 25세 되던 892년(진성여왕 6)에는 중국으로 유학하였다. 중국에서는 소산 광인의 문하에서 수학하여 그의 법을 전해 받았고, 다시 여러 선사들을 찾아다니며 수학하다 921년에 귀국하였다. 귀국 직후 후백제 견훤의 후원을 받았고, 처음 선법을 수학하였던 백계산 옥룡사로 돌아가 주석하며 가르침을 폈다. 936년에 고려가 후삼국을 통일한 후 고려 왕실의 초청을 받아 여러 차례 왕궁에서 설법하였다. 948년에 입적하였으며, 천통(泉通)을 비롯한 많은 문하 제자들이 있었다.

긍 양

긍양은 공주 출신으로 어려서 여해(如解)선사 아래 출가하였고, 구족계를 받은 이후에는 도헌(희양산문의 개창자)의 제자인 양부(楊孚)에게서 선법을 익혔다. 20세 되던 897년(효공왕 1)에 중국에 유학하여 곡산 도연화상의 문하에서 수학하고 심인을 전수받았고, 이후에도 중국 각지를 유력하며 선법을 익혔다. 924년에 귀국하여 스승인 양부가 머물던 진주 근처의 백엄사(伯嚴寺)에 머무르다가 다시 희양산으로 들어가 도적떼들에 의해 황폐화된 봉암사를 재건하여 희양산문을 부흥시켰다. 고려가 후삼국을 통일한 후 태조 왕건의 초청을 받아 왕궁에 나아가 설법하였고, 이후 광종에 이르기까지 역대 국왕의 존숭을 받으며 가르침을 폈다.

찬 유

찬유는 13세에 선종 사찰에서 출가한 후 여주 혜목산(慧目山)에 주석하고 있던 심희(審希)선사를 찾아가 그 문하에서 선법을 배웠다. 24세 되던 892년(진성여왕 6)에 중국에 유학하여 투자 대동선사의 법을 전수받았고, 다시 여러 지역을 돌아다니며 많은 선사들과 교류하다가 유학한 지 20년 만인 921년에 귀국하였다. 귀국 이후 스승인 심희의 지시로 상주 공산 삼랑사(三郞寺)에 머무르며 선법을 베풀다가 태조 왕건의 초청을 받아 왕궁에서 설법한 이후에는 왕실의 요청으로 개경에서 멀지 않은 천왕사(天王寺)와 고달사(高達寺) 등에 머물며 가르침을 폈다. 광종 대까지 역대 국왕들의 존숭을 받았고, 광종은 특히 그를 왕사와 국사로 책봉하였다. 흔홍(昕弘), 동광(同光) 등 5백여 명의 제자들이 가르침을 계승하였다.

이상과 같은 선승들의 활약으로 조계종은 더욱 융성하게 되었다. 그런데 이들 고려 초기의 대표적 선승들 중에는 특히 조동종(曹洞宗)의 개창자인 동산 양개(洞山良价)의 문하에서 수학한 승려들이 많았다. 여엄과 이엄이 가르침을 받아 온 운거 도응은 동산 양개의 제자였고, 경보의 스승인 소산 광인 역시 동산 양개의 제자였다. 운거 도응의 문하에서는 여엄과 이엄 이외에도 고려 건국 이전에 입적한 형미(迥微), 경유(慶猷) 등이 수학하였는데, 이들은 운거 도응의 문하에서도 특히 뛰어난 인물들로서 해동의 4무외대사(四無畏大士)라고 불리기도 하였다. 4무외대사는 모두 태조 왕건과 개인적으로 긴밀한 관계를 맺으면서 고려 초 불교계에서 중요한 위상을 차지하였는데, 이들을 통하여 조동종의 선 사상이 고려의 조계종에도 전해지게 되었다. 조동오위(曹洞五位)로 대변되는 조동종의 선풍은 고려 후기까지도 주요한 선 사상의 내용으로 계승되었는데, 고려 후기에 활약한 일연(一然)은 『중편조동오위』를 편찬하기도 하였다.

3) 광종 대 법안종의 수용

광종 대(949~974)에는 새롭게 법안종(法眼宗)의 선 사상이 수용되어 크게 성행하였다. 법안종은 중국 강남의 금릉(金陵, 지금의 남경) 지역에서 활동한 법안 문익(法眼文益, 885~958)의 선풍을 계승한 것으로 당시 강남 지방에 성립되었던 오월국(吳越國) 왕실의 후원을 얻어 크게 발전하였다. 특히 법안 문익의 문하인 천태 덕소(天台德韶)와 영명 연수(永明延壽)는 오월국의 대표적인 선승으로서 왕실의 존숭을 받고 있었는데, 당시 오월 지방과 활발하게 교류하고 있던 고려에도 그들의 선 사상이 전해지게 되었다.

고려에서 처음 법안종의 사상을 배워 온 사람은 법안 문익의 문하에서 수학하고 돌아온 혜거(慧炬, ?~974)와 영감(靈鑑) 등이었다. 그중 혜거는 특히 태조 대부터 활동한 찬유, 긍양 등에 이어서 광종의 각별한 존숭을 받은 조계종 승려였는데, 그가 주석하였던 도봉원은 찬유와 긍양이 머물렀던 고달원(고달사), 희양원(봉암사)과 함께 광종에 의해 직계 문도들만이 주석할 수 있는 3대 부동선문(不動禪門)으로 지정되기도 하였다. 혜거의 활동과 함께 고려와 오월국 사이의 활발한 불교 교류는 광종에게 법안종에 대해 관심을 갖게 하였던 것으로 보이는데, 광종은 영명 연수가 저술한 『종경록(宗鏡錄)』과 『만선동귀집(萬善同歸集)』 등을 읽고서 그 사상에 감복하였다. 이후 광종은 법안종을 고려에 성행시키고자 결심하였으며, 이를 위해 승과를 통해 선발된 젊은 선승들을 오월 지역에 유학시켜 영명 연수의 문하에서 선풍을 배워 오게 하였다. 이때 유학하여 영명 연수의 가르침을 계승한 승려들은 36명에 이르렀다고 하는데, 그중 대표적인 인물로 지종(智宗, 930~1018)과 영준(英俊, 932~1014) 등이 있다.

지종은 젊어서 긍양의 제자인 형초(逈超)에게서 수학하였고 광종 즉위 후 승과에 합격하였다. 당시 승과에 합격한 많은 승려들은 광종의 명을 받아 오월 지방으로 유학하였지만 그는 산에 들어가 수행에만 몰두하였다. 그러던 중 이미 입적한 찬유가 꿈에 나타나 유학을 권유하므로 959년에 오월 지방으로 건너가 영명 연수의 문하에서 수학한 후 970년에 귀국하였다. 귀국 후에는 개경의 사찰들에 머물며 법안종의 선풍을 전파하였고, 노년에는 원주의 거돈사에 머무르다 입적하였다. 영준은 혜거의 제자로서 혜거가 국사에 임명되던 968년에 오월 지방으로 유학하여 영명 연수의 문하에서 수학하고 972년에 귀국하였다. 지종과 마찬가지로 개경의 주요 사찰에 머물며 법안종의 가르침을 전파하였고, 노년에는 합천의 영암사로 옮겨 머물다 입적하였다. 이들의 활동으로 법안종의 선풍 특히 영명 연수의 사상은 이후의 고려 불교계에 적지 않은 영향을 미치게 되었다.

광종이 법안종의 수용에 적극적이었던 이유는 교학불교와 선종의 종합, 즉 교선일치적 경향이 강한 법안종의 사상에 공감하였기 때문으로 생각된다. 법안 문익은 화엄학에도 깊은 이해를 가졌던 인물로 당시의 선종이 교학에 등한한 것을 비판하는 『종문십규론(宗門十規論)』을 지었고, 영명 연수 역시 『종경록』과 『만선동귀집』 등에서 교학과 선의 종합, 나아가 염불 사상까지의 종합을 주창하였다.

광종은 당시 분립적 성향이 강한 지방 세력과 귀족 세력들을 강력하게 통제하면서 강력한 중앙집권 정책을 추진하였는데, 불교계에 대한 정책에 있어서도 종파들의 난립보다는 통합을 추구하였던 것으로 보인다. 불교계의 통합을 지향한 광종에게 있어 교학불교와 선종의 사상적 통합을 주창하는 법안종의 사상은 쉽게 공감할 수 있었을 것이다. 광종이 적극적으로 승려들을 영명 연수의 문하에 유학보냈던 것을 고려하면, 광종은 이들이 귀국한 이후에 법안종의 사상을 중심으로 한 불교계, 특히 조계종의 개혁을 추진하려 했던 것으로 추정된다. 그리고 지종과 영준의 오월국 유학에는 광종의 존숭을 받았던 찬유와 긍양, 혜거 등의 영향이 보이는데, 이들은 광종이 추진하는 불교계, 특히 조계종의 개혁에 적극적으로 공감하고 지지하였던 것으로 생각된다. 광종의 3대 부동선원(不動禪院) 제정도 이러한 정책의 일환이었을 것이다. 하지만 중국에 유학하여 법안종을 배워 온 지종과 영준 등이 귀국한 직후에 광종이 곧바로 서거함으로써 그러한 개혁은 본격화되지 못한 채 사라지고 말았다.

 법안종의 수용을 통한 선종의 개혁이 실패한 이후 한동안 조계종 내부에는 새로운 사상적 변화는 나타나지 않았고, 신라 말 이후 지속되어 온 조계종의 발전도 주춤해지게 되었다. 광종 대 이후 조계종의 주요한 지지 세력이었던 지방 유력층이 약화되고 대신에 개경을 중심으로 한 문벌 귀족 세력들이 대두하면서 이들의 지원을 받는 교학불교의 세력이 점차 강화되게 되었다.

2. 고려 중기의 조계종

(1) 천태종 개창과 조계종의 위기

1) 천태종 개창의 배경

고려시대의 역사는 보통 현종 대(顯宗代, 1009 ~ 1031)를 기점으로 초기와 중기로 구분된다. 현종 대에 이르면 고려 왕실의 중앙집권체제가 상당한 골격을 갖추게 되며, 이러한 골격은 이후 무신정권이 등장하는 시기까지 대부분 지속되는 모습을 살필 수 있기 때문이다. 이러한 정치 사회적인 변화와 함께 불교계에도 고려 초기의 양상과 구분되는 변화가 발생하게 된다. 즉, 고려 중기에 접어들면서 신라 말 고려 초의 호족 세력에 기반을 두었던 선종 세력이 점차 퇴조하는 기미를 보이고, 다른 한편으로 화엄종·유가종으로 대표되는 교종 세력이 새롭게 대두되는 변화를 나타내기 시작한 것이다.

고려 초기까지 성립되어 있었던 주요 종파는 화엄종·유가종·선종(조계종) 등의 3대 종파였다.[4] 물론 이들 외에도 일부 군소 종파들이 성립되어 있었을 가능성은 충분하지만, 이들 3대 종파가 당시 불교계를 주도하고 있었음은 여러 자료를 통해 확인할 수 있다. 그런데 이들 종파와 정치 세력이 각기 연결되면서 이 시기 고려 불교는 적지 않은 문제점을 노출시키기에 이른다. 특히

---

4) 「인동선봉사대각국사비」 음기에 "1101년(건통 원년) 신사(辛巳)에 대각국사가 비로소 천태의 굉강(宏綱)을 세웠으며, 우수한 학자 100여 명을 뽑아 봉은사에 있게 하며 천태종 경론 120권으로 고시를 보아 현량 40여 인을 선발하였다. 국가 초기에 크게 유행하였던 조계·화엄·유가와 더불어 궤범(軌範)을 나란히 하였으니 세상에서 이를 일러 4대업(四大業, 4대 종파)이라 하였다"는 내용이 있다.

화엄종과 유가종이 각각 왕실과 인주 이씨(仁州李氏)로 대표되는 문벌 귀족 세력과의 정치적 갈등에 연계되면서 문종 – 숙종 연간의 불교계는 심각한 종파불교의 대립 양상을 보이게 된다. 이러한 과정 속에서 주목되는 일이 바로 의천의 천태종 개창이었다.

대각국사 의천(大覺國師 義天, 1055~1101)은 고려 문종의 넷째 아들로 태어났다. 11세에 출가하여 경덕왕사 난원의 제자가 되었으며, 이후 화엄종 소속 승려로 이름을 떨쳐 나갔다. 의천은 13세에 승통(僧統)이 되고, 23세부터 『화엄경』을 강의할 정도로 교단 내에서 빠른 성장을 거듭하여 갔다. 하지만 당시 고려 불교계 전반에 대한 상황을 비관적으로 인식하고 있던 그는 일찍부터 송(宋)으로의 유학을 강력히 희망하고 있었다. 당시 고려는 송과 요(遼) 사이에서 미묘한 외교 관계를 지속하고 있었다. 이러한 때 왕자 신분이었던 의천의 유학은 심각한 외교적 파장을 불러일으킬 수 있는 사안이었고, 이로 인해 의천은 유학의 뜻을 쉽게 성사시키지 못하고 있었다. 하지만 의천은 31세가 되던 1085년 4월, 송의 상선을 몰래 타고 유학길에 올랐다. 이후 14개월여 동안 의천은 송나라 각지를 돌아다니며 50여 명의 고승대덕을 찾아가 담론을 거듭하였다. 당시 중국 불교계에서는 의천이 무엇을 배우러 온 것이 아니라 자신이 알고 있는 것을 시험해 보기 위해 온 것이라는 평이 있을 정도였다. 의천은 또한 이 기간 동안 무려 1천여 권에 이르는 방대한 양의 장소(章疏)를 수집하여 귀국하였다. 이때 수집된 장소를 바탕으로 『신편제종교장총록』이라는 목록을 발간하고, 흥왕사(興王寺)의 교장도감(敎藏都監)에서 이들 장소의 간행 사업을 적극적으로 추진해 나간 사실은 이미 잘 알려져 있는 내용이다.

의천은 평생 화엄사상을 최고의 불교 사상으로 인식하고 살아갔던 화엄학승이었다. 아울러 한자문화권에서 간행된 모든 불교 전적을 수집, 간행하고자 했던 불교학자이자 서지학자로서의 탁월한 면모도 함께 지니고 있던 고승이었다. 그런데 그의 생애에 커다란 시련이 닥쳐오게 되었고, 이로 인해 고려 중기 불교계는 천태종 개창과 조계종의 위기라는 급박한 변화를 맞이하게 된다.

송에서 귀국한 이후 교장의 수집과 간행에 전념하고 있던 의천은 1092년 모친 인예태후(仁睿太后)의 죽음으로 인해 그 위상이 급격하게 위축되는 상황에 이른다. 이자의(李子義)를 중심으로 한 인주 이씨 세력이 왕실 전체를 위협할 정도로 맹위를 떨쳐 나갔기 때문이다. 결국 의천은 1094년 홍왕사를 떠나 해인사로 내려오게 되는데, 이때의 해인사 행은 결코 자의에 의한 것이 아니었다는 사실이 그가 남긴 문집의 여러 글을 통해 확인된다. 의천은 이자의의 반란이 진압되고 형 숙종(肅宗)이 즉위한 1096년 다시 개경으로 돌아와 홍왕사 주지를 맡게 된다. 그리고 그 이듬해인 1097년 국청사 완공과 함께 주지로 부임하면서 실질적인 천태종 개창을 이루게 된다.

의천의 진정한 천태종 개창 의도는 과연 무엇이었는가에 대해서는 아직까지 학계의 논란이 많은 상태이다. 하지만 그가 천태사상을 최고의 불교 사상으로 여기고 있었다는 사실은 발견되지 않는다. 따라서 의천의 천태종 개창은 일차적으로 종파불교의 극심한 폐단에 빠져 있던 고려 불교를 개혁하기 위한 의도에서 진행되었을 가능성이 높다. 즉, 의천은 인주 이씨 세력을 배경으로 여러 가지 물의를 일으키고 있던 유가종을 견제하기 위해, 또한 교와 선을 아우르는 사상인 천태사상을 통한 종파불교의 폐단을 극복하기 위해 천태종 개창을 추진하였을 가능성이 크다는 것이다. 의천은 해인사 퇴거 시절에 "돌아보건대 좋은 때를 만나지 못함으로써 품은 뜻은 있으나 펼 수 없어 이미 산속에 숨어 지낸 지 오래되었다", "치욕을 당해 가며 여러 해 서울에 살았거늘 교문(敎門)에 이룬 공업 없어 부끄럽기만 하도다" 하는 등의 글을 남겼다. 왕자의 신분이면서 중국의 고승들이 극찬을 아끼지 않을 정도로 수행과 학문을 겸비하고 있던 그가 이러한 상황 속에서 살아가야 할 만큼 당시 고려 불교계의 난맥상은 극심했던 것이다.

2) 조계종의 위기

천태종 개창으로 인해 이 시기 고려 불교계는 극심한 변화에 휩싸이게 된다. 특히 조계종 교단은 신생 종단 천태종의 주요 세력 기반으로 대거 흡수됨으로써 심각한 타격을 받기에 이른다. 「인동선봉사대각국사비」에 의하면, 천태종은 개창 무렵 천여 명의 승려로 구성되어 있었음을 알 수 있다. 왕의 명으로 천태종에 흡수된 승려〔五門學徒〕 7백여 명과 직접 의천의 문하로 찾아온 승려〔直投弟子〕 3백여 명 등 도합 천여 명에 달하는 승려로 인적 구성을 삼았다는 기록이 있는 것이다. 그런데 이들 세력이 대부분 선종(조계종) 교단에 소속되어 있었음이 확인된다. 왕명으로 흡수된 '오문학도' 세력은 대부분 법안종(法眼宗) 계통의 선승으로 파악되고 있으며, '직투제자'의 핵심 세력이었던 덕린(德麟)·익종(翼宗)·경란(景蘭)·연묘(連妙) 등도 선승이었을 가능성이 높다.

천태종 개창과 그에 따른 선종계 전반에 걸친 타격의 심각성은 원응국사 학일의 비에 잘 묘사되어 있는데, 그 가운데 일부를 옮겨 보면 다음과 같다.

> 대각국사가 송에 유학하여 화엄의 교리를 전해 왔으며 아울러 천태의 교관(敎觀)을 배워 왔다. 철종(哲宗) 원우(元祐) 원년인 병인년(丙寅年, 1086)에 돌아왔는데, 지자대사(智者大師)를 존숭하여 별도로 종가(宗家)를 세웠다. 이때에 선승 가운데 천태종으로 치우쳐 속한 자가 10에 6, 7이나 되었다. 학일스님은 조도(祖道)가 쇠퇴하는 것을 슬퍼하면서 홀로 서겠다는 마음을 확고히 하였고, 몸으로라도 그 임무를 삼고자 하였다. 대각국사가 사람을 보내어 여러 차례 권유하였으나 끝내 그 명을 받아들이지 않았다.

선승 가운데 60~70%에 해당하는 승려들이 천태종으로 속하게 되었다는 위비의 내용은 이 시대 조계종이 처해 있던 절박한 상황을 가장 잘 나타내는 문구로 보인다. 이에 전통적인 선승의 풍모를 지니고 있던 원응국사 학일은 여러 차례에 걸친 권유에도 불구하고 천태종으로의 귀속을 거부하고 있었던 것이다. 실제로 학일은 1098년 의천이 홍원사(弘圓寺)에 원각회(圓覺會)를 설치하고 부강사(副講師)로 초빙하였지만, "선과 강(講)이 서로 섞이고 넘치는 일은 감당할 수 없다"며 이마저 거부하는 완강한 모습을 보여 주기도 하였다.

　이처럼 왕명에 의해, 더러는 스스로 원하여 천태종으로 합류한 선승들이 적지 않았지만 당시 조계종을 이끌어가던 주도 세력은 천태종과 별도로 종단을 유지 발전시키기 위해 나름대로 노력한 흔적이 보인다. 위에서 살펴본 원응국사 학일이 그 대표적인 경우에 해당하며, 또 다른 인물로 혜조국사 담진(慧照國師 曇眞)을 들 수 있다. 담진에 대해서는 다시 상세한 서술을 하겠지만 그를 중심으로 한 일군의 사굴산문 소속 선승들은 학일을 중심으로 한 가지산문 소속 선승들과는 다른 배경을 지니고 있다. 즉, 담진은 이미 천태종 개창 이전부터 의천과 매우 밀접한 관계를 유지했던 인물이며, 의천의 입송 유학 과정에도 깊숙이 관여했던 것으로 평가되고 있다. 따라서 학일과 가지산문 소속 선승들은 천태종에 대한 사상적 반감으로, 담진과 사굴산문 소속 선승들은 의천과의 친밀성으로 인해 각기 독자적인 노선을 걸을 수 있었던 것으로 파악된다.

　종파불교의 폐단상을 극복하면서 또 다른 한편으로 선과 교의 융합을 통한 사상적 정비를 꾀하고자 했던 고려 천태종은 때 이른 의천의 입적으로 인해 급격히 쇠락하는 양상을 보이게 된다. 심지어 의천 문하로 직접 찾아왔던 세력(직투제자)들이 의지할 곳조차 없어지자 국가에서 천태종 세력 가운데 이들을 가장 우선적으로 배려하라는 정책적 결단을 내리는 일까지 발생하였다. 이 과정에서 왕명으로 회합하였던 세력(오문학도)의 적지 않은 승려들은 본래 산문으로 되돌아가는 모습을 보이기도 하였다. 결국 천태종 개창에 따른 조계종의 위기는 담진·학일 등의 노력과 의천의 입적으로 인해 어느 정도 수습되어 가는 국면에 접어들었다고 하겠다.

(2) 새로운 선풍의 도입과 조계종

1) 혜조 담진과 임제선의 도입

『고려사』에는 예종 대에 왕사·국사를 지낸 담진이라는 선승이 소개되어 있다. 하지만 『고려사』는 담진이 1107년(예종 2)에 왕사로, 1114년(예종 9)에 국사로 각각 책봉되었다는 단편적인 사실만 기술하고 있을 뿐 더 이상의 내용은 실려 있지 않다. 또한 『삼국유사』에는 예종 대에 혜조국사가 왕명을 받들고 서쪽으로 유학하여 요본대장경(遼本大藏經) 3부를 구입하여 왔다는 기록이 실려 있다. 이들 내용을 바탕으로 담진과 혜조국사는 동일인이며, 그가 고려 중기 조계종의 발전과 새로운 임제선풍의 도입을 이끌었던 매우 중요한 인물이라는 학계의 연구가 속속 발표되기도 하였다. 비록 자세한 행장 기록이나 저술이 전해지지 않고 있지만, 그동안의 연구를 바탕으로 혜조국사 담진의 활동 내용을 정리해 보면 다음과 같다.

담진은 대략 11세기 중·후반과 12세기 초반에 걸친 활동 내용을 보여 주고 있다. 우선 중국 북송(北宋) 대의 편년체 역사서인 『속자치통감장편(續資治通鑑長編)』에 실려 있는 내용을 보면, 그가 1076년 무렵 이미 중국에 유학하고 있었다는 사실과 1080년 고려로 귀국하게 되었다는 사실이 확인된다. 즉, 이 자료에는 1076년 담진을 포함한 고려 승려 3인이 항주(杭州) 천축사(天竺寺)에 머물고 있었는데, 당시 송의 황제 신종(神宗)이 이들을 수도 변경(卞京)으로 불러올렸다는 기록이 있다. 또한 1080년 신종이 이들 고려 승려 3인에게 각각 대사의 호를 내리고 자방포(紫方袍)를 하사하면서 고려의 사신과 함께(柳洪 일행으로 추정됨) 귀국하라는 명을 내렸다는 기록도 보인다. 이 기록에는 고려 승려 3인의 이름과 그들에게 내린 대사의 칭호도 밝혀져 있어 주목되는데, 각진(覺眞, 法照大師)·담진(曇眞, 法遠大師)·여현(麗賢, 明悟大師) 등이 그들이다. 이상의 내용으로 보면 송에 유학하고 있던 혜조 담진은 황제 신종으로부터 '법원대사'라는 호를 받는 등의 극진한 예우를 받다가 1080년 고려로 귀국하였음을 알 수 있다.

담진이 유학하고 있던 무렵은 고려와 송의 외교 관계에서도 매우 중요한 시기였다. 거란의 거듭된 침공으로 고려는 1022년에 거란과 국교를 맺으면서 송과의 외교를 단절하였다. 이후 송의 변화된 정세를 바탕으로 신종이 고려와의 국교 재개를 타진해 왔고(1068년·1070년), 1071년에 다시 고려와 송 양국 간의 국교가 열리게 되었다. 담진은 이처럼 고려와 송의 관계가 극적으로 회복되어 가는 시점에 유학을 떠났던 선구적 인물의 면모를 지니고 있었다. 송의 황제 신종이 담진을 비롯한 고려 유학승들에게 특별한 배려를 해 주었던 것 역시 이러한 배경 속에서 이해되는 일이라고 하겠다.

담진은 송의 임제종 선승이었던 정인 도진(淨因道臻, 1014~1093) 문하에서 수학하였다. 도진은 중국 임제종의 역사에서 크게 주목받지 못했던 인물이지만, 담진이 유학하던 무렵의 위상은 상당했던 것으로 알려져 있다. 도진은 임제종의 부산 법원(浮山法遠)과 운문종의 대각 회련(大覺懷璉) 문하에서 수학하였으며, 1065년 대각 회련이 변경의 정인사(淨因寺) 주지를 그만둔 이후 약 30여 년간 이곳 주지로 있으면서 불교계의 중심 인물로 활동하였다. 그는 특히 신종으로부터 두터운 신뢰를 받았던 것으로 보이는데, 신종이 건립한 혜림사(慧林寺)와 지해사(智海寺)의 주지를 임명할 때 반드시 도진의 허락을 받아야 할 정도였다고 한다. 또한 그는 신종 대의 정치 개혁을 주도하였던 왕안석(王安石) 등의 세력가와도 긴밀한 관계를 유지하면서 당시 진행되던 송의 개혁 정책을 적극 지원하는 불교계 지도자로서의 위상을 함께 지니고 있었다.

담진이 이러한 도진의 문하에서 수학하게 된 배경은 충분히 이해할 수 있는 일이다. 고려와의 관계가 가까스로 회복되어 가던 시점에 유학을 온 고려의 승려들은 송 왕실의 입장에서 매우 중요한 존재로 인식될 수밖에 없었다.

신종이 1076년에 수도 변경으로 담진을 비롯한 고려 승려 3인을 불러올렸던 일은 이러한 점이 충분히 고려된 것이었다. 자신이 신임하던 도진의 문하로 이들을 수용하고 극진하게 예우함으로써 향후 고려와의 관계를 더욱 친밀하게 가져가기 위한 발판으로 삼으려고 하지 않았을까 하는 추측이 얼마든지 가능한 것이다. 결국 담진은 정인과 만나면서 본격적으로 중국 임제종의 새로운 선풍을 수용할 수 있는 계기를 마련하였고, 아울러 급변하는 송의 개혁 정책을 직접 목격할 수 있는 기회도 마련하였던 것으로 보인다. 이러한 점들은 고려 중기 조계종사뿐만 아니라 한국불교사 전체에서도 매우 중요하게 다루어질 필요가 있다. 또한 의천이 추진하고자 했던 불교 개혁과 고려 중기에 진행되었던 각종 사회・정치 변화의 양상과도 밀접한 관계를 지니고 있는 일이었다. 그만큼 혜조 담진은 고려 중기 사회에서 매우 중요한 인물로 부각될 필요가 있지만, 아직까지 그와 관련한 인식은 충분하지 못하다는 아쉬움이 남는다.

그렇다면 침체에 빠져 있던 고려 중기 선종을 다시 일으켜 세운 담진의 선사상은 어떠한 특성을 지니고 있었을까? 우선 사승(師僧) 관계 속에서 파악할 수 있는 선풍, 즉 부산 법원・대각 회련 – 정인 도진으로 이어지는 선풍 속에서 찾아지는 특성을 주목해 볼 필요가 있다. 도진은 먼저 임제종의 부산 법원 문하에서 수학하였는데, 법원은 임제의 법맥을 이으면서 한편으로 조동종 사상에 심취해 있던 인물이기도 하다. 임제선은 훗날 간화선을 표방하면서 묵조선과 확연히 구분되는 모습을 보이지만 법원이 활동하던 무렵의 선풍에서 그다지 대립적인 요소는 보이지 않는다. 법원은 또한 구양수(歐陽脩, 1007~1072)・범중엄(范仲淹) 등과 같은 정계의 거물들과도 활발한 교류를 하였다. 이들은 현실 정치에 깊숙이 관여하고 있던 정치가이자 사상가며, 유불의 조화를 모색하던 거사, 즉 불교 신자이기도 하였다. 따라서 도진이 처음 법을 전해 받았던 부산 법원은 임제선과 조동선, 그리고 유학에 이르기까지 다양한 사상을 수용하고 있던 인물이라고 하겠다. 이러한 사상적 경향이 도진과 담진에게 대부분 이어졌을 것이라는 점은 충분히 짐작할 수 있는 일이다.

　도진이 대각 회련의 뒤를 이어 변경 정인사의 주지직을 계승하는 것은 회련 계통의 선 사상을 계승하였다는 의미를 지닌다. 회련은 당시 운문종의 거두로서 선종계를 대표하는 인물이었다. 그는 1050년부터 1065년까지 정인사의 주지를 역임하였는데, 이 일은 북송 불교사에서 획기적인 일로 평가된다. 당시 변경 지역에는 선불교가 뿌리를 내리지 못하고 있었는데, 인종(仁宗)의 후원으로 정인선원이 세워지고, 이 사찰의 초대 주지로 선승 회련이 취임하였다는 사실은 선종이 송 불교계의 주도 세력으로 부각되었다는 사실을 뜻하기 때문이다.

　이러한 회련을 계승하여 정인사 2대 주지로 부임한 선승이 도진이며, 도진이 정인사를 중심으로 중국 선종계를 이끌어 가고 있을 때인 1076년 담진이 그의 문하로 유학하였다. 결국 담진은 중국 선종계의 핵심에 위치해 있던 도진 문하에서 새로운 선풍을 익힐 수 있었던 것으로 보인다. 특히 임제종과 운문종 등을 두루 수용하고 있던 도진을 통해 담진은 고려 선불교의 새로운 수행법이라든가 발전 방안 등을 모색할 수 있지 않았을까 한다. 실제로 담진의 손상좌에 해당하는 대선사 조응(祖膺)은 혜조국사가 송에서 전래한 좌선 의궤(儀軌)와 배발(排鉢) 등에 의지해서 총림회(叢林會)를 만들기도 하였다.

　비록 담진의 선 사상을 밝혀 줄 만한 직접적 자료는 전하지 않고 있지만, 담진은 선교융합적 사상을 지향하였을 것으로 추측된다. 그는 직접 요본대장경을 고려에 전래하였으며, 제자 지인(之印) 역시 선교에 모두 능했을 뿐 아니라 쌍봉사에 대장경을 기증하기도 하였다. 또한 담진의 사상적 영향을 받으면서 고려 중기 거사불교의 유행을 이끌었던 이자현(李資玄)은 "내가 대장경을 다 읽고 많은 책을 두루 열람하였으나 『수능엄경(首楞嚴經)』이 곧 심종(心宗)에 부인(符印)하는 것이며 중요한 길을 발명한 것인데, 선을 공부하는 사람이 이 경을 읽는 자가 없으니 참으로 가히 한탄할 일이다"라고 말하기도 하였다. 『능엄경』은 선교일치적 사상을 지향하던 선승들에게 적극 수용되었던 경전이다. 고려에서는 이자현 이후 『능엄경』을 중시하는 경향이 더욱 확산되어 갔으며, 이자현을 비롯한 이 시기 불교계 변화 과정의 중심에는 담진이 자리하고 있었다.

　담진의 임제선 도입은 조계종사에서 매우 중요한 의미를 지닌다. 물론 담진의 임제선 도입이 대혜 종고(大慧 宗杲, 1089~1163)가 제창한 간화선적 수행이라든가 보조 지눌·태고 보우로 대표되는 고려 후기 선풍과 직결된다고 보기는 어렵다. 하지만 이때부터 일기 시작한 새로운 선풍이 고려 초기 이래 침체에 빠져 있었던 선종계에 큰 활력을 주었을 것이라는 점은 분명하다. 아울러 이 무렵 새롭게 일기 시작한 선종계의 활발한 움직임이 결국 고려 후기의 선풍 진작에 중요한 기반이 되었을 것이라는 점도 충분히 짐작할 수 있는 일이다.

2) 사굴산문과 가지산문의 동향

　고려 중기 조계종의 중심 세력은 담진을 중심으로 한 사굴산문과 원응국사 학일을 중심으로 한 가지산문이었다. 고려시대 산문불교의 특성과 전개 과정에 대해서는 앞으로도 더 많은 연구가 진행될 필요가 있지만, 여러 자료를 통해 이들 두 산문이 고려시대 조계종을 대표하며 고려 전 기간에 걸쳐 산문을 존속시키고 있었다는 사실이 확인된다. 고려 중기의 조계종을 다시 일으켜 세운 산문 역시 사굴산문과 가지산문이었다. 사굴산문은 위에서 소개한 혜조 담진이 영도해 나갔다. 특히 담진이 예종 대에 왕사·국사를 지내면서 사굴산문은 조계종뿐만 아니라, 불교계 전체에서도 가장 유력한 세력을 형성하였던 것으로 보인다. 아래는 혜조 담진을 중심으로 형성되었던 고려 중기 사굴산문의 법맥 관계를 도표화한 것이다.

III. 조계종의 발전과 사상적 특성 | **171**

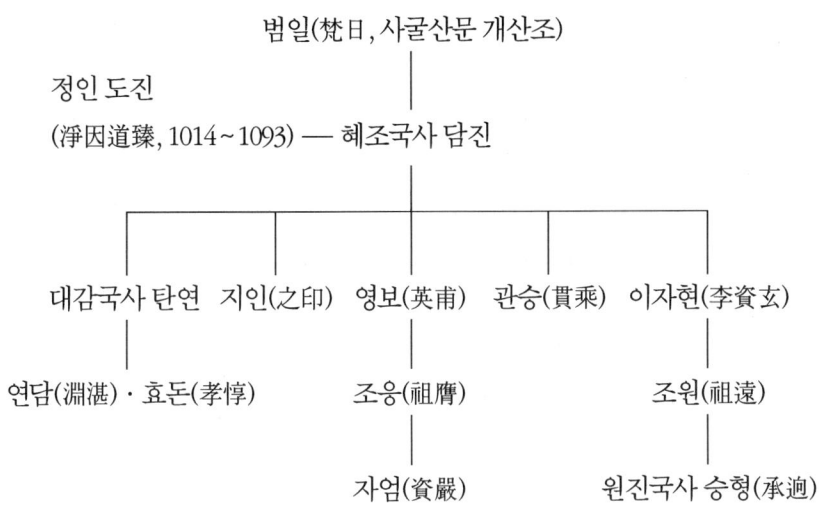

위의 사굴산문 법맥 관계에서 우선 중시되는 고승이 대감국사 탄연(大鑑國師 坦然, 1070~1159)이다. 그의 생애와 활동 내용은 「산청단속사대감국사탑비」를 통해 살펴볼 수 있는데, 그 내용을 정리하면 다음과 같다. 탄연의 속성(俗姓)은 손(孫)씨이며, 부친은 무반 계열의 교위(校尉)를 지낸 숙(肅)이고, 모친은 안(安)씨였다. 그는 선천적으로 비범한 기질을 타고나서 어렸을 때부터 그 지기(志氣)가 다른 아이들과 달랐다고 한다. 8~9세 때 이미 문장을 짓고 시를 쓸 줄 알았으며 서예에도 조예가 깊었다. 훗날 탄연은 고려 3대 명필로 손꼽히기도 하였다. 13세 때 이미 6경(六經)의 대의를 통달하였고, 15세가 되어서는 명경생(明經生)에 합격되어 이름을 크게 떨쳤다. 비문에 의하면, 당시 사람들이 그를 천리마(千里馬)에 비유할 정도였다고 한다. 이러한 명성을 전해 들은 숙종은 탄연을 궁궐로 불러들여 아들 예종의 곁에 두고 글과 행동을 가르치게 하였다.

그러나 일찍부터 속세를 벗어나고자 마음먹고 있었던 탄연은 그와 가깝게 지내던 사안(師安), 보현(保玄) 두 고사(高士) 가운데 사안이 출가하였다는 소식을 듣고 몰래 궁중을 빠져나온다. 그의 나이 19세가 되던 해의 일이었다. 그는 곧바로 성거산(聖居山) 안적사(安寂寺) 주지를 찾아가 출가의 예를 마쳤다. 이후 탄연은 광명사(廣明寺) 혜조국사 담진에게 나아가 그를 섬겼으며 곧 심요(心要)를 전수받기에 이른다. 이 무렵의 담진은 중국 유학을 마치고 돌아온 이후이며, 탄연은 담진의 문하에서 그가 새로 전래한 선법을 익혔던 것으로 보인다. 이후 탄연은 제방의 선원을 돌아다니면서 수행에 전념하였으며, 한때는 노모를 봉양하기 위해 모친이 살던 집 근처에 조그만 절을 짓고 자주 왕래하면서 돌보았다고 한다. 1104년 대선(大選) 승과에 응시해 합격하였으며, 이 해에 왕명으로 중원(中原, 충북 충주) 의림사(義林寺) 주지를 맡게 된다.

세자 시절 탄연에게 글을 배웠던 예종은 즉위 이후 그를 극진히 예우하였다. 탄연은 예종 재위 기간 동안 중대사(重大師), 삼중대사(三重大師), 선사(禪師)의 승계를 계속 거쳤으며, 개돈사(開頓寺)·선암사(禪巖寺)의 주지를 지내기도 하였다. 예종에 이어 즉위한 인종 역시 탄연을 중히 여겼으며, 1131년(인종 9) 대선사(大禪師)의 승계를 받은 이후 보제사·광명사 등 주요 사찰에 주석하였다. 비문에는 나라에 큰 일이 있을 때마다 인종이 어필(御筆)로 탄연에게 자문을 구했다는 내용이 있다. 인종은 1145년 탄연에게 왕사가 되어 줄 것을 청하였다. 여러 차례의 청에도 불구하고 계속 사양하던 그는 결국 승낙하였으며 왕사에 책봉된 이후 보제사에 머무르게 되었다. 하지만 그는 인종이 죽고 의종이 즉위한 다음 해인 1147년 왕의 만류를 뿌리치고 진주 단속사로 물러갔다. 이때부터 입적하기까지 10여 년 동안 탄연은 후학 양성에 전념을 다했던 것으로 보인다.

그의 비문에는 "스님은 그 천성이 선행을 좋아하여 학인 가르치기를 게을리 하지 아니하므로 현학(玄學)하는 무리들이 구름처럼 모여들고 물과 같이 찾아와서 항상 회하(會下)의 대중이 수백 명이나 되었다. 그들이 승당하여 입실하고 심인을 전해 받으며 골수를 얻어 당시 대종장이 된 스님 또한 상당수에 이르렀다. 드디어 종풍을 크게 떨치며 조도를 광양하여 동국의 선문을 중흥하였으니 실로 스님의 법력에 의한 것이다"라는 내용이 실려 있다. 침체되어 있던 고려 중기 조계종을 크게 일으켜 세운 탄연은 1158년 단속사에서 입적하였다.

위에서도 소개하였지만 탄연은 스승 담진을 통해 중국 임제선의 새로운 선풍을 익힐 수 있었다. 하지만 그는 스승 담진과 달리 직접 중국에 들어가 수학하지 않았다. 그럼에도 불구하고 그의 비에는 그가 '임제 9대손'에 해당한다고 표현되어 있는데(以宗派考之 師乃臨濟九代孫也), 이것은 송나라 육왕 개심(育王介諶)에게 서면을 통해 인가를 받은 결과이다. 즉, 탄연은 그가 지은 「사위의송(四威儀頌)」과 「상당법어(上堂法語)」를 아육왕산 광리사(廣利寺)에 있던 개심에게 보내 인가를 청하였다. 개심은 극구 칭송하는 내용을 담은 4백여 언에 달하는 인가서를 보내면서 탄연의 법을 인가하기에 이른다. 비록 서신을 통한 인가이긴 하지만, 이로써 탄연은 중국 임제종의 법맥을 계승하게 되었던 것이다. 탄연은 이외에도 도경(道卿)·응수(膺壽)·행밀(行密)·계환(戒環)·자앙(慈仰) 등의 대선백들과 편지를 통한 도우 관계를 맺음으로써 중국의 선사들과 활발한 교류를 하였다. 탄연이 많은 중국 선승들과 서신을 통해 교류할 수 있었던 데에는 물론 스승 담진의 역할이 컸을 것이며, 이러한 점으로 보아도 11세기 후반에서 12세기 중반에 걸친 시기의 고려 조계종은 중국 임제종과 매우 긴밀한 관계를 유지하고 있었다는 사실이 확인된다.

탄연에 이어 중시되는 담진의 제자는 대선사 지인(之印, 1102~1158)이다. 그의 생애는 「광지대선사지인묘지명」에 실려 있는데, 주요 내용을 정리하면 다음과 같다. 지인은 1102년 예종의 사저(私邸)에서 태어났으며, 자는 각로(覺老), 자호(自號)는 영원수(靈源叟)였다. 지인은 예종의 아들이었음이 분명하지만, 정식 왕자로서의 대우는 받지 못했던 것 같다. 그의 모친이 거란에서 몸종으로 온 은씨(殷氏)였다는 점으로 보아 고려 왕실에서 정식으로 인정하는 왕자의 반열에 들기는 어려웠을 것이다. 하지만 예종은 지인의 외모와 음성이 자신과 매우 똑같았으므로 그를 극진히 사랑하였다. 지인은 9세가 되던 해, 예종이 명하여 혜조국사 담진의 문하로 나아가 출가하였다. 출가 이후 그의 선 수행은 '마치 선천적으로 타고난 천품처럼' 숙성해 갔다고 한다. 15세가 되던 해 불선(佛選)에 합격하였으며, 1119년 법주사 주지, 1127년 삼중대사의 법계를 받았다. 이어 1132년에는 선사에 올랐으나 이 무렵 인종에게 산림에 물러나 쉴 수 있기를 청하였다. 하지만 인종은 "도가 있는 곳이면 시정이 곧 청산이라" 하면서 지인의 뜻을 받아들이지 않았다. 지인은 1147년 대선사의 법계를 받았으며, 1149년 의종으로부터 광지(廣智)라는 법호를 받았다. 그는 이 무렵에도 "왕의 총애를 탐하면서 사는 것은 출가 납자의 도리가 아니다"라고 하면서 계속 개경으로부터 멀리 떨어져 지내기를 바랐으나 받아들여지지 않았다. 그러다가 1155년(의종 9)경에 이르러 영평산(鈴平山) 금강사(金剛寺)에 머무르게 되었는데, 이곳마저 왕이 보낸 중시(中使)가 거의 매일 찾아오는 등의 번잡함을 보이자 다시 무주(茂朱) 상산(裳山)에 있는 작은 절로 거처를 옮기기도 하였다.

지인은 선 이외에 교학에도 상당한 수준을 지녔으며, 문장 특히 고체시(古體詩)에 능하였다고 한다. 아울러 평생 사람을 접하는 데 있어 비록 천한 자들이라 하여도 차별 없이 대하였으며, 이로 인해 사람들이 모두 그의 제자가 되기를 원하였다는 비문의 내용이 전한다. 또한 아무리 귀한 보배를 지니고 있다고 하더라도 사람들이 그것을 원하면 미련 없이 주어 그가 거처하는 방장실에는 경전과 도서 이외에는 아무것도 없었다고 한다. 지니고 있던 재산을 모두 털어 쌍봉사와 지륵사에서 대장경을 간행 유포하던 지인은 1158년 입적하였다. 지인은 입적할 때까지 담진이나 탄연에 비해 그렇게 활발한 활동을 한 것으로 보이지 않는다. 하지만 예종의 아들이었다는 사실 하나만으로도 당시 조계종의 발전에 적지 않은 기여를 한 것으로 평가할 필요가 있다. 탄연과 지인 이외에도 이 시기 사굴산문에 속했던 조계종 승려들은 상당수 확인되지만 이들에 대한 상세한 서술은 생략하기로 하겠다.

사굴산문에 이어 이 시기 조계종 가지산문을 이끌었던 대표적 고승으로 원응국사 학일이 있다. 그의 생애는 「청도운문사원응국사비」에 정리되어 있는데 그 대강의 내용은 다음과 같다. 학일의 자(字)는 봉거(逢渠), 휘(諱)는 학일, 속성은 이(李)씨이며, 서원(西原) 보안인(保安人)이다. 부친은 응첨(應瞻)인데, 관직 생활을 하지 않았다고 하며 모친 역시 이씨였다. 11세 때 진장(眞藏)에게 나아가 출가한 그는 13세 때 구족계를 받았으며 이후 향수사(香水寺)의 혜함(惠含)을 찾아가 수학하였다. 1084년(선종 2) 광명사에서 개최된 승과고시에 나아가 우수한 성적으로 합격한 학일은 앞서 설명하였듯이 의천의 천태종 개창 이후 여러 차례에 걸친 의천의 합류 요청을 거부하며 선 수행에 전념하였다. 학일은 명성이 널리 알려지면서 당시 왕실과 깊은 교분을 맺어 나갈 수 있었다. 특히 선종(宣宗)의 동생인 부여공(扶餘公)과는 매우 각별한 사이였던 것으로 전해지고 있으며, 숙종의 왕자인 원명국사(圓明國師) 징엄(澄儼)이 9세 때 죽음 직전에 처하게 되자 법력으로 그를 소생시켜 준 일도 있었다. 이러한 일들이 계기가 되어 학일은 숙종 – 인종 연간에 걸쳐 대대로 왕실의 존숭을 받는 불교계 지도자로 활동하였다.

학일은 1106년(예종 원년) 삼중대사가 되었으며, 가지사(迦智寺)·귀산사(龜山寺) 등에 머물다가 1108년 선사(禪師)의 승계를 받았다. 내제석원(內帝釋院, 1113년) 주지, 대선사(大禪師, 1114년), 안화사(安和寺, 1117년) 주지 등을 차례로 거친 학일은 예종으로부터 왕사가 되어 달라는 청을 받았으나 정중히 사양하였다. 이러한 가운데 예종이 죽고 이어 즉위한 인종이 다시 왕사가 되어 달라는 청을 하였으며, 학일은 결국 인종 즉위년에 왕사로 책봉되었다.

학일은 1129년(인종 7) 왕사로 봉해질 때 받았던 인장을 반납하고 청도 운문사로 하산하였으며, 이후 1144년(인종 22) 입적할 때까지 이곳에 계속 주석하였다. 학일의 하산 이후 "운문사 산문의 융성함이 근고 이래로 이러한 적이 없었다"고 할 정도로, 이곳에서의 후학 지도와 수행은 당시 조계종을 다시 일으키는 데 큰 기여를 하였다. 운문사는 이후 13세기 중반 무렵 보각국사 일연이 주석함으로써 고려 중·후기 조계종 가지산문의 중심 도량으로서의 면모를 지니게 되었다.
 학일은 담진을 중심으로 한 사굴산문보다 더욱 선 수행 전통에 철저했던 고승으로 평가된다. 하지만 그 역시 "경·율·논 삼장을 깊이 연구하여 정통하지 못한 것이 없으며, 더욱『대반야경』에 널리 통하여 반야삼매를 얻었다"는 비문 내용으로 보아 선 이외의 교학에도 상당한 수준을 갖추고 있었음을 알 수 있다. 아울러 한 승과고시의 주맹(主盟)이 된 자리에서 당시 학인들이 '이종자기(二種自己)'에 대해 극렬한 토론을 하자, 학일이 "자기란 본래 하나뿐이거늘 어찌 둘이 있겠는가. 앞으로 이러한 논의는 마땅히 금지되어야 한다"면서 맹렬히 비판한 일도 있었다. 당시 학인들은 이때부터 오랫동안 학일의 지적에 대해 의심하였다고 하는데, 훗날 혜홍(惠洪)의『선림승보전(禪林僧寶傳)』이 전래된 이후 뒤늦게나마 학일의 지적을 수용하였다고 한다.
 학일은 당시 나라에 큰 재변이 있을 때마다 왕실의 부탁을 받고 기도를 하였는데, 반드시 그 효험이 있었다고 하였다. 또한 질병에 대하여 귀천을 불문하고 일체를 구제하되 진찰만 하면 문득 효험이 있었다고 하였다. 이러한 모습은 대선사이면서도 자비행에 철저했던 그의 면모와 관계되는 일로 이해할 수 있다. "종도들이 스님의 도덕을 추앙하되, 마치 태산처럼 우러러 사모하며 또한 뭇 별들이 북두칠성을 향하는 것과 같았다"는 비문의 내용은 이러한 학일의 면모를 그대로 드러내 주는 표현이라고 하겠다.

3. 지눌과 선풍의 진작

(1) 지눌과 수선사

1) 지눌 당시 고려의 사회 상황과 불교계

보조 지눌(普照知訥)은 정혜결사(定慧結社)를 통하여 수심(修心) 불교를 확립시키고, 선종과 교종의 갈등을 해소하고 선교회통적인 불교 전통을 세웠을 뿐만 아니라, 청규의 제정과 반포를 통하여 조계종의 선풍(禪風)을 진작시킨 조계종의 중흥조이다.

지눌이 살았던 1158년(의종 12)부터 1210년(희종 6)까지의 53년은 무신집권기로, 그의 나이 13세 때 무신정변이 일어났으며, 38세 때 최충헌이 무신정권의 세습 체제를 굳혔다. 또한 이러한 정변의 소용돌이와 함께 전국적으로 일어난 민란은 그칠 줄을 몰랐다. 이 같은 시대적 상황 속에서 불교계 내부에서도 선종과 교종 사이에 많은 갈등이 존재하였다.

25세의 젊은 나이로 승과에 합격한 지눌은 출세의 길을 버리고 산속으로 들어가 수도에 전념한다. 그리고 그 결실은 정혜결사(定慧結社)라는 형태로 나타난다. 그의 생애의 만년에 송광사를 중심으로 진행되었던 결사 운동은 도심불교에서 산중불교로, 교학불교에서 수심불교로, 또한 이론불교에서 실천불교로 그 방향을 바꾸어 놓게 되었다. 물론 지눌이 정혜결사의 기치를 내걸기 전부터 재가자와 출가자가 다 함께 모여 같은 원력으로 순수하게 신앙을 실천해 나가는 결사의 전통이 이어져 오고 있었으며, 나말여초에 정착된 구산선문의 수행 가풍 역시 계속되고 있었다. 그러나 지눌의 정혜결사는 불교계의 승려와 신도층이 광범위하게 함께 참여함은 물론 송광사를 중심으로 고려 후기까지 지속적으로 전개되었다는 점에서 그 의의가 크다고 할 것이다.

지눌은 구산선문 이래 이어 온 한국선의 전통을 계승하면서도 교종과의 대결이 아닌 회통 조화를 통하여 선교융통을 꾀하려 하였다. 그러한 것을 구체적인 실천 운동으로 승화시킨 것이 정혜결사이다. 이러한 결사의 전통은 중국 동진 시대에 여산 동림사를 중심으로 혜원이 만들었던 백련사결사에서 비롯되었다. 그것은 123명의 승려와 재가신자가 동림사의 아미타불상 앞에서 서방정토 왕생을 목적으로 염불 수행을 함께하는 결사였다. 우리나라의 결사도 신라 시대부터 여러 형태로 이어지고 있었다. 만일결사는 1만 일을 기약하고 염불하여 극락왕생을 기약했던 것으로, 대각국사 의천의 모후인 인예태후의 견불사 만일결사에까지 이어지고 있었다. 오대산 수정사결사는 미타예참을 주로 행하는 것이었고, 『점찰경』에 근거하여 정토결사를 닦던 지리산 수정사결사도 계속되고 있었다. 지리산 수정사결사는 참가한 대중이 3천 명에 달할 정도로 그 규모가 확대되어 있었다. 그리고 묘향산 보현사에서는 화엄종의 승려들이 주관하여 대중 3백 명이 모여 염불하고 경을 읽는 보현사결사가 있었다.

지눌이 보제사(普濟寺) 담선법회(談禪法會)에서 정혜결사를 제의하기 이전부터 고려에는 이미 순수한 불교 신앙 운동인 결사의 전통이 이어지고 있었으며, 크게 융성하지는 못했지만 선수행의 풍토가 정착되고 있었던 것이다. 하지만 선종은 산문의 전통에 따라 선만을 고집하여 교학을 도외시하는 문제가 없지 않았고, 기존의 결사는 대부분 염불을 위주로 왕생을 기원하는 형태를 띠고 있었다. 따라서 지눌의 정혜결사와 같이 선과 교를 아우르는 수행이나 지금 이 생에서 깨달음을 목적으로 하는 수행, 그리고 수행을 위주로 출가자 중심으로 이루어진 결사는 없었던 것이다.

2) 지눌의 생애

1158년(의종 12), 지눌은 황해도 서홍군에서 국학의 학정(學正)을 지냈던 아버지 정광우(鄭光遇)와 개홍군 출신인 어머니 조(趙)씨의 아들로 태어났다. 나서부터 병이 많아 온갖 의술을 다 써도 고치기가 힘들었으나 부모님이 부처님께 나아가 '아들을 낳게 해주면 출가시키겠노라'고 발원하자 씻은 듯이 나았다. 자라면서 여느 아이들과는 달리 평소에도 산으로 들어가 도를 구할 생각을 품고 살았다고 하며, 결국 대선사였던 사굴산문의 선사 종휘(宗暉) 아래에 나아가 어린 나이로 출가하였다.

출가하여 계를 받고서는 스승이나 소속 산문 등 어떠한 것에도 구애되지 않고 오로지 도(道)를 구하겠다는 생각으로 공부했다. 좋은 스승이 있는 곳이면 어느 선방이든지 가서 공부하였고, 깨달음을 구할 수 있는 모든 경론이나 어록을 배우고 익히는 수행을 쉬지 않았다. 그 결과 지눌은 모든 불보살과 조사들의 가르침의 핵심이 "모든 반연을 쉬고 마음을 비워 그윽이 부처님의 뜻에 계합해서 그 마음이 바깥 경계를 구해 치달리지 않게 하는 데 있다"는 것을 알았다. 이를테면 『화엄경』「여래출현품」에서 "만약 어떤 사람이 부처님의 경계를 알고자 한다면 그 마음을 허공과 같이 맑게 하라"는 가르침 등이다. 지눌은 승과에 나아가기 전에 이미 "모든 수행하는 사람들이 스스로의 지혜로 잘 관찰하고 되돌아보아서 경전의 가르침대로 수행한다면, 그것이 바로 스스로 부처님의 마음을 닦고 스스로 부처님의 도를 이루어서 몸소 부처님의 은덕에 보답하는 길"이라고 할 정도로 바른 수행에 대한 자각이 있었다.

1182년(명종 12), 25세 되던 해에 지눌은 승과에 나아가 우수한 성적으로 합격하였다. 이때 그는 보제사 담선법회에서 만난 대중들에게, "이 법회를 마친 후에는 모든 명성과 이익을 버리고 산속에 들어가 함께 모임을 만들어서 선정을 익히고 지혜를 균등하게 하는 정혜 수행을 힘써 하자. 예불하고 독경하며 힘들게 운력하는 것까지 각자 소임에 따라 해 나가서 인연 따라 자신의 성품을 잘 기르고 평생을 넉넉히 해서 세상일에 통달한 참된 사람들의 높은 수행을 본받는다면 어찌 기쁘지 않겠는가" 하고 결사를 제안하였다. 그리고 많은 토론 끝에 "법회를 마친 후 정혜(定慧)라는 이름으로 결사하자"는 결의를 하였다. 하지만 승과 이후 여러 가지 사정으로 대중이 흩어져 결사는 시작되지 못하였다. 그래서 지눌은 승과의 합격도 뒤로한 채 곧바로 남쪽으로 내려가 창평(昌平, 전남 담양)의 청원사(淸源寺)에 자리를 정하고 공부를 계속하였다. 혼자서 결사를 시작한 것이다.

청원사 생활은 3년간 계속되었다. 청원사에서 공부하던 어느 날 『육조단경』을 읽다가, "진여(眞如)의 제 성품이 생각을 일으키매, 비록 육근이 보고 듣고 깨달아 알더라도, 진여의 성품은 아무 것에도 물들지 않고 항상 자재하다"라고 한 구절에 이르러 문득 놀라움과 기쁨을 얻었다. 최초의 깨달음을 이룬 것이다. 그리고는 바로 일어나 불전을 돌면서 이 구절을 외우면서 그 의미를 되새겼다고 한다. 이후부터 지눌은 명리를 싫어하는 마음이 더욱 분명해졌고, 마음의 근본에서 잠깐 동안도 벗어나지 않는 도에 의거한 생활을 하였다. 지눌이 청원사에서 지낸 3년은 정혜를 균등히 한다는 결사의 신념을 더욱 공고하게 하는 계기가 되었다.

1185년, 나이 28세 되던 해에 지눌은 하가산(下柯山, 경북 醴泉의 鶴駕山) 보문사(普門寺)로 거처를 옮겼다. 이곳에서 살았던 3년 동안은 주로 『화엄경』과 관련된 경론과 소초를 읽으면서 화엄에서 말하는 마음과 법이 둘이 아닌 가르침을 찾는 공부에 매진하였다. "부처님의 가르침이 마음의 근본(心宗)에 계합하는 이치를 찾고자" 3년 동안이나 『화엄경』을 탐구하던 중 「여래출현품」에서, "한 티끌이 삼천대천세계의 경전을 포함한다"는 비유를 들고는 "여래의 지혜도 또한 이와 같아서 중생들의 몸 가운데 모두 갖추어져 있지만 다만 어리석은 중생들이 알지도 깨닫지도 못할 뿐이다"라고 한 구절에 이르러서 너무 기뻐서 자신도 모르는 사이에 눈물을 흘렸다고 한다. 두 번째 깨달음을 체험한 것이다. 그리고는 이통현(李通玄, 636~673)의 『화엄경합론(華嚴經合論)』(이하 『화엄론』)을 통해서 그 이치를 더욱 깊게 이해하였다. 화엄을 통해 깨달음을 얻은 후 지눌은 대중 교화의 뜻을 가졌다. 비문에서는 이때의 심경을 "원돈관문(圓頓觀門)에서 깊이 마음을 적시고 말세에 배우는 사람들의 어리석음을 이끌어 주고자 그들을 위해 못을 치우고 말뚝을 뽑아 주고자 했다"

라고 표현하고 있다.

 1188년 봄 나이 31세 되던 해, 지눌은 정혜결사를 시작하기 위해서 팔공산 거조사(居祖寺)로 거처를 옮겼다. 보제사 담선법회에서 결사를 함께 결의했던 득재(得材)의 요청이 간곡했기 때문이다. 처음에는 서너 사람만으로 결사를 시작하였다. 그리고 2년 후 1190년(명종 20) 33세 되던 해 봄, 지눌은 거조사에서의 정혜결사를 세상에 알리는 『권수정혜결사문(勸修定慧結社文)』(이하 『결사문』)을 간행하여 출가 재가를 막론하고 누구든지 전국의 뜻있는 수행자들에게 동참을 권했다. 『결사문』을 반포하고, 7~8년이 지나자 결사에 들어오는 사람이 너무 많아서 거조사에서는 더 이상의 인원을 수용할 수 없는 지경이 되었다.

 1198년(신종 1) 41세 되던 해, 지눌은 결국 더 넓은 곳으로 결사도량을 옮기기로 하고 제자 수우(守愚) 등 몇 사람은 도량을 찾아서 불사를 하였다. 하지만 지눌은 이때에도 수행하는 승려들과 함께 지리산의 상무주암(上無住庵)으로 가서 정진을 쉬지 않았다. 그곳은 경치가 그윽하고 고요해서 참선 수행을 하는데 더없이 좋은 도량이었다. 상무주암에서 살았던 2년 동안 지눌은 바깥 인연을 완전히 끊고 오로지 안으로 관조하는 참선에만 몰두하였다. 수행하는 동안 여러 차례 상서로운 기운이 나타나기도 하였다. 그러던 어느 날 『대혜어록』을 읽다가 더 이상 번뇌가 일어나지 않는 완전한 깨달음을 이루게 되었다. 즉, "선은 고요한 곳에도 있지 않고 시끄러운 곳에도 있지 않으며, 나날이 인연 따라 사용하는 곳에도 있지 않고 생각으로 헤아리는 곳에도 있지 않다. 그렇지만 가장 유의해야 할 것은 고요한 곳, 시끄러운 곳, 나날이 인연 따라 사용하는 곳, 생각으로 헤아리는 곳을 떠나서 참구하는 것도 잘못된 것이다. 홀연히 눈이 열리면 비로소 모두가 집안의 일인 줄 알 것이다"라는 구절을 통해서이다. 이로써 지눌은 마음의 장애가 완전히 없어진 무장애 해탈을 이룬 것이다. 더 이상 사량분별의 알음알이에 걸리지 않는 지혜로서의 깨달음이었다. 때문에 비문에서는, "이 깨달음으로 말미암아 지해(智解)가 더욱 높아졌다"라고 기록하였다. 이미 두 차례 깨달음을 체험하였지만 알음알이로서의 분별심이 완전히 없어지지 못했는데 이 깨달음으로 비로소 걸림 없는 해탈을 이루었던 것이다. 그의 이와 같은 세 번의 깨달음은 결사에 동참한 대중들을 지도하는 방편으로 세운 삼문수업(三門授業)에 고스란히 그대로 투영되었다.

한편, 지눌이 거조사에서 상무주암으로 옮겨 오는 동안 이루어진 특별한 일은 뒷날 백련결사를 일으켜서 한국불교사에 커다란 자취를 남긴 원묘국사(圓妙國師) 요세(了世, 1163 ~ 1245)와의 만남이다. 그들의 만남은 요세가 촉망받는 젊은 수행자로 이름이 알려지고 있을 때, 지눌이 "파도가 어지러우면 달이 드러나기 어렵고 밤이 깊으면 등불이 더욱 빛난다. 권하노니 그대는 마음 그릇을 바르게 하여 감로장이 쏟아지지 않게 하라"는 내용의 편지를 보내서 함께 수행할 것을 권한 것에서 비롯되었다. 하지만 요세는 지눌의 결사에 동참해서 얼마간을 정진하다가 지눌이 상무주암으로 옮겨 가서 수행을 계속할 즈음, 자신의 뜻이 정혜결사에 있지 않음을 밝히고 스스로의 수행처를 찾아 떠나게 된다. 그것으로 두 사람의 만남은 끝났다.

1200년(신종 3) 43세 되던 해, 지눌은 지금의 조계산 송광사인 송광산 길상사로 옮겼다. 길상사는 신라 때 혜린(慧璘)이 개창을 했고, 고려 인조 대의 석조(釋照)가 중창불사를 하다가 입적했다는 기록이 전하는 유서 깊은 절이었다. 길상사로 온 초창기에는 대중이 수행을 쉬고 사방으로 탁발을 해야 했고, 대중을 뒷바라지하던 단월들도 힘들어 하고 싫증을 느낄 정도로 생활이 어려웠다. 하지만 수선사는 지방 사회의 향리층이나 독서층 등 신심 있는 단월들의 후원과 일반인들의 봉사에 힘입어 많은 대중들이 생활하면서 수행할 수 있는 도량으로 변모하게 되었다.

1205년(희종 1) 48세 되던 해, 9년간이나 계속되었던 중창불사는 마무리되었고, 때마침 고려 조정에서는 송광산 길상사를 조계산 수선사로 이름을 고쳐서 왕의 친필로 사액을 내렸다. 수선사에서는 조정의 뜻에 따라 이 해 10월 초하루부터 120일 동안 낙성경찬법회를 열어 개당식을 가졌다. 지눌은 법회 기간 동안 낮에는 『대혜선사어록』을 강의하고 밤에는 안거에 들어 고요히 선을 닦는 정진으로 낙성을 축하하였다.

낙성법회 이후 지눌은 본격적으로 정혜결사를 이끄는 지도자로서의 모습을 보였다. 『권수정혜결사문』을 다시 간행하여 배포하는 한편, 『계초심학인문(誡初心學人文)』을 지어서 수선사에 들어오는 모든 이들의 수행청규로 삼았다. 그리고 성적등지문(惺寂等持門)·원돈신해문(圓頓信解門)·경절문(徑截門)의 삼문을 세워서 결사에 동참하는 대중을 지도하였다. 또한 사람들에게는 『금강경』을 지송하도록 하였고, 말을 할 때에는 『육조단경』을 기본으로 하였으며, 이통현의 『화엄론』과 『대혜어록』을 또한 중요하게 여겼다고 한다. 이 모두는 세 번의 깨달음을 이룬 지눌 자신의 수행 경험이 바탕이 된 것이었다. 삼문수업은 수선사에 들어오는 모든 수행자들을 그들의 근기에 따라 지도하는 수연보현행(隨緣普賢行)이었다.

수선사에서 보여 준 지눌의 평소 생활을 비문에서는, "위의를 잘 갖추고 소처럼 걷고 호랑이처럼 보았으며, 제비처럼 앉아서 삼가고 경계하는 모두가 조금도 게으름이 없었으며 힘든 일과 운력하는 것에 이르기까지 항상 대중들 앞에 있었다"라고 하였다. 이와 같은 덕화로 출가 재가를 막론하고 수선사로 모여드는 사람들이 헤아릴 수 없이 많았다. 지눌의 깨달음을 향한 수행자로서의 삶, 대중을 이끌어 가는 지도자로서의 모습, 그리고 대중 속에서 그들과 함께 살아가는 일상의 생활들, 이 모두는 정혜로써 결사하자는 정신에서 비롯된 것이었고 평생을 정혜결사의 삶을 살아간 것에서 저절로 드러난 아름다운 모범이었다.

지눌은 1210년(희종 6) 3월 27일에 나이 53세, 법랍 36년의 생을 마치고 열반에 들었다. 그 한 달 전인 2월에 어머니의 천도를 위한 법회를 수십 일 동안 열었다. 이때 법문을 하던 중 "내가 세상에 있으면서 법을 설하는 것이 오래지 않을 것 같다. 각자 노력하기를 명심하라"고 당부했다. 3월 20일에 갑자기 병을 보이고는 8일 만에 열반에 들었다.

지눌이 남긴 저술은 『권수정혜결사문』, 『수심결(修心訣)』, 『진심직설(眞心直說)』, 『계초심학인문』, 『화엄론절요(華嚴論節要)』, 『원돈성불론(圓頓成佛論)』, 『간화결의론(看話決疑論)』, 『법집별행록절요병입사기(法集別行錄節要并入私記)』(이하 『절요』) 『염불요문(念佛要門)』, 『육조단경발문(六祖壇經跋文』 등이 전하고 있으나, 『진심직설』과 『염불요문』은 그의 찬술이 의심된다는 견해가 있다. 비문에서는 이 밖에 『상당록(上堂錄)』, 『법어(法語)』, 『가송(歌頌)』, 『시집(詩集)』, 『선각명』, 『임종기(臨終記)』 등이 있었다고 하지만 전해지지 않는다.

3) 결사의 내용, 정혜쌍수

지눌이 어린 나이에 출가해서 특정한 스승에 매이지 않고 오로지 도만을 찾아서 수행을 하다가 공식적으로 모습을 드러낸 것은 25세 때 보제사 담선법회에서였다. 표면적으로는 승과를 치르기 위해 개경으로 갔던 것으로 보이지만, 그 이후의 삶을 보면 사실 지눌은 정혜결사를 맺을 동지를 모으기 위해 담선법회에 참석했던 것이다. 여러 가지 사정으로 승과가 끝난 후 바로 결사를 시작할 수 없게 되자 지눌은 승과의 합격도 뒤로한 채 창평 청원사·하가산 보문사에서 깨달음을 체험하고, 득재(得才)의 간청으로 거조사에서 대중결사를 시작하여 수선사에서 입적하는 날까지 평생을 오로지 정혜 수행에만 전념하였다.

지눌이 담선법회에서 정혜결사를 제안한 것은 무너진 수행의 근본을 바로 세워야 당시 불교계가 안고 있는 근원적인 문제가 해결될 수 있다는 신념이 있었기 때문이다. 세속적인 이익에 골몰해서 명리를 추구하는 행태가 당시 교단의 일반적 현실로 비쳐졌다. 하지만 지눌이 보았을 때 모든 수행자들이 지닌 보다 근원적인 문제는 선종 교종 할 것 없이 출가해서 수행을 하면서도, 깨달을 수 있다는 확신도 없고 깨달음을 위한 바른 수행도 없는, 수행자의 본분을 망각해서 수행의 근본이 무너진 삶을 사는 것이었다.

당시 선(禪)을 하는 사람들은 "자기의 마음이 본래 깨끗해서 부처의 근본성품과 다르지 않다"는 말만 떠들면서 무애행을 빙자하여 막행막식을 일삼으며 참된 수행을 팽개치는 비뚤어진 생각을 가지고 있었다. 또 교학을 하는 사람들은 성인들이 방편으로 가르친 교리행상만 고집해서 "부처님이 말세중생들을 위해서 비밀한 깨달음의 길을 말해 주었다"는 이야기는 들으려고도 하지 않고 선배들이 가르친 말만 믿고 깨달음을 엄두도 내지 못하는 일반적인 문제가 있었다. 둘 다 깨달음과는 먼 생활을 이어가는 사람들이었다. 지눌은 이들을 '헛되이 침묵만을 지키는 어리석은 선〔空守默之癡禪〕'과 '글자만 따지는 미친 지혜〔尋文之狂慧〕'를 닦는 사람이라고 비판했다. 그래서 지눌은 모든 수행자들이 정혜를 함께 닦는〔定慧雙修〕 바른 수행으로 근본을 세워야 한다고 제안한 것이다.

지눌이 말하는 정혜쌍수는 돈오(頓悟) 이후의 점수(漸修)의 과정을 말한다. 즉, '마음의 성품이 본래 깨끗하고 번뇌가 본래 공하다는 것을 몰록 깨달은 연후, 이러한 깨달음에 의지해서 정과 혜를 계속 닦아 나아가는 수행'이다. 먼저 마음의 성품을 깨닫고 이 깨달음을 바탕으로 수행하면, 밖으로 경론을 통해서 율의를 익히더라도 글자에 얽매여 집착하는 것을 잊을 수 있고, 안으로 고요히 생각하는 수행을 하더라도 망념을 억지로 누르는 수행이 아닐 수 있다는 것이다. 수행이 이와 같이 이루어지면 악을 끊고 선을 닦는 수행에서 끊은 바 없이 끊고, 닦은 바 없이 닦는 참된 수행이 된다는 것이다. 지눌은 이것이 '정혜를 쌍으로 닦고〔定慧雙運〕 만행을 함께 닦는〔萬行齊修〕' 바른 수행이라고 하였다. 먼저 마음을 깨닫고 이 깨달음을 바탕으로 닦아 나아가는 수행이 바른 수행이며 정혜쌍수의 수행인 것이다.

지눌이 제안한 정혜쌍수는 정혜만 닦는 수행이 아니라 계·정·혜 삼학을 함께 닦는 수행이다. 그릇된 것을 막고 악한 것을 그치게 하는 계를 닦음으로써 삼악도에서 벗어나고, 이치에 맞고 산란을 거두어들이는 정을 닦음으로써 육근의 욕망을 뛰어넘으며, 법을 잘 간택해서 공을 관조하는 혜를 닦음으로써 미묘하게 생사를 벗어나는 삼학겸수의 수행을 하는 것이 수상정혜(隨相定

慧) · 수상삼학(隨相三學)이다. 또한 근본 이치가 본래 나라고 할 것이 없고, 어지러울 것이 없고, 어리석음이 없다고 하는 것이나, 마음에 그릇됨이 없는 것이 자성(自性)의 계(戒), 마음에 어지러움이 없는 것이 자성의 정(定), 마음에 어리석음이 없는 것이 자성의 혜(慧)라고 하는 삼학을 닦는 것이 자성정혜(自性定慧) · 자성삼학(自性三學)이다. 지눌은 자성의 정혜를 닦는 수행을 하든지 수상의 정혜를 닦는 수행을 하든지 각자의 근기에 따라 정혜를 닦는 수행을 해야 한다고 말한다.

물론 수상정혜 · 자성정혜, 외도선 · 범부선 · 이승선 · 대승선 · 최상승선 등 수행의 이름은 다를 수 있다. 하지만 그 근본은 '자기의 성품이 본래 깨끗하고 번뇌가 본래 공하다는 것을 알고 수행하는 것'이 가장 뛰어난 최상승선의 수행이라고 지눌은 강조한다. 결국 정혜쌍수는 마음을 깨닫고 깨달은 마음을 바탕으로 계 · 정 · 혜 삼학을 바르게 닦아 나가는 수행인 것이다.

『결사문』은 "땅에서 넘어진 사람은 땅에서 일어나야 한다"는 『화엄론』의 구절로 시작된다. 지눌은 수행의 근본이 무너진 당시 불교를 수행의 근본을 바로 세우는 결사로써 살릴 수 있다고 생각하였다. 수행의 근본은 마음을 깨달아서 깨달은 마음을 바탕으로 부처의 행을 닦아 나가는 데 있으며, 그 구체적인 방법이 근기에 따라 계 · 정 · 혜 삼학을 함께 닦아 나가는 수행으로 보았다. 그래서 지눌은 마음을 깨닫고 정혜로써 닦아 나가는 결사를 통해서 수행의 근본을 세우고자 했던 것이다.

4) 결사의 실천, 삼문수업

지눌이 대중과 함께 본격적인 결사를 시작한 것은 거조사에서였다. 이미 청원사와 보문사에서 두 차례 깨달음을 체험하였기 때문에 보제사에서 처음 결사를 결의했을 때보다는 더 구체적이고 분명한 대중 수행의 방안이 마련되어 있었을 것이다. 하지만 거조사에서 대중을 모으기 시작한 2년 후 결사의 취지를 담아 발표했던 『권수정혜결사문』에는 비문에서 말하는 결사의 구체적인 지도 방식인 성적등지문(惺寂等持門)·원돈신해문(圓頓信解門)·경절문(徑截門) 등 삼문의 체계가 아직 나타나지 않는다. 『육조단경』과 『화엄경』을 통한 두 차례의 깨달음으로 우리의 마음이 부처의 근본 성품과 다르지 않고, 경전의 가르침이 마음의 근본과 다르지 않다는 것을 분명히 알았지만, 망념의 분별이 완전히 없어져서 저절로 도에 계합하는 경절문에 대한 이해가 아직 없었다. 지눌의 경절문 이해는 41세 때 상무주암에서 『대혜어록』을 통해 분별심이 완전히 없어진 깨달음을 체험함으로써 가능해졌기 때문이다. 따라서 거조사에서의 결사는 선배 격인 득재와 함께 대중을 모아서 정혜를 오로지 하는 수행을 이끌어 갔던 것으로 볼 수 있다.

하지만 상무주암에서의 깨달음을 계기로 지눌은 실질적인 스승으로서 정혜결사를 이끌어 갔다. 지눌 스스로도 이때의 깨달음으로 보문사 이후 10년 동안 괴롭히던 답답함이 완전히 없어졌다고 술회하였고, 비문에서도 지눌 자신은 지혜로써 아는 것이 더욱 분명해졌고 대중들은 지눌을 종사로써 우러렀다고 평가하였다. 자타가 인정하는 완전한 깨달음을 이룬 것이다. 이 깨달음으로 인해 비로소 일반적인 선 수행자들을 위한 성적등지문, 교학의 경험이 있는 수행자들을 위한 원돈신해문, 그리고 화두를 참구하는 간화선 수행자들을 위한 경절문 등 삼문의 지도 방식이 완성된 것이다.

또한 지눌은 삼문수업의 구체적인 내용을 저술로서 보완해 나갔다. 1207년 『권수정혜결사문』을 다시 간행하여 거조사에서와 마찬가지로 수선사 결사도 정혜로써 수행의 근본을 삼는 결사임을 공표하였다. 이어서 『수심결』을 지어 깨달음 이후 이 깨달음을 바탕으로 닦아 나가는 습기를 제거하기 위한 점수행임을 분명히 하고, 점수행으로서의 정혜쌍수의 구체적인 방법을 제시하였다. 그리고 중국의 화엄학의 대가인 이통현의 『화엄론』 40권을 절요하여 『화엄론절요』 3권을 간행하였고, 또한 화엄과 선의 일치를 논한 『원돈성불론』을 저술하였다. 또한 『대혜어록』의 '무자화두 간병론'을 중심으로 경절문의 중요성을 강조한 간화선의 요체를 담아 『간화결의론』을 저술했다. 지눌의 『수심결』

과 『원돈성불론』, 그리고 『간화결의론』은 공교롭게도 그의 성적등지문·원돈신해문·경절문 등 삼문의 내용을 차례로 담고 있다.

또한 지눌은 입적하기 바로 전 해에 『절요』를 저술하여 삼문의 내용 모두를 포괄하였다. 이 저술은 규봉 종밀의 『법집별행록』에서 수연불변(隨緣不變)과 돈오점수 내용만을 절요해서 자신의 주석을 붙인 것이다. 하지만 지눌은 종밀의 저술 의도와는 다르게 교학을 통해서 깨달음을 이루고자 하는 수행자들을 위해서 돈오점수의 바른 수행의 길을 제시하고자 하였으며, 책의 끝에는 종밀이 숭상하는 바는 아니지만 수행에 있어서는 가장 요긴한 문이므로 무심합도문(無心合道門), 즉 간화경절문을 덧붙인다고 밝혔다. 수연불변과 돈오점수의 주석을 통해서 성적등지·원돈신해의 돈오점수문을 밝히고, 종밀의 저술에서는 언급하지 않았지만 대혜 종고의 무자화두 간병론과 간화 경절 언구들을 인용해서 경절문을 밝힌 것이다.

이처럼 삼문은 정혜결사에 동참하는 대중들의 근기에 따라서 적절한 수행방식으로 이들을 깨달음으로 이끌었던 지눌의 수연보현행(隨緣普賢行)이었다. 일반적인 수행자들 가운데 이미 선수행의 경험이 있거나 선을 닦으려는 사람들에게는 성적등지문으로서 바른 수행으로 이끌고, 이미 교학을 배운 경험이 있거나 교학에 관심이 있는 수행자들에게는 원돈신해문으로서 바른 수행으로 이끌었다. 그리고 이미 깨달음에 대한 분명한 믿음과 이해가 있거나 망념이 없어서 바로 화두를 참구해서 깨달음을 이룰 수 있는 근기가 뛰어난 사람들에게는 경절문으로 깨달음의 길을 열어 주었던 것이다. 아울러 지눌은 근기가 아주 낮은 사람들이나 재가자들에게는 정토를 기약하는 염불이나 참회를 권유해서 이들의 신심을 이끌기도 하고, 대중 교화를 위한 설법자에게는 널리 중생을 제도하겠다는 보현행으로서의 서원을 세울 것을 강조하였다. 이 모두는 대중 각자의 근기에 따른 지눌의 지도 방식이었다.

지눌의 삼문수업은 선과 교를 아우르는 선교일치의 수행이며, 염불·참회·설법에 이르기까지 만행을 함께 닦는 원융수행이다. 지눌 자신이 선사이면서 교학을 겸했고, 경전을 읽으면서도 마음의 근본에 계합하는 이치를 찾고자 했다. 또한 수행을 하는 데 장애가 나타나면 신심을 잃지 않기 위해 예불하고 참회하는 수행을 겸해야 한다고 하였다. 이러한 수행 가풍은 이후 고려시대 선사들의 일반적인 모습이었고, 조선시대 고승들의 선과 교학, 그리고 염불까지도 수용하는 것으로 나타났고, 오늘날의 한국불교를 원융불교라고 일컫는 전통이 되었다.

지눌의 삼문수업이 한국불교의 수행 가풍으로 이어졌다는 의미는 결코 작지 않다. 그렇지만 보다 중요한 것은 삼문이 정혜로써 수행의 근본을 세우고자 했던 정혜결사의 지도 방식이었다는 점이다. 깨달음을 향해서 나아가는 수행자 각자의 근기에 맞는 바른 수행의 길을 가르치기 위해서 세운 것이 지눌의 삼문이기 때문이다. 따라서 수선사 정혜결사에 동참했던 모든 이들은 삼문수업을 통해서 바른 수행의 길을 알고 수행의 목적인 깨달음을 이루어 나갈 수 있었을 것이다. 이것이 지눌이 이끌었던 정혜결사의 근본 뜻이다.

(2) 지눌의 선 사상

1) 돈오점수 사상

돈오점수의 의미

정혜결사는 깨달음에의 확신을 통한 계·정·혜 삼학의 겸수로서 수행의 근본을 회복하자는 것이었다. 깨달음을 바탕으로 닦는 삼학이라야 균등하게 닦을 수 있고, 또 바르게 지닐 수 있다는 것이 정혜쌍수의 내용이었다. 이처럼 정혜쌍수·정혜등지로 나타난 정혜결사의 실천문이 돈오점수를 바탕으로 하고 있기 때문에 지눌의 선 사상은 돈오점수가 근본이 된다고 할 수 있다. 하지만 비문에서는 정혜결사의 실천문을 '성적등지문'·'원돈신해문'·'경절문'

의 삼문으로 밝혔고, 『결사문』을 비롯한 다른 저술에서는 선 수행자의 경전 공부를 비롯해서 마음을 근본으로 하는 염불, 그리고 하근기의 정토염불까지도 수용하는 점을 볼 수 있다. 때문에 지눌의 선 사상은 돈오점수를 근본으로 하지만, 넓게는 무심합도문과 염불을 포함하는 선교겸수(禪敎兼修) 만행제수(萬行齊修)의 원융 사상이라고 할 수 있다.

깨침과 닦음에 관한 바른 길을 제시하고 있는 것이 지눌의 돈오점수설(頓悟漸修說)이다. 즉, 지눌에 의하면 올바른 수심(修心)의 길은 먼저 마음의 성품을 분명히 깨닫고 그 깨침을 즉하여 점차로 닦아 나아가는 선오후수(先悟後修)라는 것이다. '돈오점수는 모든 성인들이 거쳐 갔던 수행의 철칙'이라고 하여 지눌은 돈오점수를 가장 완전한 수행법이라고 주장하였다. 몰록 깨달음을 이룬〔돈오돈수〕성인들도 가만히 과거를 되돌아보면 이미 여러 생을 살아오면서 깨달음에 의거해서 수행해 온 그 결과로 금생에 도를 듣자마자 바로 깨달아서 마친 것이므로, 실제로는 먼저 깨닫고 다음에 닦은 사람들〔돈오점수〕이라는 것이다. 과거의 모든 성인들이 먼저 깨닫고 뒤에 닦아서 이 닦음으로 깨달음을 이루지 않은 분이 없기 때문에 "도에 들어가는 길이 많지만 돈오점수에서 벗어나는 것이 없다"고 설파하였다.

지눌이 말하는 돈오점수의 의미는 『수심결』의 다음 내용에서 가장 분명하게 알 수 있다. 즉, "돈오라는 것은, 범부들이 어리석었을 때에는 지수화풍 사대로 이루어진 이것을 몸이라고 하고 문득문득 일어나는 잡된 생각을 마음이라고 간주한다. 자신의 근본 성품이 참된 법신인 줄 모르고 자기의 신령스럽게 아는 것〔靈知〕이 참된 부처인 줄 몰라서, 자신의 몸 이외의 것에서 부처를 찾아서 생각나는 대로 헤매게 된다. 그러다가 홀연히 좋은 스승이 도에 들어가는 길을 가르쳐 주는 가피를 입어서 한 생각에 빛을 돌이켜서 자신의 근본 성품을 발견하게 되면, 이 성품의 근본은 원래 번뇌가 없고 번뇌 없는 지혜의 본성이 본래 저절로 갖추어져서 바로 모든 부처님과 더불어 조금도 다르지 않기 때문에 돈오라고 한다."

돈오는 마음을 아는 것인 동시에 이 마음이 부처라는 것을 처음으로 아는 것이다. 자기의 마음이 부처인 것을 몰랐다가 스승의 가르침으로 비로소 알게 되는 것이며, 자신의 육체나 자신의 생각이 자기의 몸이고 마음인 줄 잘못 알았다가, 스승의 가르침으로 자기의 마음이 영원한 법신이고 자기의 마음이 새지 않는 지혜의 성품인 줄 비로소 바르게 알게 되는 것이 돈오이다. 더구나 아는 것은 부처의 근본 성품을 아는 것이기 때문에 범부가 성인으로 바뀌는 최초의 앎인 동시에 영원한 부처를 이루는 바탕이 된다.

점수는 아는 사람으로서의 실천이며, 알고 난 후 이전에 잘못 알았던 원인인 습기를 제거해 나가는 노력이다. 하지만 번뇌습기가 쌓여 온 시간은 자신도 상상할 수 없는 너무나 오랜 기간이었기 때문에 스스로도 이 습기로 만들어진 생각을 자신의 본래 성품인 줄 착각하게 된다. 그래서 대부분의 수행자들은 일상의 좋고 나쁜 상황에 부딪히게 되면 성내고 기뻐하며 시비를 따지는 망상분별을 일으키게 되며, 심지어는 돈오해서 이미 자기의 마음이 부처의 본성과 다르지 않다고 깨달은 사람도 깨닫기 전하고 다를 바 없이 망상분별이 나타나는 경우가 있다고 한다. 지눌은 이런 경우 깨달음의 지혜로 더 한층 노력하지 않으면 근본무명을 다스려서 번뇌가 없는 완전한 깨달음을 이루기 힘들다고 한다. 돈오한 후에 점수를 계속해야 하는 이유가 여기에 있는 것이다. 자기의 마음이 번뇌가 본래 없고 망념이 본래 공한 제불의 성품과 다르지 않음을 아는 깨달음을 바탕으로, 무시로 익혀 온 번뇌습기를 제거하는 노력, 즉 성인의 씨앗을 기르는 노력을 계속하는 닦음이 점수인 것이다.

지눌은 깨달음 이후에 닦는 점수를 '오후목우행(悟後牧牛行)'이라고 하였다. 깨달음 이후에도 번뇌 망념이 일어나면 덜어 내고 또 덜어 내어서 더 이상 덜어 내어야 할 것 없는 데까지 이르러야 비로소 완전한 깨달음에 이를 수 있다는 것이다. 이처럼 깨달음 이후에도 자신의 성품을 살피고 되돌아보는 계속되는 수행을 지눌은 깨달은 이후 소 치는 수행〔悟後牧牛行〕이라 하고, 이와 같은 깨달음을 바탕으로 닦는 수행이라야 참된 수행이라고 하였다. 이미 돈오한 그 깨달음에 의거해서 닦는 수행이기 때문에 악을 끊고 선을 닦는 수행을 하더라도 끊은 바 없이 끊고 닦은 바 없이 닦은 참된 끊음과 닦음이 될 수 있기 때문이라는 것이다. 그래서 지눌은 규봉 종밀의 말을 인용해서 깨달음을 바탕으로 닦는 점수행이 최상승선이고 여래청정선이며 달마 문하에 계속해서 전해 온 것이 이 돈오점수 수행이라고 강조한다.

한편 지눌은 본래 번뇌가 없고 망념이 본래 공하다는 돈오의 깨달음이 없이 굳게 앉아서 움직이지 않고 몸과 마음을 억누르는 형식적인 수행에 대해서는, '마음 닦는 것을 돌이 풀을 누른 것 같이 하는 매우 어리석은 행동'이라고 경계하였다. 또한 지눌은 신통변화마저도 돈오 이후의 점수행 가운데 나타나는 것이라고 하였다. 지눌은 깨달은 이의 신통변화를 부정하지는 않았지만 필연적인 것은 아니라고 하였다. 신통변화는 깨달았다고 바로 나오는 것이 아니라 깨달은 이후에 닦아 나가는 가운데 가끔씩 나타날 수 있는 것이며, 성인들은 신통을 이상하게 여길 뿐만 아니라 아주 하찮은 일로 취급하는 것이라서 수행하는 사람들에게 혹시 나타나는 일이 있더라도 중요하게 여겨서는 안 된다고 경계한다. 그리고 만약 신통에 대해 말하는 수행자는 앞뒤도 모르고 본말도 분간하지 못하는 어리석고 삿된 사람이라서 아무리 해도 도를 알기 어려운 불쌍한 사람들이라고 힐책한다. 이렇게 지눌은 신통변화마저도 돈오한 이후에 닦아 나가는 점수문 가운데 어쩌다가 나타날 수 있는 일이라고 하였다.

공적영지심

돈오점수에서 돈오의 대상인 마음을 지눌은 공적영지심(空寂靈知心), 또는 적지심(寂知心)이라고 하였다. 『수심결』에서는 "모든 것이 꿈 같고 허깨비 같기 때문에 망념이 본래 고요하고(妄念本寂) 티끌 같은 대상 경계가 본래 공하다〔塵境本空〕. 그렇지만 이와 같이 모든 법이 공한 곳에서도 신령스럽게 아는 것은 어둡지 않다〔靈知不昧〕. 바로 이것이 공적영지심이다. 이 마음이 우리들의 본래면목이고 삼세의 모든 부처님과 천하의 선지식들이 비밀스럽게 전해 온 법의 징표〔法印〕이다"라고 공적영지심을 설명하였다. 본래 망념이 없고, 대상 경계가 없으며, 무명의 어둠이 없어서 신령스럽게 아는 것이기 때문에 이 마음을 공하고 적하며 영지한 마음이라고 하였다는 것이다. 마음에는 공하고 적한 본체적인 면과 신령스럽게 아는 작용적인 면이 동시에 갖추어져 있음을 밝힌 것이다.

지눌은 마음의 신령스럽게 아는 작용적인 면을 들어서 무정물들과는 다르고〔不同無情〕 성품 스스로 신령스럽게 이해하는〔性自神解〕 이것이 공적영지한 청정한 마음의 본체라고 하였다. 그리고 이 청정하고 공적한 마음이 바로 삼세제불의 뛰어나고 깨끗하며 밝은 마음이며, 또한 중생들 본래의 근원적인 깨닫는 성품이라고 하였다. 그러므로 이 마음을 깨달아서 지키는 사람은 한결같이 앉아 움직이지 않고 해탈하며, 이 마음을 미혹해서 등지는 사람은 육취(六趣)에 나가 오랜 세월을 윤회하게 된다는 것이다. 물론 이처럼 미혹하고 깨닫는 것이 다르지만 그 근원은 『대승기신론』에서 "법이라는 것은 중생심이다"라고 말한 그 마음이라는 것이다. 이 마음은 성인이라서 남지도 않고 범부라서 모자라지도 않으므로 이 마음에 있어서는 부처나 조사가 범부들과 다르지 않은데, 성인들이 다른 것은 스스로 자기의 마음에서 일어나는 생각을 지킬 수 있기 때문이라고 하였다. 성인과 범부가 차별이 없는 그 마음을 지눌은 공적영지심이라고 하였다.

정혜쌍수 · 성적등지

공적영지심에서 작용적인 면으로서의 영지(靈知), 즉 신령스럽게 이해하는 마음 때문에 돈오 이후의 점수가 가능하다. 지눌은 돈오한 이후 점수의 수행문이 많지만 모두 정혜 아닌 것이 없고, 그 골자는 자성의 체와 용 둘 뿐이며, 이것이 바로 공적영지라고 하였다. 공적영지의 입장에서는 정(定)이 체(體)가 되고 혜(慧)가 용(用)이 되며, 체와 다르지 않은 용이기 때문에 혜가 정을 여의지 않고 용과 다르지 않은 체이기 때문에 정이 혜를 여의지 않는다. 따라서 정이 곧 혜이기 때문에 고요하면서 항상 알고〔寂而常知〕, 혜가 곧 정이기 때문에 알면서 항상 고요하다〔知而常寂〕. 자성이 바로 공적영지심이기 때문에 체와 용이 다르지 않고 정과 혜가 하나인 수행이 가능한 것이다. 지눌은 이와 같이 마음 가는 대로 저절로 고요하고 신령스럽게 알아서 정으로 막고 혜로 비추는 차조(遮照)가 둘이 아닌 수행이 이루어지면, 이것이 선문의 정혜를 쌍으로 닦는 수행이라고 하였다. 또한 깨달음 이후의 수행에 있어서 공적영지심의 정으로 막고 혜로 비추는 차조의 수행을 정혜쌍수 이외에 성적등지(惺寂等持)라고 달리 표현하였다.

지눌은 진정한 정혜등지·정혜쌍수의 수행을 이렇게 말한다. "만약 들뜬 마음이 일어나면 먼저 정의 수행으로 이치에 맞고 산란을 거두어서 마음이 인연을 따르지 못하게 해서 본래의 고요함〔本寂〕에 계합되게 하고, 만약 혼침이 점점 많아지면 다음으로 혜의 수행으로 법을 가리고 공을 관조해서 비추고 보는 것이 어리석음이 없게 해서 본래의 앎〔本知〕에 계합되게 하라. 정을 닦는 수행으로 어지러운 생각을 다스리고 혜의 수행으로 무기를 다스려서, 마음의 요동하고 고요한 모양이 없어지고 상대해서 다스리는 노력이 다하면, 경계를 대해도 생각마다 근본으로 돌아가고 인연을 만나도 마음마다 도에 계합해서 저절로 둘 모두를 닦을 수 있어야 비로소 일없는 사람이 된다. 만약 이와 같다면 진정으로 정혜를 등지(等持)해서 불성을 밝게 깨달은 사람이라고 할 수 있을 것이다." 즉, 정과 혜로써 마음의 들뜸과 혼침을 차례로 다스리는 수행을 하더라도 본래의 고요함과 본래의 앎에 계합되는 수행을 계속하는 것이 진정한 정혜등지의 수행이라고 하였다. 수행 중에 나타나는 장애를 다스리되 근본 마음인 공적영지심에 계합되는 수행이라야 정혜를 등지할 수 있다는 것이다.

그렇지만 지눌은 정혜쌍수의 수행에도 점문의 낮은 근기의 수행자와 도에 통달한 높은 근기의 수행자가 닦아 나가는 수행문에 차이가 있다고 하였다. 점문의 낮은 근기의 수행자들은 '먼저 적적(寂寂)으로 반연해서 일어나는 생각을 다스리고 다음에 성성(惺惺)으로 혼침에 빠지는 것을 다스린다'고 해서 선후를 상대해 다스려 혼침과 산란을 고르게 조절하고서 마음의 고요함에 들어가는 것으로 수행을 삼는 사람들이다. 이들은 자신들이 비록 '성성적적을 고르게 지닌다〔惺寂等持〕'고 하지만 고요함을 취해서 수행이라고 하는 데서 벗어나지 않는다. 때문에 이들은 깨달은 사람들이 본래의 고요함이나 본래의 앎을 여의지 않고 마음가는 대로 저절로 정혜를 함께 닦는 수행자라고 할 수 없다는 것이다. 반면에 도에 통달한 높은 근기의 수행자들이 정혜를 닦는 것은 선후의 수행으로 고요함을 이루는 노력의 공을 따지지 않고 원래 저절로 무위의 경지에 올라 있어서 따로 특별한 경지나 통달한 경지가 없는 수행이다. 이들은 일상의 모든 일에 있어서 산을 돌아서 흐르는 물이 굽은 데를 만나고 곧은 데를 만난 것처럼 알음알이가 전혀 없이 인연 되는 대로 걸림 없이 행동한다. 이들에게는 이미 상대해서 다스려야 할 경계가 없기 때문에 수고스럽게 버리고 씻어 내는 노력을 할 것도 없고, 이미 한 생각도 망정이 일어나는 일이 없기 때문에 인연을 잊는 노력을 덧붙일 것도 없다.

  그래서 지눌은 정혜를 닦는 데 있어서도 근기에 따라 수상문과 자성문의 정혜로 구분해서 설명한다. 자성문정혜를 닦는 사람은 앞에서 말한 도에 통달한 높은 근기의 수행자들이다. 이들은 병이 없으면 약이 필요 없듯이, 번뇌가 적고 몸과 마음이 가볍고 편안하여 선악 경계를 여의고 모든 장애에도 걸림이 없어서 자성정혜에 의거해서 저절로 도에 계합하는 삶을 살기 때문에 따로 경계를 상대해서 다스리는 수상문의 공부가 필요 없는 사람들이다. 반면에 깨달음을 얻기는 했지만 번뇌가 두텁고 습기가 무거운 사람들은 만나는 경계마다 생각을 일으키고 만나는 인연마다 마음에 상대를 지어서 혼침과 산란의 부리는 바가 되어서 공적영지심의 항상 그러한 근본을 모른다. 이 사람들은 수상문정혜로써 혼침과 산란을 상대해서 다스리는 공부를 잊지 않고 혼침과 산란을 고르게 조절해서 무위의 깨달음에 들어가는 것이 마땅하다. 그래서 수상문정혜의 공부가 필요한 것이다. 『절요』에서는 수상문정혜를 이구정혜(離垢定

慧)라고 하였는데, 같은 의미이다.
　지눌은 점문의 수행에 있어서도 수상문정혜와 오염수(汚染修)로 구분하였다. 이미 심성이 본래 깨끗하고 번뇌가 본래 공한 마음의 본성을 깨달은 이후의 닦음은 수상문정혜로써 오래오래 수행하면 깨달음을 이룰 수 있다. 하지만 마음의 본성을 깨닫기 이전의 닦음은 오염수로써 노력해도 망념을 잊지 못해서 생각생각 익히고 닦지만 번뇌에 집착하고 의심을 일으켜서 마치 어떤 물건이 가슴에 걸려 있는 듯이 불안한 모습이 항상 앞에 나타나게 된다. 이런 사람들이 수행을 오래해서 번뇌를 상대해서 다스리는 노력이 익숙해지면 번뇌가 가벼워져서 몸과 마음이 편안한 듯 하지만, 의심의 뿌리가 끊어지지 못해서 돌이 풀을 누른 듯 생사에 자재하지 못하다는 것이다. 지눌은 깨달음 이전의 이런 수행을 오염수라 하여 진정한 수행이 아니라고 하였다.
　그렇지만 지눌은 수상문정혜의 수행에 있어서 번뇌를 상대해 다스리는 갖가지 방편이 있지만 깨달은 이의 분상에서는 생각생각이 의심이 없어서 오염수에 떨어지지 않고, 수행이 오래되면 자연히 천진의 미묘한 본성에 계합해서 저절로 공적하고 영지하게 된다고 하였다. 이런 사람들은 일체의 경계를 반연해도 마음마다 모든 번뇌를 영원히 끊어서 자성을 여의지 않고 정혜를 등지해서 위 없는 깨달음을 성취한다는 것이다. 그래서 이와 같이 깨달음을 바탕으로 닦는 수상문정혜는 자성정혜를 닦는 높은 근기의 수행자들과 조금도 차이가 없게 된다고 하였다.
　높은 근기의 자성정혜를 닦는 수행문이 이상적인 수행자상이 확실하지만, 지눌이 강조하는 현실적인 수행자상은 깨달음에 의거해서 닦는 수상문정혜의 수행이다. 정혜등지의 궁극적인 뜻이 자성문과 다를 바 없는 수상문정혜에 있기 때문이다. 그래서 지눌은 "수상문정혜가 비록 점점 닦아 나가는 근기들의 수행이지만 깨달은 이들의 분상에서는 철을 제련해서 금을 이룬다고 할 수 있다"라고 하였다. 돈오 이후 습기를 제거해 나가는 점수 수행이 모든 성인들이 거쳐 갔던 법칙과 같은 수행법임을 밝힌 것이다.

원돈신해

지눌이 화엄교학의 깨달음에 대해 집중적으로 탐구한 것은 하가산 보문사에서였다. 이미 청원사에서 『육조단경』을 통해서 깨달음을 체험하였지만, 화엄교학에서 말하는 깨달음에 들어가는 길에 대한 평소 의문을 해결하고자 '부처님 말씀이 마음의 근본에 계합하는 이치'를 3년 동안이나 집중적으로 탐구했던 것이다. 결국 "여래의 지혜가 중생신 가운데도 갖추어져 있다"는 「여래출현품」의 구절에서 깨달음을 맛보고, 이통현의 『화엄론』을 통해서 이해를 더욱 분명히 하였다. 그리고 이때의 깨달음을 바탕으로 『화엄론절요』와 『원돈성불론』을 저술하여 남겼다. 이 두 저술에서 지눌은 '중생들의 무명분별의 종자가 제불의 근본보광명지(根本普光明智)와 다르지 않다는 것을 깨닫는 것'이 화엄교학에서 말하는 깨달음의 처음이며, 이 깨달음으로 화엄의 믿음을 이루어서 이후의 계위로 나아가게 된다고 하였다. 그래서 지눌은 평소 수행자들에게 "마음 닦는 사람은 먼저 평소에 쓰는 자기 마음의 무명분별의 종자로써 제불의 부동지로 삼은 연후에 그 성품에 의지해서 선을 닦는 것이 옳다"라고 가르쳤다.

부동지는 부처님의 근본보광명지이다. 이 근본보광명지는 제불의 과지(果智)이기 때문에 국토에 따라서 노사나불·부동지불이 되기도 하고, 중생들이 반조해서 드러내고자 하는 바람에 따라서 자기 마음의 보광명지불·자기 마음의 부동지불·자기 마음의 노사나불이 되기도 해서 하나의 이름에 따라 삼신(三身)·십신(十身) 등의 몸을 나타낸다. 지눌은 『화엄론』에서 이와 같이 중생과 부처가 차별 없이 서로 원융한 뜻을 밝힌 이유가 근본보광명지 때문이라고 하였다. 중생과 부처의 모습이 본래 근본보광명지로부터 성품의 바다에 거짓으로 나타난 것이기 때문에 중생과 부처가 차이가 있는 듯하지만, 이 모두가 근본보광명지의 모습과 작용이라는 것이다. 그래서 『원돈성불론』에서 "이미 과지를 이룬 노사나불의 십신의 모습 전부가 자기 마음의 보광명지불이다"

라고 하고, 또 "노사나불도 범부의 지위에서 처음 발심해서 보살도를 행하고 마침내 불과의 지위에 이르렀다. 노사나불이 지닌 대비와 대지와 대원으로서의 낱낱의 생각·행동·법·시간·장소 등 모두가 자기 마음의 보광명지에서 나온 것임을 분명히 알아야 한다"라고 하여 불과를 이루는 처음이 제불의 부동지인 근본보광명지를 깨닫는 데 있다고 하였다.

지눌은 『화엄론』의 해석에 의거해서 중생의 마음이 제불의 부동지와 다름없다고 깨닫는 것이 화엄에서 말하는 성불에 들어가는 최초의 믿음을 이룬다고 하였다. "지금의 범부가 근본지(根本智) 불과(佛果)의 바다로써 처음 깨달아 발심하는 근원으로 삼는다. 만약 자기의 마음이 번뇌의 성품을 스스로 여의었고 무루지(無漏智)의 성품을 본래 스스로 갖추었음을 돈오하지 못한 사람이라면, 어떻게 일불승 원돈문 가운데 불과로서 믿음을 이룬 사람이라고 하겠는가" 한 것이 그것이다. 그래서 지눌은 일승 원돈문에서 의거하는 것은 십신심(十身心) 초에서 근본지 불과의 바다를 얻는 것이지, 일만 겁을 닦는 것으로써 그 이후 십신 만심에 이르는 것이 아니라고 말한다. 『화엄론』에서도 일생에 공을 마치는 것을 밝혔을 뿐, 본래 일만 겁의 문장이 없으며, 다만 초심 범부들이 깨닫는 인연은 자기 마음의 근본보광명지를 깨닫는 돈오일 뿐, 점점 닦는 공이 채워져서 그 이후에 깨닫는 점수 후의 돈오가 아니라고 강조한다.

하지만 지눌은 근본지를 깨달은 이후, 즉 돈오 이후의 수행을 더 강조한다. 범부들이 근본지를 깨달아서 부처의 지혜를 알았지만 아직도 여러 생을 익혀온 습기가 남아 있어서 생각마다 침입해서 망념이 완전히 없어지지 않는데, 이것이 십신 범부들의 이해에 장애되는 곳[解礙處]이라 한다. 그렇지만 이미 자기 무명의 근본을 깨달았기 때문에 스스로 십신 중의 방편 수행문을 닦으면 저절로 공이 이루어져서 정혜가 뚜렷이 밝아지게 되는데 이를 발심주(發心住)라고 하며, 「범행품」에서 "처음 발심했을 때 바로 아뇩보리를 얻는다"고 한 것이 이 계위를 말한 것이라고 하였다. 지눌은 발심주에 들고 난 이후 보광명지로써 세간에 머물면서 근기에 따라 널리 응해서 중생들을 교화하고 세간의 더러움에 물들지 않으면, 자비와 지혜가 점점 밝아지고 공덕의 행이 점점 늘어나서 결국에는 보현행을 이룰 수 있다고 한다. 돈오한 이후 점수로서의 보현행이 계속되어야 함을 강조한 것이다. 하지만 이 점수행은 왕이 보배 인장을 한번 찍으면 공문이 완성되는 것과 마찬가지로 돈오해서 처음 깨달아 발심했을 때 구경의 경지에 이른 것이라고 하였다.

『절요』에서는 규봉 종밀의 『선원제전집도서』에서 언급한 심성의 두 가지 측면인 전수(全收)·전간(全揀)의 문제를 들어서 돈오 이후의 점수문으로 설명한다. "전간이란 영지(靈知)만을 가리켜서 심성이라 하고 나머지는 모두 허망하다고 해서 심성 이외의 모두를 가려내어 부정하는 것을 말한다. 전수는 좋고 나쁜 모든 법이 다 마음 아닌 것이 없으므로 모든 법이 전부 참마음이라고 포용해서 긍정하는 것이다. 그래서 『도서』에서는 결국 참마음의 본체가 드러난 것은 마음 가운데 일체를 가려내고 일체를 포용하는 것이기 때문에 전수·전간에 자재하고 성상에 무애할 수 있을 때 일체법에 집착이 없게 되므로 이러한 경지가 깨달음이라고 한다"고 말한다. 이에 대해 지눌은 하나의 참된 심성을 돈오하지 못하고 일체를 가려내어 부정하기만 하면 말을 여의는 알음알이〔離言之解〕에 걸리게 될 것이고, 일체를 포용해서 긍정하기만 한다면 원융의 알음알이〔圓融之解〕에 걸리게 되어 둘 다 생각의 알음알이에 떨어질 것〔落意解〕이라고 경계한다. 여기서 말하는 전간의 문제는 돈교의 병폐이고, 전수의 문제는 원교의 병폐이다. 그래서 지눌은 전수·전간에 자재하고 성상에 무애하고자 한다면 반드시 일심을 돈오해야 한다고 강조한다. 즉, "본분종사들이 깨달음을 이루는 수행에서도 영지마저 없애는 것이 가장 훌륭한 경지이듯이, 생각의 알음알이를 벗어나서 일심을 돈오하면 이 마음에 온갖 훌륭함이 다 들어 있어서 전수·전간에 자재하고 무애할 수 있음을 알아야 한다"고 하였다. 이처럼 마음을 깨달은 후에는 전수·전간의 병폐가 완전히 없어지므로 아무런 장애될 것이 없다는 것이다.

지눌은 원교에서 전수·전간에 자재한 대표적인 가르침으로 의상조사(義

相祖師)의 「법성게」를 든다. 법성원융무이상(法性圓融無二相)에서 증지소지 비여경(證智所知非餘境)까지는 참 성품〔眞性〕의 이름을 여의고 모양이 끊어진〔離名絶相〕경지를 밝힌 것이고, 진성심심극미묘(眞性甚深極微妙)에서 일즉일체다즉일(一卽一切多卽一)까지는 참 성품의 연기가 무애한〔緣起無礙〕경지를 밝힌 것이어서, 이 두 구가 원교의 전간·전수의 뜻을 밝힌 것이라고 하였다.

아무튼 지눌이 말하는 원돈문 수행의 성불의 길은 일심을 깨닫고, 이 깨달음에 의거해서 계속해서 신해행(信解行)을 닦아 나가는 돈오점수의 수행에 있음을 알 수 있다. 지눌은 『절요』에서 돈오 이후의 점수를 깨달음 이후의 보임행(保任行)으로 설명한다. 즉, "지금의 범부가 여러 가지 생각으로 분별하는 것이 모두 참 성품 가운데서 반연해 일어나는 것이어서 그 본성은 청정하다. 그러므로 만약 생각을 비우고 간략히 빛을 돌이키는 것을 빌어서 단지 한 생각에 두면 많은 힘이 들지 않을 것이다. 비록 그러하지만 반야의 힘이 커지면 또한 무명의 힘도 불사의해지기 때문에 그 후로도 계속 성품을 기르고 보임(保任)해서 잊지 않는 것이 어려움이다. 만약 비춤을 돌이켜서 뜻을 얻은 후에 믿음의 뿌리가 견고해서 용맹심을 낸다면 오랜 기간 보임하는 것도 이루지 못할 것이 무엇이겠는가"라고 하였다.

2) 경절문과 만행제수 사상

경절문

지금까지 보아 온 지눌의 수행론은 우리의 마음이 부처님의 근본 성품과 다르지 않다는 깨달음을 바탕으로 선문의 정혜쌍수나 원돈문의 신해행을 계속 닦아서 성불하는 돈오점수의 수행이었다. 그런데 앞에서 보았듯이 『원돈성불론』에서는 원돈문에서 깨달음을 얻고도 계속 신해행을 닦아야 하는 이유를 남아 있는 습기가 알음알이의 장애〔解礙〕가 되기 때문에 이를 없애기 위해서라고 하였다. 지눌의 비문에서도 상무주암에서 『대혜어록』을 통해 깨달음을 얻고는, '이전까지 계속 남아 있던 마음속의 장애가 완전히 없어져서 편안해졌다'고 고백하고 있어서 그때까지 알음알이의 장애가 남아 있었음을 알 수 있다. 따라서 상무주암에서의 깨달음이 이전의 두 차례 깨달음과는 다르다는 것은 분명하다. 『절요』에서 지눌은 이 경지를 무심합도(無心合道)라고 표현하였다.

『절요』에서 밝힌 무심합도는 경절문 수행법이다. 『절요』에서 지눌은 선문의 수행문 가운데 돈오 이후 점수로서 수행법인 정혜쌍수 이외에 무심합도문이 있으며, 이는 격외의 한 가지 수행문이라고 하였다. 즉, 『종경록』에서 말하는 정혜와 무심의 수행 내용을 인용하고, "조종(祖宗), 즉 선종의 무심합도는 정혜에 얽매이지 않는다. 왜냐하면 정학(定學)을 하는 사람은 이치에 맞게 해서 산란을 거두기 때문에 인연을 잊는 힘이 있고, 혜학(慧學)을 하는 사람은 법을 간택해서 공을 관하기 때문에 버리고 없애는 공이 있다. 지금 바로 무심을 깨달아서 수행 중에 만나도 걸림 없는 사람은 무장애 해탈의 지혜가 바로 나타나기 때문에 한 경계 한 생각이 모두 밖에서 온 것이 아니며 모두 다른 일이 아니니 공력을 잘못 허비할 것이 뭐가 있겠는가. 자성정혜도 오히려 의리와 작용의 경지에 걸림이 있는데, 하물며 이구문(離垢門)이 어떻게 여기에 이르겠는가"라고 하여 돈오 이후 정혜를 닦는 것과 무심을 닦는 차이를 말하였다.

지눌이 경절문을 말한 것은 "경전이나 스승의 가르침을 통해서 불교에 대한 이해를 한 사람들이 몸을 완전히 바꾸는 길을 알지 못해서 하루 종일 관조하고 살펴도 점점 알음알이로서의 이해에 얽히기만 할 뿐 분별하는 마음을 쉴 기약이 없기 때문"이라고 하였다. 그래서 지눌은 선문에서 말을 여의고 깨달음에 들어 알음알이로서의 이해를 몰록 없애고자 하는 사람을 위해서 조사들이 경절 방편으로 수행자들을 제접한 이야기를 보여서 참선하는 뛰어난 사람들에게 몸을 벗어나는 한 줄기 살길을 알게 하려는 뜻이었다고 그 이유를 밝혔다.

경절문의 깨달음은 원돈교의 신만성불(信滿成佛)이나 증리성불(證理成佛)과는 다르다. 돈교에서는 경론의 가르침을 듣고 평등하고 모양 없는 이치를 받아들여 따르고, 설하는 사람이나 설하는 내용·생각하는 사람이나 생각할 내용이 없다고 이해한다. 그 이후에 이러한 이해나 생각을 여의고 진여의 길에 들어가는데, 말을 여의고 생각이 끊어진(離言絕慮) 것이라 했으며, 그것은 부처라고 한다. 때문에 이는 단지 이치를 깨달은 성불(證理成佛)일 뿐이며, 한 무리의 망념을 여읜 특정한 근기를 위한 가르침이라는 것이다. 그리고 원교에서의 성불은 십현무애연기법문을 말하는 것이 비록 부사의승(不思議乘)이고 보살의 보안경계(普眼境界)라고 하지만, 지금의 범부들이 수행하는 입장에서는 경론의 말이나 의미를 듣고 이해한 알음알이가 남아 있기 때문에 분별이 없는 지혜를 아직 얻지 못했으므로 반드시 경론을 익혀서 이해와 실천이 이루어진 연후에 깨달을 수 있다는 것이다. 하지만 선종의 경절문으로 깨닫는 사람은 처음부터 경론의 가르침이나 의미를 듣고 이해해서 생각을 정하는 것이 없이 바로 아무 재미도 없는 화두를 들고 깨달을 따름이다.

이처럼 돈교나 원교 모두 깨달은 분상에서는 경절문과 같다고 할 수 있다. 그러나 선종에서는 말이나 의미, 마음으로 생각하는 것도 없고, 보고 듣고 익혀서 이해와 실천이 이루어지는 시간적인 전후도 전혀 없이 홀연히 화두가 한꺼번에 터지면 앞에서 논해 왔던 하나의 참 법계가 분명하게 밝아진다는 것이다. 가르침 이외에 따로 전해지는 선종의 경절문은 자격이나 헤아림을 초월하는 것이기 때문에 교학자만 믿기 어렵고 깨닫기 어려울 뿐 아니라 선종의 근기가 낮은 지혜를 지닌 자도 알 수 없다고 하였다. 그러므로 원돈문의 깨달음과 경절문의 깨달음은 교학의 안과 밖, 시간의 더디고 빠름이 완전히 다르다는 것을 확연히 알 수 있다는 것이다.

물론 선종에서도 원돈교처럼 수행자의 근기에 따라서 삼현문(三玄門)을 세워서 수행의 정도를 높여 가는 방법을 쓰기도 한다. 하지만 지눌은 삼현문으로 근기를 높여 가는 것은 임제의 본뜻이 아닐 뿐 아니라, 잠깐 동안 선의 행리를 다듬기 위한 것일 뿐 구경의 수행법이 아니라고 부정하였다. 그리고 지눌은 당시에 논란이 되던 화두의 의미에 대한 것도 부정하였다. 화두에는 본래면목을 모두 드러내는 전제(全提)와 알음알이로서의 이해인 지해(知解)의 병을 부수는 파병(破病)의 의미가 있다는 것이다. 그렇지만 지눌은 "화두의 미묘함을 알고 단지 화두만 들고 공부를 지어가는 사람은 전제로서의 이해가 전혀 없는데 하물며 파병의 생각으로 비밀한 뜻을 매몰시키는 것이 있겠는가. 겨우 한 생각이라도 전제나 파병의 이해가 있다면 바로 생각의 뿌리로 헤아리는 병에 떨어질 것이니, 어떻게 활구를 참구하는 사람이라고 하겠는가"라고 하여 화두를 참구하는 데 다른 견해가 있다면 그것은 잘못된 공부라고 비판하였다.

지눌이 말하는 경절문은 조주의 무자화두(無字話頭)를 참구하는 간화선이다. 지눌은 선종에서 화두를 참구하는 간화선을 경절문으로 세우는 이유를 화두 하나하나가 부처님의 법에 대한 지해(知解)의 병을 완전히 가려내 주기 때문이라고 하였다. 수행하는 사람이 깨달음을 구하는 마음이 있기 때문에 화두를 참구하는 동안에도 열 가지 병이 나타난다는 것이다. 그런데 무자화두는 한 덩어리 불 같아서 가까이 하면 전체를 태워 버리므로 부처님의 법에 대한 지해의 병이 붙을 곳이 없게 한다. 그래서 "무자가 잘못된 알음알이, 잘못된 이해를 부수는 무기이다"라고 말한다는 것이다.

지눌이 간화선의 전형으로 든 것은 대혜 종고의 무자화두 참구법이다. 대혜는 '뜰 앞의 잣나무'·'마삼근'·'개에게 불성이 없다'는 등의 화두를 자세하고 적절하게 보이는 법이 전혀 없고, 단지 아무 재미도 없고 모색할 것도 없는 화두만을 준 연후에 바로 이어서 다음과 같이 일러 준다고 한다.

망정의 분별을 없애지 못하면 망심의 불이 빛날 것이다. 바로 이러한 때에 단지 의심하는 바의 화두만 들어라. "어떤 스님이 묻기를, 개에게도 불성이 있습니까. 조주가 답하기를, 없다." 단지 이끌어서 들고 알아차릴 뿐, 왼쪽으로 와도 옳지 않다. 오른쪽으로 와도 옳지 않다. 있고 없는 것으로 알려고도 하지 말라. 진실로 없다는 없음인가 하고 헤아리지도 말라. 도리로 알려고도 하지 말라. 생각으로 헤아리려고도 말라. 눈썹을 치켜뜨고 눈이 깜박이는 곳을 향해 헤아리지도 말라. 말하는 곳을 향해서 살려고 계교하지도 말라. 일없는 속에 안주하려고도 말라. 화두를 드는 곳을 향해서 알려고도 말라. 문자로 인용하여 증거를 찾으려고도 말라. 미혹한 마음으로 깨달음을 기다리지도 말라. 바로 마음에 작용이 없고 마음이 향하는 곳이 없을 때에 공에 떨어질까 두려워 말라. 이러한 것이 도리어 좋은 경지이다. 갑자기 늙은 쥐가 소뿔에 들어가 바로 거꾸러져 죽는 꼴을 보게 될 것이다.

『간화결의론』

지눌은 대혜가 이렇게 무자화두 드는 법을 일러 주고 화두를 주기 때문에 배우는 사람들은 하루 종일 모든 행동을 하는 가운데 다만 무자화두를 들고 알아차리는 공부를 해야 할 뿐이라고 한다.

그리고 지눌은 화두를 참구해서 깨달음에 들어가는 비결을 이렇게 덧붙인다. "심성의 도리는 이름을 여의고 모양을 끊어야 한다는 이해가 전혀 없고 또한 연기무애의 이해도 없다. 겨우 한 생각이라도 불법에 지해가 있다면 바로 열 가지 지해의 병에 걸리게 될 것이다. 그러므로 하나하나를 놓아 버리고, 또한 '놓아 버린다·놓지 않는다', '병에 걸렸다·병에 걸리지 않았다'는 헤아림마저도 없으면, 홀연히 아무 재미도 없고 모색할 것도 없는 화두 위에서 한번에 단박 깨치게 된다. 그러면 일심의 법계가 확연히 분명해질 것이므로 심성에 구족되어 있는 백 천 가지의 삼매와 한량 없는 이치의 법문이 구하지 않아도 원만히 얻어지게 된다. 이전의 한쪽으로 치우친 가르침을 듣고 이해해서 얻은 것이 없기 때문에 이것을 선종 경절문에서 화두를 참구해서 깨달아 들어가는 비결이라고 한다"라고 하여 원돈문의 차제수행과는 확연히 다르다는 것을 강조했다.

한편, 지눌은 『절요』의 끝부분에서 "말법시대인 지금에 도를 닦는 사람은 먼저 참다운 지혜〔如實知解〕로써 자심(自心)의 참되고 허망함과 생사의 본말을 분명하게 가려서 깨닫고, 다음으로 못을 뽑고 쇠를 자르는 말〔斬釘截鐵之言〕로써 비밀스러운 경지를 자세히 참구해서 몸을 벗어나는 곳이 있다면 네 모서리에서 땅이 드러나고 높이 치켜서 흔들어도 흔들리지 않아서 나고 죽는 데 대자재를 얻었다고 할 수 있을 것이다"라고 하여 수행의 선후를 밝히고 있다.

경절문 수행 또한 돈오 이후의 수행 방편이라고 하였다. 하지만 이는 『절요』 첫머리에서 이 책의 저술 동기를 "교학의 가르침을 원인으로 마음을 깨닫고자 하는 사람들을 위해서"라고 밝히고, "교학을 통해서 관행을 하는 사람들이 마음을 완전히 비울 수 없어서 교학의 의미나 이치에 걸리기 때문에 경절문 활구를 덧붙였다"고 전제하였으므로 화두를 참구하는 경절문에 있어서도 깨달음에의 확신을 강조한 것으로 볼 수 있다. 그러나 경절문은 번뇌습기로 인한 망념의 찌꺼기가 전혀 없는 이들의 일거수일투족이 저절로 도에 계합하는 수행문이기 때문에 지눌은 무심합도라고 하였다. 그러므로 경절문에서는 수행의 선후차제가 있을 수 없는 것이다.

만행제수 사상

지눌은 삼문 이외에 근기에 따라 염불 · 간경 · 참회 · 설법 등의 수행을 겸하는 것을 말하였다. 일반적인 수행자는 돈오 이후에도 번뇌습기가 남아 있기 때문에 "부지런히 삼보를 공양하고, 대승경전을 독송하며, 길을 가면서 예배하고, 참회하고 발원하는 수행을 겸하여 끊임없이 행해야 한다. 이렇게 하면 삼보를 좋아하고 공경하는 순박하고 후덕한 마음 때문에 부처님의 위대한 가피를 입어서 업장을 없애고 선근에서 물러나지 않을 수 있다"고 하여 간경 · 예배 · 참회 · 발원의 수행을 아울러 닦을 것을 강조하였다.

그리고 최하근기의 재가신행자들은 염불해서 정토에 나기를 구하는 것만으로도 만족할 수 있다고 하였다. 지눌이 정토 염불을 부정한 것은 자기의 마음이 부처의 근본 성품과 같다는 깨달음을 알려고 하기는커녕 자신은 금생에 깨달음을 이룰 수 없는 사람이라고 속단하고, 선이나 교학에 매진할 생각은 전혀 내지도 않고 염불해서 정토에 나기만을 바라는 수행자들 때문이었다. 하지만 "배우지 못해 지혜의 눈이 전혀 없는 사람들은 단지 부처님의 명호를 부를 줄만 알아도 희유한 일이라고 찬탄할 일이다. 그 사람들이 부처님의 근본 뜻을 모르고 염불만 한다고 그 수행을 허물이라 할 수는 없다"고 하여 재가의 일반 신자들 중에서도 최하근기의 사람들에 대해서는 정토를 바라고 염불하는 것을 막지 않았다.

또한 최상근기의 수행자는 반드시 이타의 원력행을 닦아야 한다고 하였다. 지눌이 세간의 문자법사라고 비판한 것은 바른 안목을 갖추지도 못하고 세상에 이름을 알리고 싶고 자신의 이익을 늘리고자 설법하는 사람 때문이었다. 하지만 그는 진실한 수행자의 이타행으로서 설법을 적극 권장하였다. 그래서 지눌은 이러한 점에서 "법안을 갖춘 수행자가 되어, 듣는 것에는 이름이나 모양에 집착하는 생각이 없고 중생제도에는 나와 남을 동등하게 대하는 자비와 지혜가 점점 원만해져서 세상 가운데서 합해지는" 것을 강조했다. 그리고 "깨닫기 이전의 미혹한 경지에서는 비록 뜻이나 원력이 있더라도 마음의 힘이 어둡고 약하기 때문에 원을 이룰 수 없다. 그러나 깨달은 이후는 차별의 지혜로 중생들의 고통을 살펴서 자비 원력의 마음을 내어 힘이나 분수를 따라 보살도를 행하면 각행이 점점 원만해질 것이니 어찌 기쁘고 유쾌하지 않겠는가"라고 해서 깨달은 이의 이타행을 보살도를 성취하는 원력행이라고 하였다.

이러한 지눌의 만행제수 사상은 근기에 관계없이 모든 사람들이 정혜결사에 참여할 수 있는 길을 열어 주고 있다. 이는 돈오점수의 사상체계에서 보면 돈오 후의 점수행이라고 볼 수 있으며, 자리이타의 측면에서 보면 이타행의 측면으로 볼 수 있다. 이와 같이 지눌은 돈오점수의 보편적인 사상 체계와 점수행으로서 모든 근기의 사람들을 포용하는 다양한 수행법을 아우르고 있는 것이다.

(3) 중흥조로서의 위상

보조국사 지눌은 조계종의 중흥조로서 위치지어진다. (대한불교조계종 종헌에서는 보조국사를 중천조(重闡祖)로 모시고 있지만, 여기서는 중흥조로 명기하였다. 보조는 조계종을 중흥시킨 중흥조로서의 위상을 함께 지니고 있기 때문이다.) 즉, 도의국사가 중국으로부터 마조계의 남종선을 받아들이면서 나말여초 구산선문이 형성되기 시작하였고, 그 구산선문을 아우르는 통칭으로 조계종이 사용되었다. 이러한 구산선문의 전통을 계승하여, 지눌은 선종 중심으로 교종까지를 아우르고, 또한 중국으로부터 대혜 종고의 간화선을 수용하여 무심합도문으로 소개하는 등 조계종의 선풍을 정착시킨 중흥조로서의 위상을 지니고 있다.

앞서 언급한 바와 같이 지눌의 선 사상을 요약해 보면, 일반적인 수행자들을 위해서는 돈오 이후 성적등지·원돈신해의 점수행을 가르쳤고, 최상근기의 수행자를 위해서는 본래 망념이 없는 경지에서 바로 도에 계합하는 무심합도, 즉 경절문의 수행을 강조하였다. 즉, 돈오점수와 무심합도가 지눌의 근본 사상이라고 할 수 있는 것이다. 조계종 중흥조로서 지눌 선 사상의 특징을 다음의 몇 가지로 요약할 수 있다.

첫째, 회통정신(會通精神)을 들 수 있다. 회통은 여러 가지 성격을 단순히 모아 놓은 화합주의가 아니다. 여러 가지를 종합하되 단순 결합이 아닌 창조적 종합을 말한다. 대립되고 모순되어 보이는 것들을 근원에 들어가 서로 연결되는 지점을 찾아내어 모순과 대립을 해소하고 화합과 통합으로 이끄는 방식을 말한다. 근원에 들어가면 하나요, 현상적으로는 조화로운 모습으로 서로 공존하는 화(和)의 철학이 회통인 것이다.

지눌에게 있어 이러한 회통정신은 여러 측면에서 나타나고 있다. 먼저 선과 교의 회통이다. 당시 선종과 교종은 극심한 대립과 갈등을 보이고 있었다. 선종과 교종의 대립을 이론적으로 회통시킨 것은 그의 선 사상의 핵심 문제였으며, 돈오점수 체계는 바로 선교의 회통 이론이었던 것이다. 또한 실천적인 면에 있어서 선정과 지혜를 하나로 하는 정혜쌍수에서도 그의 회통정신을 엿볼 수 있다. 그리고 선을 위주로 하여 교를 통합시키는 선주교종(禪主敎從)의 회통이었으며, 이러한 특징은 이후 고려·조선조에도 계속 유지되어 조계종은 물론 한국불교의 중요한 선풍으로 자리 잡았다.

둘째, 정혜결사를 통한 불교 개혁과 수심불교의 전통을 세운 것을 들 수 있다. 지눌은 평생을 정혜결사의 삶으로 일관하였다. 불교 개혁의 가장 불교다운 모습은 바로 결사(結社)의 삶일 것이다. 마음 닦는 결사, 정(定)과 혜(慧)를 함께 닦는 결사, 나와 남이 함께하는 결사의 모범을 지눌은 그의 삶을 통하여 실증적으로 보여 주었다. 이러한 지눌의 삶은 이후 조계종의 흐름에 지대한 영향을 미쳤으며, 특히 순천 송광사를 중심으로 결사의 전통이 면면히 계승되어 왔다.

셋째, 근기에 따른 다양한 수행문의 시설을 들 수 있다. 지눌의 돈오점수 체계는 돈오에 중심이 있는 것이 아니라, 점수라는 닦음의 문제에 중심이 있다. 즉, 그의 선 사상은 누구나 돈오에 바탕한 닦음을 통하여 깨침의 완성에 다다르는 길을 제시하고 있는 것이다. 어느 근기의 사람도 자신의 근기에 맞는 수행을 통하여 깨침의 세계에 도달할 수 있도록 수상정혜(隨相定慧), 자성정혜(自性定慧), 간화선(看話禪)의 방법 등 다양한 수행 방법을 제시해 놓았다. 이러한 지눌의 선풍(禪風)은 이후 조계종의 중요한 전통으로 지속되어진다.

넷째, 대혜 종고의 간화선을 최초로 소개하고 수용한 점이다. 지눌은 『절요』와 『간화결의론』의 저술을 통하여 간화선을 최초로 소개하고 수용한 선사이다. 즉, 현재 조계종의 가장 중요한 수행법으로 택하고 있는 간화선법은 지눌이 소개하였으며, 그의 제자인 진각 혜심은 『선문염송』을 저술하여 구체적으로 간화선 수행을 지도하였다. 이후 고려 말 수선사 10세주인 만항(萬恒) 대에 중국으로부터 몽산 덕이(夢山德異)의 선풍이 소개되고, 고려 말 태고 보우·나옹 혜근·백운 경한 등에 의하여 중국 임제종 양기파의 간화선법의 법맥을 전수하게 된다. 이러한 조계종의 역사를 통하여 볼 때 지눌이 간화선을 적극적으로 소개하고 그의 제자들에 의하여 정착되었다는 것은 대단히 중요한 일이다.

다섯째, 청규의 제정 등을 통하여 조계종이 선종 사찰의 면모를 갖추게 된 것이다. 특히 『계초심학인문』은 수선사 정혜결사의 청규가 되어 많은 대중이 부처님의 율의에 맞게 수행하는 지침이 되었다. 이는 조계종이 선종으로서 면모를 갖추게 되는 중요한 계기가 되었다. 고려 후기 태고 보우에 의하여 중국으로부터 『칙수백장청규』를 다시 들여와 새롭게 청규를 보강한 것도 이러한 지눌의 정신을 계승한 것으로 볼 수 있다.

4. 고려 후기의 조계종

(1) 지눌 이후의 수선사 선풍

1) 혜심과 간화선의 선양

보조국사 지눌(1158~1210)은 수선사(修禪社, 송광사)에서 선풍을 드날림으로써 고려 불교계에 새로운 선풍을 일구었다. 그는 수선사에서 결사 운동을 전개하였고, 그 문도들이 그의 선풍을 계승하면서 고려 후기에만 15국사가 탄생하였다. 국사와 왕사는 승통이나 대선사 이상의 승계를 지닌 고승 가운데 명망 있는 스님으로 책봉 또는 추중되었으므로, 당시 이들이 불교계를 주도하였다고 볼 수 있다.

지눌의 선풍은 수제자 진각국사(眞覺國師) 혜심(慧諶, 1178~1244)에게 전해졌다. 혜심은 나주 화순현 출신으로 속성은 최씨, 이름은 식(寔)이다. 자는 영을(永乙)이며 스스로 무의자(無衣子)라고 하였다. 그는 1201년(신종 4)에 과거인 사마시(司馬試)에 합격하여 태학(太學)에 들어가 유학을 공부하였으나 어머니 배씨(裵氏)의 죽음을 계기로 지눌에게 출가하였다. 그는 지리산 금대암(金臺庵)에서 각고의 정진을 하였다. 출가 3년 만에 억보산(億寶山)에서 지은 게송으로 지눌에게 인가를 받아 수선사 선풍을 진작하는 데 큰 역할을 하였다. 그는 1208년 수선사 사주를 물려받아 수선사를 증축하였고, 1212년(명종 26) 왕사로 책봉되어 중앙과 지방의 선회(禪會)를 주관하였다. 저술로는 『선문염송(禪門拈頌)』 30권, 『진각국사어록』 2권, 『무의자시집(無衣子詩集)』 2권, 『구자무불성화간병론(狗子無佛性話揀病論)』 등이 있다.

그의 스승 지눌이 성적등지문과 원돈신해문, 그리고 간화경절문의 삼문으로 수행을 체계화시켰지만, 그는 화두 참구를 통한 경절문의 간화선법을 선양하는 데 진력하였다. 화두란 공안(公案)이라고도 하는데, 옛 선사들의 깨달음의 기연(機緣)을 담은 이야기나 선문답을 일정한 형식으로 정형화한 것으로 그 기능은 공부인으로 하여금 의심을 불러일으켜 깨닫게 하는 데 있다. 점수(漸修)의 오랜 수행 과정을 밟지 않고 화두를 통해 단박에 부처님의 깨달음의 경지에 도달할 수 있다는 것이 간화선(看話禪)의 수행 방법이다. 혜심은 간화선을 선 수행에 있어서 최고의 방법으로 삼으라는 간화일문(看話一門)의 입장을 내세웠던 것이다. 그리고 그는 송대(宋代)의 『경덕전등록(景德傳燈錄)』의 등사체제(燈史體制)와 『벽암록(碧巖錄)』의 염송체에서 선가(禪家)의 고화(古話, 화두) 1,125칙과 선사의 이야기를 채집하여 방대한 화두 염송집을 편찬했는데 그것이 『선문염송』이다.

혜심은 이렇게 화두를 선수행의 방법으로 하는 간화선을 중시하고 특히 무자화두를 가장 기본적인 공안으로 강조하였다. 그는 대상과 근기를 상관하지 않고 자신이 곧 부처라는 믿음을 가진 후 애오라지 화두를 참구하도록 하였다. 간화선 수행 이론의 기본 서적으로 『대혜서(大慧書)』를 채택하게 하여 대혜(大慧)가 중요시했던 지혜분별심(智慧分別心)이 선병(禪病)의 근원적인 문제로 이해했다. 그리고 지눌과 마찬가지로 무자화두의 열 가지 병통〔十種病〕을 체계화하여 정리한 것이 『구자무불성화간병론』이다.

이렇게 그는 스승 지눌이 이론화한 간화선을 실천적인 간화선으로 정착시켜 우리나라 선종계의 수행에 간화선이 주류로 자리잡게 하였다. 그러나 혜심의 간화선은 교학 이론을 떠나 화두를 통한 파격적인 깨우침이었기 때문에 스승 지눌과 마찬가지로 상근기가 아닌 보통사람들은 수행하기 어렵다고 하였다. 그래서 그는 일반인이 쉽게 접근할 수 있는 『금강경』을 수지하고 독송하는 공덕신앙을 강조하였다. 뿐만 아니라 불교적 입장에서 유학을 이해하기 시작하여 유불일치(儒佛一致) 사상을 처음으로 내세워 성리학자들도 불교에 대하여 접근하기 쉽게 하였다.

아울러 혜심의 어록과 시집에 나타난 경론의 인용 횟수나 범위를 보면 지눌이 보여 주었던 해박한 경론의 이해에 결코 뒤지지 않다는 것을 알 수 있다. 지눌과 마찬가지로 혜심은 『화엄경』, 『원각경』 등을 즐겨 인용하였고, 반야경 계통의 경전이나 『능엄경』 등은 그가 매우 좋아했던 경전임을 알 수 있다. 특히 『법화경』과 『열반경』을 인용한 것에서는 지눌과 다른 면을 보여 주기도 한다. 하지만 이와 같은 경론에 대한 폭넓은 이해는 당시의 교종 승려들이나 문인들과의 폭넓은 교류에 기인하는 면도 있었겠지만, 무엇보다도 스승인 지눌이 보여 주었던 원융수행적 가풍의 계승이라고 할 수 있다.

최충헌의 아들로서 그의 사후 무신정권의 우두머리가 되었던 최우의 혜심에 대한 귀의는 두 아들을 그에게 출가시킬 정도로 절대적이었다. 최씨 무신정권이 수선사의 후원 세력이 되고, 수선사가 이후 고려 조계종의 실질적인 중심 사찰이 되는데, 이러한 최씨 정권과 혜심과의 관계가 적지 않은 영향을 미쳤다.

혜심은 희양산문 승형(承逈, 1171~1221)의 문도와 가지산문에도 영향을 끼쳤다. 혜심의 문도들은 수선사 3세가 되는 청진국사(淸眞國師) 몽여(夢如, ?~1252), 수선사 4세가 되는 진명국사(眞明國師) 혼원(混元, 1190~1271), 수선사 5세가 되는 원오국사(圓悟國師) 천영(天英, 1215~1286), 각운(覺雲, 생몰년 미상), 탁연(卓然, 생몰년 미상)으로 이어진다.

이들 가운데 각운(覺雲)은 스승인 혜심의 『선문염송』을 주석한 『선문염송설화』 30권을 저술하는 등 혜심의 간화선풍을 계승하는 데 진력하였다.[5] 그리고 탁연(卓然)은 호가 법운(法雲) 또는 운유자(雲游子)라고 했으며 천영의 도반이었다. 탁연은 당대 재상 최정분(崔正分)의 아들로 필법이 뛰어났다고 하며 혜심의 비를 세운 고승이다. 그는 상주 동백련사를 창건할 때 천책의 부탁

---

5) 각운은 고려 말 환암 혼수(1320~1392)의 제자로 알려진 구곡 각운(龜谷覺雲)과는 다른 인물이다.

으로 글씨를 썼고 나아가 송나라 건경사(建慶寺) 천태종승 법언(法言)이 소장하고 있었던 『불거기(佛居記)』를 구해 온 고승이다.

2) 수선사 16국사와 수선사 고승들

지눌에 의해 시작된 수선사 선풍은 그의 제자 혜심에 의해 확립되어 이후 고려 후기의 이른바 수선사 16국사를 배출하였다. 지눌과 혜심 이후 고려가 멸망할 때까지 15명의 국사가 수선사 사주를 지냈고, 고려 말의 대표적인 고승이었던 환암 혼수(幻庵混修)와 나옹 혜근(懶翁慧勤)도 수선사 주지를 지낸 적이 있다. 또한 몽고병란으로 인해 강화도로 국도를 옮겼을 때에도 그곳에 선원사(禪源社)를 세워 수선사의 별원으로 삼고 수선사의 고승들로 하여금 그곳에 주법(主法)하게 할 정도로 수선사는 국가적인 귀의를 받았다. 나아가 또한 고려 후기에 국사로 추대되었던 일연(一然)은 "멀리 목우자 스님을 이었다"고 할 정도로 고려 후기 불교계에 끼친 수선사의 영향은 절대적이었다. 다음의 도표는 16국사와, 그들이 수선사 및 선원사에서의 활동을 보여 주는 것이다.

사주	수선사 사주	생몰연대	사주재임기간	선원사 주지	비고
1세	보조국사 지눌	1158~1210	1200~1208		
2세	진각국사 혜심	1178~1244	1208~1220		
3세	청진국사 몽여	?~1252			
4세	진명국사 혼원	1190~1271	1252~1256	1세(1245~1252)	왕사
5세	원오국사 천영	1215~1286	1256~1286	2세(1252~1256)	
6세	원감국사 충지	1216~1293	1286~1293	?세(1264~1286?)	
7세	자정국사 인일	미상			
8세	자각국사 도영	미상			
9세	담당국사	미상			

10세	혜감국사 만항	1249~1319	1300년 전후		
11세	자원국사	미상			
12세	혜각국사	미상			
13세	각진국사 복구	1270~1356	1320~1350		왕사
14세	정혜국사	미상			
15세	홍진국사	미상			
16세	고봉국사 법장	1351~1428			

수선사 제3세인 청진국사(淸眞國師) 몽여(夢如, ?~1252)는 혜심에 이어 수선사 사주가 된 고승이다. 그는 1219년(고종 6) 정각국사(靜覺國師) 지겸(志謙, 1158~1210)이 만년에 화장사에서 편찬한 『종문원상집(宗門圓相集)』의 발문을 썼다. 또한 그는 혜심이 지은 『선문염송』의 발문도 지었으며, 『선문삼가염송집(禪門三家拈頌集)』의 간행을 주도하였다. 『선문삼가염송집』은 혜심의 『선문염송』에서 설두·천동·원오의 운문종(雲門宗)·조동종(曹洞宗)·임제종(臨濟宗) 3가(家)의 염송만을 뽑아 6권으로 편집하여 1246년(고종 33)에 당시 집권자 최의의 수복(壽福)을 빌기 위해 간행한 것이다. 그리고 그는 가지산문의 일연에게 조동선 사상의 중요성을 교시하기도 하였다.

지눌이 세우고 혜심이 확립한 수선사의 선풍은 몽여를 거쳐서 혼원(混元)과 천영(天英)이 수선사 사주를 지낸 35년간 절정에 달하였다. 특히 1245년(고종 32), 강화도 국도 시대(1232. 6~1270. 5)를 맞이하여 제2의 수선사라고 할 선원사(禪源社)를 짓고 수선사계의 고승들을 그곳의 사주로 임명할 정도였다. 선원사는 국가적인 대불사로 진행되었던 대장경의 판각을 위해 세워진 국가적 사찰이었다.

수선사나 선원사를 이끌어 간 인물들은 혼원과 천영의 제자였다. 그리고 선원사 사주가 곧 수선사 사주가 되기도 하였다. 즉, 수선사 사주에 취임하기 앞서 선원사의 주지를 하였고 선원사에서 국가적인 법회를 개최하였다. 그리고 14세기 초 이후에 선원사는 몽산선풍(蒙山禪風)을 수용하여 간화선이 토착화하는 데 커다란 기여를 한다.

수선사 제4세인 진명국사(眞明國師) 혼원(混元, 1190~1271)은 사굴산문을 개창한 범일선사의 운손사(8대손) 종헌에게 출가하였다. 그후 쌍봉사의 변청우(辨靑牛)에게서 사사받은 다음 혜심에게 찾아가 크게 칭찬을 받았다. 혼원은 혜심의 제자인 몽여를 스승으로 삼고 공안을 참구하였다.

혼원은 1252년 몽여의 입적 시 뒷일을 부탁받았고 수선사 제4세 사주가 되어 목우자를 잇고 그 선풍을 진작시켰다. 그는 혜심과 몽여로부터 간화선풍을 계승하였고 선교융합의 종풍을 아울러 지녔다. 혼원은 1259년부터 1271년까지 왕사로 책봉되어 불교계를 주도하였다. 혼원의 문도들은 수선사 5세와 7세, 8세가 되는 천영(天英)·자정 일인(慈靜一印)·자각 도영(慈覺道英)·탁연(卓然)·원정국사(圓靜國師) 경지(鏡智) 등이 있었다.

수선사 5세 사주 원오국사(圓悟國師) 천영(天英, 1215~1286)은 자인(慈忍)국사라고도 불렸다. 15세에 혜심을 찾아가 삭발하였다. 몽여가 수선사 3세 사주로 조계종지를 크게 진작하고 있을 때 그를 찾아가 사사받았고, 그후 진명국사 혼원에게서 법문을 듣고 배웠다. 1246년, 선원사 낙성식에 혼원을 법주로 모시고 국내의 고명한 승려 3천 명을 초청할 때 함께 참여하였다. 1252년(고종 39)에 몽여가 입적하자 혼원은 수선사 주지, 천영은 선원사 법주가 되었다. 이어 천영은 1256년 혼원의 후임으로 수선사 사주를 계승하였다.

1251년(고종 38)에 당시 실권자 최항이 보제사(普濟寺, 후의 연복사) 별원을 짓고 구산선문의 선사들을 초청하였을 때, 천영은 구산선문의 맹주가 되어 조계종 종풍을 크게 떨쳤다. 그는 지눌이 1207년에 간행했던 『법보단경』을 1256년 수선사에서 다시 간행하였다. 그리고 그는 도반인 탁연이 송나라 건경사(建慶寺) 소속 천태종 승려 법언(法言)의 『불거기(佛居記)』를 가져오자, 글을 써서 법언에게 보냈다. 그러자 법언은 그 글을 비로 새기고 탁본을 보내왔을 정도로 찬영을 극찬하였다. 그의 문도로는 굉묵(宏默)·원감국사(圓鑑國師) 충지(冲止)·몽암 명우(蒙庵明友)·굉소(宏紹)·신화(信化)·신정(神定)·혜감국사(慧鑑國師) 만항(萬恒)·자원(慈圓)·각진국사(覺眞國師) 복구(復丘) 등이 있었다.

수선사는 최씨 정권이 몰락한 1258년(고종 45) 이후 사세가 기울기 시작하여 점차 쇠락하여 갔다. 이러한 때 가지산문의 일연(一然)이 두각을 드러내 그 세력을 확장하였고, 일시적으로 묘련사의 천태종 계통과 교권 장악을 위해 대립하기도 했다.

이즈음 수선사 제6세인 원감국사 충지(1226~1293)가 등장하여 기울어 가던 수선사를 중축하는 등 수선사의 선풍을 회복하려고 애썼다. 충지는 선원사 법주로 있던 원오국사 천영을 찾아가 출가하였다. 그는 1286년(충렬왕 12) 천영이 입적하자 수선사 6세가 되어 지눌·혜심, 그리고 천영의 선풍을 계승하였고, 사세의 회복을 위해 선원사에서 수선사로 대장경을 옮겨 왔으며,『원각경소』를 강설하는 등 선교융합적인 선풍을 진작하였다. 그의 문도로 정안(靜眼)·진적(眞寂)·신열(神悅)·진강(眞岡) 등이 있었다. 또한 충지는 고려 중기 사굴산문을 영도하였던 혜조국사 담진을 강하게 추앙함으로써 수선사와 고려 중기 사굴산문 선승들의 연계성을 밝혀 놓기도 하였다.

수선사의 쇠퇴는 충지 다음의 수선사 선풍은 제7세 자정(慈靜)국사, 제8세 자각(慈覺)국사, 제9세 담당(湛堂)국사에 이르면서 계속되었다. 자정국사는 와월당 교평화상이 지은『송광사사적』에 나타난 제5세 자진 원오국사의 법을 사사한 일인(一印)이라는 설과, 보승화상이 지은『조계고승전』에 보이는 인일(印一)이라는 설이 있으나 확실하지 않다.

제8세로 비정되고 있는 자각국사(慈覺國師) 도영(道英)은 진명국사 혼원의 문도이다. 그는 법명이 정열, 법호가 도영이다. 복구에게 사사받았으며, 복구가 그의 문도를 도영에게 맡겼다고 한다. 수선사 제9세 사주인 담당국사는 금나라 장종(1190~1208)의 태자였다고 전하나 확실하지 않다.

수선사 선풍이 다시 회복되기 시작한 것은 혜감국사(慧鑑國師) 만항(萬恒, 1249~1319) 대이며, 수선사계 선원사 승려였던 원명국사 충감을 거쳐 각진국사 복구 대에 사풍이 괄목할 정도로 회복된다.

제10세인 혜감국사 만항은 1263년 원오국사 천영에게 출가한 후 충렬왕 때 삼장사 주지를 거쳐 낭월사·운흥사·선원사의 주지를 지냈다. 그는 충선왕의 총애를 받아 '별전종주 중속조등 묘용존자(別傳宗主 重續祖燈 妙用尊者)'라는 법호를 하사받았다. 그의 문도는 경호와 무학 자초(無學自超)의 출가 은사인 소지(小止) 등 7백여 명이 있었다. 만항은 1298년 상인을 통하여 『법보단경』을 구하여 1300년 선원사에서 간행하는 등 몽산선풍(蒙山禪風)을 수용하였다. 몽산선풍은 13세기 후반에 활동한 몽산 덕이(蒙山德異)의 수행가풍을 일컫는다. 몽산선풍은 철저하게 간화선의 공안으로서만 의미를 부여하는 무자화두(無字話頭)의 간화일문(看話一門)과 종사친견(宗師親見)을 강조한다. 따라서 만항의 선풍은 지눌을 계승한 수선사 선풍에 몽산의 선풍이 가미된 모습을 지니게 되었다. 선원사가 몽산선풍을 받아들여 새로운 선풍을 받아들일 때 원오국사의 문도로 추정되는 자원국사(慈圓國師)와 혜각국사(慧覺國師)가 각기 수선사 11세, 12세 사주를 계승했다.

자원국사는 천영에게 출가하여 득도하였다. 그에 대해서 '제11세 묘엄존자 증시 자원국사(妙嚴尊者贈諡慈圓國師)' 라는 기록이 있는가 하면, 『해동불조원류』에는 묘엄 자원(妙嚴慈圓)이라는 기록이 있지만 천영의 출가 문도였다는 사실 외에는 별다른 내용이 전하지 않고 있다. 혜각국사는 안진(安震, ?~1360)이 찬한 「혜각국사비」가 있었다고 하나 전하지 않는다. 조문발(趙文拔, ?~1360)이 지은 기문에 나오는 송광사 사주 묘구(妙軀)가 혜각국사라는 설이 있으며, 『조계고승전』에는 그의 휘가 도영(道英)이라고 되어 있으나 8세 사주 자각국사와 동일인인지는 확실하지 않다.

원명국사(圓明國師) 충감(冲鑑, 1274~1388)은 만항보다 25년 뒤에 태어났다. 호는 설봉(雪峰), 자는 절조(絶照)이다. 1280년(충렬왕 6) 7세에 선원사로 출가하고 원오에게 사사받았다. 1292년(충렬왕 18) 승과에 급제하고 각지를 돌아다닌 뒤 1304년 원나라에 들어가 몽산의 제자인 철산 소경(鐵山昭瓊)을 만나 함께 귀국했다. 몽산선풍을 그의 제자 소경을 통해 직접 수용하려는 목적에서였다. 그후 용천사 주지로 있으면서 백장의 '선문청규'를 실행하였으며 이어 15년 동안 선원사의 주지를 하였다. 1334년(충숙왕 복위 7)부터 성주산 보광사에 주석하며 절을 중건하였고, 1338년 그곳에서 입적하였다. 이러한 충감의 행적 가운데 중요한 것은 만항에 이어 몽산선풍을 수용하였다는 점이다. 이렇게 만항과 충감이 중국의 몽산선풍을 수용하여 수선사 사세를 회복하자, 수선사 13세인 복구(復丘) 대에 이르러 그 선풍이 더욱 널리 확산되기 시작하였다.

수선사 제13세인 각진국사(覺眞國師) 복구(復丘, 1270~1356)는 당시의 재상 이존비의 아들로서 1279년 10세 때 천영에게 출가하였다. 그는 1320년 수선사 주지로 취임하여 1350년까지 재임하였다. 그후 백암산 정토사(淨土寺)로 옮긴 후 왕사로 책봉되었으며, 1352년 공민왕이 즉위하면서 다시 왕사로 책봉되었다. 그는 수선사계 출신으로 혼원에 이어 생존 당시 왕사로 책봉될 정도로 명망이 높았다. 그의 문인은 선원사의 백화(白華), 가지사의 마곡(麻谷), 졸암 연온(拙庵衍溫)·지목(之牧)·심백(心白)·지부(知浮)·원규(元珪)·정혜(淨慧) 등이 있었다. 그 가운데 졸암 연온은 구곡 각운의 스승이며, 원규는 태고 보우의 문도였다.

복구는 여러 사찰의 장로 백여 명을 백암산 정토사에 초청하여 백 일 동안 대법회를 거행하였다. 낮에는 삼장을 읽고 밤에는 조도(祖道)를 거행하며 참선 또는 강경하였다. 또한 1341년과 1353년에도 각각 이렇게 전장법회(轉藏法會)를 열어 장로 1천여 명이 참여하는 성황을 이루어 냈다. 이러한 법회는 지눌의 결사 운동을 연상케 한다는 점에서 주목할 만하다.

복구 이후 수선사 주지는 정혜국사(定慧國師)와 홍진국사(弘眞國師)가 계승하였으나 이들에 대해서는 알려진 사실이 거의 없다. 다만 수선사 14세로 비정되고 있는 정혜국사는 정토사에서 개최된 전장법회를 주법한 '조계 14대 화상 복암'이었으며, 1363년 수선사 사주에 취임한 것으로 추정된다.

수선사 15세로 비정되고 있는 홍진국사는 공민왕 대 화엄종 승려 천희가 국사로 책봉될 때 같이 왕사로 책봉된 선현(禪顯)이라는 설이 있으나 확실하지 않다. 다만 선현이 남전 부목(南田夫目)과 친밀했던 사이였으므로, 아마도 부목과 같이 복구의 문도이면서 태고 보우의 문도였을 것이라 추정된다. 이렇듯 만항과 충감에 의해 부흥된 수선사의 사세는 각진국사 복구와 그의 문도들에 의해 계승되었고, 태고 보우, 나옹 혜근, 백운 경한 등의 여말삼사와 그의 문도들에게도 이어졌다. 마지막으로 수선사 16국사로 비정되고 있는 인물은 고봉 법장으로 그에 대해서는 '조선 초 선사의 생애와 사상' 편에서 언급하겠다.

(2) 일연의 활동과 사상

보각국사(普覺國師) 일연(一然, 1206~1289)은 우리나라 고대사를 연구하는데 없어서는 안 될 역사서인 『삼국유사』의 저자로 잘 알려져 있다. 그는 원응국사(圓應國師) 학일(學一, 1052~1144)과 태고 보우 사이에서 가지산문계의 선맥을 뚜렷이 잇고 있는 고승이다.

일연이 생존했던 13세기는 원나라가 침입해 들어와 고려의 국권을 유린하던 암울한 시대였다. 원나라의 간섭이 정치·경제·사회·문화 모든 분야에 걸쳐 자행되던 내우외환의 시기에 그가 활동했던 것이다.

일연은 1206년(희종 2) 지금의 경상북도 경산인 장산군에서 태어나 이름을 견명(見明)이라 했다가 일연(一然)으로 바꾸었다. 자는 회연(晦然), 시호는 보각(普覺)이다. 그는 목주(睦州) 진존숙(陳尊宿)을 흠모하면서 노모를 극진히 모시고 스스로를 목암(睦庵)이라고 했다. 1214년(고종 1), 9세 때 지금의 광주인 해양 무량사에 출가하여 14세 때 조계종의 종조 도의국사가 주석하였던 설악산 진전사(陳田寺)의 대웅(大雄)장로에게서 구족계를 받았다. 1227년(고종 14), 선불장(選佛場)의 상상과(上上科)에 합격한 후 경북 현풍의 포산 보당암(寶幢庵)에 머물면서 선을 닦았다. 1236년(고종 23), 몽골군이 수행처소 인근에까지 쳐들어 오자 문수보살의 오자주(五字呪)를 염송하면서 화를 벗어나고자 하였다. 그 이듬해인 1237년, 포산 묘문암(妙門庵)에 머물면서 "중생 세계는 줄지도 않고 부처 세계는 늘지도 않는다"라는 화두를 참구하다가 크게 깨쳤다. 그는 삼중대사를 수여받고 그 이듬해 선사의 법계를 받았다.

이후 일연은 당시 무신집권자 최항의 생질로서 재상이었던 정안(鄭晏, ?~1251)이 그의 집을 희사해 창건한 경남 남해의 정림사(定林社)에 초빙되었고, 1249년에는 그 절의 주지를 맡게 되었다. 정안은 당시 최우의 정치적 압력에 의해 향리로 내려와 있으며 그의 집을 절로 만들어 일연을 머물게 했던 것이다. 일연은 정림사에 머물면서 대장경 판각 사업을 주도했던 남해(南海) 분사 대장도감(分司大藏都監)의 기능을 활용하여 주요 전적 간행 사업을 주도하였던 것으로 보인다. 이후 1256년(고종 43년)에는 남해 길상암(吉祥庵)에서 『중편조동오위(重編曹洞五位)』를 편집하기 시작하여 1260년에 출간하게 되었다. 그는 그 한 해 전인 1259년에 대선사의 법계에 올랐다.

일연은 1261년(원종 2) 원종의 명에 의해 수선사의 별원인 선원사로 추정되는 선월사(禪月社)에 주석하면서 멀리 지눌의 법을 계승했다고 하였다. 이는 그의 출신 승적을 가지산문에서 사굴산문으로 바꾼 것이 아니라 당시 불교계를 주도하였던 수선사와의 사상적 연계성을 나타내기 위한 표현이 아닐까 한다.

1264년, 일연은 다시 남쪽으로 내려와 경북 영일 운제산 오어사(吾魚社)에 있다가 비슬산 인홍사(仁弘社)로 옮겼다. 1268년 여름 운해사(雲海寺)에서 열린 대장경 주조 낙성식에 주맹으로 참여하였다. 1274년(충렬왕 즉위) 왕의 사액을 받아 비슬산 인홍사를 인흥사(仁興社)로 바꾸고 비슬산 용천사(湧泉寺)를 중수하여 불일사(佛日社)로 바꾸었다. 1277년(충렬왕 3) 왕명으로 가지산 운문사(雲門寺)에서 주석하고 여기서 『삼국유사』를 집필하기 시작하였다. 이

때 그의 나이 72세였다. 일연의 운문사 주석은 고려 중기 원응국사 학일 이래 침체에 빠져 있던 가지산문을 다시 중흥시키는 계기가 되었다. 1282년 개경 광명사(廣明寺)에 주석하다가 이듬해 1283년 3월 국존으로 책봉받고 호를 원경충조(圓徑冲照)라 하였다. 1284년(충렬왕 12), 인각사를 하산소(下山所)로 하여 내려왔으며, 7월 이곳에서 세수 84세, 법랍 71세로 입적하였다. 그는 50년 동안 법도의 으뜸이었으며 문풍이 광대하여 헤아리기조차 어려웠다고 한다. 그가 주석하는 곳을 따라 사람들이 모여들었고, 그 문하에 참석하지 못하는 것을 부끄럽게 여겼다고 한다. 그의 제자는 굉훈(宏訓)·혜림(慧林)·조운(早雲)·선린(禪麟)·청분(淸玢; 혼구)·혜여(惠如)·산립(山立) 등이 있었다.

일연은 『어록』 3권, 『게송잡저(偈頌雜著)』 3권, 『중편조동오위』 2권, 『조파도(祖派圖)』 2권, 『대장수지록(大藏須知錄)』 3권, 『제승법수(諸乘法數)』 7권, 『조정사원(祖庭事苑)』 3권, 『선문염송사원(禪門拈頌事苑)』 30권 등 백여 권을 편찬하였다고 하나 현재 남아 있는 것은 『삼국유사』와 최근에 발견된 『중편조동오위(重編曹洞五位)』뿐이다. 일연은 그 밖에 『수능엄경환해산보기(首楞嚴經環解刪補記)』를 지은 한암 보환(閑庵普幻)의 부탁을 받아 그 내용을 검토해 주기도 하였다.

『중편조동오위』는 중국의 선사 동산 양개(洞山良介, 807~869)가 지은 『조동오위현결(曹洞五位顯訣)』이 원본이다. 여기에 조산 본적(曹山本寂, 839~901)이 주를 덧붙이고, 혜하(慧霞)가 편집하고 광휘(廣輝)가 해석하였는데, 자료상 문제가 많아 일연이 다시 교열 작업을 한 것이다.

『조동오위현결』은 조동종의 대표적인 어록으로 조동종의 수행 지침을 제공하는 길잡이 역할을 하였다. 그렇기 때문에 조동종의 선사들은 이 어록에 대한 주석과 게송을 많이 남겼다. 고려시대에는 13세기 초에 지겸(志謙, 1145~1229)이 『조동오위』에 대한 편집을 시도하였다. 그렇지만 지겸이 편집한 그 책도 여러 가지 문제점을 안고 있었다. 그래서 일연은 수선사 제3세 몽여와 더불어 『조동오위』에 대해 관심을 표명하고 이 책을 재검토할 필요성을 느끼게 된다. 그만큼 일연은 『조동오위』의 중요성을 인식하고 있었던 것이다.

『중편조동오위』의 편찬은 일연의 선 사상이 상당히 광범위한 것이었음을 알게 해 주는 사례이다. 이러한 점을 감안한다면, 그가 가지산문 소속이면서 멀리 지눌의 선풍을 계승하였다고 밝히고 있는 비문의 표현도 자연스럽게 이해할 수 있다.

일연은 이러한 포용적인 선풍을 가지고 당시대 민초들의 삶 속으로 들어간다. 그래서 그의 선은 인간세계를 널리 이롭게 하는 홍익인간을 위한 것이라는 평가를 받기도 한다. 이러한 삶의 자세는 『삼국유사(三國遺事)』의 편찬 배경과 그 내용을 통해서도 잘 드러난다.

『삼국유사』는 우리 고대 불교문화사의 금자탑이다. 일연은 이 저술을 통하여 한국 문화 전통과 한민족의 우수성을 천명하고자 했다. 그가 『삼국유사』를 집필한 시기는 50여 년에 걸쳐 자료를 수집한 후 70대 후반부터 84세 입적하기까지였다. 일연은 이 역사서에서 외세의 압박과 간섭에 대항하고자 민족의 주체의식을 고취하였고 우리 역사에서 유교적 합리주의보다 초월적 진실의 세계가 있었음을 드러내고자 하였다. 이를 위해 그는 단군조선에 관련한 내용을 기록으로 남겼고, 귀족층은 물론 서민과 노비의 신분까지 귀천의 차별 없는 중생 전체를 역사의 주체로 설정하였다. 그는 「기이편(紀異篇)」을 국가 민족사 중심으로 설정하고, 그 이하 「효선편(孝善篇)」이전까지는 불교를 중심으로 하여 불교적 세계와 진실을 다루었다. 마지막 「효선편」에서는 사회의 기초단위인 가정과 개인의 윤리에 대한 글을 써서 효를 강조하였다.

일연이 남해 정림사에 머물면서 대장경 보유판 조성불사에 참여한 것은 그가 경전과 교학의 중요성을 인식하고 있었다는 것을 의미한다. 고려는 두 차례에 걸친 대장경 조성 역사를 간직하고 있다. 초조대장경(初雕大藏經)은 1011년(현종 2) 거란의 침입을 막기 위해 조성하기 시작하여 1087년(선종 4)에 완료되었다. 대구 부인사에 보관되었던 초조대장경은 안타깝게도 몽골의 제3차 침입 시 불타 없어졌다. 그러자 고려 조정에서는 불력(佛力)으로 국민들 간의 정신적 일치를 이루어 내면서 몽골을 몰아내고자 했다. 그것이 1236년(고종 23)에 시작되어 16년간 걸쳐서 이루어졌던 두번째 대장경 조성이었다. 이를 재조대장경(再雕大藏經, 팔만대장경, 해인사대장경)이라 한다. 재조대장경 간행 사업은 강화도 대장도감(大藏都監)을 중심으로 진행되었으며, 특히 남해의 분사대장도감에서 상당량의 경찬을 판각하였다.

재조대장경판은 현존하는 대장경판 가운데 최고의 것이며, 당시 고려 불교가 동아시아 국가 가운데 최고의 수준에 있었음을 보여 주고 있다. 이 대장경 판각 사업이야말로 동아시아의 보편적인 문화가 집결된 것이다.

일연이 보유판 대장경 조성 불사에 참여한 것은 그가 선사이기도 했지만 교학에 대한 깊은 이해와 애정을 가지고 있었기 때문이다. 실제 그는 참선하는 여가에 대장경을 열람하여 제가(諸家)의 장소(章疏)를 연구하고 유서(儒書)와 백가제서(百家諸書)도 함께 연구하였다. 그는 불교 밖의 여러 학문까지 두루 섭렵한 대학자이기도 했던 것이다. 이렇게 하여 일연을 두고 그의 비문 찬자가 "선림(禪林)에서는 호랑이의 부르짖음이었고, 교해(敎海)에서는 용의 소리였다"고 극찬하기에 이르렀던 것이다.

일연은 인각사에 머물면서 두 차례나 구산 문도회를 개최하였고 그의 제자 혼구(混丘)도 왕사로 책봉되어 당시 불교계의 주도권을 이어 갔다. 이렇게 구산 문도회를 개최한 것은 선문을 통합하고자 했던 그의 의도로 보인다. 일연은 운문사에 주석하면서 가지산문을 부흥시키기 시작했다. 결국 고려의 가지산문은 일연과 그의 제자 혼구에 이르러 크게 중흥하는 계기를 마련 하였다.

혼구는 1280년 무렵 운문사, 1290년대 무렵 내원당, 연곡사, 내원당, 보경사 등의 주지를 지냈다. 충선왕으로 부터 양가도승통(兩街都僧統)과 '대사자왕법보장해국일(大獅子王法寶藏海國一)'이라는 호를 받았다. 1313년(충숙왕 즉위) 충선왕이 왕위에서 물러나면서 그를 감지왕사(鑑知王師)로 책봉케 하도록 하였다. 그는 몽산 덕이의 선풍을 수용하였는데, 덕이가 친히 지은 무극설(無極說)을 받아 스스로 무극노인이라고 할 정도였다. 그의 저서는 『어록』 3

권, 『가송잡저(歌頌雜著)』 2권, 『신편수륙의문(新編水陸儀文)』 2권, 『중편염송사원(重編拈頌事苑)』 30권 등이 있었다.

일연의 선풍은 혼구에 이어 혼구의 제자 충탄으로 계승되었다. 이 시기 불교계는 일연과 혼구, 충탄으로 이어지는 가지산문, 천태종 묘련사의 경의(景宜)와 무외국사(無畏國師) 정오(丁午), 그리고 유가종의 보자국존(普慈國尊) 혜영(惠永, 1228~1294)과 그의 제자 효정(孝楨), 여기에 혜감국사(慧鑑國師) 만항(萬恒) 등이 중심이 되어 이끌어 나가고 있었다.

(3) 몽산선풍의 수용

몽산 덕이(蒙山德異, 1232~1298?)는 몽골의 침략으로 남송(南宋)이 멸망한 1232년에 태어나 양자강 남쪽에서 활동하였던 13세기 후반의 고승이다. 그는 남송 말부터 불교계를 주도하였던 임제종 양기파(楊岐派)에 속한다. 14세 때 우연히 탁발승이 외우는 『반야심경』의 대신주(大神呪)를 듣고 그 의미를 물었는데, 그 승려가 일러 준 대로 동산(洞山)의 죽암묘인(竹庵妙印)을 찾아갔다. 죽암묘인은 뒤에 덕이가 출가하여 그의 사법사가 되었던 환산 정응(晥山正凝)의 스승 고봉 독수(孤峯獨修)의 법형제였다.

덕이는 1248년에서 1265년까지 촉(蜀)의 중경(重慶)에 머물렀다. 동호(東湖) 임안(臨安)에서 무준 사범(無準師範)의 문도인 천녕사(天寧寺) 설암 조흠(雪巖祖欽)과 퇴경 덕령(退耕德寧)을 찾아가 입실하였고, 그후 경산사(徑山寺) 허당 지우(虛堂智愚)를 찾아가 그로부터 환산 정응을 소개받아 정응의 법맥을 계승했다. 이렇듯 그는 여러 스승으로부터 감화를 받았으나 법통을 이은 스승은 환산 정응이었고, 석옥 청공과 평산 처림의 스승인 급암 종신(及庵宗信)도 스승으로 모셨다.

덕이는 남송의 간화선 선 사상을 계승하면서 무자화두를 참구하는 간화선

일문(一門)을 확립하였으며, 대종사를 참방하여 인가를 받는 전통을 확립하였다. 다시 말해서 그는 일단 깨달았다고 하더라도 장애를 만나거나 막히는 공안에 대해서 자신의 공부가 확철하게 완성되었는지 종사(宗師)를 만나서 다시 점검할 것을 강조하였다.

덕이는 휴휴암에서 『육조단경』을 다시 편집하여 『덕이본 육조단경』을 간행하였다. 이 책의 간행으로 중국 선 사상사뿐만 아니라 고려 후기 선풍의 형성에 지대한 영향을 끼쳤다. 그는 중국에서보다 고려 불교계에 더 알려졌다. 그의 제자 철산 소경(鐵山昭瓊)이 몽산의 입적 후에 고려에 와서 머물면서 대단한 환영과 존경을 받던 것은 모두 그의 영향 탓이다. 고려 말 고승들도 몽산의 유적을 탐방할 정도로 고려 말 교계에 끼친 영향은 적지 않으며, 조선시대에 이르러서도 그의 저술이 유행할 정도였다.

덕이의 선풍이 고려에 알려진 것은 그가 교화를 폈던 시대인 원나라 간섭기부터이다. 최근에 발견된 덕이의 『행실기(行實記)』에 의하면, 1295년(충렬왕 21) 겨울 고려의 요암 원명(了庵元明)장로, 각원(覺元)상인, 묘부(妙浮)상인 등 8인의 도우(道友)가 그를 찾아가 머물렀다고 한다. 또한 그해 겨울에는 일연의 문도인 혼구(混丘, 내원당 대선사), 비구니 묘지(妙智, 정녕원 공주 왕씨), 묘혜(妙惠, 명순원 공주 왕씨), 그리고 김방경(金方慶, 1212~1300), 한강(韓康, ?~1303), 염승익(廉承益), 김흔(金昕), 이혼(李混, 1252~1312), 박경(朴卿), 유거(柳裾) 등 고위 관료 귀족들이 몽산과 교류하였다. 즉, 그들은 몽산에게 보내는 편지를 고려의 만수(萬壽)상인에게 부탁하여 전하게 하고, 이에 몽산은 그들에게 송자(松字)를 붙인 게송을 주었다. 몽산과 교류했던 인물 중에서 계송(戒松)이란 승려는 1315년 충숙왕의 명을 받아 시를 지었다는 사실이 『고려사』에 전한다.

1297년 4월, 몽산은 강원도 삼척의 두타산에 머물고 있던 동안거사(動安居士) 이승휴(李承休, 1224~1301)에게 법어를 보냈고, 이에 이승휴는 답사를 보내기도 하였던 사실이 그의 문집인 『동안거사집』에 전하고 있다.

혼구와 같은 시기를 살았던 수선사 13세 사주 혜감국사 만항도 몽산에게 게송을 보냈는데, 몽산은 그 게송을 보고 감탄하면서 10수의 게송을 지어 보내면서 고담(古潭)이란 호를 주었다. 만항은 상인을 통해 몽산이 1298년 서문을 쓴 『육조대사법보단경(六祖大師法寶壇經)』을 구하여 그로부터 2년 후인 1300년 강화도 선원사에서 간행하였다. 이로 인하여 『덕이본 육조단경』이 우리나라에 크게 유행하였다.

만항보다 25년 뒤에 태어난 충감(冲鑑)은 1304년 몽산의 제자인 철산 소경을 원나라에 가서 직접 초빙하여 3년간 모셨다. 「고려국대장이안기(高麗國大藏移安記)」에 "부처님을 맞이한 듯 온나라가 존숭하고 머무는 곳마다 4부대중이 구름처럼 모였다"는 내용이 있어 그가 고려국 사람들로부터 많은 존경을 받았음을 알 수 있다. 소경은 덕이의 법통을 계승하였지만 한편으로는 남악 앙산(南嶽仰山)의 설암 조흠을 특기하여 그의 후계자임을 과시하였다. 설암 조흠은 급암 종신과 석옥 청공을 거쳐 고려 말의 태고 보우로 계승되는데, 이것은 『해동불조원류』에 전하는 법맥과 통하는 내용이기도 하다.

충감은 선원사에 머물면서 절을 중창하였고 만항이 수용한 몽산선풍을 계승해서 확대시켰다. 이렇듯 수선사계인 충감은 덕이의 제자 소경을 직접 초빙하였을 뿐만 아니라, 수선사에서도 직접 덕이의 선풍을 진작해 나갔다. 아울러 일연의 제자인 보감국사 혼구도 원나라에 가서 몽산선풍을 수용하였다. 결국 원나라 간섭기 선승들은 몽산선풍의 수용과 진작을 위해 노력하였다는 것을 알 수 있다.

고려 말에 이르러서도 몽산선풍의 영향은 지속되었던 것으로 보인다. 고려 말 중국에 유학하였던 선사들은 대부분 덕이가 머물렀던 휴휴암을 찾아 참배하였다.

조선시대에는 세조 대의 삼화상이었던 신미(信眉)에 의해 덕이의 『법어약록(法語略錄)』과 『육도보설(六道普說)』이 처음 간행되었고, 이후 이 두 저술은 여러 차례 간행, 유통되었다. 또한 최근에는 덕이의 저술 가운데 하나인

『직주도덕경(直註道德經)』을 1526년 벽송 지엄(碧松智嚴, 1464~1534)이 발문을 붙여 단속사에서 간행하였고, 그의 저술로 『몽산서설(蒙山序說)』이 더 있었다는 사실이 확인되었다. 특히 『몽산서설』과 『직주도덕경』은 도교와 유교의 근본 이론에 불교의 이론을 도입, 재해석하고 불교에 귀착시킨 사상서였다는 점에서 주목된다.

이러한 저술은 조선시대 불교가 억압을 받고 있을 때 함허 기화(涵虛己和)가 『현정론(顯正論)』을 저술하여 유불도(儒佛道)를 논하고 불교의 우수성을 주장한 것과 그 맥락이 닿는다. 조선 중기의 고승 중관 해안(中觀海眼, 1567~?)은 『화엄사사적』과 『금산사사적』을 저술하였다. 그는 여기서 우리나라 불교를 통사적으로 약술하면서 덕이의 제자 철산 소경을 크게 다루었는데, 이것 역시 몽산선풍의 영향과 관련한 내용으로 주목된다.

5. 보우와 선문의 통합

(1) 보우국사의 생애와 임제선 수용

1) 시대적 배경과 불교계의 동향

태고 보우(太古普愚, 1301~1382)는 대한불교조계종의 중흥조로서 임제종(臨濟宗)의 선맥(禪脈)을 한국에 이어 준 대선사(大禪師)이자 고려에 간화선을 토착화시키는 데 결정적인 역할을 하였다. 그는 난립되어 있던 구산선문과 제종(諸宗)을 통합하기 위한 노력을 통해 고려 후기 불교계를 일신하고자 하였다.

보조 지눌 이후 공민왕 대까지 고려 사회는 원나라의 침입과 이들에 대한 저항기를 거쳐, 원나라의 지배기에 들어갔다. 보우가 살았던 시대에는 무신집권의 종료와 왕정의 회복, 그리고 거의 1세기에 달하는 원(元)의 지배 및 다시 원(元)·명(明)교체기를 맞아 추진된 반원(反元) 정책 등으로 이어지면서 국내외 정치·사회적 상황이 급변해 왔다.

원 간섭기에는 정치권력 내부의 갈등과 부원 세력(附元勢力)의 발호로 정치적 혼란을 극복하고자 했던 개혁 작업이 실패를 거듭했다. 충렬왕, 충선왕, 충숙왕, 충혜왕, 충정왕 등 잦은 왕위의 교체는 고려 사회의 혼란상을 가중시켰으며, 이러한 왕실의 분란은 권문세족의 극성을 이루는 빌미를 주기도 하였다. 이런 와중에 공민왕(恭愍王)은 원나라에서 돌아와 왕위에 오르게 된다.

공민왕은 이전의 왕들과는 다르게 적극적이고 자주적이며 반원적(反元的)인 정책을 폈다. 공민왕은 부원 세력을 혁파하고 친명정책(親明政策)을 뚜렷이 하였다. 그래서 공민왕은 신흥사대부 세력과 불교계의 보우 및 신돈(辛旽)

을 기용하여 강한 개혁정치를 펴나갔으나, 그의 개혁정치는 권문세족의 강한 반발에 부딪히게 된다. 권문세족은 공민왕의 반원 정책과 혁신 정치로 말미암아 그들의 세력 기반이 무너지는 것을 두려워하여 신돈을 제거하고 공민왕을 시해하였으며 그 결과 개혁 운동도 좌절하게 된다. 이러한 정치적 상황 속에서 성리학(性理學)을 기반으로 한 신흥사대부 세력이 정치적으로 급부상한다.

이 당시 불교계는 수선사(修禪社)와 백련사(白蓮社)에 의해 주도된 결사 정신의 순수성을 잃고 점차 권문세족과 결탁하여 친원적(親元的)인 이익집단으로 변질되었다.

무신집권 이후 각 종파의 동향으로서, 조계종이 부상하는 가운데 상대적으로 화엄종·유가종 및 천태종의 교종세가 약화될 수밖에 없었다. 이 같은 교종의 약세는 그 세력 및 사회적 활동의 위축만을 의미하는 것은 아니다. 교리의 새로운 해석이나 저술 면에 있어서도 거의 활동을 찾아보기 어려웠다. 이러한 현상은 당시대 고려의 사상계 전반이 침체해 있던 시대 분위기와도 무관하지 않다.

무신정권 종료 후 원나라의 간섭기에 접어들면서 1283년(충렬왕 9)에 조계종 가지산파의 일연이 국존(國尊)에 책봉된다. 또한 개경에 세워진 묘련사(妙蓮寺)에 백련사계 인물들이 주지로 초빙되면서 지방의 천태종이 중앙 무대에 진출하게 된다. 천태종의 승려들이 대거 진출하게 된 묘련사는 부원 세력과 결탁한 권문세족의 주요 활동 무대로 전락되었으며, 백련사의 결사 정신 또한 변질되었다. 또한 원나라 지배기를 거치면서 불교계는 교단 체제가 붕괴하고 승풍(僧風)의 문란 현상이 뚜렷이 나타나게 된다. 불교계가 선과 교 가릴 것 없이 사상이나 이념적 대립보다는 물질적 이해 관계에 함몰되어 그 활력을 잃어 가고 있었던 것이다.

사원은 세속의 도피장이면서 또 정쟁의 진원지가 되고 승려의 기강이 해이해져 전락과 속화의 일로(一路)를 걷고 있었다. 따라서 불교의 상구보리 하화중생의 보살도는 망각되고 왕실의 기복불교로 퇴락하고 있었다. 또한 국고와 민생을 무시한 사원의 지나친 불사와 도를 넘는 반승(飯僧)으로 인해 국고는 탕진되고 민심이 이반하였다. 게다가 홍건적의 침입과 왜구 등의 외환이 가중되었다. 이렇듯 고려 말기 사회상의 혼란과 더불어 불교계도 상당히 혼미를 거듭하고 있었다.

이러한 불교계에 대해 신흥사대부로 성장한 계층, 즉 성리학을 이론적 배경으로 한 신진 관료들이 불교의 폐해와 그에 대한 대책을 거론하기 시작했다. 이색(李穡)의 상소가 그 효시를 이룬다. 1351년(공민왕 원년) 이색은 왕에게 올린 글을 통해 불교가 "오교양종(五敎兩宗)의 무수한 사찰과 승도의 이익만을 추구하는 비루한 집단이 되어 있음"을 지적하고 그러한 폐해의 교정을 위해 "도첩제의 확립과 출가로 인한 양민의 감소 방지 및 사찰 창건의 억제" 등을 건의하였다. 이러한 이색의 상소를 시작으로 불교에 대한 비판은 계속해서 일어나게 되며 배불론자 정도전의 『불씨잡변(佛氏雜辨)』을 정점으로 종교·철학적인 입장에서 불교를 비판 배격하는 움직임이 일어나게 되었다.

성리학의 불교에 대한 도전은, 이처럼 현실 윤리로부터 시작하여 사상 문제로 옮겨 가면서 마침내는 불교의 종교성마저 부인당하기에 이른다. 그 동안 어떤 외부 사상과의 도전이나 경쟁 없이 일방적인 우월감 속에서 안주해 온 불교계로서는 충격적인 상황 변화인 셈이다. 따라서 이제 불교는 성리학의 도전에 대한 대응이 무엇보다도 중요한 과제가 된 것이다.

이러한 불교적 상황 속에서 보우의 대응 방식은 사상적으로 임제선을 수용하여 성리학에 대응하고, 또 공민왕의 반원 개혁 정책과 보조를 맞추어 불교 개혁 운동을 취하여 불교 내부의 활력을 도모하고자 했다. 보우를 비롯한 나옹 혜근(懶翁惠勤), 백운 경한(白雲景閑) 등의 선사들이 한결같이 중국에서 임제선을 수용하여 진작한 것은 이러한 시대적 상황에 따른 것으로 볼 수 있다. 그래서 보우는 임제선을 수용하고 원융부(圓融府)를 설치하여 구산선문을 통합하고 청규(淸規)를 도입하여 통합교단의 계율을 정비하려는 불교 개혁 운동을 펼쳤던 것이다.

2) 보우국사의 생애

보우의 삶은 크게 세 시기로 나누어 볼 수 있다. 출가하여 수행에 전념한 구도기(求道期), 원나라에 들어가 임제선의 맥을 받아 온 입원구법기(入元求法期), 그리고 중생의 교화에 힘쓴 제도교화기(濟度敎化期)등인데, 이러한 생애를 보우의 제자인 유창(維昌)이 찬술한 「태고보우행장(太古普愚行狀)」에 의거하여 살펴보겠다.

구도기

태고 보우는 1301년(충렬왕 27) 9월 21일 경기도 양근(楊根)에서 홍주 홍씨(洪州洪氏) 연(延)을 아버지로, 정씨(鄭氏)를 어머니로 하여 출생하였다. 13세 때 양주 회암사 광지(廣智)를 스승으로 하여 득도하였다. 19세 때에 가지산총림(迦智山叢林)에서 '만법귀일(萬法歸一), 일귀하처(一歸何處)'의 화두를 들고 참구하였는데 당시 대중은 아무도 그 사실을 몰랐다고 한다.

한편 그는 교학 연구에도 힘을 써서 26세 때에는 화엄선(華嚴選)에 합격하고 경전을 두루 연구하여 그 뜻을 깊이 알았다. 그러나 보우는 이러한 경전을 통한 닦음에 한계를 분명히 느꼈다. 이와 관련하여 「사리탑비명」에는 "'이것(화엄경)도 방편일 뿐이다. 옛날의 대장부들은 높은 뜻을 세워 치밀하게 공부하지 않았던가. 어찌 나만 대장부가 못되겠는가?' 라고 탄식하고 모든 인연을 끊고 뜻한 바를 향해 힘써 정진하였다"고 전한다. 바로 경전을 통한 체험으로서는 대장부가 되지 못한다는 의식을 보우는 가지고 있었던 것이다.

이어 30세(1330년)에 그는 큰 서원을 세워 대도를 성취하고 교계와 사회의 정화에 심신을 바치고자 용문산 상원사에서 관세음보살에게 기도를 올려 12가지의 큰 원(願)을 세웠다. 이때 그의 지극한 정성은 허파를 걸러 나왔고 눈물이 줄줄 흘렀다고 하며 그 뒤로는 날카로운 지혜를 갖게 되었다 한다.

이후에도 그의 깨침을 향한 구도의 과정은 계속되었다. 33세(1333년) 때에는 "일대사(一大事)를 성취하지 못한다면 죽음도 사양하지 않겠다"는 굳은 각오로써 성서(城西) 감로사(甘露寺)에서 7일 동안 먹지 않고 잠자지도 않으며 용맹정진하였다. 그 결과 큰 지혜가 열렸다. 이후 37세 때(1337년)에 불각사(佛脚寺)에서 『원각경(圓覺經)』을 보다가 "모두가 다 사라져 버리면 그것을 부동(不動)이라 한다"는 데까지 읽고 크게 깨달아 알음알이가 사라졌으며 그 경지를 게송으로 읊었다.

보우는 37세부터 무자화두를 통한 간화선 수행에 접어든다. 그는 무자화두를 들고 입에 삼킬 수가 없어서 쇠뭉치를 씹는 것 같이 하였으며, 그 쇠뭉치 속에서 계속 정진하다가 그해 10월 겨울 안거 기간 동안에 오매일여(寤寐一如)의 경지에 이르렀는데, 무자화두에 대한 의심은 깨뜨릴 수가 없어 완전히 죽은 사람과 같았다고 한다.

보우는 오매일여의 경지를 체험한 이후에도 계속 정진하였으며, 고향에 돌아와 부모님을 모시고 있으면서도 1,700공안을 참구하였다. 그는 결국 '암두밀계처(巖頭密啓處)'의 공안에 막혀 있다가 이를 타파하고 완전한 깨침을 이루게 된다. 그때 보우의 나이 38세였다.

원나라에서의 구법기(求法期)

보우는 화두를 통한 깨달음 이후 삼각산 중흥사의 주지로 있으면서 절 동쪽에 태고암(太古庵)을 짓고 오랫동안 주석하였다. 그 후 중국의 무극(無極)으로부터 남조(南朝)에는 임제정맥이 끊이지 않아 석옥 청공(石屋淸珙, 1270~1352)화상이 있으니 가서 인가를 받는 것이 좋겠다는 말을 듣고 46세때 원나라에 들어가게 되었다. 그는 중국에 건너가 약 2년 동안 유행하면서 임제의 18대손으로서 당시 중국에서 으뜸가는 고승인 하무산(霞霧山) 천호암(天湖庵)의 청공을 만나 심계(心契)를 얻었다. 이와 관련한 다음과 같은 내용이 전한다.

석옥화상이 「태고암가」의 발문을 써 주면서 물었다.

"우두(牛頭)스님이 사조(四祖)를 만나기 전에는 무엇 때문에 온갖 새들이 꽃을 입에 물고 왔던가?"

"부귀하면 사람들이 다 우러러보기 때문입니다."

"사조를 만난 뒤에는 무엇 때문에 입에 꽃을 문 새들을 찾아볼 수 없었던가?"

"가난하면 아들도 멀어지기 때문입니다."

"공겁(空劫) 이전에도 태고(太古)가 있었던가, 없었던가?"

"허공이 태고 가운데서 생겼습니다." 석옥화상은 미소를 지으며 "불법이 동방으로 가는구나" 하고 다시 가사를 주어 믿음을 표하고 말하였다.

"이 가사는 오늘 전하지만 법은 영산(靈山)으로부터 지금까지 내려온 것이오. 이제 그대에게 전해 주니 잘 보호하여 가져서 끊어지지 않게 하시오."

또 주장자를 집어 들면서 이렇게 부탁했다.

"이것은 노승이 평생 지녔던 것이오. 오늘 그대에게 주니 그대는 이것으로 길잡이를 삼으시오."

이렇게 해서 청공은 법과 가사를 보우에게 전했다. 보우는 임제선의 법맥을 잇게 된 것이다. 이 일은 보우가 임제의 법통을 이었다는 의미이며, 종통(宗統)까지 계승한 것으로 보기는 어렵다. 실제로 그는 임제의 법통을 이었음에도 스스로 임제종 19세 법손이라 칭하지 않았으며, '고려국 국사 대조계사조(高麗國國師大曹溪嗣祖)'라고 하여 고려 조계종 계승자로서의 위상을 뚜렷하게 밝히고 있다.

보우는 석옥으로부터 법을 전해 받고 나서, 그와 작별하고 하무산 천호암을 떠나 연경(燕京)에 당도했다. 보우의 명성이 두루 알려지자 태자의 생일을 맞아 보우가 영녕사에서 개당설법(開堂說法)을 하는 일도 있었으며, 원나라의 황실에서는 향(香)과 폐백(幣帛)과 금란가사를 증정하였다. 이때 세자이던 공민왕이 연경에 볼모로 와 있었는데, 당시 보우와의 인연은 후일 보우가 왕사와 국사의 자리에 오르는 중요한 계기로 작용하게 된다.

> **'가지산문의 법맥'**
>
> 曹溪慧能 → 南嶽懷讓 → 馬祖道一 → 西堂智藏 → 元寂道義 ⋯▶ 廣智 → 太古普愚
>
> **'임제선의 법맥'**
>
> 臨濟義玄 ⋯▶ 楊岐方會 → 白雲守端 → 悟祖法演 → 圓悟克勤 → 虎丘紹隆 → 應庵曇華 → 密庵咸傑 → 破庵祖先 → 無準師範 → 雪庵惠朗
> ┌→ 及庵宗信 → 石屋淸珙 → 太古普愚
> └→ 高峰原妙 → 中峰明本

보우의 법맥

교화기

보우는 48세 되던 1348년 고려에 돌아온 뒤 삼각산 중흥사에 머물다가, 이후 용문산에 소설암(小雪庵)이라는 암자를 짓고 그곳에 머물렀다. 보우는 이곳을 마지막까지 머물 처소로 생각하며 「산중자락가(山中自樂歌)」 1편을 짓기도 한다. 52세가 되던 1352년 봄 보우는 공민왕의 부름을 받아 경룡사(敬龍寺)에 주석하였고, 56세에는 봉은사에서 개당하였으며, 곧 이어 왕사로 책봉되었다. 이때 원융부를 설치하여 구산문을 포괄하고 오교(五敎)의 홍통(弘通)에 힘썼다.

왕사가 된 이후 보우는 공민왕에게 위국(爲國)의 방도로 "다만 그 거룩하고 인자한 마음이 모든 교화의 근본이요 다스림의 근원이니, 마음을 근본으로 삼아 나라를 다스릴 것"을 당부하였다. 나아가 불교의 구산선문을 통일시킬 것과 국도를 한양으로 옮길 것 등 몇 가지 정책을 건의하였다. 이렇게 그는 적극적으로 국정에 관여하였고 불교의 제도를 정비하여 불교를 새롭게 개혁하고자 했다.

보우는 62세 되는 1362년 가을 양산사(陽山寺) 주지로 부임하여 사원의 제반 일을 중흥시켰다. 또한 63세에는 가지사(迦智寺)로 옮겨 종풍을 크게 떨쳤다. 이때 국왕에게 신돈을 가까이 하지 말라고 상소하기도 하였다. 66세 되던 겨울에 신돈의 일로 왕사에서 물러났으며, 68세 되던 1368년 여름 신돈에 의하여 속리사에 금고되었다가 다음 해 3월에 소설산으로 돌아왔다. 보우는 71세 때에 국사로 책봉되었고, 81세에 우왕(禑王)에 의하여 재차 국사로 책봉되는 등 왕사로서 16년, 국사로서 12년 동안 봉직하다가 82세(1382년, 禑王 8)에 열반하였다. 세수는 82세요, 법랍 69세였다. 공민왕은 원증(圓證)이라 시호를 내렸다.

(2) 임제선의 수용과 정착

보우는 석옥 청공으로부터 법을 받고 임제선을 수용하였으며 이를 확고한 체계로 정착시키는 데 결정적인 역할을 하였다. 즉, 그는 임제선 계통의 간화선 사상과 수행 체계를 고려 불교에 정착시켰으며, 이후 그 수행 전통이 조계종의 중심 수행으로 자리하게 되는 계기를 마련하게 되었던 것이다. 그래서 보우에게는 조사선이 가장 활발발하게 전개된 임제의 가풍과 그것이 화두를 통한 오득으로 정형화된 간화선 요소가 가장 잘 드러나 있다.

1) 임제선과 그 수용

임제선(臨濟禪)은 임제 의현(臨濟義玄, 787~866)에 의해 세워진 임제종의 선 사상과 그 품격을 의미한다. 임제 의현은 육조 혜능(六祖慧能) – 남악 회양

(南嶽懷讓) – 마조 도일(馬祖道一) – 백장 회해(百丈懷海) – 황벽 희운(黃檗希運)으로 이어지는 법통을 계승하였다. 임제선법은 돈오돈수(頓悟頓修)를 표방하는 남종(南宗) 조사선(祖師禪)의 계통을 말한다.

임제 의현에 의해 크게 선양된 임제선은 마조 도일(709~788)의 현실 중심, 실천주의 불교를 계승하여 종래의 철학적 추상성을 극복하는 한편, 앞선 시대의 노력들을 종합적으로 수용하여 보다 구체적이고 현실성을 띤 사람 중심으로 승화시키고 있다. 이러한 임제선이 표방하는 '무위진인(無爲眞人, 無位眞人)'은 그 사상과 내용을 대표하는 표현이며 임제선이 추구하는 시발점인 동시에 궁극적 목표이다.

임제의 무위진인의 경지는 진정한 견해를 증득할 수 있는 자리이므로 생사에 물들지 않아 움직이고 머무름이 자유롭고, 수승함을 구하고자 원하지 않아도 수승함이 스스로 이르게 되는 것이다. 그러므로 임제선에 있어서 무위진인의 경계는 눈앞에 뚜렷이 밝아서 곳곳에 걸림이 없고 시방을 꿰뚫어서 삼계에 자재하다.

임제선을 수행하는 수행자가 진정한 견해를 가지고 무심(無心)·무사(無事)를 유지해 무위진인에 이르는 방법으로서 고칙(古則)·공안(公案)을 참구하게 되었고, 이에 따라 1천 7백 공안이라는 많은 공안이 생겨났다. 또한 제자들을 접화하는 방법으로 할(喝)과 방(棒)을 사용하게 된 것은 임제선이 지니는 한 특성이라 할 것이다. 이로 인해 '임제의 할(喝), 덕산(德山)의 방(棒)'이라는 유명한 말이 만들어지기도 하였다. 뿐만 아니라 좌선만이 수행이라는 종래의 관념에서 벗어나 일상생활 전부를 수행으로 하는 새로운 불교관이 확립되었다. 임제의 '수처작주(隨處作主) 입처개진(立處皆眞)'이라는 말처럼 지금 여기 이 자리에서 행하는 그 모든 것을 수행으로 하는 이른바 '생활 불교'를 실행한 것이다.

임제선이 우리에게 처음으로 알려진 것은 신라시대였다. 『경덕전등록(景德傳燈錄)』에 의하면 임제 의현의 법을 이은 22명의 제자가 있었는데 그중 '신라국 지리산 화상'이 나타나 있다.『조선불교통사(朝鮮佛敎通史)』에도 신라국 지리산 화상이 직접 임제 의현의 법을 받아 왔다는 기록이 있다. 이 지리산 화상이 최초로 임제선을 접한 승려라고 할 수 있으나, 그 귀국 여부 등은 확인되지 않는다. 그 후 고려 광종 대(949~975)에 입적한 양산사(陽山寺) 정진(靜眞)국사가 당에 들어가 임제의 법손인 곡산 도연(谷山道緣)의 법을 받아 왔다고 하나 이 문제는 좀 더 연구되어야 할 점이 많다.

결국 임제선의 본격적 도입은 예종 대 혜조국사 담진과 그 문도들에 의해 이루어졌으며, 이후 보조 지눌에 의해 간화선 수행이 중시되면서 임제의 간화선풍이 소개되기 시작했다. 그런데 지눌 당시에는 임제 사상을 불조의 정맥으로 보거나 몸소 그 계파에 속하려는 흔적이 보이지 않는다. 지눌이 넓은 의미에서 임제선법을 받아들인 것은 사실이지만, 지눌은 그것을 받아들여 수행면에서 완벽한 자기의 것으로 걸러 내고 그것의 재정립을 시도하였다는 점에서 보조선(普照禪)의 특성이 발견된다.

지눌의 이와 같은 선 사상과 수행법은 직계제자이며 조계산문의 제2세인 진각국사(眞覺國師) 혜심(慧諶)에게로 계승되었다. 혜심은 줄곧 간화일문(看話一門)을 강조하였고,『구자무불성화간병론(狗子無佛性話揀病論)』을 저술하여 '무(無)'자 공안을 널리 진작시키기도 하였다. 혜심에 의하여 '무'자 공안이 우리나라에서 최초로 유행하게 되었거니와, 그것은 고려 말 태고 보우 · 나옹 혜근(懶翁惠勤) · 백운 경한(白雲景閑) 등 많은 선승들의 수행법으로 활용되게 되었다.

또한 중국 임제선계의 선승과 직접적인 교류를 가진 승려로 몽산 덕이의 선풍을 도입한 혜감국사(慧鑑國師) 만항이다. 만항 이후 몽산선풍은 고려 간화선 전통에 큰 영향을 끼쳤다.

임제선의 사상과 수행 방법은 고려 후기로 내려오면서 더욱 확산되어 갔고, 그 영향은 다른 교학이나 종파에까지도 미치게 되었다. 천태종의 진정국사(眞靜國師) 천책(天頙, 1206~1277) 역시 1293년(충렬왕 19)『선문보장록(禪門寶

藏錄)』3권을 찬술하였는데, 여기서 임제의 선지를 매우 높게 평가, 수용한 바 있다.

2) 보우의 임제선 수용과 그 특징

보우는 전적으로 간화선(看話禪) 수행을 표방하여 그것을 확고하게 정착시켰다. 그리고 깨달음을 얻은 이후 본색종사(本色宗師)를 찾아가서 인가를 얻는 점을 강조하고 있다. 그래서 그가 무자화두를 통해서 깨달았음에도 불구하고 원나라로 건너가 석옥 청공으로부터 법을 인가받게 된 것이며 이로 인해 스스로 임제 정맥을 이었다고 강조하고 있는 것이다.

지눌의 선법에서도 간화선이 소개되고 있다. 지눌은 선교일여(禪敎一如)와 돈오점수와 습성균혜(習定均慧)의 결사 운동을 전개하였다. 그러나 지눌의 정혜결사에서는 정혜(定慧)를 닦자고만 했지, 화두(話頭)를 들자고는 하지 않았다. 이런 점에서 보우의 선법은 전혀 지눌과 같은 형식을 볼 수 없다. 지눌에게서는 보우에서처럼 간화의 중요성이 강조되지는 않는다. 한편 간화선의 강조에 있어서는 『구자무불성화간병론』을 짓고 『선문염송(禪門拈頌)』 30권을 편집한 진각 혜심을 들 수 있다. 그리고 원과의 관계가 진전됨에 따라 임제선이 전래되면서 새로이 간화선풍이 정립되었다. 보우의 임제선 수용과 정착은 이러한 토대 속에서 가능했던 것은 분명하다.

그런데 보우의 임제선 수입은 기존의 흐름과는 분명한 차이점이 있다. 즉, 보우는 석옥 청공으로부터 받아 온 전법(傳法) 사실을 강조함으로써 기존의 선 사상과는 다른 임제의 정통임을 내세우고 있다는 점이다. 그래서 보우는 청공에게 법을 인가받아 귀국한 뒤 간화선풍을 적극적으로 선양하기 시작하였던 것이다. 따라서 임제가풍의 간화선법의 본격적인 유포는 태고에서부터 시작되었으며 그로 말미암아 확고하게 정착되었다고 해야 할 것이다.

청공에게서 법을 전해 받은 보우의 임제선 사상은 "임제의 할과 덕산의 방이 누구의 장난인가"라는 상당법문의 구절을 통하여 살펴볼 수 있다. 그는 임제가 설한 무위진인(無爲眞人)의 세계에 증입(證入)하고 나아가 청공의 임제 종지를 뛰어넘어 무애자재한 선기(禪機)를 전개하였던 것이다. 이 모든 것은 임제선의 영향이라 할 수 있다. 선은 모름지기 조사의 관문(關門)을 뚫어야 하는 것으로 여기에는 가장 수승한 방법으로 임제종의 전통 수행법인 화두 참구를 주장하고 있는 것이다. 그리고 화두 참구의 궁극점에서도 희비심(喜悲心)을 내지 말고 반드시 본색종사를 찾아 마지막 의심을 제거해야 한다는 것도 임제선의 영향이라 할 수 있으며, 여기에는 몽산 덕이의 선풍이 크개 작용했다.

아울러 보우는 고봉 원묘(高峰 元妙, 1238~1295)가 그의 주저 『선요(禪要)』에서 강조한 '만법귀일 일귀하처'의 화두를 참구하였다. 원묘는 석옥 청공의 스승인 급암 종신(及庵宗信)의 도반이다. 그리고 보우는 대신근(大信根)과 대의단(大疑團), 대분심(大墳心)을 강조했는데, 이것도 역시 원묘가 간화선의 기본적인 수행 요건으로 제시한 것이었다. 이러한 점에서 볼 때 보우는 덕이의 영향을 받았을 뿐만 아니라 당시에 알려졌던 고봉 원묘의 선풍도 계승하였다고 생각된다.

마지막으로 보우 선 사상 형성에 영향을 준 것 중의 하나로 당시의 시대 상황을 들 수 있다. 보우가 행한 임제선의 전래는 비단 보우뿐만이 아니라, 혜근(慧勤)·경한(景閑)·자초(自超) 등으로 이어지고 있다. 이러한 사실은 태고 보우의 임제선의 수용이 보우의 개인적인 성향에서가 아니라 당시의 시대적인 상황과 밀접하게 연관되어지고 있음을 알 수 있다. 이는 앞서 시대적 배경에서 살펴본 바와 같다. 그러면 보우는 당시 시대적인 상황 속에서 왜 임제선을 수용할 수밖에 없었는지를 살펴보자.

첫째, 당시 고려 왕실과 밀접하게 결합한 원나라에서 숭불 정책을 취하고 있었으며, 당시 선종 중 임제선이 뚜렷한 종파로 활약하고 있었다는 점을 들 수 있다.

둘째, 무신집권기 이후 간화선 사상이 교종의 교리를 포섭함은 물론 유학과 도교에 대해서까지 불교 중심의 사상적 인식을 보편화시키고 있었던 점을 들 수 있다. 즉, 보우는 당시 불교계를 통합하여 불교를 개혁할 생각을 가지고 있었는데, 당시 고려 불교 사회에 있어 간화선 사상이 그 밑바탕이 되어 있었다는 점이다.

셋째, 성리학의 도전에 대한 불교계의 사상적인 대응으로서 임제선을 주장하게 된 것이다. 그 동안 불교계의 비현실적이고 탈각화된 모습에 강하게 비판을 하고 나온 성리학의 실천성에 대하여, 깨침과 현실을 중시하는 임제선은 그 사상적인 대응으로 기능할 수 있다고 보우는 보았던 것이다.

3) 선문 통합의 노력

고려 후기 불교계는 시대의 질곡을 능동적으로 벗어나지 못하고 오히려 그러한 진흙탕에 함께 빠져 들어 혼미를 거듭하고 있었다. 사상적인 활력과 수행의 동력도 찾아보기 힘들었으며 대다수가 이익집단화하여 서로 간의 이권 투쟁에만 골몰하였다. 태고 보우의 선문 통합의 노력은 이러한 시대 상황을 극복하고 불교계를 개혁하고자 한 데 따른 것이다.

원나라에서 석옥 청공의 법을 받고 귀국한 보우는 1356년(공민왕 5) 왕사로 책봉되었다. 세자 시절 기(祺, 뒤의 공민왕)는 볼모로 원나라에 체류하고 있었는데, 그는 이때부터 보우의 명성을 익히 듣고 있었다. 그는 보우의 영녕사 개당법회에 참석한 이후 "만약 내가 왕위에 오른다면 스님을 반드시 스승으로 모시겠다"고 하였던 것이다. 보우는 왕사로 책봉되는 자리에서 공민왕에게 한양 천도(漢陽遷都)·구산통합(九山統合)·오교홍통(五敎弘通) 등을 건의하였다. 이후 '원융부(圓融府)'를 세워 관리를 두고 정3품의 예우를 하니, 보우는 왕사 직속의 독립된 관부를 통하여 선문 통합 운동을 벌이게 되었다. 이 원융부란 불교계를 총괄하는 중앙승관청(中央僧官廳)인 셈이다. 이는 원나라의 승관(僧官) 제도를 도입하여 왕사 혹은 국사가 승정(僧政)을 전담케 한 제도를 말한다.

이것은 이전의 왕사나 국사에 의한 '참회부(懺悔府)' 등의 설치와는 성격이 다른 것이었다. 이러한 원융부의 설치, 구산통합·오교홍통의 일은 당시(1356

년)에 의욕적으로 '복아조종지법(復我祖宗之法)'에 최대 목표를 세우고 국정 전반에 걸쳐 개혁을 추진한 일과 긴밀한 연결 관계가 있다. 공민왕은 중국 대륙의 변동을 틈타 원나라의 지배를 벗어나 자주적인 국정을 운영하려 하였다. 원융부의 설치는 반원 정책 등 자주적 국정을 통한 왕권 강화에 맞춰 불교계 쇄신을 함께 추진하고자 한 것이다.

충렬왕 이후 승과(僧科)는 한 번도 실시되지 않았고 승정(僧政)도 제대로 이루어지지 않아 왕의 측근에 뇌물을 써서 승계(僧階)를 얻는 등 질서가 크게 무너져 내려 가고 있었다. 이러한 폐단을 시정하기 위한 선문 통합 운동의 시도가 일찍이 없었던 것은 아니었다. 일연은 국존(國尊)이 된 이후 인각사(麟角寺)를 하산소로 하여 1284년(충렬왕 10) 2회에 걸쳐 구산문도회(九山門徒會)를 개최하였다. 이것은 가지산문의 일연을 중심으로 선종계, 나아가서는 선·교를 포함하여 일문(一門)으로 만들어 당시의 국가적·교단적 어려움을 극복해 나가려 한 시도였다.

태고 보우는 공민왕이 치국(治國)의 도(道)를 묻는 자리에서, "지금 구산(九山)의 참선하는 무리들이 각기 그 문을 배경으로 하여 서로 자기는 잘나고 저쪽은 못났다 하여 싸움이 심하고 근래에는 더욱더 도문(道門)으로 자기들의 창과 방패로 삼고 울타리를 만들고 있습니다. 이로 말미암아 화합이 깨어지고 정도에 어긋나게 되었습니다"라고 통탄하였다. 이것은 선문의 특징은 사라지고 다만 그 파만이 남아 그 문을 고집하는 당시 불교계를 비판한 내용이다.

보우는 개경의 광명사(廣明寺)에 원융부를 설치하고 이를 통해 오교홍통·구산통합을 이루어 내고자 하였다. 그는 5교로 불리는 교종에 대해서는 각기 그 법을 널리 선양하게 되면 곧 나라에 복이 될 것이라고 말하고 있다. 당시의 교종에 대하여 이러한 언급을 내린 것은 5교 자체 내에는 그리 큰 문제가 없었다고 여긴 것이라기보다는 교종 자체의 발전과 사상을 보건대 방대한 부처님의 말씀과 사상을 각기 선양할 필요가 있기 때문이었다.

그러나 선은 부처님의 마음을 바로 공부하는 것이므로 지역 분파적인 분립은 필요치 않다고 보았다. 태고 보우는 선문 통합을 통한 쇄신을 "구(九)는 늙은 양(陽)이고 일(一)은 처음의 양이니 늙으면 쇠약해지는 것이다"고 하여 수의 변(變)을 들어 그 원리를 말하고 있다.

보우는 구산 통합을 '산명도존(山名道存)'의 입장에서 적극 추진하고자 하였다. '산명도존'이란 구체적으로 어떤 것을 말할까? 이것은 산의 명칭과 도는 그대로 두고 행정적인 면에서 계통을 세워 통솔하고자 한 것이다. 바로 원융부의 설치를 통해 불교계의 행정 계통의 통일을 시도한 것이다. 이것은 그 원융부의 명칭 '원융(圓融)'에서도 알 수 있듯이, 선·교의 원융을 기본 바탕으로 하고 원융부를 최고의 상위 기관으로 설치하여 그 임명권을 태고에게 준 것이었다. 따라서 "이때에 승도 가운데 사찰의 주지가 되기를 구하는 자는 모두 보우에게 붙어 간청하였는데, 선·교 종문의 사사(寺社) 주지(住持)는 보우가 천거를 하면 왕은 다만 그에 대한 재가만을 할 뿐이었다"라고 기록에 전하고 있다.

원융부의 설치는 타의적이고 다소 행정적인 것이 아니냐는 생각을 할 수 있다. 그러나 고려 말 당시의 시대적 상황이 불교 자체로 해결을 이끌어 낼 수 있는 그런 분위기는 아니었다. 고려의 불교는 수백 년간 국가적 관리를 받아 왔기 때문에 국가의 힘에 의지하지 않고는 불교계의 정화란 불가능했던 것이다. 그러한 관점에서 보면 태고에 의한 원융부의 설치는 문란해진 고려 말 불교계를 바로잡으려는 시대의식의 발현이라고 보지 않을 수 없다. 이것은 태고의 교단 정화와 호법(護法) 의지를 단적으로 보여 주는 것이다. 태고는 구산선문의 잘못된 폐습을 근본적으로 혁신하여 시류의 폐단을 막고 불법의 중흥을 길이 도모하고자 하였던 것이다. 비록 이같은 대사의 의지는 이루어지지 않았지만 원융부를 통해서 실현하고자 한 뜻은 높이 평가되어야 할 것이다.

종교와 정치와의 관계는 어떠해야 하며, 바른 정치와 국왕의 자세는 어떠해야 하는가 하는 것은 큰 문제가 아닐 수 없다. 불교가 비록 세속 외의 일이지만 국가와 밀접한 관계를 갖지 않을 수 없다. 또한 불교 본연의 존재 이유가 일체중생의 안락을 위한 것이기 때문에 세속에 무관할 수만은 없는 것이다. 태고는 "국가에 일이 있을 때 반드시 불법의 힘에 의지하여 그 거짓된 것을 진압해야 한다. 그러므로 먼저 불법의 일을 바로 잡고 대중이 부지런히 수행함으로써 국가가 복되고 이익되도록 한 것이 선왕들이 행한 법도로 왕정의 시초이다"라고 하여 불교를 바로잡아 관리하는 일이 정치에 큰 도움이 되며, 불법을 바로잡기 위해서는 무엇보다도 마음을 바로잡는 일이 중요하다 하였다.

또한 왕에게 특히 "간화(看話) 참구(參究)의 자세로 정치에 임해야 하며, 백성을 교화할 때에도 근기를 살펴 신민들과 함께 즐거움을 나누어야 한다"고 하며, "국왕의 기본적 자세로는 선악을 구별하고 이에 따른 상벌을 주는 것이 무엇보다도 중요하다"고 지적하고 이것을 왕으로서 가장 큰 정치라고 하였다. 또 군주의 바른 도리는 잘못된 신앙도 문제가 된다고 하여 바른 불교관을 가질 것을 피력하고 기존의 사찰을 수리하는 데 그치고 새로운 창건은 그만둘 것을 진언하였다.

또한 보우의 한양 천도 주장은 그가 국가 경영에도 깊게 관심을 가지고 있었음을 보여 준다. 물론 이 천도설은 당장 실행에 옮겨지지 않았으나 당시의 정치적 상황을 고려해 볼 때 중대한 판단이라고 하지 않을 수 없다. 더욱이 후일 조선 왕조가 도읍을 한양으로 정하고 새 기틀을 잡았거니와 무학 자초가 그 중대한 역할을 담당하였음에 비추어 볼 때 더욱 그렇다고 하겠다. 태고의 비명에서도 보듯이 '불교를 붙들어 일으키고〔扶宗樹敎〕, 왕을 도와 교화하였다〔贊理王化〕'라고 함은 바로 이러한 뜻에서라 하겠다.

(3) 보우의 선 사상과 중흥조로서의 위상

1) 간화선의 선양과 수행 체계 수립

『태고화상어록(太古和尙語錄)』은 상당(上堂)·시중(示衆)·법어(法語)·가(歌)·음(吟)·명(銘)·게송(偈頌)·찬발(讚跋)·부록(附錄) 등으로 편성되어 있어 보우의 선 사상 및 제 사상을 잘 엿볼 수 있다. 태고의 선 사상은 여러 가지 측면에서 살필 수 있다. 첫째는 간화선의 선양과 새로운 간화선 수행 체계 수립이요, 둘째는 교와 염불선의 포섭과 수용이며, 셋째는 『칙수백장청규(勅修百丈淸規)』 및 『치문경훈(緇門警訓)』의 유입을 통한 승풍 쇄신을 들 수 있다.

보우는 『참선명(參禪銘)』을 비롯하여 어록 곳곳에서 '화두참구', 즉 간화선의 중요성을 강조하고 있다. 이때 주로 내세우고 있는 것이 조주(趙州)의 '구자무불성화(狗子無佛性話)'이다. 보우의 큰 깨침도 전래의 '무자공안(無字公案)'에 의한 것이었다. 따라서 보우 선 사상의 전반적인 흐름은 간화선의 주창에 있으며, 특히 '무자공안'에 의한 후학 제접이 두드러지게 나타나고 있다. 그리고 화두를 참구할 직에는 '동정일여(動靜一如)', '어묵일여(語默一如)', '오매일여(寤寐一如)'로 성성력력하게 화두를 참구하고 또 참구할 것을 말하고 있다. 그래서 간화수행의 실제에 있어서 공적영지(空寂靈知)가 되어야 한다고 주장하고 있다. 이렇게 간단(間斷)함이 없이 의정(疑情)이 순일무잡하게 계속되어 공적영지가 이루어지면 반드시 의정을 타파하고 활연대오하여 명명료료하게 될 것이라고 강조하고 있다.

이렇듯 보우는 오직 화두를 드는 것으로 수행을 삼는다. 그러나 보우는 단순하게 화두를 드는 일만이 아니라 이 화두를 드는 데 있어서 구체적이고 세밀한 방법을 제시하고 있다. 즉, "몸과 마음과 화두가 한 덩어리가 되어야 하며, 화두를 드는 데 있어서도 행주좌와(行住坐臥) 어묵동정(語默動靜), 즉 어느 때나 계속되어야 하며, 의심을 깨치지 못했다 하더라도 계속해서 화두를 참구하지 않으면 홀연히 마음이 더 갈 곳이 없어지니 계속해서 화두를 들어야 한다. 만일 의심을 깨닫지 못했다 하더라도 절대로 어떻게 해야겠다는 생각을 하지 말고, 나아가서는 깨달아야겠다는 마음까지도 내지 말고 화두만을 간절히 참구해야 한다"고 말하고 있다.

또한 화두를 드는 데는 "부처님의 본래면목(本來面目)이 눈앞에 나타날 것을 믿고〔大信根〕, 큰 의심에 몸과 마음을 내맡기면서〔大疑團〕, 용맹에 용맹을 더하여 깨달음을 이루라"고 말한다. 그러한 태고의 선법은 철저하게 언어적 표현이 무시된다. 언어를 통한 선의 이해는 업식(業識)의 일이요, 본분(本分)과는 관계없는 것이니 불립문자(不立文字)이며, 불립어언(不立語言)이다. 그러므로 향상종승(向上宗乘), 즉 최상의 선법이라 하는 것임을 강조했던 것이다. 나아가 보우는 본분종사의 가풍으로 초불월조(超佛越祖)의 격외선지에 따라 일대장교, 1,700공안, 임제할, 덕산봉이 다 부질없는 것이라고 말하고 있다. 이는 몰파비(沒巴鼻), 몰사량(沒思量), 활발발의 고준한 선의 세계로 이해된다.

한편, 보우는 이렇게 의정을 타파하고 활연대오하게 되면 이때는 무지인(無智人)에게 말하지 말고 본색종사(本色宗師)를 찾아가서 구경사(究竟事)를 결택하라고 하였다. 따라서 보우의 간화선 수행은 화두참구 → 깨침 → 본색종사 참문 → 구경결택의 독특한 간화선 수행법을 제시하고 있다.

『태고화상어록』에서는 보우가 원나라에 들어간 목적은 수행인에게는 천하에 구할 가장 중요한 일은 깨침밖에 없거니와, 그 화두를 마침내 깨침에 이르러서는 다시 '본색종사'를 찾아 구경의 결택을 하여야 한다고 밝히고 있는 점에서 그 뜻을 알 수 있다. 보우는 화두참구에 의해 깨친 자가 본색종사를 찾지 않으면 안 되는 이유에 대하여 조사의 법을 이어받는 일이며, 화두참구의 깨침에서 마지막 의심을 해결하는 일이며, 편벽되지 않는 가풍을 얻는 일이기 때문이라고 말하고 있다.

이렇게 보우는 간화선 수행에서 오후(悟後)에 본색종사를 찾아가 참문해야 한다는 것을 강조하고 있다. 일반적으로 깨달음으로 수행이 마치는 것으로 착각하기 쉽다. 그러나 보우의 경우 깨달은 후에는 반드시 본색종사를 찾아가 결택을 하도록 가르쳤다. 만약 이러한 결택을 거치지 않는다면 마구니가 될 것이라고 경계하였다. 눈 밝은 종사의 인가는 그것이 곧 객관적 검증이 되기 때문이다. 따라서 간화선 수행에는 간화 참구의 출발에서도 종사의 지도가 필요하지만 깨달음의 경지에 다다랐을 때에는 본색종사의 결택이 있어야 한다는 것이다.

그 외에도 보우는 시중(示衆)의 곳곳에서 참선인이 간화참구를 위해서 지켜야 할 도리를 열거하고 있다. 즉, "사은(四恩)의 깊고 두터움을 아는가. 목숨이 호흡 사이에 있는 줄 아는가. 행주좌와 어느 때나 화두를 점검하되 하루 종일 끊김이 없는가" 등은 참선자가 일상생활에서 점검해야 할 도리이며, 참선을 바르게 하려면 이런 것들이 지켜져야 한다고 밝혔다. 또한 참선자는 스스로를 비하하지 말고 용맹한 마음으로 크게 결단하여 화두를 참구하도록 권하였다.

선 수행에 있어서 '어떻게 수행해야 하는가' 라는 간화 참구의 방법과 또한 얼마 동안 수행해야 하는가 하는 문제 또한 중요하다. 태고는 철저한 간화 참구가 이루어질 경우 3일에서 7일의 기간을 요한다고 여러 번 강조하고 있다. 이처럼 간화 수행의 기간을 설정한다는 것은 수행자에게 자신과 용기를 주는 일 외에 일생을 허비하는 수행 태도에 대한 경고로 받아들여야 할 것이다.

2) 교(敎)와 염불선의 포섭

보우는 일찍이 19세 때부터 화두를 들고 간화선 수행을 하였다. 이렇듯 화두를 들면서도 교학도 아울러 연구하여 26세 때 화엄선(華嚴選)에 합격하기도 하였다. 또한 37세 때 불각사에서 『원각경(圓覺經)』을 읽다가 알음알이가 다 떨어지는 깨달음을 얻었다. 그리고 『태고화상어록』 전반에는 화엄이나 정토에 관한 글이 여럿 보이고 있다. 그러나 어록에는 경전의 인용을 거의 하지 않고 있다. 이것은 경전에 대한 이해가 없거나 경전을 부정한 것은 아니다. 이 같은 문제에 대하여 『시의선인(示宜禪人)』에서도 보이듯이 교설 자체가 중요한 것이 될 수 없으며, 중요한 것은 무루학(無漏學), 즉 번뇌를 없애는 실제가 귀중하다는 입장이다.

보우에게 있어서 경전의 이해는 선과의 대립 관계이거나 또는 일여(一如)라는 입장이 아니다. 오직 교는 중하기(中下機)를 위한 방편이며, 나아가서는 미묘한 심지를 터득하기 위한 하나의 전 단계인 것으로 파악했다고 볼 수 있다.

또한 그의 행장에서 보이듯이 그가 경전을 두루 연구하여 그 깊은 뜻을 알았음에도 불구하고 "이것도 하나의 방편일 뿐이다"라고 하여 교학을 버리고 화두 참구에 힘쓴다. 이것은 분명 교학을 배척하지는 않았지만 궁극에서는 교학을 버리고 선에 드는 사교입선(捨敎入禪)적인 입장을 보여 주는 것이다. 교학을 배척하지 않았다는 점은 그가 공민왕에게 "오교(五敎)의 법을 널리 선양해야 하며, 오교의 법을 널리 퍼뜨리면 만세에 복이 되고 국왕의 성작(聖作)이 이루어질 것이다"라고 건의한 점에서도 잘 드러난다.

「잡화삼매가(雜華三昧歌)」는 보우의 선풍을 이해하는 데 매우 중요한 자료이다. '잡화'는 곧 『화엄경』을 가리키는 것으로서 '잡화삼매'는 『화엄경』의 해인삼매 등을 말한다. 그는 가송에서 "보리장(菩提場) 가운데에서 법을 설하던 날, 해인정(海印定) 중에서 말씀 없이 말씀하셨네. 들은 이, 전한 이는 누구인가. 문수(文殊) 보현(普賢) 두 대사의 혀이었지. 두 대사는 어떤 길을 쫓아가서 이 말씀을 들었는가. 깊고 깊은 삼매해(三昧海)에 들었으니 비로자나장신삼매(毘盧遮那藏身三昧)여!"라고 노래하고 있다. 태고는 해인삼매 가운데 설법을 들으면서도 등져서 듣지 못함을 한탄하면서 삼매가 밝으면 비로자나 법체가 원성을 나타낸다고 하였다.

이는 『화엄경』의 세계를 인정하면서도 그 화엄세계는 화엄경 속에 있는 것이 아니라 말을 떠난 자리에 있음을 표현하고 있는 것이다. 따라서 잡화삼매를 인정하더라도 그것은 경전 속의 말에 있는 것이 아니라 말과 언어를 떠나 쉬고 또 쉬는 세계가 깨달음의 세계임을 밝히고 있다. 이는 경을 읽을 때 그 경전 구절에 알음알이를 내어서 끄달리지 말고 성성력력(惺惺歷歷)하게 기억하고 관하여 삼매에 들어가는 이치이다. 그렇게 해서 깨달음에 들어가면 사바세계와 화장세계가 둘이 아니게 된다.

이같은 잡화삼매에서 말하는 화엄선(華嚴禪)은 단순하게 '교외별전(敎外別傳)'을 말하는 선과 크게 다를 것이 없다. 즉, 화엄선을 조사선의 입장에서 수용하는 것이다. 다시 말해서 화엄의 삼매까지도 화두의 공안처럼 여기는 독특한 화엄관을 보여 주고 있는 것이다. 따라서 이는 단순한 선교융합이라기보다는 교를 선으로 포섭하여 끌어올리는 선풍이다. 보우의 교에 대한 이상의 내용을 정리해 보면, 교를 인정하되 사교입선에 서 있었으며 궁극적으로는 그것을 조사선 전통에 서 있는 간화선으로 수용하고 있는 것이다.

또한 보우는 유심정토(唯心淨土)·자성미타(自性彌陀)의 입장에서 정토를 수용하고 있다. 그는 어디까지나 선사이므로 정토에 깊은 관심을 가지지 않은 것만은 사실이다. 그러나 지눌과는 여러 가지 점에서 대조가 된다. 지눌은 정토수행을 굳이 부정하지 않았지만, 자심염불(自心念佛)과 자성염불(自性念佛)을 권장하였다.

보우는 자성미타의 종지로 염불선을 가르치고 있다. 즉, 『태고화상어록』의 「시낙암거사(示樂庵居士)」, 「염불약요(念佛略要)」, 「시백충거사(示白忠居士)」에서 보이듯이, 그는 아미타불(阿彌陀佛)에 대해서 모든 사람은 그 본성이 신령스러워 본래 생사가 없는 것으로 이것이 곧 무량수불, 즉 아미타불이라는 입장이다. 자성미타(自性彌陀)의 관점에 서 있는 것이다.

따라서 보우는 유심정토(唯心淨土), 심정즉불토정(心淨則佛土淨)·성현즉불신현(性現卽佛身現)이라 하여 마음이 곧 아미타불이며, 타방불로서 아미타불은 일종의 방편 교설이라고 보았다. 또한 보우의 염불 수행법은 일반 정토교에서 가장 보편적으로 수행되고 있는 관상염불(觀想念佛)이거나 칭명염불(稱名念佛)이 아니다. 아미타불을 부르거나 생각하는 것이 아니라, '아미타불을 염하는 자가 누구인가'를 관하는 것이다. 그러므로 태고의 염불은 공안염불이라고 해야 할 것이다.

이러한 염불선(念佛禪)은 관상염불과 칭명염불에 좌선을 쌍수하는 방법 및 공안염불을 참구하는 것을 말한다. 공안염불은 중국에서 간화선이 성행함으로써 염불이 하나의 공안화하기 시작한 데서 비롯하였다. 즉, 간화선의 화두를 참구하여 마음이 일사불란하게 되는 경지와 그러한 염불을 참선의 목표와 같이 봄으로써 공안염불은 널리 유포되기 시작하였다. 이것은 선의 입장에서 정토를 수용한 선적 미타염불관이라고 해야 할 것이며, 염불 수행을 공안화한 것으로 이해된다. 보우는 철저하게 유심정토·자성미타의 입장에서 염불을 통한 오도가 간화선과 다를 것이 없다고 보고 화엄선의 수용과 같은 방법으로 염불도 수용하고 있는 것이다.

3) 『칙수백장청규』와 『치문경훈』의 도입

보우는 1348년 귀국 시 『칙수백장청규(勅修百丈淸規)』와 『치문경훈(緇門警訓)』을 가지고 들어와 유포하고자 하였다. 지눌의 『계초심학인문(誡初心學人文)』이 찬술된 지 140여 년이 지난 뒤였다. 보우의 이러한 청규서의 유입은 청규 사상의 고취를 통해 불교계를 혁신하고 선풍을 다시 일으키고자 함이었다.

청규란 청정한 대중이 수행하는 규거(規矩)라는 뜻이다. 그것은 청정한 총림 수도인이 의거하여 지켜야 할 규범으로써, 지켜야 할 사람과 지킬 바의 법인 능소(能所) 관계를 말하는 것이다. 이러한 청규 사상은 중국 백장 회해(百丈懷海, 720~814)에 의해서 비롯되었다. 백장은 달마 이래 전래해 온 계율 사상이 퇴색해 가고 선승들의 설법과 주지에 그 규도(規度)가 적합하지 못함을 깨닫고 선승을 위한 전문 수도원인 총림(叢林)을 창설하고 선원의 생활을 혁신하고자 했다. 선승의 수도 생활에 적합한 규범을 대·소승에 구애됨이 없이 경과 율을 절충하여 『백장청규』를 찬하니, 이것이 바로 청규 사상의 시작이다. 『백장청규』가 간행된 이후 청규 사상이 널리 보급되었고 또 후세에 전해져 그 사상이 쇠퇴해지면 다시 복구하여 또 다른 청규서가 나와 선가의 규율을 유지, 새 생명을 불어넣는 데 큰 귀감으로 삼았다.

이러한 청규 사상이 한국 선원에 도입되기 시작한 시기는 대략 신라 말 선의 도입과 함께 구산선문이 성립되기 시작한 것과 때를 같이 한다고 볼 수 있다. 그러나 나말여초의 과도기적 분위기에서 청규 사상이 제대로 받아들여질 여유가 없었던 것으로 추측된다. 즉, 선문이 그 종세를 확정하게 되고 제자리를 잡기 시작한 고려 중엽 이후부터 청규 사상이 받아들여졌을 것으로 추측된다. 그리하여 지눌의 『계초심학인문』이 찬술됨으로써 청규 사상의 정착과 그 한국적 실현이 확실시되었을 것이다.

고려 말기 사회상의 혼란과 더불어 불교계도 상당히 혼미를 거듭하고 있었다. 보우의 구산 통합의 주장도 이러한 상황에 따른 것이다. 또한 보우는 이러한 폐단을 시정하고 선풍을 쇄신하기 위하여 『칙수백장청규』에 입각하여 불법을 선양하고자 하였다. 이와 같은 『칙수백장청규』는 정확하지는 않으나 보우의 청에 의하여 곧바로 간행된 것으로 보인다. 「현릉칙간백장청규발(玄陵勅刊百丈淸規跋)」에서는, "부처와 조사들이 주고받으며 서로 전한 묘한 이치는 승묵(繩墨)에 있지 않다. 그러나 사람으로서 예의가 없으면 마음과 행동을 반듯이 할 수 없다. 그러므로 과거의 모든 성인들도 모두 행을 겸하고 그 교훈을 영원히 후세에 전한 것이다"고 하였으니 보우의 간행의 뜻을 알 수 있다.

그런데 청규의 성격상 앞선 백장의 『선원청규』가 호법적 성격이 강하다고 한다면 『칙수백장청규』는 호국적 성격이 강한 특징이 있다. 호법적 청규는 내용이 시종 선원의 수행만을 위주로 하여 조직된 것을 말하며, 호국청규는 국왕 등의 사은(四恩)을 우선으로 하여 조직된 것을 말한다. 송대에는 호법청규가 전승되었고, 송대 이하 원대부터는 줄곧 호국청규가 유행되었다.

보우의 구산 통합과 청규 실시의 주장 이외에도 고려 말 교단의 승규를 바로 잡는 데 끼친 공적 가운데 빼놓을 수 없는 것이 『치문경훈』의 유포이다. '치문' 이란 옛 사람들이 '삭발염의 치(緇), 입산수도 문(門)'이라 하였듯이 머리깎고 먹물 옷 입고 산에 들어가 도 닦는 사람이라는 뜻이니, 『치문경훈』이란 이들을 위한 경책의 글임을 알 수 있다. 보우는 「중간(重刊) 치문경훈 서(序)」에서, "온 대지에 누가 불성(佛性)이 없으며 누가 신심(信心)이 없겠는가. 다만 성인의 가르침을 만나지 아니하면 큰 보리의 마음을 발하지 못하여 길이 고해에 빠져서 나왔다 들어갔다 하며 헛되이 살다가 속절없이 죽게 되리니 참으로 애석하다. … 대경(大經)에 이르기를 '여래의 대열반을 알고자 한다면 모름지기 근본 자성을 알아야 한다' 고 하였으니 사람들이 이 말을 깊이 믿어 홀연히 반조해 돌이켜 보면 자심중(自心中)에 무량묘의와 백천삼매(百千三昧)가 본래 구족하여 조금도 달라지지 않았음을 알 것이니 이것이 청정한 신심이다. … 모두 수승한 인연을 맺어 필경에 모두 무상정각을 이루게 하고자 한다"라고 밝히고 있다.

이렇듯 『치문경훈』은 승려가 귀감으로 삼아야 할 글을 담은 것이다. 따라서 어느 한 사람의 저술이 아니다. 당 말에 저술된 찬자 미상의 『치문보훈(緇門寶訓)』을 토대로 1313년 환주 지현(幻住智賢)이 북송·양·진·수·당·송·명대에 이르기까지의 명승 고덕의 교훈과 명사들의 명언을 찬집 증보하여 『치문경훈』(9권)이라고 명명한 것이었다.

이러한 『치문경훈』은 보우가 원에서 귀국할 때 『칙수백장청규』와 같은 목적인 새로운 승풍의 진작을 위해서 그 후 31년이 지난 뒤인 우왕(禑王) 4년(보우 나이 78세) 명회(明會)와 도암(道菴)의 주선으로 판각, 유포하였다. 그 후 『치문경훈』은 여근(如巹)이 속편 1권을 증보하여(1470년) 총 10권이 되었는데, 성총이 "총림 중에 전하여 내려옴이 이미 오래이다"라고 한 것에서도 잘 알 수 있듯이 보우에 의해 고려에 전래된 이후에도 총림에 크게 유행했던 것임을 알 수 있다. 그 후 백암 성총(栢庵性聰, 1631~1700)이 1695년(숙종 21)『치문(緇門)』상·중·하 3권으로 회편(會編)함과 동시에 주를 넣어 중간하였다. 그리고 근래에 와서는 1914년 석전 한영(石顚漢永)과 1936년 진호(震湖) 강백에 의해 각각 정선, 편집되었다. 또한 『치문』이 현재 승가대학에서 사미과의 교재로 크게 활용되고 있으니 보우가 후학에게 미친 영향이 매우 크다고 하겠다.

4) 중흥조로서의 위상

대한불교조계종에서는 태고 보우국사를 중흥조로 받들고 있다. 그것은 보우가 무엇보다도 당시 분열되어 있던 여러 구산선문의 제종(諸宗)을 포섭하고 오교(五敎)를 널리 홍포하여 원융회통적인 한국불교의 전통을 중흥하였기 때문이다. 둘째, 간화선 수행 체계를 확고하게 정착시켜, 그것이 조계종의 수행 전통으로 자리 잡았기 때문이다. 셋째, 조선조에 보우를 중심으로 법통설을 형성하여 계보적인 측면에서 그의 법통이 조계종의 주류를 형성하였기 때문이다. 이 세 가지 요인이 보우의 중흥조로서의 위상을 잘 조명하고 있는데, 이에 대해 하나하나 살펴보기로 하겠다.

한국불교는 교와 선의 종지와 종풍이 백화난만하였으나 각자 발전을 도모하면서도 상호간의 대립 없이 조화로운 관계를 형성하였다. 일찍이 종파불교의 현상은 뜻 있는 선각자들이 그 폐단을 지양하면서 극복되기 시작하였다. 원효대사는 『십문화쟁론(十門和諍論)』을 지어 백가(百家)의 이쟁(異諍)을 회통하고자 노력하였다. 그 후 선의 전래와 함께 구산선문의 새로운 분파가 생겨나게 나기는 하지만, 한국적 화엄의 원융불교적 전통을 완전히 떠난 것이 아니었다. 그러나 고려조에 와서는 선과 교의 내립이 더욱 심해져 서로 화회할 수 없는 상태에 이르렀다. 이에 대각국사(大覺國師) 의천(義天, 1055~1101)은 '회삼귀일(會三歸一)'의 법화요의(法華了義)로써 고려 불교의 통합을 이루고자 하여 천태종(天台宗)을 개종하고 지관쌍수(止觀雙修)로써 선과 교의 융회를 이루고자 하였다. 또한 보조국사 지눌은 정혜결사를 통하여 정혜쌍수(定慧雙修)의 수행을 강조하였다. 이러한 선지식의 종파불교의 지양에도 불구하고 선과 교의 대립, 선문 내의 대립이 해소되지 않았다.

보우는 원융부 설치를 통해 교를 배척하지 않고 널리 홍포하고자 했으며 제종포괄 운동을 전개하였다. 그리고 사교입선의 가풍을 형성하였으며 화엄선과 염불선을 간화선의 커다란 테두리 안에서 수용하였다. 보우가 선승이긴 했지만, 경교(經敎)에 무지하거나 이를 외면하지도 않았으며 염불수행법도 선의 입장에서 적극적으로 해석하였다. 근기가 약한 일반 대중들을 위하여 교의 특성을 그대로 인정하나 하나의 방편으로 삼고 있으며, 선의 입장에서 정토를 수용하여 염불수행을 간화선 수행의 차원으로 끌어올림으로써 간화선의 연장선상에서 정토를 수용하기도 하였다. 보우는 간화선의 입장에서 철저하게 오직 제1의의 향상종승의 일승(一乘)에 목표를 두고 있다. 그러나 이러한 경교 및 정토의 수용은 태고의 자타불이 원융무애한 자비 정신의 삶에 따른 것이다. 뿐만 아니라 용문산 상원암(上院菴) 관음보살 앞에서 12대원을 세우고 맹렬히 기도한 점 등 여러 수행을 섭렵한 그의 폭넓은 선풍은 후일 한국불교의 전통이 되었던 것이다

따라서 그의 선교원융이 간화선의 입장에 제종을 포괄하고 교를 물리치지 않았다는 측면에서 전래의 원융 운동을 전승하면서도 간화선 중심에 서는 새로운 가풍을 형성한다. 아무튼 태고가 추진하였던 제종포괄·원융정책은 1년 6개월여 시행되다가 완성되지는 못하였지만 간화선 중심에서 제종과 교학을 포괄하는 가풍은 조선시대에 서산 휴정을 맞이하여 새로운 꽃을 피우게 된다.

그 다음 간화선을 받아들이고 토착화하여 간화선 수행 체계를 공고하게 확립한 것은 보우의 뛰어난 업적이다. 보우가 간화선법을 크게 선양한 점은 그의 조계 중흥조로서의 위상을 돋보이게 하는 점이다. 임제선의 간화선법이 태고 이전에 들어와 있다 하나, 이를 적극 선양한 이는 태고 보우이다. 보우는 간화선 수행 시에 특히 '구자무불성화(狗子無佛性話)'를 참구하도록 권장하였고, 이러한 전통은 이후 지속적으로 전승되었다.

또한 화두를 참구함에는 오매일여(寤寐一如), 성성력력으로 의정(疑情)이 간단 없도록 하고, 화두를 타파한 뒤에는 본색종사를 찾아가 구경사를 결택하라고 가르쳤다. 이것은 화두참구 → 깨침 → 본색종사 참문 → 구경결택의 독특한 간화선 수행법을 제시하는 것이었다. 이것은 이후 선종의 간화선 수행 과정이 되었으며 법통을 세우는 계기를 제공하였다. 또한 보우의 본분종사의 가풍은 어디에도 한정되지 않고 무엇과도 비교할 수 없으며 어느 격식에도 따르지 않음을 근본으로 하고 있다. 보우의 초불월조(超佛越祖)의 격외선지는 몰파비(沒巴鼻), 몰사량(沒思量), 활발발의 고준한 활구의 선세계를 펼치고 있다.

끝으로 조계 법통상에서 나타난 보우의 중흥조로서의 위상을 보자. 조선조에 이르러 원래의 의미와는 다르지만 국가적 정책으로 불교의 여러 종파의 폐합이 시행되어 세종조에는 제종파가 선·교 양종으로 통합되었다. 따라서 종

전처럼 각 종파마다 종조·종지·종도·종세를 말할 수 없게 되었으며 이후 선·교양종이라는 이름조차도 무색하게 불교는 피폐해 갔다. 그러나 조선조 임진왜란 때에 막대한 공을 세운 불교계는 회생의 시대를 맞이하게 되었다. 따라서 청허 휴정을 기점으로 보우에 이르기까지 그 법맥을 말하게 되고, 보우를 중흥조로서 추앙하게 되었다. 이것은 보우의 승단 정화 운동이 제종을 포괄·원융하였기 때문이며 간화선 수행의 전통을 이룩해 냈기 때문이다.

학자들은 대부분 보우의 법통을 중요시하여 그 법통을 임제종으로 규정하였고, 이능화도 『조선불교통사』에서 보우를 임제종의 제19대손으로 기록하였다. 그러나 보우는 귀국한 뒤 임제종으로 개종한 사실이 없으며, 따라서 임제종으로 자처한 일도 없다. 보우의 「행장」, 「사리탑비명」에도 모두 '고려국국사(高麗國國師) 대조계사조(大曹溪嗣祖)'로만 쓰고 임제종에 관한 언급은 전혀 없다.

한국불교사상에 임제종이 따로 성립했다는 기록이 없다. 우리나라의 선승들이 중국에 건너가 선법을 수학하고 전래하였지만 그것은 어디까지나 개인적 접촉이지 종단적인 것은 아니었다. 그러기에 그들은 일단 귀국하면 그 지역에 맞는 자기의 종문을 건립하여 종지·종풍을 선양하였으니 신라 말기에서부터 성립되기 시작한 구산선문이 그것이다. 따라서 보우가 임제종의 선승과 접촉, 그 법을 인가받았다고 해서 임제종으로 규정할 이유가 없는 것이다. 뿐만 아니라 보우가 임제종을 수용했다면 보우를 임제종조로 보아야 하는데 보우의 행장에는 '고려국 대조계사조(高麗國大曹溪嗣祖)'라고 밝히고 있다. 따라서 임제종을 수용했다는 견해는 온당하지 않다. 보우는 임제선법을 수용하고 있지만 그것마저도 "1,700공안이 무슨 잠꼬대이며, 임제의 할과 덕산의 방망이가 무슨 아이들의 장난인가"라고 일소해 버리고 있다. 그러므로 한국불교의 역사적 입장에서 볼 때 보우를 조계종의 중흥조라고 부르는 데에는 손색이 없는 것이다.

6. 고려 말 선사들의 활동과 사상

(1) 선사들의 동향

고려 말 불교계는 수선사 13세 각진국사(覺眞國師) 복구(復丘)의 문도인 졸암 연온(拙菴衍溫)·구곡 각운(龜谷覺雲)·복암 정혜(復庵淨慧)와 선원사계 승려인 식영암(息影庵)·굉연(宏演), 그리고 여말삼사로 칭해지는 태고 보우(太古普愚)·나옹 혜근(懶翁慧勤)·백운 경한(白雲景閑)과 그 문도들에 의해 주도되었다.

보우는 복구와는 산문 자체가 달랐으나 두 문도들은 서로 교류하였다. 보우는 나옹과 마찬가지로 회암사에서 출가하였다. 그의 수제자 목암 찬영(木庵粲英)은 복구의 제자인 수선사 14세 정혜국사의 제자였고, 환암 혼수(幻庵混修)도 혜근에게서도 사사받았다.

또한 동방의 제일도량이라 일컬어졌던 송광사의 주지로 보우의 문도들, 그리고 혜근과 그의 문도들이 취임하였다. 즉, 수선사 15세로 비정된 홍진국사(弘眞國師) 이후 송광사의 주지는 혜근, 자초, 혼수, 부목(夫目), 석굉(釋宏), 상총(尙聰), 고봉(高峯)이 서로 계승하였다. 혜근과 그의 문도인 무학과 고봉은 사굴산문계이고, 그 나머지 혼수·부목·석굉·상총은 태고의 문도이다.

법호 및 법명	수선사 주지 재위 기간
홍진국사(선현?)	
나옹 혜근(1320~1376)	1371년(공민왕 20)~1373년 봄

무학 자초(1327~1405)	1373년 봄~1375년 가을
환암 혼수(1320~1392)	1375년(우왕 1)~1376년
남전 부목(1320~1398)	1376년~1380년(우왕 6) 3월
석굉(1320~1399)	1380년(우왕 6) 3월~1384년(우왕 10)경
상총(1330?~1410?)	1384년(우왕 10)경~
고봉 법장(1350~1428)	1398년(태조 7) 무렵~

 공민왕 대에는 혜근과 자초를 거쳐 혼수가 송광사 주지를 하였다. 혼수 다음으로 수선사 주지를 역임한 인물은 남전 부목(南田夫目)이다. 그는 성리학자 윤소종의 족친이었으며 공민왕 대 신돈의 집권 시 이에 반대를 하다가 축출된 듯하다. 부목은 본래 복구의 문도였으며 신돈의 집권하에서 왕사였던 선현(禪顯)과 친한 사이였던 것 같다.
 부목에 이어 석굉(釋宏, 1320~1399)이 송광사 주지를 맡았다. 그는 복구의 문도였지만 보우의 비석을 세운 인물이었다는 점에서 양 문도 간의 교류를 엿보게 해 주는 인물이다. 그 다음으로 상총과 고봉 법장이 송광사 주지를 지냈다.
 그리고 고려 말 선원사계 고승으로는 식영암(息影庵)과 죽간 굉연(竹磵宏演) 등이 있었다. 식영암은 식영 연감(息影淵鑑)이라고도 하였는데, 혼수의 스승이기도 하다. 그는 선원사의 주지를 하면서 절을 중수하였던 인물이다. 당시 선원사는 몽산선풍을 널리 선양한 철산 소경이 머물렀던 곳이므로 식영암은 몽산의 임제선풍을 계승하였다고 생각된다. 죽간 굉연은 충감의 제자이면서 혜근의 고제로, 1358년(공민왕 7)경 선원사 주지를 지냈다.
 보우와 혜근의 문도들은 서로 다른 뚜렷한 성향을 지닌다. 혼수(混修)와 찬영(粲英)을 비롯한 보우의 문도들은 유학하지 않은 가지산문계로서 권문세족과 연계되었다. 반면에 자초와 지천을 비롯한 혜근의 문도들은 사굴산문계로 원나라에 유학한 승려들이 적지 않았다. 보우와 혜근의 양 문도는 공민왕 대 후반과 우왕 대 초반에 걸쳐 노국대장공주와 공민왕의 능침사찰인 광암사(光巖寺, 廣通普濟禪寺)와 회암사의 중창 등 대불사를 추진하였다.

보우의 문도들은 연복사(演福寺) 등 개경의 중요 사찰에 머물면서 불교계를 주도하였다. 본래 연복사는 태조가 개경의 10대 사찰로 창건한 보제사였으며, 국가를 대표하는 비보사찰 가운데 하나로, 가지산문계가 주석하였다. 또한 당시 대표적인 권문세족이었던 채홍철(蔡洪哲, 1262~1340)이 전단원(栴檀園)을 설치하여 보우를 초빙하고 채홍철의 셋째 아들인 대선사 계조 연진(繼祖演眞)이 보우에게 출가하였다.

연진뿐만 아니라 졸암 연온(拙菴衍溫, ?~1358)과 구곡 각운(龜谷覺雲, 1318?~1383?)도 가지산문계로서 개경의 중요 사찰에 머물렀다. 연온은 유경(柳敬, 1211~1289)의 증손이자 유정(柳靖)의 아우이며 이존비(李尊庇, ?~1287)의 외손이었다. 각운은 담양 이예(潭陽 李藝)의 2남으로 그의 외숙이 되는 연온에게 출가하여 법을 사사받았다. 보우의 문도인 찬영은 왕사로 책봉된 지 2년 후인 1385년(우왕 11)부터 3대 선찰이었던 광명사(廣明寺)에 3년간 머물렀고, 혼수(1320~1392)는 1378년(우왕 4)부터 3년간, 그리고 국사로 책봉된 이듬해인 1384년(우왕 10)부터 조선 건국 직후까지 광암사 주지를 지냈다. 이들은 원나라에 가서 새로운 임제선풍을 수용한 보우와는 달리 국내 재지(在地) 출신이었다. 결국 우왕과 공양왕 대에는 보우가 입적한 이듬해인 1383년(우왕 9) 이후부터 보우의 문도인 혼수와 찬영이 국사·왕사로 책봉되면서 당시 불교계를 주도하였음을 알 수 있다.

한편 혜근과 그의 문도는 지공의 유훈을 받아서 양주 회암사를 중창하고자 하였다. 그러나 공사를 절반 정도밖에 이루지 못한 채 혜근이 추방되어 주살되자 그의 문도인 절간 익륜(絶磵益倫)과 고암 일승(皐庵日昇) 등이 이를 맡게 되었으며, 무학 자초를 비롯한 일부 세력은 지공과 혜근의 추모불사에 전념하였다. 익륜과 일승, 두 인물은 혜근의 문도였지만 혼수와도 교류가 있던 인물이라는 점에서, 그리고 원나라에 유학을 떠나지 않은 재지 불교 세력이라는 사실에서 혼수를 비롯한 보우의 문도와 성향이 비슷했을 것이다.

같은 혜근의 문도이면서 유학의 길에 올랐던 자초를 비롯한 일부 개혁 지향적 승려들은 지공과 혜근의 추모불사에 전념하면서 새로운 모색을 하였다. 이들은 뜻을 같이하는 천태종 백련사계의 신조(神照) 등과 제휴하였다.

신조(생몰년 미상)는 공민왕의 측근 세력이었으며 당시 천태종 세력을 대표하였다. 1370년(공민왕 19) 혜근이 주관한 공부선(功夫選)에 왕명을 받고 문제를 묻기도 하였다. 그는 고려 말에 이성계와 결합하여 교단 발전을 꾀하였다. 구체적으로 그는 1388년(우왕 14) 이성계와 함께 요동정벌에 참여하여 위화도에서 회군 대책을 논의하였으며, 이러한 공으로 그는 공신호를 받고 수원 만의사(萬義寺)에 머물렀다. 여기서 1391년 1월, 7일 동안 소재도량을 베풀었고, 나라를 위한 대법회를 개설하였다. 그 이듬해인 1392년 2월, 21일간 천태종 소속의 대부분 승려들이 동참하는 가운데 전국적인 규모의 법회를 열었다. 신조는 조선 건국 직후 태조로부터 대선사중대광봉국군(大禪師重大匡奉福君)이라는 개국 공신의 책호를 받았다.

그러나 신조는 자초와 같이 조선 초에 왕사로 책봉되지 않았다. 그 대신에 천태종 승려 공암 조구(空庵祖丘, ?~1395)가 국사로 책봉되었다. 공암의 생애에 대해서는 알려진 바 없고, 1392년(태조 3) 10월에 국사로 책봉된 사실과 그의 입적에 관한 기록을 찾을 수 있을 뿐이다.

한편 무학 자초는 1383년경 광주 청계사(淸溪寺) 주지를 하면서 안변 석왕사에서 조선 왕조의 창업을 종용하였다. 자초가 주지를 역임한 청계사는 조인규(趙仁規, 1227~1308) 가문의 원당이었다. 조인규 가문의 조준(趙浚, ?~1405), 조박(趙璞, 1356~1408) 등과 같은 신진세족(新進世族) 출신들은 정도전(?~1398)과 같은 신진사류(新進士類)와 더불어 왕조 창업에 참여하였다. 조인규 가문의 역할로 자초를 비롯한 일부 불교 세력이 천태종과 제휴함에 따라 자초가 당시 천태종계 소속이었던 청계사의 주지를 맡게 되었던 것이다. 이렇게 하여 위화도 회군 시 신조를 비롯한 천태종 세력과 자초, 그리고 그의 조계종계 불교 세력도 참여하였다.

이렇듯 조계종과 천태종 세력의 제휴는 조준·조박 등 신진세족 출신 사류를 매개로 이루어졌지만, 한편으로는 이성계 선대부터 조인규 가문과 연계되어 이성계의 세력 기반이 되었기 때문이기도 하다. 그러므로 이성계를 중심으로 한 신왕조의 창업에 대한 결의 과정에 정도전으로 대표되는 신진사류 세력과 함께 자초로 대표되는 불교계 세력이 참여했던 것이다. 이러한 사실은 자초가 이성계에게 왕이 될 꿈을 해석해 주었다는 기사에서도 잘 드러난다.

(2) 선사들의 생애와 사상

1) 나옹 혜근과 백운 경한

태고 보우, 나옹 혜근, 백운 경한은 고려 말의 대표적인 조계종 선승으로서 여말삼사(麗末三師)로 통칭한다. 이들은 성리학의 도전을 비롯한 불교를 압박하는 여러 내외 상황에 직면하여 불교 개혁이라는 과제를 떠안고 조계 선풍을 진작시키려 했다는 점에서 주목을 받는다. 이들이 모두 중국으로 들어가 임제선을 계승하려고 했던 점은 이러한 시대적 상황과 무관하지 않다.

보우와 경한은 원나라로 들어가 석옥 청공(石屋淸珙)에게 인가받았고, 혜근은 평산 처림(平山處林)에게 인가받았으며 지공(指空)의 대표적인 계승자가 되었다. 이들 여말삼사 중 혜근과 경한의 생애와 사상을 살펴보고자 한다.

나옹 혜근

나옹 혜근(懶翁惠勤, 1320~1376)은 태고 보우·백운 경한과 더불어 고려말의 대표적인 선승으로 이름을 떨쳤다. 그는 1320년(충숙왕 7) 경북 영덕에서 태어났다. 20세 때 친구의 죽음을 목격한 후 삶과 죽음에 대한 큰 의문을 품고 공덕산 대승사의 산내 암자인 묘적암 요연(了然)선사를 찾아가 그를 스승으로 모시고 출가하였다. 그후 여러 절을 돌아다니다가 양주 회암사에서 정진하여 깨달음을 얻었다.

깨달음을 얻은 후 혜근은 그 깨달음에 대한 인가를 받고자 원나라도 들어갈 결심을 하였다. 1347년 그는 원나라에 유학가서 10년 동안 머물렀다. 그는 보우의 스승 석옥 청공의 도반인 평산 처림에게 법을 인가받았으나 지공에게 법을 다시 인가받고 그의 상수제자가 되었다. 지공은 인도불교의 중심이었던 나란다사 출신으로 북인도, 서역을 거쳐 중국에 와서 전법을 하였으며, 고려에 2년 6개월 동안 머물면서 고려 민중들의 열렬한 환영을 받은 바 있다. 지공은 석가모니의 후신이라고 까지 칭송되었으며 당시 8세였던 혜근에게 보살계첩을 주었다. 그의 청징한 무생계(無生戒) 사상은 당시 불교계는 물론이고 일반 사회에까지 널리 영향을 끼쳤다.

원나라 법원사(法源寺)에서 지공, 혜근, 자초로 이어지는 삼화상의 인연이 맺어졌다. 혜근은 1358년 귀국하여 지공이 전해 준 삼산양수(三山兩水)라는 수기를 가지고 와서 불교를 흥성시키고자 하였다. 그러나 당시 신돈과 천희를 중심으로 한 화엄종 승려들 때문에 그 뜻을 펴지 못하였다. 마침 1370년(공민왕 19)에 지공의 영골이 개경에 오는 것을 계기로 혜근과 보우가 각각 왕사와 국사로 책봉되었다.

1370년 혜근은 천태종의 신조, 화엄종의 천희, 조계종의 혼수 등 교계의 대표가 참여하여 개최된 공부선(工夫選)을 주관하여 불교계를 일신하고자 하였다. 여말 불교계의 승과(僧科)· 승계(僧階)· 승직(僧職) 등의 승정체계(僧政體系)는 무신집권 이후 혼란을 거쳐 점차 원칙에서 벗어나기 시작했고, 원나라 지배기와 여말에 이르는 동안에 완전히 변질되고 있었다. 즉, 승과는 무신집권 기간 중인 고종(1213~1259) 대까지 실시된 듯하지만, 그 이후 제대로 시행되지 못하여 승정의 위축을 가져왔으며, 혜근은 이러한 승정을 개선하여 승풍을 진작시키코자 했던 것이다.

또한 혜근은 당시 동방도량인 송광사 주지로 임명받고 그 사세를 배경으로 지공이 지정한 홍법의 땅인 회암사를 중창하였다. 1차 낙성 시 사부대중이 구름같이 몰려들었고, 이를 우려한 왕실은 그를 밀양 영원사로 보냈는데, 가는 도중 여주 신륵사에서 1376년 입적하였다. 나이 56세, 법랍 37세였다, 저서로는 『나옹화상어록(懶翁和尙語錄)』 1권과 『가송(歌頌)』 1권이 전한다. 시호는 선각(禪覺)이다.

혜근은 임제종풍의 간화선, 지공이 제시한 오가종풍(五家宗風) 이전의 순수선과 무심선, 그리고 그 밖의 다양한 수행가풍을 두루 받아들이면서 어느 한 종문에 국한되지 않는 사상적 포용성을 보여 주었다. 또한 간화선 수행을 강조하면서 근기에 따른 다양한 수행 방편을 제시하기도 하였다.

특히 혜근은 수행의 단계를 점검하여 깨달음의 길로 나가는 법을 공부십절목(工夫十節目)을 통하여 잘 제시하고 있다. '공부십절목'이란 공부인의 수행 단계를 점검하는 10가지 질문을 말한다. 이는 혜근이 공부선을 주관하게 되었을 때, 수행인의 근기를 시험하기 위하여 고안하였던 것이다. 즉, 당시 승정의 혼란으로 침체되었던 승과를 다시 시행하였을 때, 삼구(三句), 삼관(三關), 그리고 이러한 십절목에 대한 문답으로 학인들의 공부 상태를 점검하였던 것이다. 이 문답 형식은 이전부터 내려오는 임제 간화선의 수행 전통을 그대로 계승한 것으로 볼 수 있다. 또한 십절목의 내용을 보면, 화두를 들고 참구해 나가 깨달음에 이르는 과정과 관련을 맺고 있기 때문에 이것은 일종의 수행 지침서로서의 역할까지 겸하고 있음을 알 수 있다. 혜근은 공부십절목 외에 화두 참구를 통한 간화선 수행 체계를 다음과 같이 제시하고 있다. 맨 처음은 발심이다. 이는 인생의 고를 벗어나고 생사를 해탈하기 위해서는 자신의 본래 면목을 알아야 한다는 것이다. 그 다음 본래 면목에 대한 의심이 제기되면서 공부가 진행된다. 이렇게 하여 의심 제기 → 공안 참구 → 무자미(無滋味) → 심신일여, 오매항일(寤寐恒一) → 돈오견성(頓悟見性) → 정안종사(正眼宗師) 참문(參問)·보임(保任) 등의 단계를 설정하고 있다. 여기서 견성한 이후에 정안종사를 참문하고 그 인가를 받아야 한다는 것은 태보 보우에게서도 똑같이 강조되고 있는데, 이는 몽산선풍의 영향이다.

이 밖에 혜근이 다양한 수행가풍을 수용하고 있는 모습은 염불에 대한 그의 입장에서 잘 드러난다. 즉, 혜근은 선사이기 때문에 유심정토(唯心淨土), 자성미타(自性彌陀)를 주장하기는 했지만, 칭명염불(稱名念佛)과 관상염불(觀像念佛)도 수용하여 타력염불문을 열어 놓은 것이다.

안타깝게도 혜근은 회암사 낙성 법회를 본지 1달 만에 열반에 들었지만, 그의 홍법(興法)의 뜻은 그의 상수제자인 무학에게 계승되었다. 그후 조선 태조 때 양주 회암사에 지공, 혜근, 자초의 부도와 진영이 모셔짐으로써 삼화상으로서의 위상이 제고되었다. 더욱이 혜근의 법은 자초의 제자인 진산, 함허당 기화 등 법손에게 이어지면서 그들에 의하여 조선 초 불교계가 주도되었다. 국가나 전국의 사찰 의식에서는 혜근과 지공, 자초를 포함한 여말선초 삼화상의 영험이 가장 신통하다고 알려졌고, 지금까지도 이 시기 삼대 화상으로 존숭되고 있다.

백운 경한

백운 경한(白雲 景閑, 1299~1374)은 전라도 고부에서 태어났다. 어려서 출가하여 일정한 스승 없이 명산대찰을 유력하다가 중국으로 건너가 10여 년 머물렀다. 경한은 1351년(충정왕 3) 중국의 하무산 천호암으로 가서 임제종의 거장인 석옥 청공을 만나 법을 묻고, 같은 해에 지공을 알현하여 게송을 바쳤다. 1352년 다시 청공을 만나 조석으로 참문한 끝에 무심무념의 참뜻에 대한 마음 문이 열렸다. 청공과 헤어진 후 경한은 덕이가 주석했던 휴휴암에 머물다가 1352년 3월 귀국하였다.

경한은 1353년 1월 단좌하여 영가대사(永嘉大師)의 『증도가(證道歌)』를 읽던 중, "망상을 버리려 하지도 말고 진실을 구하려 하지도 마라. 무명(無明)의 실성(實性)이 곧 불성이요, 환화(幻化)의 공신(空身)이 곧 법신이다"라는 대목에 이르러 그 말을 깊이 음미하였을 때 무심(無心)이 되어 깨달음이 열렸다. 한 생각도 일어나지 않고 전과 후가 아주 끊어져 조금도 의지할 곳이 없어 망연한 경지에 이르게 되었던 것이다.

이 소식을 전해 듣고 청공은 1354년에 임종하면서 '사세송(辭世頌)'이라는 전법게(傳法偈)를 지어서 제자 법안(法眼)을 통해 경한에게 전하였다. 앞서 경한이 중국 유학 시절에 청공 밑에서 참학하다가 심안이 열렸으며, 이때 완전히 깨닫자, 청공이 경한에게 자신의 법을 이었음을 전한 것이다.

경한은 1357년 보우의 천거로 왕의 부름을 받았으나 병을 이유로 사양하였다. 1365년에는 혜근의 천거로 다시 공민왕의 부름을 받아 해주 신광사(神光寺)의 주지가 되었다. 1368년 왕비 노국공주(魯國公主)의 원당인 흥성사(興聖寺)의 주지가 되었고, 다음 해인 1369년 김포 고산암(孤山庵)에서 은거하였다가, 다시 나옹의 추천으로 1370년 9월 혜근이 주관하였던 공부선(功夫選)의 시관직(試官職)을 맡았다. 1374년 여주 혜목산 취암사(鷲巖寺)에서 후학들을 지도하다가 입적하였다.

경한의 생애에서 살펴보면 말년의 몇 년을 제외하고 왕실과 밀접했던 부분을 찾을 수 없다. 이것은 보우와 혜근이 왕실과 밀접했던 것과 비교가 된다. 경한은 "천진하고 거짓이 없어 형상을 빌려 이름을 팔지 않았으니 참다운 경계에 노니는 사람"이었다. 그의 저서로는 『백운화상 어록』 2권과 『불조직지심체요절(佛祖直指心體要節)』이 있다. 프랑스 파리에서 발견된 그의 『불조직지심체요절』 하권은 세계 최고의 금속활자본으로 유명하다.

경한은 혜근과 마찬가지로 어느 한 사람으로부터 법을 배우기보다는 깨달을 수만 있다면 여러 선지식에게 나아가 법을 구했다. 그러기에 그의 선 사상은 임제의 간화선풍뿐만 아니라 무심선도 많이 강조했으며, 수행 방법 중 어느 하나만 고집하지 않았다. 물론 그는 간화선 수행을 간과하지 않았다. 본심을 깨닫지 못한 수행인에게는 화두를 은밀히 들어 깨달음으로 법칙을 삼으라고 했다. 그러나 마음을 가지고 깨달음을 기다리지 말고, 마음을 혼침하거나 산란케 하지도 말며 다만 진실하게 공부만 하면 비로소 그 본심을 깨닫게 된다고 하였다. 또한 참학자가 반드시 화두를 배우거나 물어야 하는 것은 아니라고 했다. 그는 다음과 같이 말한다.

> 진실한 공부는 하루 모든 시간과 사위의(四威儀) 안에서 생사의 일을 생각하되 심의식(心意識)을 떠나 범성(凡聖)의 길을 참구해야 하는 것이니, 무심(無心)과 무위(無爲)를 배우고 그것을 면밀히 길러, 언제나 무념(無念)하고 불매(不昧)하여 마침내 의지할 데가 없어 명연(溟然)한 경지에 이르게 되면 자연히 도에 합치될 것이다.

이렇게 그는 본심을 깨닫는 수행법으로 간화만이 아니라 무심과 무위를 강조했다. 그리고 그 무심과 무위의 경지에 들기 위해서는 무념에 들어야 한다고 했다. 무심과 무위, 무념은 간화선 이전의 조사선에서 강조했던 내용이다. 그리고 경한은 그의 어록 곳곳에서 무심을 유독 많이 설하고 있다. 이러한 것으로 볼 때 경한은 간화선을 수용하긴 했지만 조사선의 커다란 테두리 안에서 무심을 중심에 두고 여러 수행법을 실참했고 권장했음을 알 수 있다.

조사선에 대한 경한의 구체적인 언급은 그의 어록에서 「조사선」이라는 별도의 항목을 통해 잘 드러나 있다. 그는 여기에서 조사선의 선지(禪旨)는 빛깔(色), 소리(聲), 말을 떠나지 않는 것이라고 강조했다. 즉, '뜰 앞의 잣나무', '삼 세근', '마른 똥 막대기', '신(神)의 술상' 등 본본 종사가 선문답 중 내놓은 말 한 마디는 모두 빛깔과 소리와 말을 갖춘 것으로, 이것이 조사선의 특징으로 그는 보았다. 조사선의 일구(一句)에는 색, 소리, 말의 삼구(三句)를 항상 갖추고 있다는 이러한 정의는 직지인심(直指人心)을 표현하는 조사선의 전통을 잘 따르고 있다. 그러나 그 직지인심의 방법이 색, 소리, 말이라는 우리들의 의사소통의 방법을 따르고 있지만, 그 전하는 통로는 일상적인 의식 작용으로 파악될 수 없는 격외의 도리를 쓰고 있기 때문에 일반적인 의사소통과는 질적으로 다르다. 여하튼 조사선에서 중요한 것은 직지인심이 가리키는 그 일심의 순수한 작용이 색, 소리, 말로써 표현되기 때문에 때가 무르익은 공부인은 그런 행동을 보이는 선지식의 일구를 보고 즉각 그 자리에서 깨닫게 되는 것이다. 이러한 것으로 볼 때 경한은 간화선을 수용하고 있으면서 조사선의 정신을 잘 계승하고자 했음을 알 수 있다.

또한 경한은 선과 교는 이름이 다를 뿐, 체는 같아서 평등한 것이라고 하여 선교를 회통시키고 있다. 자신의 사상을 말하는 데서도 여러 가지 다양한 경전과 조사들의 말을 두루 섭렵하였으며 유불도 삼교를 자신의 사상 속에서 융합시키기도 하였다.

2) 고려 말 선승들

여말삼사 가운데 보우와 나옹의 문도가 고려 말 이래 조선 초기 불교계를 주도하였다. 먼저 보우의 문도 가운데 상수제자는 환암 혼수·목암 찬영·구곡 각운·조이(내원당 묘엄존자)·원규(내원당 국일도대선사)·현린(도대선사 광화군) 등이 있었으나 여기서는 혼수와 찬영, 각운에 대해서 살펴보기로 한다.

환암 혼수

환암 혼수(幻庵混修, 1320~1392)는 고려 충숙왕 7년(1320)에 출생했다. 속성은 조(趙)씨이며, 본관은 풍양(豊壤)이다. 그의 법명은 혼수(混修)이고, 자(字)는 무작(無作)이며, 법호는 환암(幻庵)이다.

혼수는 계송(繼松)과 식영암(息影庵)에게 출가 및 정진하였다. 계송은 몽산 덕이의 임제선풍을 계승한 10송(松) 중의 한 인물이며, 식영암은 각진국사 복구의 제자로 선원사에 머물렀으므로 역시 덕이의 임제선풍을 계승하였을 것으로 보인다.

이후 정확한 시점은 알 수 없으나, 혼수는 보우에게 사사받고 그의 상수제자가 되었다. 이러한 사실은 보우의 행장이나 비문에 나타나고 있다. 혼수의 행적에서도 그가 보우의 문도들과 연복사, 광암사 등 개경의 사찰에서 머물면서 왕사, 국사로서 불교계를 주도하였던 사실이 확인된다. 그런데 혜근의 행장에 의하면 그가 혜근과 교류하며 신표를 받았다는 기록이 있는데, 이 기록의 사실 여부는 판단하기 어렵다.

혼수의 선 사상은 초기에 몽산 덕이의 선풍을 계승한 계송·영암의 선풍을 이었으나, 후반부에 이르면 석옥 청공의 임제선풍을 계승한 보우의 선풍을 이었다. 고려 말 불교계에서 그의 위상은 도가 높아 모든 조사들 중에서 가장 숭고하게 인식되어 그를 찾아오는 자들이 많았다. 특히 그가 공부선에서 응답한 것이 혜능과 비교될 정도로 칭송이 자자했으며 불교계의 모든 승려들 중에서 그를 따를 자가 없었다고 한다.

조선 건국 직전 신왕조의 창업자인 이성계와 교류한 적도 있었던 혼수는 조선 건국 2개월 만에 의문의 입적을 하고 만다.

하지만 조선 중기 청허당 휴정의 문도에 의하여 법맥이 정리될 때 혼수의 위상이 다시 강조되었다. 즉, 보우의 법을 혼수가 이어 갔으며 그의 법이 다시 구곡 각운에게 전해지게 되었다는 설이 정립되는 것이다. 다만 구곡은 혼수의 도반이며 혼수의 법은 만우가 계승하였으므로, 이에 대해서는 더 많은 연구가 필요하다.

제자로는 경관(慶觀)·담원(湛圓)·소안(紹安)·천봉 만우(千峰萬雨) 등이 있다. 저술로는 『환암어록』 2권이 있었다고 하나 전해지지 않는다.

목암 찬영

목암 찬영(木庵粲英, 1328~1390)은 양주 출신이고, 사복(司僕) 직장(直長) 한적(韓績)의 아들로 1328년(충숙왕 15) 1월 8일에 태어났다. 본관은 양주, 호는 목암(木菴), 자는 고저(古樗)이다. 1341년(충혜왕 복위 2) 4세에 출가하여 중흥사(重興寺)에서 보우에게 득도하고, 수선사 제14세 사주인 정혜국사(淨慧國師)를 친견하고 가지산문의 제2좌가 되었다. 그 후 유점사의 수자(守慈)

에게 공부했으나 보우의 법을 중시하여 그의 대표적인 제자가 되었다.

찬영은 1350년(충정왕 2) 산문 승과고시 상상과에 급제하고 대흥사(大興寺), 소설산(小雪山) 중흥사 등에 머물렀다. 공민왕이 그를 존경하여 '벽안(碧眼)달마'라 불렀으며, 양가도승록(兩街都僧錄)에 임명했다. 그는 1356년 보우가 설치한 승정 기관인 원융부 녹사로 있으면서 교단 쇄신에 참여하였다. 그 후 지방의 석남사(石南寺)·월남사(月南寺)·신광사(神光寺)·운문사(雲門寺) 등에 주석하다가, 1372년(공민왕 21) 정지원명 무애국일선사(淨智圓明 無碍國一禪師)의 호를 받았다.

우왕은 즉위하여 찬영에게 국일도대선사의 호를 내리고 가지사(迦智寺)에 머물게 하였다. 1383년(우왕 9) 환암 혼수가 국사로 책봉될 때 그는 왕사가 되어 충주 억정사(億政寺)를 하산소로 삼았다. 이후 그는 1385년(우왕 11) 개경 광명사에 주석하다가 1388년 창왕에 의해 다시 왕사로 책봉되었다. 1390년(공양왕 2) 국사를 책봉받기 위해 한성에 올라왔다가 성리학자의 반대에 부딪혀 억정사로 돌아가 머물다가 입적하였다. 당시 나이 63세, 법랍 49년이었다. 찬영은 1393년(조선 태조 2) 다시 대지국사(大智國師)라 추증되었다. 그는 수선사 제14세 정혜국사에게 수선사풍을 수용한 다음 보우의 대표적인 계승자가 되었다.

구곡 각운

구곡 각운(龜谷覺雲, 1318?~1383?)은 담양(潭陽) 이예(李藝)의 2남으로 그의 외숙이 되는 연온에게 출가하여 법을 사사받았다. 1368년 왕명으로 내원당에 들어가 1년 동안 『전등록』을 강설하였다. 이듬해인 1369년에는 '대조계종사 선교총섭 숭신진승 근수지도 도대선사(大曹溪宗師禪教總攝崇信眞乘勤修至道都大禪師)'라는 호를 받고 내원당겸판조계종사(內願堂兼判曹溪宗師)에 임명되었다. 1372년(공민왕 21) 공민왕으로부터 '달마절로도강도(達磨折蘆渡江圖)'와 '동자보현육아백상도(童子普賢六牙白象圖)', 그리고 '구곡각운

(龜谷覺雲)' 네 자를 큰 글씨로 쓴 두루마리 네 폭을 받았다. 1373년(공민왕 22) 그는 백련사 주지로 갔다가 1382년(우왕 8) 다시 내원당 감주로 임명되었으며, 1383년(우왕 9) 왕사, 국사의 책봉을 거절하고 다시 백련사로 하산하였다. 그의 스승은 혼수였다고 알려져 있으며, 제자로는 보우의 문도이기도 한 홍혜국사(弘慧國師)·고암 천긍(古巖天亘) 등이 있었다.

혜근의 문도

혜근의 문도는 셀 수 없을 만큼 많았다. 그리고 선종 외에 타 종파의 승려도 혜근을 스승으로 섬긴 경우가 많았다. 대표적인 제자로 절간 익륜·철호 조선·무학 자초·달공 본적·축원 지천·고봉 법장 등이 있었다.

절간 익륜(節磵益倫)은 혜근의 문도 가운데 죽간 굉연(竹磵宏演)과 더불어 간(磵) 자를 쓴 대표적인 인물이며 송풍헌(松風軒)이라 불렸다. 그는 1376년부터 고암 일승이 주지를 맡기까지 회암사의 주지로 있었다. 당시의 대문인 이색에게 「회암사수조기(檜巖寺修造記)」와 「장성백암사쌍계루기(長城白巖寺雙溪樓記)」라는 기문을 청한 바 있다. 그는 혼수가 주관한 법회에 참여하였으며, 청룡사(靑龍寺)에 가서 혼수를 만나 글을 받기도 하였다. 익륜은 조선 초에 이르러 혼수의 비문 건립에 참여하였고, 태종 초년에는 상왕인 이성계가 환궁하는 데 참여하였다.

고암 일승(皐菴日昇)은 광암사에서 10년 이상 주석하였고, 공민왕의 지우를 얻어 왕이 쓴 글을 하사받았다. 혼수, 절간 익륜과 더불어 당시 중요 사찰이었던 회암사와 신륵사 등의 대사찰의 주지를 하였다.

달공 본적(達空本寂)은 호가 본적이며, 지공을 섬긴 후 용문 장공(龍門藏公)을 찾아가 법을 물었고, 혜근을 찾아가 인가를 받았다. 혜근의 입적 후에 자초와 더불어 혜근의 대표적인 제자가 되었는데, 달공은 독실하게 실천하는 자이고 자초는 묘리에 통달한 자라고 불렸다.

IV. 조계종의 시련과 극복

1. 조선 초기의 조계종
   (1) 태종·세종 대의 불교 탄압
   (2) 선종으로의 전환
   (3) 조선 초 선사들의 활동과 사상
2. 조선 전기의 조계종
   (1) 연산군·중종 대의 시련
   (2) 명종 대의 부흥과 순교승 보우
3. 휴정과 불교 중흥
   (1) 휴정의 생애와 승병 활동
   (2) 휴정의 선 사상
   (3) 중흥조로서의 위상
4. 조선 중기의 조계종
   (1) 승병의 활동과 불교계의 위상 변화
   (2) 서산계·부휴계 문도와 그 활동
   (3) 휴정 문도들의 법통 정비
   (4) 수행 및 수학 체계의 정비와 의례
5. 조선 후기의 조계종
   (1) 영조의 불교 정책
   (2) 정조의 불교 정책
   (3) 선 논쟁의 전개와 의의
   (4) 조선 말기 불교계의 변화
   (5) 조선 말기 선사들의 활동과 사상
   (6) 근대 불교로의 이행

조계종의 시련과 극복

1. 조선 초기의 조계종

(1) 태종·세종 대의 불교 탄압

1) 태종 대의 불교 탄압

조선시대 불교가 본격적인 탄압을 받기 시작한 것은 태종과 세종 대에 걸친 20여 년간이며, 이 시기에 조선왕조의 불교억압 정책의 골격이 대부분 갖추어졌다. 고려 말 연복사탑(演福寺塔)의 중수를 계기로 시작된 성리학자들의 억불 운동은 조선왕조가 건국된 지 불과 사흘 뒤인 1392년 7월 20일 사헌부에서 승려 도태(淘汰)에 관한 상소를 올리면서 본격화되었다. 그러나 태조는 개국 초부터 이러한 정책을 시행할 수 없다면서 거절하였고, 다만 불교계의 나쁜 폐습과 관련한 몇 가지 사항을 시정하였다.

불교계에 대한 태도는 그가 죽는 1408년까지 일관되게 나타나며, 태조를 이은 정종도 대부분 태조의 시책을 따랐다. 여기에는 불교계를 주도하였던 무학자초와 조선 건국에 참여하였던 불교계 세력이 일정 부분 역할을 담당하였다. 그러나 태종은 자초가 입적한지 3개월도 되지 않은 1405년 11월 대대적인 탄압책을 시행하였으며, 이 조치는 다음해인 1406년까지 지속되었다. 태종 대의 불교 탄압책은 다음 다섯 가지로 요약, 설명할 수 있다.

① 종파의 감축, 사원 수 축소 및 사원 소유 토지와 노비의 혁거(革去)
② 왕사·국사제의 폐지
③ 도첩제(度牒制)의 엄격한 시행
④ 창사(創寺)·조불(造佛)·설회(設會)의 금지
⑤ 능사제(陵寺制)의 폐지

국사·왕사제와 능사제는 고려왕조가 불교국가였다는 사실을 상징적으로 나타내 주는 중요한 제도였다. 조선 초에도 태조 대에 조계종의 자초와 천태종의 공암 조구(空庵祖丘)가 왕사, 국사로 책봉되었으나 무학의 입적 후 새로운 왕사, 국사를 책봉하지 않음으로써 이 제도는 사실상 폐지되었다. 고려왕조 내내 존속되었던 이 제도의 폐지는 결국 조선왕실이 불교를 인정하지 않겠다는 의지의 표현으로 이해된다.

능사제는 고려시대에 국왕의 진영을 모셔 두고 국가로부터 토지를 제공받았던 진전사원(眞殿寺院)과 유사한 제도이다. 태종 대에 이르러 이렇게 왕실의 능침사찰(陵寢寺刹)을 두지 않는다고 천명하고 있으나 이 제도는 완전히 사라지지 않았다. 예컨대 태종은 부왕과 모후를 위해 개경사와 연경사를 세웠다. 다만 태종은 그의 비 원경왕후가 1420년(세종 2) 세상을 떠나자 능사를 건립하려는 세종을 만류하였다. 태종 이후에도 세종(영릉: 보은사), 세조(광릉: 봉선사), 덕종·예종(경릉·창릉: 정인사)의 능에 절이 세워졌다. 도첩제는 고려 후기 이래 승려의 과다한 증가를 막고 질적 향상을 위한다는 명분으로 시행하였으나, 그 제도가 엄격하게 시행되지는 못하였다. 그러나 태종 대에는 승단을 통제하고 승도들을 보다 엄격하게 관리하기 위하여 이 제도의 시행을 강화하였던 것이다.

태종 대 불교 탄압의 핵심은 종파의 축소와 비보사사(裨補寺社)를 242사로 정리하면서 사원이 보유한 토지와 노비를 몰수한 데에서 찾아진다. 먼저 종파의 축소는 1406년(태종 6) 3월에서 1407년 12월 사이에 11종에서 7종으로 통폐합되었다. 11종이라 함은 조계종·총지종·남산종·천태소자종·천태법사종·화엄종·도문종·자은종〔유가종〕·중도종·신인종·시흥종을 일컫는다. 이들 가운데 조계종과 총지종이 조계종으로, 화엄종과 도문종이 화엄종으로, 천태소자종과 천태법사종이 천태종으로, 중도종과 신인종이 중신종으로 각각 정리되었다고 추정된다. 이와 같은 종단 통폐합은 불교의 자율권을 박탈하고 제도적으로 불교를 규제하기 위한 불교 탄압책의 전형과도 같은 것이었다. 결국 고려시대 4대 종파인 조계종·화엄종·천태종·자은종과 함께 군소종파인 중신종, 시흥종, 남산종 등 총 7개 종파만 잔류하게 되었다.

태종 대 몰수당한 사원 토지와 노비의 규모는 고려시대 규모의 9/10에 해당할 정도였다. 그러나 아직 사원이 확보하고 있는 경제력은 대단하였다. 고려 후기 사찰은 10만 결의 토지를 소유하여 전 농토의 1/8 내지 1/6 규모에 달하였고, 승려 수도 10만에 이르러 전 백성의 3/10에 달하였다. 이러한 규모가 1/10로 감축되었지만, 1만 결의 토지와 1만의 승려가 여전히 남아 있었다. 사원이 보유한 1만 결의 토지는 국가공인 사찰 242사를 기준으로 할 때 1개 사찰당 평균 45.5결에 이른다.

국가가 사찰을 공적으로 지정하여 지급한 1만 결의 토지 외에 사원이 본래 보유하고 있던 사유지가 있었다. 태종 대 불교 탄압 시 제시된 1만 천여 결은 1/10로 감축한 1만 결과 맞아 떨어지며 이러한 규모는 성종 대 무렵까지 지속되었다. 그러나 이렇게 사찰의 토지와 노비가 1/10로 정리되고 승려 수도 그와 같은 수준으로 감축되면서 불교계가 받은 타격은 상당히 컸다.

태종이 1406년(태종 6) 3월에 242개 사찰만 남기고 나머지 사찰을 정리할 때의 기준은 비보사사와 자복사(資福寺) 등이었다. 자복사란 글자 그대로 복을 의뢰하는 사찰들로 각 관아의 원당과 같은 사찰로 추측된다. 그리고 왕실에서 중요시하였던 연경사·홍천사·화장사·신광사·석왕사·낙산사·성등사·진관사·상원사·견암사·관음굴·반야전·만의사·감로사·표훈사·회암사·유점사 등의 사찰은 그대로 두었다. 정리된 이후 남아 있던 242개의 절이 구체적으로 어떠한 사찰들이었는지 정확히 알 수 없다.

242개 사와 자복사의 종파별 분포

태종 6년 시의 개혁		태종 7년 시의 자복사	
조계종·총지종	합 70사	조계종	24사
천태소자·천태법사종	합 43사	천태종	17사
화엄종·도문종	합 43사	화엄종	11사
자은종	36사	자은종	17사
중도종·신인종	합 30사	중신종	8사
시흥종	10사	시흥종	3사
남산종	10사	총남종	8사
합 계	242사	합 계	88사

비록 242개 사찰의 구체적 명단은 확인할 수 없지만, 위의 표에서 보이듯이 각 종파별 소속 사찰 수는 어느 정도 파악할 수 있다. 즉, 도문종, 중도종, 신인종, 시흥종, 남산종 등의 군소종파는 10~15사, 조계종, 천태종, 화엄종, 자은종 등 4대 종파는 30~60사 정도의 규모로 각각 배 정도였던 듯하다. 특히 조계종과 군소종파인 총지종을 합하여 70사를 배정한 것은 최대 규모이며, 이를 보아도 이 시기 가장 유력한 종파는 조계종이었음을 확인할 수 있다. 그리고 자복사의 경우 4대종파가 69사, 3개의 군소종파 14사였으며, 4대 종파 내에서도 여말선초 종파의 사세별 순이다. 여기서 다시 1407년(태종 7) 12월 2일 여러 주의 자복사를 산수가 뛰어난 명찰로 교체하고 종파를 7종으로 재정리하였

다. 이때는 비보사사가 기준이 아닌 명산대찰이나 명산 승처의 사찰이 국가 공적인 사찰로 등장하였다.

당시 새로 편입된 자복사 88사는 조계종 24사, 천태종 17사, 화엄종 11사, 자은종 17사, 중신종 8사, 시흥종 3사, 총남종 8사이다. 태종 대 선정된 242사 가운데 88사를 제외한 156사는 각 읍에 진병법석을 연 숫자와 유사하고 『고려사』「지리지」 서문 156읍과 비슷하다.

이전까지 사찰의 선정은 군현과 긴밀한 관련을 갖고 있었으나 이렇게 비보사사에서 명산대찰로 교체되면서 이제는 사찰이 군현과 연관을 짓지 않았다. 본래 고대 이래 사찰의 건립은 산중이나 마을 등 지역을 제한하지 않았지만 국가나 읍사와 긴밀한 관련을 맺으면서 읍의 치소와 가까운 위치에 있는 경우가 많았다. 즉, 고려시대에는 군현과 관련된 사찰은 군현의 행정 중심지인 치소(治所)와 가까운 경우가 많았는데 이렇게 산수가 뛰어난 좋은 터에 자리한 88개의 자복사로 교체되면서 그 성격이 변화되었다. 결국 고려시대 내내 지켜져 왔던 비보사사 전통은 이 시기에 이르러 단절되고 말았다.

2) 세종 대의 불교 탄압

세종은 즉위 초반에 별다른 불교 억압 시책을 내놓지 않다가 1424년(세종 6) 대대적인 억압책을 시행하였다. 세종 대 유신들이 올린 배불 상소는 다음과 같은 내용을 담고 있다. 법손노비(法孫奴婢)의 혁거와 7종을 선교 양종으로 폐합, 사원 수의 축소와 내불당(內佛堂)의 폐지, 흥천사(興天寺)와 흥덕사(興德寺)를 제외한 도성 내의 사원 철폐, 이들 사원의 불상·종·거울 등을 녹여 병기로 사용, 불사의 설행 감소, 승도의 도성 내 출입 금지, 도승제의 엄격한 시행과 연소자 출가 금지, 승록사(僧錄司) 폐지.

세종 대 불교 개혁의 핵심은 종래의 7종 242개의 사찰을 선교 양종(禪敎兩宗)의 36사로 정리 개혁하고, 승록사를 폐지하여 도회소(都會所) 체제로 전환하였다는데 있다.

우선 선교 양종으로의 통폐합을 통해 오랫동안 유지되어 오던 종파의 순수성이 상실되고 말았다. 조계종 · 천태종 · 총지종을 선종으로, 화엄종 · 자은종 · 중신종 · 시흥종을 교종으로 각각 통합함으로써 각기 종파가 지닌 고유성이 사라지게 되었던 것이다. 또한 승정기구인 승록사가 폐지되고 흥천사와 흥덕사가 선교 양종의 도회소를 맡게 되었다. 국가적인 승정기구가 없어지고 총본산의 수(首)사찰 격인 사찰이 그 기능을 맡게 된 셈이다.

선교양종 도회소(都會所) 본산 체제하의 사찰

도	선 종 18사	교 종 18사
한 성	흥천사	흥덕사
유후사	숭효사 연복사 흥교사(+)	광명사 신암사
경 기	양주 승가사 양주 문경사 양주 회암사 양주 진관사 고양 대자암	해풍 연경사 송림 영통사 양주 장의사 양주 소요사
충 청	공주 계룡사	보은 속리사 충쭈 보련사
경 상	진주 단속사 경주 기림사	거제 견암사 합천 해인사
전 라	구례 화엄사(-) 태인 흥룡사(-)	창평 서봉사(-) 전주 경복사(-)
강 원	고성 유점사 원주 각림사 강릉 상원사(+) 회양 장안사(+)	회양 표훈사 회양 정안사(+)

황 해	은율 정곡사(-)	문화 월정사 해주 신광사
평 안		평양 영명사
함 길	안변 석왕사	

※ 1424년(세종 6) 화엄사·흥룡사·정곡사·서봉사·경복사 철폐 : (-)
　상원사·송광사·흥교사·장안사·정양사 새로 선정 편입 : (+)

　세종은 1424년(세종 6) 4월 242사였던 국가 공인사찰을 선교 양종의 각 18사(선교 도합 36사)로 대촉 축소하는 조치를 단행하였다. 36사 외에도 조선조에 와서 새로 세워진 흥천사·흥덕사·개경사와 태조·태종과 관련이 깊은 석왕사·각림사가 남게 되었고, 고려시대 이래 중요사찰인 숭효사·연복사·관음굴·광명사·신암사·감로사·영통사 등도 그대로 남았다.

　이때의 선교 양종 36사는 세종 7년 5월 일부 교체되었는데 그 내용은 다음과 같다. 교종의 경복사(전주), 서봉사(창평)와 선종의 화엄사(구례), 정곡사(은율), 흥용사(태인)의 5사 대신에 상원사(강릉), 정양사(금강사)가 교종에, 흥교사(유후사), 송광사(순천), 장안사(금강산)가 선종으로 교체되었다. 36사는 한성을 중심으로 하면서도 전국적으로 골고루 분포되었다.

　여기서 36사 외의 사찰을 모두 없애 버렸다는 의미가 아니라 국가가 36사만 공인하였다는 점을 알아 두어야 한다. 즉, 중종 대에 편찬된 『신증동국여지승람』에 1,600여 개의 사찰이 엄연히 보이고 있다. 36사의 사찰은 국가의 공인 하에 7,950여 결의 토지를 지급받고 3,770명의 승려가 국가 차원에서 인정되었다. 그러나 36사 외의 사찰에 대하여 거승 배정, 전지 급여가 전혀 없었고 그러한 사찰은 자연히 폐사되었을 것이므로 이는 곧 혁거로 간주되어야 마땅하다. 하지만 앞서 서술한 대로 후대인 중종 대에 1,600여 사찰이 엄연히 존재하고 있기 때문에 선교 양종의 36사 외에 다른 사찰들도 남아 있었을 것이다. 즉, 36사는 본산으로서 자격을 인정받은 것이고, 그 밖의 사찰이라고 해서 모두 폐찰된 것은 아니었다.

『신증동국여지승람』 불우조에 나타난 선교양종 사찰수

도	읍수	사찰수	비율	선종	교종	합	잔여사원
한성부	1	18	18	3	2	5	13
개성부	1	16	16	2(3)	2(3)	4(6)	12(10)
경기도	37	174	4.7	5	4	9	165
충청도	54	260	4.8	1	2	4	257
경상도	67	282	4.2	2	2	4	278
전라도	57	280	4.9	2	2	4	276
황해도	24	213	8.86	1	2	3	210
강원도	26	113	4.3	2	1	3	110
함경도	22	75	3.4	1		1	74
평안도	42	221	5.3		1	1	220
계	331	1,652	4.99			36	1,618

위의 표에서 보듯이 1424년의 선교양종 36사 외에도 『신증동국여지승람』에 1,618사가 존재하는 것으로 나타나고 있다. 물론 여기에는 세종 대 후반, 그리고 세조 대와 같은 호불군주의 통치 시절 새로 창건된 사원들도 포함되겠지만 대체로 조선 초 이래의 사원들이다.

성종 대 도승법의 폐지와 승니 사태(沙汰)가 시행되고, 연산군 때 선교 양종과 승과가 폐지되었으며, 사원 소유의 토지가 몰수되었다. 이것이 『신증동국여지승람』이 편찬되는 중종 대에 그대로 계승되었으므로, 불교 존립 자체가 위기에 있었다고 보는 시각이 대부분이다.

그러나 성종 대 전국의 사찰이 1만, 승려가 10만이었다는 기록에 주목해야 한다.[6] 당시 사찰의 존폐 여부는 비보가 기준이 되기보다는 조선 왕실과 연결되는가가 가장 중시되었다. 이는 조선 초 개경에서 한성으로 천도한 이후 한성 중심의 불교계 재편과 관련이 있을 것이다.

성종 대에 이르면 사림파의 등장과 성리학의 진작으로 불교계에 대한 강도 높은 탄압이 시행되었다. 즉, 성종 2년 6월 도성 내의 염불소를 폐지하였고, 12월에는 간경도감의 활동을 정지시켰다. 4년 8월에는 선비의 부녀자들에 대한 출가를 금지하였고, 6년에는 도성 내외 23개소 비구니 도량을 폐지하였다. 8년 12월에는 국왕의 탄신일에 행하던 축수재를 금지하였고, 23년 2월에는 도첩제를 정지시켰다. 그 밖에 승려에 대한 공재(恭財)를 엄금하고, 불전공물, 창사, 도승 금지 등의 조처가 시행되었다.

이상과 같은 성종 대의 도승법 중지와 승니 사태는 불교계를 더욱 위축되게 하였고 불교 신앙의 담당자인 여성들이 절에 가는 상사(上寺)를 금지하고 도성 내외의 비구니 도량을 모두 혁거하였다.

(2) 선종으로의 전환

조계종은 고려 후기 이래 4대 종파 가운데 사세가 가장 컸다. 태종 대 242사 체제 시에 조계종은 가장 우세한 종파로 그 사세를 유지하였다. 국가 공인 사찰 수 242사 체제 시 조계종과 총지종이 도합 70사를 보유해 가장 많았다. 당시 조계종보다 사세가 떨어지는 자은종이 36사이고 남산종과 시흥종이 각기 10사가 배정된 것을 감안한다면, 43사 정도는 조계종에 배정되었을 것이다. 242사 가운데 88개의 자복사가 교체될 때도 조계종은 가장 많은 24사를 배정받았다.

세종 대 선교 양종 통합 시 기존의 조계종과 천태종, 총지종이 선종으로 통합

---

6) 성종 대의 각 도별 사찰 수는 다음과 같다. 경기(1,000), 충청(1,500), 전라(2,000), 경상(3,000), 강원·황해(1,000), 구안평안(1,000)으로 합이 9,500여 사찰에 이르렀다.

되었으며, 선종은 교종과 더불어 도회소(都會所) 체제로 바뀌었다. 승정기구였던 승록사를 폐지하고 승록사 노비 384명을 선교 도회소에 나누어 주었다. 그리하여 1396년 9월 태조에 의해 정릉의 능침사찰로 창건된 흥천사(興天社)가 선종의 본사인 도회소로 지정되면서 통합적인 조계선종이 탄생하게 되었다. 당시 흥천사가 조계종 본사로서 어떠한 역할을 했는지 알 수 없다. 태종 8년 10월 의정부의 건의에 따라 흥천사가 화엄종으로 이속되는 일도 있었기 때문이다.

그 이후 1436년(세종 18) 흥천사와 교종 본사인 흥덕사(興德寺)를 정리하여 선교 양종을 통폐합하고 진관사를 본산으로 삼을 것을 건의하였지만 양종 체제는 계속되었다. 1538년(중종 2) 승과가 폐지되고 양종의 도회소가 철폐될 때까지 흥천사는 114년간 선종의 본산 역할을 하였다.

선종은 흥천사를 본산으로 하고 나머지 17사를 중심으로 하는 체제였다. 그 18사는 왕실원당 3사(회암사·대자암·각림사), 능침사찰 2사(흥천사·개경사), 수륙사(水陸寺) 2사(관음굴·진관사)로 왕실과 국가가 중시하는 원당급의 사찰이었다. 얼마 후 18사 가운데 흥룡사와 정곡사, 화엄사를 퇴출시키고 흥교사, 송광사, 장안사가 새로 편입되었다. 이러한 18사를 국가가 공인하여 이들 사찰에 고려시대처럼 토지와 노비를 지원하고 나머지 1,500여 사찰들을 통제 또는 관리하는 운용 체제였다.

흥천사의 역대 주지를 살펴보면 상총(尙聰)·운오(云悟)·종안(宗眼)·중인(中印)·행호(行乎)·만우(卍雨) 등으로 나타나고 있다. 보우의 법손인 상총은 흥천사의 감주(監主)로서 흥천사를 본사로 하는 모든 사찰들이 보조국사 지눌의 가르침을 상법(上法)으로 삼아 실천하고 수행할 것을 역설하였다. 그는 도성 내 흥천사를 조계종의 본사로 하여 승당을 설치하고 참선공부를 하는 것을 영구한 규정으로 삼으라고 했다. 중국의 승풍을 탈피하고 보조국사의 법풍을 중심으로 작법과 규범을 세우고자 하였던 것이다. 이는 그가 보우의 제자이면서 수선사의 지눌이나 혜심의 선풍을 강조하여 보우의 임제선풍 일변도 경향에서 벗어나려는 시도로 보인다.

상총이나 만우(卍雨)는 혼수의 문도이고 종안과 중인은 자초의 문도이다. 따라서 선종 본산인 흥천사의 주지는 당시 조계종의 큰 줄기를 이루고 있는 보우와 혜근의 문도들이 담당하였다고 하겠다.

이들 외에 수미(守眉)와 세조 대의 삼화상이 조선 초기 불교계를 이끌고 나갔다. 세조 대 수미는 국가 공인은 아니었지만 불교계를 대표하는 왕사로 인식하였다. 삼화상이라 불리우는 신미(信眉)와 그의 두 제자 학조(學祖)와 학열(學悅)의 등장과 활동으로 숭유억불의 시기에도 불교계를 살아 움직이게 하였다. 조계종의 법맥을 계승한 벽계 정심(碧溪正心)과 그의 제자 벽송 지엄(碧松智嚴) 등의 역할도 두드러졌다.

세종은 집권 초기에 억불 시책을 폈지만, 말년에 궁중에 내불당을 설치하고, 훈민정음 반포 후 한글로 불서를 편찬하는 등 호불 군주로 바뀌었다. 그는 수양대군(훗날의 세조)으로 하여금 부처님 일대기인 『석보상절(釋譜詳節)』을 짓게 하고 자신은 『월인천강지곡(月印千江之曲)』을 지었다. 왕자 시절부터 불심이 깊었던 세조는 왕위에 올라 불교 보호 정책을 적극적으로 펴 승려의 권익을 보장하고 승려의 도성 출입을 허락하였다. 원각사(圓覺寺)를 세웠으며 이름 있는 사찰의 중수와 보수를 도왔다. 그리고 간경도감(刊經都監)을 두어 중요한 경전을 한글로 번역 간행하였다. 바로 『법화경』·『능엄경』·『금강경』 등의 언해본(諺解本)을 출간하여 일반 백성들에게 보급한 것이다. 아울러 『석보상절』과 『월인천강지곡』을 묶어서 『월인석보(月印釋譜)』를 지어 편찬해 냈다.

그러나 성종 대에 이르러 사림파의 등장과 이들에 의한 성리학의 진작으로 불교계에 대한 탄압이 강화되어 갔다. 도승법 중지와 승니 사태로 인해 불교계는 더욱 위축되었으며, 특히 불교 신앙의 주류였던 여성들의 사찰 출입을 금지하고 도성 내외의 비구니 도량을 모두 철폐하여 승려들의 도성 출입이 더욱 어려워져 갔다.

(3) 조선 초 선사들의 활동과 사상

1) 조선 초 선승들의 동향

조선 건국 직후 왕조창업에 대한 공로로 당시 불교계를 대표하는 조계종과 천태종에 대한 배려가 이루어졌다. 즉, 천태종의 조구가 국사로, 조계종의 자초가 왕사로 책봉되었고, 그들에 의하여 불교계가 주도되었다. 태조 즉위 초에 왕사로 책봉된 자초는 불교계의 개혁과 재편을 위하여 도읍 선정에 참여하면서 연복사탑의 중영 등 불사를 주관하고, 회암사를 삼화상 도량으로 삼아 한성을 중심으로 비보사찰을 지정하였다. 조구도 천태종을 대표해서 1394년 9월 국사로 책봉되었으나 이듬해인 1395년 11월 입적함으로써 천태종의 세력은 불교계 일선에서 후퇴하였다고 볼 수 있으며, 이후 태조 대의 불교계는 자초가 주도하였다.

자초 외에 태조 대에 두드러지게 활약한 고승으로는 조생(祖生)·조선(祖禪)·조림(祖琳) 등이 있는데, 그들은 모두 자초의 문도였다. 조생은 1393년(태조 2) 11월에 태조를 알현하고 개성을 도읍지로 건설하는 데 승려를 징집할 것을 청하였다. 이에 따라 도읍의 건설에 승도가 참여하게 되었다. 조생은 인왕사(仁王寺) 내원당 당주였으며, 정종 대 흥천사의 사주가 된 승려이다. 조선은 호가 철호(鐵虎)인데, 자초가 1400년(태종 2)에 회암사 감주로 임명될 때 더불어 주지로 임명된 바 있고, 고려 말에 역시 자초와 더불어 조인규 가문의 원당인 과천 청계사의 주지를 지냈다. 조림은 자초의 행장을 쓴 인물이다.

태조 대 불교계를 주도하던 자초와 그의 문도들은 1398년(태조 7) 8월 25일 제1차 왕자의 난을 전후로 하여 불교계 일선에서 후퇴하게 된다. 주지하다시피 제1차 왕자의 난은 태조의 다섯째 아들인 방원이 세자 책봉 문제에 불만을 품고 일으킨 것으로, 이 난의 과정에서 정도전·남은 등 신료와 계비 신덕왕후 강씨의 소생인 방번·방석의 세력이 제거되었다. 결국 정도전을 비롯한 급진적인 성리학계의 개혁 세력과 자초를 중심으로 한 불교 개혁 세력도 위축될 수밖에 없었다. 정도전뿐만 아니라 자초와 그의 문도들이 방원(1357~1422, 태종)의 세력과 부합되지 않았기 때문이다. 자초의 경우에는 불교를 대표하여 억불을 자행하는 정책에 반기를 들었고, 정도전의 경우 왕실보다는 신권을 강조했다.

방원의 세력이 부상하면서 자초는 회암사를 사직하고 4년간 용문사에 머무르는 등 불교계의 일선에서 후퇴하였다. 이에 반하여 보우의 문파인 찬영과 혼수의 문도 상부(尙孚)·상총(尙聰) 등의 고승들이 부각되었다. 1397년(태조 6) 보우와 혼수의 문도인 양가도승통 상부가 승려의 비행에 대한 조처를 청하였다. 그리고 상총은 서울과 지방의 이름 있는 사찰은 송광사의 제도를 본받아 모두 선종의 수찰인 흥천사(興天社) 소속으로 삼을 것을 상소한 바 있다. 이러한 적극적인 의사 개진은 그들을 옹호하는 불교 세력이 만만치 않았음을 보여 주는 것이다. 상총이 곧 1398년(태조 31)에 정능의 능침사찰인 흥천사의 감주(監主)로 임명되었던 것도 이러한 맥락에 서 있으며, 그것은 보우의 문도들이 불교계에서 세력을 만회했다는 증거이기도 하다.

이렇듯 방원의 세력이 등장하면서 보우의 문도나 화엄종 승려들이 얼마간 부각되었으나, 방원은 태종으로 즉위하면서 불교계에 대한 탄압을 본격화하려 하였다. 태종은 왕궁 내에 모셔져 있던 인왕불을 궁 밖의 내원당으로 옮기게 하였다. 2년 후인 1402년(태종 2) 4월부터 불교를 배척하기 위해 신진사류들이 올린 상소를 계기로 불교의 종파를 혁파하고 승려를 도태시키는 등 불교에 대하여 대대적인 개혁을 시작하였다.

이럴 즈음 자초는 불교계를 보호하기 위해 노력하였다. 자초는 용문사에서 4년여 동안 체류하다가 다시 회암사에서 9개월간(1402. 5. ~ 1403. 1.) 머물렀다. 이때 자초는 이성계로 하여금 회암사를 중수케 하고 그 곁에 궁실을 지어 기거하고자 하였으며, 자신과 그의 제자 조선을 회암사 감주와 주지로 삼도록 하였다. 뿐만 아니라 불교계에 대한 태종의 대대적인 탄압책이 시작되고 있을 때 이성계의 힘을 빌려 이를 저지하였다. 자초가 입적한 지 두 달 후인 1405년(태종 5) 11월에 가서야 비로소 사찰과 승려에 대한 대대적인 도태가 이루어진 것도 자초의 자구 노력 때문이라 할 수 있다. 이때의 교단 정비의 기준 역시 자초가 강조한 비보사찰설이 기준이 되었다. 이와 같이 자초는 태조 대에 한양 천도에 관여했을 뿐만 아니라 한양을 지키는 비보사찰을 지정하였고, 태종 대에는 전국의 비보사찰을 지정하여 대대적인 사사혁거 시 비보사찰을 존속케 하여 숭유억불의 조선조에도 사찰들이 보전될 수 있도록 하였다.

자초의 입적 후 신진사류들에 의하여 자초를 중심으로 한 불교계 개혁 세력이 대대적인 비판을 받았다. 『태종실록』에는 자초의 문도인 신총(信聰)·신당(信幢)·신원(信元)·신당(信幢)·신회(信廻) 등이 스승의 사리를 수습하여 다비식을 하려는 것에 대해 유생들이 매서운 비판을 가하는 기사가 실려 있다. 한편 신원은 지림(志林)·찬여(粲如)·지옥(志玉)·각봉(覺奉)과 더불어 혜근의 진영을 금강산 윤필암에 봉안하고 조석으로 향화하는 등 활동을 계속하였다. 신원은 호가 적봉(寂峯), 당호가 청풍헌(淸風軒)이며 혜근의 발자취를 따라 중국을 유력하였던 인물이었다. 신총은 1404년 10월 용담대사(龍潭大師) 혜거(惠居) 등과 더불어 소자본(小字本) 『묘법연화경』을 판각한 신총(新摠)과 동일 인물로 추정된다. 신원의 법형제인 듯한 신회(信廻)는 호가 죽계헌(竹溪軒)으로, 자초와 달공 본적의 제자였다. 그 역시 중국 강남을 유력했던 인물이다.

자초의 입적 직후 그의 문도들이 탄압을 받은 것은 자초가 지공과 혜근의 선풍을 고양하여 새로운 시대를 여는 데 참여했을 뿐만 아니라 불교계를 혁신하고자 하였고 조선 초에는 왕조 창업에 참여했던 조준, 조박, 이화 등 유생들과 그 뜻을 같이하였기 때문이다. 숭유억불을 강력히 주장하는 신진사류들이 집권하자 그들의 세력에 밀려 불교계가 탄압을 받을 수밖에 없었다고 풀이된다.

이러한 탄압에 맞서 혜근의 문도 묘봉(妙峰)과 성총(省聰)이 김여생(金如生)과 회안공 방간(?~1421)을 가탁하여 역모사건을 일으켰다. 이는 방간의 불교계 탄압에 대한 반발로서 일어난 사건이었다. 그리고 태종 대에 태상전에 요망한 말을 하였다고 하여 처형당한 혜근의 문도 각미(覺眉) 역시 불교계에 대한 탄압에 저항하였다.

한편 자초와 지천(智泉)의 문도들 가운데 적극적인 성향을 띤 일부 승려들은 태종의 불교계 탄압이 심해지자 명나라 불교계의 도움을 받으려고도 하였다. 태종 대에 지천의 문도인 해선(海禪)과 계월(戒月)은 유배 중인 상당군 이저(李佇)와 내통하여 중국 황제에게 도움을 청하고자 하였다가 중국에서 붙잡혀 왔다. 설연(雪然)은 사찰의 수와 노비를 삭감하는 것을 주관한 하륜(1347~1416) 등을 죽이려다가 붙잡혔다. 그의 제자 혜정(惠正)·윤제(允濟)·홍연(洪漣) 등은 자초와 친분이 깊었던 태조의 이복동생인 의안대군 이화(李和) 등에게 몸을 숨겼다가 붙잡히자 승려가 왕이 될 것이라는 것을 굳게 믿고 역모를 꾀하였다. 이러한 움직임은 계속되어 혜근의 문도인 묘혜(妙惠)가 그의 조카 조방휘와 문가학·임빙·김량·김천 등과 역모를 꾸미다가 실패로 그친 일이 있었다. 당시 조정은 이들을 죽이지 못하고 가벼운 벌에 처하였다. 아직은 불교계의 세력이 무시하지 못할 정도로 건재하였기 때문이다.

1421년과 1423년 지천의 문도인 신연(信然)·혜선(惠禪) 그리고 신휴(信休)·홍적(洪適)·홍혜(洪惠)·신담(信談)·적휴(適休)·신행(信行)·상강(尙剛)·처우(處愚)·신기(信琦)·해비(海丕) 등과 자초의 문도인 조선(祖禪)은 중국에 가서 조선 불교계의 탄압을 호소함으로써 불교계를 보존하고자 하였다.

이러한 불교계의 저항에도 불구하고 성리학자들의 불교계 탄압은 더욱 심해져 갔다. 『조선왕조실록』에 보이는 바와 같이, 승려들을 간통과 음주 등을 빌미로 얽어맸지만, 이는 불교계에 대한 탄압 술수였다. 세종 대에 이르러서는 유서 깊은 사찰인 회암사와 진관사의 승려 가휴(可休)·사익(斯益)·성주(省珠) 등 수십 명과 1423년(세종 6) 자초의 문도인 옥봉 혜진(玉峯惠眞)과 그의 문도 흥천사 주지 종안(宗眼), 종안의 문도인 상강(尙綱) 등이 음주하였다고 탄압을 받았다.

자초의 문도인 옥봉 혜진이 선종의 본산인 흥천사의 판종사(判宗事)를 하였던 사실로 미루어볼 때 세종 대에는 자초 문도들의 영향력이 적지 않았던 듯하다. 그 가운데 두각을 나타낸 인물로서 진산(珍山)과 기화(己和, 1376~1433), 철호 조선 등이 있었다.

자초의 법맥을 이은 기화의 문인으로 야부(野夫)·문수(文秀)·각미(覺眉)·달명(達明)·지생(智生) 등이 활약하였다. 이 가운데 각미가 돋보이며, 각미의 법형제로 세조 대의 묘각왕사 수미(守眉)와 신미(信眉)가 있었다. 그리고 세조 대의 삼화상이라고 불리는, 신미와 그의 문도인 학열(學悅)과 등곡 학조(燈谷學祖) 등이 두각을 나타내는 등 조선 전기의 불교계는 대체로 자초의 문도〔法孫〕들이 주도하였다.

한편 조선 초 숭유억불 시책이 펼쳐 가던 시기에 있어서 대중승들도 출현하였다. 민중과 가까이 살면서 두타행을 실천하였던 징원심이나 자비와 같은 민중승들, 양반 출신으로 출가하여 승속을 오가면서 충효를 가늠했던 원진국사나 설잠 김시습 같은 고승들, 숭유억불기에서도 1만여 명의 승려가 모이는 법회를 열었던 민중의 지지자들도 있었다. 신라시대 원효와 혜공 등이 불교가 전래된 이후 불교를 민중 속에 대중화시켰다면 조선의 대중승들은 불교가 축소되어 가던 시기에 있어서 불교를 서민화·대중화시키는 단초를 열고 있었다고 할 것이다. 이러한 성향을 지녔던 구곡 각운이나 벽계 정심, 그에게 사법한 벽송당 지엄, 그리고 그의 제자 부용 영관과 경성 일선 등과 같은 고승들이 있었기에 조선 중기 청허당 휴정과 그의 문도들이 등장하여 조선 불교의 맥을 잇게 하였던 것이다.

2) 선사들의 생애와 사상

무학 자초

무학 자초(無學自超, 1327~1405)는 경남 합천이 고향이며, 1344년 18세에 송광사에서 출가하고, 용문산에서 당시 유행한 임제선풍을 체득하였다. 이후 원나라 북경의 법원사에 머물고 있던 지공과 혜근에게 법을 사사받음으로써 삼화상의 인연을 맺었다.

자초는 1356년 귀국하여 혜근으로부터 양산 원효암에서 불자(拂子)를 받고 송광사에서 의발(衣鉢)을 받았으며, 혜근이 주관하는 회암사의 불사에 참여하였다. 그가 불교계를 중흥하라는 지공의 '삼산양수기(三山兩水記)'를 받았기 때문이다.

그러나 회암사의 불사는 중단되고 혜근은 입적하고 말았다. 자초도 이를 계기로 명산대찰을 유력하면서 지공과 혜근 두 스승의 추모불사를 벌이면서 새로운 시대를 갈망하였다. 이후 자초는 안변 석왕사 토굴에서 이성계와 조우하여 혁명을 종용하였다. 이는 정도전이 성리학계를 대표하여 이성계에게 혁명을 종용한 것과 비견된다.

조선 건국 직후 자초는 마지막 왕사에 책봉되었다. 그가 생존해 있던 기간 동안 본격적인 억불 시책은 이루어지지 않았으며 그에 의하여 불교계의 중요한 시책이 이루어졌다. 고려 말 이래 신진사류들의 억불 운동의 도화선이 되었던 연복사 5층탑의 낙성식을 주관하였으며 그가 광명사에 머무르며 법회를 주관하자 매일 수백 명이 모여들었다. 자초는 회암사에 머물면서 그곳을 삼화상의 터전으로 정비하였으며, 『조파도(祖派圖)』를 지어 선승들의 계보를 종합적으로 정리한 듯하다.

자초는 국가의 도읍터뿐만 아니라 왕실의 능침을 잡아 주기도 하였으나, 이러한 일은 물론 중생을 제도하기 위한 방편에 불과하였다. 자초는 왕자의 난을 계기로 불교계 일선에서 퇴진하여 용문사, 회암사 등의 사찰에 머물면서 함흥에 머물던 이성계를 환궁케 하였다. 또한 회암사에 머물며 태상왕인 이성계에게 불교를 보호할 것을 종용하였다. 이러한 노력은 결실을 맺지 못하고 그가 입적한 후 3개월이 지나지 않아 태종의 대대적인 억불 시책이 이루어졌다.

자초는 8만 가지의 행함 가운데에서 젖먹이 행인 영아행(嬰兒行)이 제일이라고 강조하였다. 그러면서도 평상시엔 아이처럼 지내다가 안목을 갖춘 이를 만나면 화살과 칼날이 부딪치듯 버텼고 옷 한벌과 바릿대 한 개로 검소하게 지냈다. 나라에서는 그를 존숭함이 상대가 없었을 정도로 위상이 높아서 선각(禪覺, 혜근)의 적통이요, 태조의 스승으로서의 역할을 다하였다. 조선 후기 제2의 건국 운동이라고 할 '국가재조(國家再造)'가 활발히 진행될 때 태조와 더불어 그의 위상이 다시 드높아졌다. 지금도 많은 사찰 의식에서 지공·혜근·자초의 삼화상을 헌공하고 있다는 사실을 통해 그 위상을 알 수 있다.

정지국사 지천

정지국사(正智國師) 지천(智泉, 1324~1395)은 속성이 김씨, 본관은 재령이다. 지천은 시재부령(司宰府令)을 지낸 아버지 연(延)과 의성부 사족의 딸 윤씨 사이에서 태어나 19세에 황해도 장수산 현암사(懸菴寺)에서 출가하였다. 지천은 『능엄경』을 보다가 도를 깨우치고 자초와 함께 원나라에 가서 지공과 혜근에게 인가받고 돌아와 전국 명산을 두루 다니면서 수행하였다. 혜근과 자초가 명성을 날리며 왕사가 되어 종풍을 떨친 반면 그는 홀로 은둔하며 수행하다가 나이 72세, 법랍 54세로 천마산 적멸암(寂滅菴)에서 입적하였다.

지천의 행적 가운데, 고려 말 무학과 더불어 용문사에 대장경을 봉안했다는 사실이 돋보인다.

고봉 법장

고봉 법장(高峰法藏, 1351~1428)은 신주(愼州) 김씨이며, 이름은 지숭(志崇), 호는 고봉이다. 1390년(공민왕 19) 20세에 출가하여 선선(禪選) 과정을 마친 다음 여러 곳을 유력하다가 혜근의 법을 사사받았다. 머리카락이 두 치나 자랐고 풀피리를 잘 불었으며 표주박 한 개를 가지고 여러 곳을 다녔다고 하며, 안동에 청량암(淸涼庵)을 짓고 30여 년간 산수를 즐겼다. 1399년(정종 1) 상서를 올려 수륙사를 지었고, 1400년부터 1420년 무렵에 걸쳐 대선사 중인

(中印)과 협력하여 수선사를 중창하여 수선사 제16국사로 비정되었다. 그는 경남 울산 불광산 대원암(大源菴)에 주석하였는데, 혜근의 『보제존자삼종가』에 의미를 부여한 혜근의 문도였으며 자초의 도반이었다.

진산

진산(珍山, ?~1427)은 무학의 대표적인 계승자이며, 기화가 대사형이라 존경했던 인물이다. 그는 혜근에게 직접 인가받고 무학에게 사사받아 덕이 날로 높아져서 소리는 산중에 떨쳤고 이름은 궁중에까지 알려졌다고 한다. 당시 산문의 주인이 되었고 모든 납자들의 우두머리였다. 진산은 여말선초의 삼화상인 지공과 혜근, 그리고 자초의 법을 대표적으로 계승한 인물로 보이지만 자세한 행장이 전하지 않는다.

함허당 기화

함허당 기화(涵虛堂 己和, 1376~1433)는 충주 유(劉)씨이며, 호는 득통(得通), 당호는 함허(涵虛)이다. 처음 법명은 수이(守夷)이며, 처음 법호는 무준(無準)이다. 아버지는 전객사사(典客寺事) 청(聽)이고, 어머니는 방씨이며, 미륵보살에게 기도하여 태어났다고 한다.

기화는 스승 자초의 사승인 혜근이 입적하던 해인 1376년(우왕 2) 충북 충주에서 태어나 성균관에서 공부하다가 1397년(태조 6) 22세 되던 해에 출가하였다. 이듬해 봄 왕자의 난에 즈음하여 불교계의 일선에서 퇴진하여 양주 회암사에 머물고 있는 자초를 찾아가 가르침을 받았다.

그 후 여러 곳에서 수행하다가 다시 회암사로 와서 3년여를 정진하였고 선풍을 크게 일으켰다. 45세 되던 1420년(세종 2) 가을에 오대산 영감암으로 들어가 혜근의 진영을 참배하였다. 그 후 길상산·공덕산·운악산 등지에서 법화를 크게 떨치다가 1433년(세종 15) 58세로 입적하였다. 조선 초 불교계는 혜근·자초·기화로 이어지는 문도들이 주도하였으며 왕실에서도 그를 주목하여 왕실의 원당인 대자암에 머물게 하였다.

그가 지은 저서로 『원각경소(圓覺經疏)』 3권, 『금강경오가해설의(金剛經五家解說義)』 2권 1책, 『윤관(綸貫)』 1권, 『함허화상어록(涵虛和尙語錄)』 1권이 전한다. 그 밖에도 『반야참문(般若懺文)』 1권이 있었다고 하나 전하지 않는다. 특히 그가 지은 『현정론(顯正論)』은 불교가 탄압받기 시작할 당시 불교의 진리를 역설한 저서이다. 더 나아가 그는 『유석질의론(儒釋質疑論)』을 통하여 정도전의 『불씨잡변』 등 불교 비판에 대하여 적극적으로 불교의 논리가 유교와 다르지 않다고 항변하였다. 그리고 『금강반야경오가해설의』는 승려 교육의 필수 교과목이 되고 있을 정도로 중요한 저술이다. 기화는 선종을 전통으로 하면서도 교학을 홀시하지 않고 선교를 융합하고자 하였으며, 불교와 유교를 포함한 삼교(三敎)를 회통하고자 하였다. 그는 경전에서 선적인 해석을 시도하였고 현실을 중시하는 유교와 같이 불교도 있는 그대로의 현실 문제를 중시해야 한다고 천명하였다. 이러한 불교관은 조선 초기 불교계 전반에 걸쳐 중요한 영향을 끼쳤다.

혜암 상총

혜암 상총(慧菴尙聰)은 보우와 혼수의 문도이며, 남전 부목을 이어 송광사 주지를 역임하였다. 1396년 신덕왕후 강씨의 능침(정릉)사찰인 흥천사가 조계종 본사가 되자 감주로 취임하였으며, 1398년(태조 31) 왕에게 글을 올려 보조국사 지눌의 가르침에 따라 교단을 쇄신할 것을 청하였다.

상총은 선은 부처의 마음이요, 교는 부처의 말씀이며, 그것이 임금을 장수하게 하며, 나라를 복되게 하고, 백성을 편안하게 하는 점에서는 같다고 했다. 나아가 불사(佛寺)의 문중에서는 참선이 제일이라고 하면서 고려왕조의 말기에는 선종과 교종이 명리(名利)만을 탐내어 유명한 사찰을 다투어 차지하였다고 지적하였다. 또한 선을 닦고 교를 넓히는 곳은 겨우 한두 개만이 남아 있으므로 국가에서 비보사찰을 창건한 본뜻이 아니라고 하면서, 또한 진각국사 혜심의 "선도(禪道)는 국운(國運)을 연장시키고, 『지론(智論)』은 이웃나라의 병란을 진압한다"라는 말을 인용하여 왕에게 지금부터 선종과 교종 중에서 도덕과 재행(才行)이 영수가 될 만한 사람을 가려서 서울과 지방의 유명한 사찰을 주관하게 하라고 청원하였다.

그는 선을 맡은 사람에게는 선을 설명하면서 불자(拂子)를 잡게 하고, 교를 주관한 사람에게는 경(經)을 강(講)하고 율(律)을 설명하라는 언급을 하였다. 구체적으로 선종은 『전등록(傳燈錄)』과 『염송(拈頌)』을, 교종(敎宗)은 경·율(經律)의 논소를 절(節)을 따라 강습시킬 것을 강조하였다. 선종에서 『전등록』을 강설할 것을 주장한 것은 조계종의 법통을 이은 구곡 각운이 『전등록』을 강설한 데에서 기인한다. 상총 역시 보조가 남긴 제도를 강(講)하여 이를 시행하고 기록하여 일정한 법으로 삼고, 또한 승려들로 하여금 조석으로 감화 수련하게 하라고 하였다.

계정 성민

계정 성민(桂庭省敏, 생몰연대 미상)은 1406년(태종 6) 2월 26일 태종 대의 사사혁거 시 수백 명의 조계종 승려를 이끌고 신문고를 쳐서 절을 없애고, 사원전을 몰수하는 억불책의 철회를 강력하게 탄원했다. 태종 12년 태조의 능침원찰인 개경사 주지가 되어 경주 백률사 전단관음상을 이안하였다. 『계정집(桂庭集)』이라는 시문집이 있었다고 하나 전하지 않는다.

천봉 만우

천봉 만우(千峰卍雨, 1358~?)는 환암 혼수의 고제이다. 호는 천봉이며 둔우(屯雨)라고도 하였다. 『해동불조원류』에서는 구곡 각운의 제자라고 하였다. 어려서 경전에 통달했으며, 시를 잘하여 이색(李穡)·이숭인(李崇仁)·성석린 등과 시로 사귀고, 집현전(集賢殿) 학사들과 교유하여 유가의 상객(上客)이라고 하였다. 사절로 내조(來朝)한 일본의 승려 분케이[文溪]에게 한시(漢詩)

로써 응대하여 놀라게 할 정도로 시문에 능하였다. 1443년(세종 25) 회암사 주지를 하다가 왕의 부름을 받아 흥천사에 주석하여 유생들에게 두시(杜詩)를 교시하면서 유학자들의 존숭을 받았다. 당시 화엄종의 월창 의침(月窓義砧)과 더불어 대표적인 시승으로 유방선(柳方善) 등 유학자들에게 두시의 맥을 전해 주었다. 저서에 『천봉집(千峰集)』이 있다고 하나 전하지 않는다.

세조 대 삼화상과 대중승

세조가 삼화상으로 존경해 마지 않았던 고승으로 혜각 신미와 그의 제자 학열, 학조가 있었다.

혜각 신미

혜각 신미(慧覺信眉)는 영동(永同) 김(金)씨로, 세종의 흥불 사업을 도왔던 총신 김수온(1409~1481)의 친형이다. 수양대군과 안평대군이 받들어 모셔 예를 다하였으며, 당시 사람들로 부터 생불로 불리울 만큼 높은 존숭을 받았다. 세종 32년 왕이 병들었을 때 불사를 크게 일으켜 낙성식에 초빙되어 설법을 하였고, 문종도 혜각존자(慧覺尊者)라는 호를 내렸다. 문종은 1451년(문종 1) 9월 그가 주석하였던 속리산 복천사에 안평대군을 보내 중창불사 낙성식에 참가하도록 요청하였다. 세조도 신미를 더욱 존경하여 1464년(세조 10) 2월 복천사에 가서 그를 만났고, 그 해 12월 철 5천 근과 쌀 500석 등을 하사하였다. 신미는 왕을 위해 오대산 상원사를 중창하였고, 1469년(예종 1)에는 승려의 시험 방법을 강경 대신 언문 강송으로 바꾸도록 하였다.

그는 수미(守眉)의 도우(道友)로서 함께 선도(禪道)를 널리 선양하였는데, 기화의 『금강경설의(金剛經說義)』를 교정, 『오가해(五家解)』에 편입하는 등 저작 활동도 활발히 하였다. 세조가 크게 신임하여 왕위에 오르기 전부터 매사를 일일이 그에게 물어서 처리할 정도였다고 한다. 세조 즉위 후에 왕사가 되었는데, 1458년(세조 4)에는 동생 김수온과 『월인석보』를 편찬하고 그 후에도 경전의 국역 사업에 참여하였다.

등곡 학조

등곡 학조(燈谷學祖)는 신미의 제자로, 세조 때 경전을 국역 간행했다. 1464년(세조 10) 속리산 복천사에서 왕을 모시고 혜각 신미·학열 등과 함께 대법회를 열었다. 1467년(세조 13) 왕의 명을 받아 유점사를 중창하였고, 1483년(성종 14) 왕명으로 봉선사에 주석하면서 월정사 승려 행겸(行謙)을 간사로 삼았다. 그는 김천 직지사에서 중병에 걸려 있을 때 국왕의 내의에게 치료를 받았을 정도로 성종의 존경을 받았다. 1487년(성종 18) 정희왕후(貞熹王后)의 명으로 해인사의 대장경 판전을 중창하였고, 1500년(연산군 6) 신비(愼妃)의 명으로 해인사의 대장경 3부를 인출하였으며, 『남명집(南明集)』을 언해했다. 1520년(중종 15) 왕명으로 다시 해인사의 대장경 일부를 인출하였다.

학열

학열(學悅)은 신미의 제자이며, 그에 버금가는 명승이었다. 부지돈녕부사(副知敦寧府使) 권총(權聰)의 별장 불당에 주석하였고, 세조의 명을 받아 낙산사를 중창하였다.

한편 이 시기에는 민중과 가까이 살면서 두타행을 실천하였던 민중승과 양반 출신으로 출가하여 승속을 오가면서 충효를 가늠했던 고승들이 있었다. 간략하게나마 그들의 면모를 살펴보면 다음과 같다.

장원심

장원심(長遠心)은 『용재총화』에 의하면, 사람됨이 익살스럽고 사심이나 욕심도 없었으며 사는 곳도 일정하지 않았지만 자신이 사는 고장 밖에 나가지 않았다고 한다. 공후(公候)와 재상들이 그에게 음식을 대접했으며, 수해나 가품 때 제자를 모아 기도를 하였는데, 1406년(태종 6) 가뭄 때 흥천사(興天寺)에서 5일 동안 기우제를 지냈다는 기록이 있다. 장원심은 일부러 미친 척하며 굶주린 자들을 빌어 먹이고, 헐벗은 자에게 제 옷을 벗어 입히고, 병든 이를 힘써 구했다. 또한 장사 지낼 사람이 없는 시체를 업어다 장사 지내며, 길을 닦고 다리를 놓는 등 남을 돕는 일에 전력하였으므로 아이들에 이르기까지 그의 이름을 모르는 이가 없었다고 한다.

자비

『용재총화』에 의하면, 자비(慈悲)는 사승의 가르침대로 금강산에서 5년, 오대산에서 5년간 수행하고 『법화경』을 1백 번이나 독송하였다고 한다. 거리에서는 부서진 갓과 해진 옷을 입고 날마다 서울 거리를 돌아다니면서 겨우 입에 풀칠을 하면서도 성품이 곧고 곡절이 없어 많은 사람의 공경을 받았다.

여암 일운

여암 일운(如庵一雲)은 세종 대의 대화상으로, 경상도에 주석하다가 1442년(세종 24) 3월 흥천사에서 사리탑을 중수하고 경찬회를 베풀 때 주법하였다. 당시 법회는 공양승 1만 8백 18명, 속인 387명이 참가하였고 부녀자들이 담장 밖에 줄을 지어 밤낮으로 구경하였다고 할 정도로 성황을 이루었다. 이때 직전(直殿) 남수문(南秀文)이 지은 설선문(說禪文)에 관련된 기록이 『세종실록』에 남아 있다.

원진국사

원진국사(元禛國師)는 남평 효자동에서 살던 고려 말 재상 수운(水雲) 조한룡(曺漢龍)의 셋째 아들이다. 본관은 창령이며, 법명은 세염(洗染) 또는 원진, 호는 입록(立祿), 청간공(淸簡公)이다. 1355년(공민왕 4) 형 조경룡(曺景龍)과 함께 과거 갑과(甲科)에 최고 점수로 뽑히고, 이듬해 3형제가 역시 높은 점수로 과거에 급제해 5룡의 집안이라 했다. 조선왕조가 건국되자 조경룡이 우의정, 형 조응룡(曺應龍)이 판서, 동생 조변룡(曺變龍)이 참의, 동생 조현룡(曺見龍)이 감사에 이르렀으나, 그는 '충신은 두 임금을 섬기지 않는다(忠信不事二君)'라는 글을 써서 가슴에 품고 입산, 출가하였다. 그러나 어머니의 권고로 환속한 뒤 승지를 거쳐 참의(參義)에 올랐다. 그는 명나라에 사신으로 갔다와 보의(保義) 장군이라는 관직을 제수받기도 하였다.

어머니가 돌아가시자 3년상을 마치고 다시 입산하여 영암 월출산 도갑사(道岬寺)에 머물다가 나주 덕룡산 불호사로 옮겨 1402년(태종 2) 이 절을 중건했는데 왕과 사대부의 지원을 받았다고 한다. 세조가 시호를 원진국사로 추중하고 비를 세웠으니, 그것이 「불호사 창건주 원진국사 전말사적」이다. 그를 원정(元禎)이라고도 하나, 이는 원진의 오기이다. 그에 대한 내용은 「청간공실기」와 「창령조씨오룡사적기」에 전한다. 그는 '충신불사이군'의 실천적 방편으로 숭유억불기에 승려가 되었으나 어머니에 대한 효를 저버리지 못해 환속과 출가를 번복하였다.

설잠 김시습

김시습(金時習)은 시중(侍中) 김태현(金台鉉)의 후손이며 김일성(金日省)의 아들이다. 이름은 설잠(雪岑), 자는 열경(悅卿), 호는 동봉(東峰), 청한자(淸寒子) 등 여러 개가 있으나 매월당(梅月堂)이라 많이 불렸다. 3세에 이미 시를 지었으며, 5세에 『중용』과 『대학』에 통하여 신동이라 하였다. 5세에서 13세까지 김반(金泮)과 윤상(尹祥)에게서 유교 경전과 제자백가를 배웠는데, 집현전 학사 최치운(崔致雲)이 그의 학문에 경탄하여 시습이라는 이름을 지어 주었다.

그는 21세 때인 1455년(세조 1) 삼각산 중흥사(重興寺)에서 공부하다가 수양대군이 왕위를 찬탈했다는 소식을 들었다. 3일 동안 통곡하다가 책을 불사르고 출가하여 법명을 설잠이라고 하였다. 그는 양주 수락사(水落寺)와 경주 금오산 용장사(茸長寺) 등에 머물렀는데, 그의 높은 학식이 널리 알려져 승속을 막론하고 그를 배우고 따르려는 자가 많았으나 미친 듯한 태도로 학인을 대했으므로 선행이라는 제자 외에는 끝까지 남는 이가 없었다. 그는 1463년(세조 9) 효령대군의 청으로 세조의 불경 언해를 도와 내불당(內佛堂)에서 교정을 맡았고 원각사(圓覺寺) 낙성식에 참석하기도 하였다.

설잠은 47세 무렵에 환속, 결혼하였으나 아내가 죽자 다시 출가하여 두타행을 하였다. 1493년(성종 24), 부여 무량사(無量寺)에서 59세로 입적했다. 그의 유언에 따라 다비하지 않고 절 옆에 묻었는데 3년이 지나도 안색이 생시와 같았다고 한다.

그가 남긴 저술은 『법화경별찬(法華經別讚)』, 『화엄석제(華嚴釋題)』, 『대화엄법계도주(大華嚴法界圖註)』, 『십현담요해(十玄談要解)』 등이 있으며 그의 시문집인 『매월당집』에 불교 관련 글들이 적시 않게 실려 있다. 함허당 기화 이래 선가의 저술이 없는 실정에서 그의 저작은 조선 초기 불교사상의 풍모를 알게 해 준다.

그는 숭유억불기 승려로서의 길을 걸었음에도 절의를 지킨 생육신으로서 '해동의 백이(伯夷)'로 추앙받았으며, 1782년(정조 6)에는 이조판서로 추증되었다.

조계종 법통상의 고승들

서산 휴정의 문도에 의해 재정비된 조계종 법통상의 고승들은 조계종사에서 매우 중요한 역사적 위상을 지닌다. 비록 전하는 자료는 충분하지 못하지만 이들과 관계된 내용을 정리하면 다음과 같다.

벽계 정심

벽계 정심(碧溪正心)에 대해서는 조선 후기에 쓰여진 『해동불조원류』, 『동사열전』, 그리고 휴정이 지은 「벽송당행적」 등에 단편적인 기록이 보일 뿐이다. 이에 의하면 정심은 금산 최씨이며, 호는 벽계(碧溪)라고 했다. 언제 누구에게 출가했는지 알 수 없으나 구곡 각운에게 법을 받고 공양왕 이전 명나라에 가서 설당 총통(雪堂摠統)에게 사사받고 고려에 돌아왔다. 1474년(성종 4) 정심은 세조 대의 삼화상으로 존경받았던 신미와 그의 제자 학열 등과 더불어 오대산 상원사 등에 머물면서 사원 경제를 확충시켜나가기 위해 많은 노력을 하였다고 한다.

그 후 정심은 승려들을 환속시키려는 연산군의 박해를 피해 황악산 황간현 쌍림사(雙林寺)에서 수행하였다. 그는 공안을 참구하고 임제할을 쓰고 조주선풍을 지녔다고 하는데, 이는 구곡 각운이 지녔던 선풍과 다름이 없다. 그 밖의 행적으로 그가 만덕사의 주지로 있었다는 점과 『금강경』을 교정하였다는 사실이 확인된다.

정심은 선을 벽송 지엄(碧松智儼)에게, 교를 정련 법준(淨蓮法俊)에게 전하였고 묘각왕사 수미도 그의 제자였다고 한다. 이를 통해 정심은 교와 선을 겸비했던 사실을 알 수 있다.

정심이 교를 전해 주었다는 법준은 어떠한 인물인지 알려진 바 없다. 다만 정심의 제자인 지엄이 법준에게 준 게송이 전해지고 있다. 그의 제자로는 백하 선운(白霞禪雲)과 법손인 연하 옥정(蓮霞玉晶)이 있었다고 하나 역시 자세한 행장은 알려져 있지 않다.

벽송 지엄

벽송 지엄(碧松智儼, 1464~1534)과 관련한 자료는 그의 법손인 청허 휴정이 찬술한 「벽송행적」과 「벽송당노적송」 20수, 그리고 최근에 발견된 자료 몇 종이 전한다. 그는 1464년(세조 10) 부안에서 태어나 이름을 자주(慈舟)라 하고 법명을 지엄, 법호를 벽송이라 하였다. 어려서부터 서검(書劍)을 좋아하여 문무의 재질을 겸비하였다. 일찍이 무관(武官)으로 봉직하여 1491년(성종 22) 여진족 우디거〔兀狄哈〕가 함길도 방면으로 침입하자 북정도원수(北征都元帥) 상우당(尚友堂) 허종(虛琮, 1434~1494)이 이끄는 전투에 참가하여 전공을 세웠다. 그러나 장부로서 세상의 참 심지(心地)를 지키기 위해 계룡산 상초암(上草庵)에 가서 구도의 길로 접어들었다.

그는 상초암의 조징(祖澄)에게 출가하였고 정심(正心)에게 선을 배웠다. 조징은 1489년(성종 20) 무렵 왕실의 원당인 장안사와 봉선사의 주지를 지낼 정도로 왕실의 주목을 받았던 고승이다. 지엄이 출가할 때에는 상초암에 주석하였고, 1543년(중종 38) 경에는 경남 예안 영지산(靈芝山)에서 농암(聾巖) 이현보(李賢輔, 1467~1555)와 더불어 영지정사(靈芝精舍)를 창건하였다고 한다.

지엄은 그의 스승 정심과 어울렸던 연희(衍熙)에게 교학을 전수받았다. 연희는 호가 지헌(智軒)이며, 1461년(세조 7년) 무렵 교종의 총본산이었던 흥덕사에 머물렀고, 같은 해 내불당에 들어갔을 정도로 왕실과 깊은 관계를 맺고 있었다.

지엄은 중국의 대표적인 선승인 대혜와 고봉의 불서를 통해 크게 깨달았다. 즉, 1508년(중종 3) 금강산 묘길상암에서 『대혜어록』을 읽다가 의심을 품고 『고봉어록』에서 크게 깨달았다. 이러한 오도의 과정은 지눌과 상당히 유사하며, 조계종사 전체의 흐름에서도 더욱 중시될 필요가 있는 사항이라 하겠다. 지엄은 오도 이후 용문산·오대산·백운산·능가산 등지를 유력하였고 1534년(중종 29) 수국암에서 입적하였다. 그는 선어록에 의해 득도하였지만 선교를 두루 섭렵하였으며, 입적 시에는 제자들에게 『법화경』을 강설하는 등 교학도 중시하였다.

지엄의 제자는 숭인(崇仁)장로, 설은(雪訔)법사, 원오(圓悟)법사, 일진(一眞)선덕, 경성 일선(慶聖一禪), 부용 영관(芙蓉靈觀), 희(熙)법사 등이 있었다. 숭인장로는 지리산에 유람하러 왔던 청허당 휴정을 출가시키고 그를 부용 영관에게 소개시킨 인물이다. 설은법사는 혜징(慧澄), 인주(印珠) 등의 간청으로 『진언집』을 교정하였고, 『대방광원각수다라요의경』을 교정하였던 인물이다. 원오나 일진에 대해서는 알려진 바가 별로 없다. 다만 희법사는 지엄에게서 사사하였고 진기(眞機)를 제자로 두었는데, 진기는 영관의 사법제자였다. 지엄의 제자 가운데 주목되는 인물은 영관과 일선이며, 이들에 대해서는 뒤에서 다시 언급할 예정이다.

한편 지엄은 1508년 지리산 암자에 머물면서 전남 광양의 백운산 만수암(萬壽庵)을 중심으로 불교의 정맥을 지키려는 불교 운동에 참여한 적이 있다. 중종의 장인 윤여필(尹汝弼, 1466~1555)의 지원 속에 숭묵(崇默)과 함께 진행했던 이 운동은 극렬한 불교 탄압기 속에 시도된 것이라는 점에서 중요한 의의가 있다.

묘각왕사 수미

묘각왕사(妙覺王師) 수미(守眉)는 벽계 정심의 제자이면서 지엄의 도반이었다. 그에 대해서는 비문이 남아 있어서 대략적인 행장을 알 수 있다. 수미는 이름을 수미(壽眉)라고도 하였고, 세조 대 묘각왕사로 책봉되어 묘각이라 불리기도 한다.

수미는 신미(信眉)와 동갑이라 하였으며, 대략 1405년경에 태어나 1470년 무렵까지 생존했던 것으로 추정된다. 그는 조선 전기 억불 운동에 가담했던 신숙주·김안로·김정국 등 성리학자들과 교류를 하였는데, 신숙주는 1464년(세조 10) 원각사창건도제조(圓覺寺創建都提調)가 되어 원각사의 창건을 감독했으므로 그 무렵 수미와 교류했을 가능성이 크다.

수미는 1418년(태종 18) 무렵에 출가하여 20세 때 법주사에서 신미와 수행하였다. 그의 스승은 구곡 각운과 벽계 정심으로 알려져 있지만, 구곡 각운이 입적한 후 20여 년이 지난 후에 그가 태어났으므로 수미는 구곡을 원사(遠嗣)했다고 보아야 한다. 그러므로 그는 정심에게서 법을 직접 사사받았다고 볼 수 있다.

수미는 신미, 김수온과 더불어 세종을 도와 궁궐 안에 내원당을 짓고 법회를 주관하였고 그의 문도들과 함께 복천사와 상원사를 중창하였다. 1457년(세조 3)에는 도갑사로 내려와 문도 홍월(洪月)과 함께 절을 중창하면서 세조의 지원을 받았다. 당시 세종의 아들 영웅대군 염이 단월이 되어 도갑사 경내에 약사여래불상 3구를 봉안하기도 하였다. 이후 선종판사에 임명되어 종문에 큰 역할을 하였다.

수미가 왕사로 책봉된 때는 세조 대였다. 비록 공식적인 왕·국사제도가 폐지된 뒤였지만, 이 일은 세조 대의 일시적 불교 중흥을 상징하는 의미를 지니고 있다.

수미는 1422(세조 4) 문란한 승려들의 기강을 바로잡기 위해 승정원에 나아가 상서하였고, 1468년(세조 14) 도갑사에 내려와서도 승도들의 모연 등 폐해에 대해서 적극적으로 이를 막도록 진언하였다. 그리하여 그는 공경대부로부터 일반 민중들에 이르기까지 정신적 존경을 받았다고 한다.

이렇듯 수미는 청허당 이후 적통이 아닌 방계로 취급받았지만 구곡 각운과 벽계 정심의 수제자로서 불교계의 우뚝 솟은 고승이었다. 그는 도선국사가 전국의 사찰을 비보사찰로 지정하여 국가불교도량을 수립하였던 것을 헤아리면서 도선국사의 대표적인 도량 가운데 하나였던 도갑사를 중창하였다. 그리고 지엄의 교학사인 연희와 더불어 대표적인 호불 논서인 『유석질의론』을 간행하는 데 앞장서기도 하였다.

부용 영관

벽송 지엄과 그의 문도인 부용 영관(芙蓉靈觀, 1485~1574), 경성 일선은 청허 휴정이 조부·엄부·숙부의 삼로(三老)로 존숭했을 정도로 뛰어난 고승이었다. 영관은 휴정의 대표적인 사법사이면서 지엄의 가장 충실한 제자였는데 그에 대한 생애와 사상 내지 선풍을 알 수 있는 기록은 거의 전하지 않는다.

영관은 호가 은암선자(隱庵禪子)요, 연선도인(蓮船道人)이라고도 하였고 부용당(芙蓉堂)이라고도 하였다. 1498년(연산군 4) 출가하여 덕이산(德異山)에서 머물고 있던 고행(苦行)에게 3년간 법을 배우고 1501년(연산군 7) 신총(信聰)에게서 교리를, 위봉(威鳳)에게 선을 배웠다. 1509년 용문산 조우(祖愚)

에게 경전과 노장을 배우고, 1514년에는 청평산으로 가서 학매(學梅)에게 수학하였다. 기묘년에는 금강산 대존암(大尊庵)에서 조운(祖雲)에게 가르침을 받았다. 이후 미륵봉 내원암(內院庵)에서 9년을 지냈다. 영관은 1530년 두류산에 머물고 있던 지엄에게 법을 받고 3년간 머물렀다. 이후 41년간 지방을 유력하다가 1571년(선조 4) 연곡사(燕谷寺)에서 입적하였다.

앞서 살펴본 바와 같이 그의 스승은 고행·신총·위봉·지엄, 그리고 조운 등이 있었다. 출가사인 고행과 위봉에 대해서는 알려진 바가 없다. 신총은 한때 양정사 주지였으며 근수본지우세대사(勤修本智佑世大師)라는 별호가 전해진다. 용추사 법당을 중창하였으며 그의 이름이 혜징(惠澄)이었다. 영관의 제자로는 청허 휴정·부휴 선수·법융(法融)·정원(淨源)·신옹(信翁)·진기(眞機)·도의(道義) 등이 있었다. 이들 가운데 가장 비중이 있는 제자는 청허 휴정과 부휴 선수이다.

영관은 스승 지엄의 가장 충실한 제자로서 그의 선풍을 계승했다고 보인다. 지엄과 그의 문도 영관, 일선의 선풍은 모두 조사선풍과 공안참구를 중시하면서 선교를 두루 수용하였다. 그 가운데 영관은 유불선 삼교와 천문·의술에까지도 해통하여 폭 넓은 교화를 폈다.

경성 일선

휴정으로부터 '삼로(三老)'의 한 분으로 존숭 받았던 인물이 경성 일선(慶聖一禪, 1488~1568)이다. 일선은 호가 휴옹(休翁), 선화자(禪和子), 경성당(慶聖堂)이다. 1488년에 태어나 13세인 1500년(연산군 6) 경북 월성 단석산(斷石山)에서 3년간 해산(海山)을 섬기고 16세에 머리를 깎았다. 14세에 묘향산 문수암(文殊庵)을 거쳐 두류산의 지엄에게 사사받았다. 그는 금강산 시왕동에서 임제선의 조사선풍을 익히고 표훈사를 거쳐 묘향산 상원암 등지를 유력하였다. 1536년(중종 31) 신천(新川)에서 의승역(義僧役)을 하였는데 그의 비범한 기상이 보는 사람을 현혹케 한다는 이유로 탄핵되어 의금부에 갇히기도 하였으나 곧 풀려나 묘향산에서 9년간 은둔 수행하였다. 1568년(선조 1) 입적할 때까지 보현사 관음전과 그가 지은 경성당에 머물렀다.

경성의 첫 번째 스승은 해산이었으나 그에 대해 알려진 사실은 없다. 경성에게 큰 영향을 준 두 번째 스승은 지엄이다. 그는 스승 지엄과 24세때인 1511년(중종 6)에 지리산에서 만났다. 지엄은 그를 한번 보고는 큰 그릇이라 생각하고 게송을 주었으며, 임제선풍을 전해 주었다.

한편, 경성이 영관의 법을 계승하였다는 견해도 있다. 즉, 지엄 → 영관 → 일선 → 휴정으로 법맥이 전수되었다는 설인데, 일선이 영관보다 3세 위이고 출가도 5년 먼저 했다는 점으로 보아 이 설은 그대로 받기 어렵다. 일선은 지엄에게서 임제선풍을 배우고 묘향산에 머물면서 교화를 폈는데, 전국에서 석딕고사(碩德高士)들이 구름같이 모여들어 해동의 '절상회(折床會)'를 이루었다고 한다.

그의 제자로는 의변(義卞)·선등(禪燈)·일정(一精)·성준(性峻) 등이 있었다. 의변에 대해서는 알려진 바가 없고 선등은 매월당 설잠에게 도를 인정받았던 인물이다. 성준은 직지사에서 수행하였고 운문사에서 입적하였다. 일선의 제자 가운데 주목되는 인물은 일정이다. 그는 장흥사와 용문사에 주석하였고 영관의 제자이기도 했으며 또한 영관의 스승인 조우(祖愚)와 교류하기도 하였다.

2. 조선 전기의 조계종

(1) 연산군·중종 대의 시련

조선 전기의 불교 정책은 크게 두 시기로 나누어 볼 수 있다. 앞서 살펴본 태종·세종 연간의 불교 정책은 조선 왕실 불교 억제책의 골격이 마련된 시기였다. 종단의 통폐합과 축소, 사원 소유 토지와 노비의 환수로 대표되는 이 시기의 불교 억제책은 그 골격이 대부분 조선 후기까지 지속된다. 이어 연산군(1494~1506)·중종대(1506~1544)의 불교 정책은 불교의 완전한 폐지를 목표로 불교로서는 역사상 가장 심각한 위기에 처했던 시기라고 할 수 있다. 이 시기의 불교는 그나마 남아 있던 선·교 두 개의 종파가 없어지고 승과고시마저 폐지됨으로써 존립 자체가 불가능한 상황에까지 이른다. 하지만 당시 유생과 관료들은 이 정도의 상황에도 만족하지 못하고 불교의 완전한 말살을 위해 더욱 극렬하게 탄압하는 모습을 보인다. 50여 년에 걸친 이 시기 불교 탄압의 역사는 한국불교 역사상 가장 처참한 시대에 해당하며, 그 상세한 내용을 연산조와 중종 대로 각각 나누어 살펴보도록 하겠다.

1) 연산군 시대의 불교

연산군은 1494년 19세의 나이로 왕위에 올랐다. 그가 왕위에 올랐을 때는 조선의 양반 관료들이 다양한 장치들을 마련해서 왕권을 견제하거나 제약하고 있었다. 연산군은 이러한 요소, 즉 왕권에 장애가 되는 이념이나 제도 정치 세력 등을 모두 제거하고 명실상부한 전제왕권을 수립하고자 노력했던 인물이다. 그는 왕권에 대한 종속을 거부하는 양반 관료들을 불충(不忠)으로 몰아

세웠으며, 당시 양반 관료들의 이념적 지주였던 종묘를 동물원으로 만들어 버렸다. 또한 젊은 유생들이 공부하는 성균관에서 술을 마시고 잔치를 열었으며, 왕의 일거수일투족을 감시하던 사간원을 아예 혁파시켜 버리기도 하였다. 하지만 절대왕권을 수립하고자 했던 그의 노력은 실패로 돌아가고 만다. 특히 무오사화(1498년), 갑자사화(1504년) 두 사화를 겪으면서 연산군의 정치는 폭정으로 치닫게 된다. 연산조의 사화는 처음 훈구파와 사림파의 대결 양상을 보이다가 차츰 연산군을 둘러싼 개인 원한과 이를 이용한 정치 세력에 의해 훈구파와 사림파 모두에게 심대한 타격을 입히는 상황으로 변화되고 말았다. 연산조의 불교는 이러한 정치 흐름과 연계되어 있다. 연산군은 재위 기간 동안 일관되게 불교 탄압 정책을 시행하였지만, 특히 갑자사화 이후의 불교계는 이성을 잃은 듯한 연산군의 폭정에 의해 최악의 법난을 맞이하게 된다. 이러한 연산조 불교 탄압의 역사를 몇 가지 주제로 나누어 정리해 보도록 하겠다.

첫째, 사찰 토지의 완전한 몰수와 관련한 탄압책이다. 조선시대 사찰이 소유하고 있던 토지는 이미 태종·세종 연간을 지나면서 대부분 몰수되었다. 하지만 연산조 초반까지 사찰 토지의 완전한 속공(屬公) 조치는 이루어지지 못했던 것 같으며, 관료와 유생들은 이 문제를 집중적으로 요구하고 나섰다. 김일손(金馹孫)은 연산군 즉위 초에 24조에 달하는 장문의 상소를 올리면서 사전(寺田)을 혁파하여 학전(學田)에 충당시킬 것을 강력히 주장하였다. 또한 연산군 3년 무렵에는 백암사(白巖寺)의 토지를 모두 속공시켜야 한다는 상소가 빗발치듯 제기되었다. 백암사의 토지는 세종·세조 대에 왕실로부터 특별히 기증되었던 것인데, 그 규모가 상당한 양에 달했으므로 연산군에게 이의 속공 조치를 강력하게 요구하였던 것이다. 하지만 연산군은 사찰 토지의 완전한 속공을 반대하였으며, 이 정책은 연산군 9년(1503)까지 그대로 지속되었다.

사찰 토지와 관련한 연산군의 정책은 1503년에 급변하게 된다. 연산군은 이때에 이르러 대간의 청을 받아들이면서 왕의 사패(賜牌)가 있는 능침(陵寢) 경내의 원당 및 사사를 제외하고 모든 사사의 전지와 노비를 추쇄토록 한 것이다. 이어 연산군 11년(1505) 왕패가 있는 사사의 전지는 물론 능침사찰 및 내원당과 태조 이래의 수륙위전(水陸位田)까지 완전하게 혁파하는 조치를 시행하였다. 이 무렵의 급격한 변화에 대해서는 더 많은 설명이 필요하겠지만, 여하튼 연산군 11년의 조치는 사찰 토지의 완전 몰수와 이에 따른 불교 교단의 경제적 기반 상실이라는 점에서 주목되는 일이다.

둘째, 출가 금지 및 승려 축출과 관련한 탄압책이다. 불교의 완전한 소멸을 의도하던 자들에게 있어 출가 승려의 수는 가장 민감하면서도 시급한 과제에 속했다. 태종·세종 연간의 억불책으로 불교의 외형적·경제적 규모를 대폭 축소시킨 조선의 유신들은 이제 출가 승려를 억제하고 궁극적으로는 출가 자체를 봉쇄하기 위한 제도적 장치 마련에 전념하였다. 그 결과 1492년(성종 23) 금승절목(禁僧節目) 조치가 시행되었고, 1495년(연산군 원년) 비구니의 득도를 금지하는 조치와 함께 20세 이하 비구니의 환속을 강제적으로 집행하는 조치가 각각 시행되기에 이른다. 이제 공식적으로 출가하여 승려가 될 수 있는 길이 막혀 버린 것이다.[7] 이러한 탄압책은 갑자사화 이후 더욱 극렬하게 진행되었다. 연산군은 선왕의 후궁들 가운데 출가한 사람들을 모두 환속시키고, 장의사(莊義寺)·원각사 승려들을 모두 내쫓았으며, 정업원·안암사(安庵寺)의 비구니를 한치형(韓致亨) 집으로 옮기게 하는 등의 일을 자행하였다(연산군 10년). 아울러 이보다 2년 후인 1506년(연산군 12) 3월에는 "승려들을 모조리 찾아내어 문서를 작성하여 머물러 두게 할 만한 자는 취처(娶妻)케 하고, 표내(標內)의 밭을 경작하고 살면서 사냥할 때에 역사를 시키게 하라. 그 나머지는 표내에 있는 내수사의 노가(奴家)로 분속시키되 만약 도망하는 자가 있

---

7) 하지만 이들의 노력에도 불구하고 승려의 완전한 소멸은 불가능한 일이었으며, 연산군 9년에는 "비록 도첩의 법은 이미 폐지되었다고 하지만 젊은 사람으로서 승려가 되는 자가 날로 늘어나 군대의 수효가 줄어들고 있음"을 지적하는 목소리가 높았다.

으면 그를 허접한 호수(戶首)를 무거운 죄에 처하고 알면서 고하지 않는 자도 아울러 죄를 다스리라. 지방의 승려도 또한 감사·수령에게 추쇄하기를 영하여 둘 만한 자는 두고 그 나머지는 아울러 표내의 노가에 분속시켜 역사케 하라. 그리고 정업원의 비구니 승려도 둘 만한 자는 두고 그 나머지와 각처의 비구니들은 아울러 연방원(聯芳院)의 방비(坊婢)로 삼게 하라"는 전교를 내렸다. 이 전교는 대부분 승려들에 대한 환속 조치뿐 아니라, 비구에게 '취처'를 강요하고 비구니를 '방비'로 삼게 하는 등의 패륜적 불교 말살책이었다. 이로 인해 조선 불교 전체가 심대한 타격을 받게 되었음은 물론이다.

셋째, 양종도회소의 혁파 및 승과고시 폐지와 관련한 탄압책이다. 조선 초 11종이던 불교종파가 태종 대에 7종, 다시 세종 대에 이르러 선·교 양종으로 축소되었음은 이미 살펴본 바와 같다. 그런데 조선의 유신들은 이들 양종마저 없애 버리기 위한 노력을 계속하였으며, 정희량(鄭希良) 역시 연산군에게 "아직도 두 종파가 존재하여 화복을 가장해서 인심을 현혹하고 부역을 도피하여 …. 양종을 철폐하시고 선법(選法)을 삭제하시고 승니를 도태시켜 모두 속세로 돌아오게 하옵시면 나라에는 이정(異政)이 없고 인간에는 이교가 없어서 이 백성은 지극한 정치의 혜택을 입게 될 것입니다"라는 상소를 하고 있다(『연산군일기』, 연산군 3년 7월 경술조). 물론 연산군이 그의 재위 기간 동안 양종을 혁파했다는 뚜렷한 기록은 보이지 않는다. 다만, 갑자사화 이후 양종도회소인 흥덕사와 흥천사가 화재로 인해 모두 폐쇄되었다는 사실은 양종의 실질적 기능이 정지되고 있었음을 드러내는 사례로 보인다.

연산군은 또한 갑자사화 이후 승과를 시행하지 않았다. 사실 승과의 폐지는 세종조 이래로 줄기차게 요구되어 온 문제였으며, 연산조에서도 갑자사화 직전까지 여러 유신들이 요구하고 있던 터였다. 김응기(金應箕)는 "근래 이단을 물리치는 일로써 승려에게 도첩을 급여치 않고 또 도성 출입도 못하게 하였으니 이제 승선(僧選)마저 혁파할 것"을 요구하였고, 이계맹(李繼孟)은 "전하께서 승려에게 도첩을 주지 않고 또 승도의 입성을 금지시켜 이단이 거의 없어졌는데, 유독 승려들이 과거 보는 일만 폐하지 않으십니까?"라는 질문을 반복해서 하고 있다(연산군 9년 11월). 유신들의 집요한 요구에도 승과 시행의 뜻을 굽히지 않던 연산군은 갑자사화 이후 승과를 중단해 버린다. 갑자사화가 발생한 해(갑자년)는 3년마다의 식년(式年)에 해당하는데, 연산군은 이 해의 승과를 시행하지 않았던 것이다. 승과는 이후 중종 대에도 계속 시행되지 않으므로써 조선 불교는 더욱 심각한 상황에 처할 수밖에 없었다. 이렇듯 연산조의 불교는 온갖 수모와 함께 불교 존립 자체가 어려울 정도의 어려움을 겪게 되며, 이후 중종 대에 그 상황은 더욱 악화되면서 조선불교 최대의 시련기를 보내게 된다.

2) 중종 대의 불교 탄압과 법난

연산군의 도를 지나친 폭정이 계속되자 조정의 일각에서는 반정의 움직임이 일기 시작하였으며, 박원종·성희안·유순정 등 이른바 반정 3인방을 중심으로 한 세력은 특별한 저항 없이 중종반정(中宗反正, 1506년)을 성공시켰다. 이들 반정 세력에 의해 왕위에 오른 인물이 진성대군(晉城大君), 즉 조선 제11대 왕인 중종이었다. 하지만 중종은 즉위 초부터 반정 세력들의 정치적 간섭을 심하게 받을 수밖에 없었다. 특히 중종과 남다른 애정 관계를 유지하고 있던 단경왕후 신씨를 폐위하는 일은 중종의 정치적 한계를 여실히 드러내는 일이었다. 비록 대신들의 정치적 간섭이 심하기는 하였지만 중종은 연산조의 부정적 현상들을 극복하고자 노력하였다. 그는 무엇보다 유학을 다시 숭상하는 분위기를 조성하였으며, 유능한 유학자들의 의견을 중시하는 정책을 펴나갔다. 그러한 때 등장한 인물이 조광조(趙光祖)다. 조광조는 도학정치(道學政治)를 주창하면서 1515년(중종 10) 이후 급속히 부각되었던 사림파의 인물이다. 도학정치는 도학을 정치와 교화의 근본으로 삼아 왕도정치와 요순시대를 지향하는 정치 형태였다. 모든 군주가 요순처럼 되기 위해 노력하는 사회, 모든 신민이 요순의 신민을 본받는 사회를 만드는 것이 도학정치의 궁극적인 목표였던 것이다. 이의 실천을 위해 무엇보다 '백성은 나라의 근본'이라는 이념을 강조하였고, '군주의 현명함'과 '소인을 멀리하고 군자는 가까이'하는 자세, 아울러 '언로의 확충과 대간의 임무를 중시'하는 변화를 강조하였다.

그 결과 중종 대의 정치는 한 때 급격한 변화의 물결을 타게 되었지만, 이들 사림 세력은 곧 훈구파의 집중적인 공격을 받고 무너지게 된다. 이른바 기묘사화(1519년)로 인해 조광조와 그 일당은 대부분 죽게 되었고 그들의 도학정치를 실현하겠다는 꿈 역시 물거품이 되고 말았다.

그러나 이들의 노력으로 조선 사회는 적지 않은 변화를 겪게 되었다. 특히 학풍이 일신되면서 문장보다 경학을 중시하는 풍토가 이 무렵 조성됨으로써 이후 퇴계·율곡 같은 대현의 탄생이 가능하게 되었다는 점은 주목할 만한 일이다. 아울러 도학정치의 영향으로 조선조의 풍습과 사상을 유교식으로 바꾸어 놓을 수 있게 되었다는 평가도 가능하다. 그만큼 중종 대는 조선 역사의 유교적 측면에서는 매우 의미있는 시기였지만, 그와 상대적으로 불교적 측면에서는 전 시기 연산조보다 오히려 더욱 강화된 배불 정책 밑에서 어려움을 겪어야 했던 시기로 이해할 필요가 있다.

중종은 39년에 걸쳐 왕위에 있었지만 중종조 불교 정책의 주요 향방은 이미 재위 초반에 결정된다. 특히 중종 2년(1507)에 있었던 몇 가지 일들을 통해 이 시기 불교가 얼마나 힘겨운 상황에 처해 있었는지를 충분히 살펴볼 수 있다. 우선 이 해는 승과고시의 식년에 해당하는데, 왕과 대신들은 아무런 논의 절차 없이 고시를 시행하지 않고 있어 주목된다. 물론 승과고시는 앞선 연산조 때인 1504년에도 시행되지 않았지만, 이 해는 갑자사화라는 정변이 발생했기 때문에 나름대로의 이유를 찾을 수 있다. 그런데 1507년의 식년이 다가왔음에도 불구하고 조정에서 아무런 논의 없이 중단한 일은 이제 승과고시를 완전히 폐지시켜 버리겠다는 의도를 드러낸 것으로 해석할 수밖에 없다. 사실 승과고시의 시행은 조선왕조 운영의 기틀과도 같았던 『경국대전(經國大典)』 예전(禮典)의 도승조(度僧條)에 명시되어 있는 사항이다. 『경국대전』에 "선·교 양종이 3년마다 시험을 실시하되 선종에서는 『전등록(傳燈錄)』과 『염송(拈頌)』을, 교종에서는 『화엄경』과 『십지경론(十地經論)』을 시험하여 각각 30인을 뽑는다"는 규정이 실려 있는 것이다. 그럼에도 불구하고 이때에 이르러 승과고시를 폐지해 버리는 것은 결국 불교의 완전한 말살을 기도하였던 유생들의 의도대로 중종조 불교 정책의 방향이 잡혀가고 있다는 사실을 의미하는 것이라고 하겠다.

중종 2년에는 양종의 복구와 관련한 의미 있는 일도 발생하였다. 대비 정현왕후(貞顯王后)가 양종과 관련한 사찰과 원각사·정업원 등의 사찰 복구를 강력하게 주장하고 나선 것이다. 대비는 물론 불교를 좋아해서 이러한 일을 지시하는 것이 아니라는 사실을 분명히 밝히고 있다. 대비는 "이것은 내가 숭상하고 믿어서가 아니라, 정희왕후(貞熹王后)께서 늘 성종대왕께 조종의 유언을 말해 줄 때에 내가 친히 듣고 본 것이기 때문에 부득이 다시 세우려는 것일 뿐이다. 또 조종의 유교(遺敎)를 내어 보이고 싶은 생각도 없지 않으나, 여기에는 대궐 안의 일까지 모두 적혀 있기 때문에 그렇게 하지 못하는 것이 안타까울 뿐이다"고 하면서, 대신들에게 이 일은 조종의 유교에 의한 것이라는 점을 설득하고 나섰다(『중종실록』 2년 1월 7일조). 중종 역시 대비의 뜻을 따르면서 이들 사찰의 복구를 지시하였다. 하지만 이때부터 조정 대신과 유생들은 한결같이 극렬한 저항을 하였다. 그들은 바로 전 해에 성 안에 다시는 사찰을 창건하지 말고 지방의 승려들이 성 안으로 들어오는 것도 금지하라고 했던 중종의 교지를 받고 '온 나라 신하와 백성들이 즐거워하며 태평시대를 보게 되리라'고 생각하였음을 상기시키면서, 심지어 "어찌 구차하게 자전(대비)의 교지를 순종하여 다시 불교를 일으키는 것을 효도라고 할 수 있겠습니까?"라고까지 항의하였다.

집요한 저항에 시달리던 중종과 대비는 결국 10일 만에 이 지시를 철회하고 만다. 아울러 이로부터 약 세 달 뒤에는 "양종의 노비와 토지를 내수사(內需司)에 이속시키도록 하라"는 명까지 내림으로써 양종 복구에 관련된 가능성마저 완전히 없애 버렸다. 반정에 의해 즉위한 중종은 재위 초반기에 대신들의 정치적 영향을 배제할 수 없었다. 비록 대비의 불심이 돈독하였다고 하더라도 중종 대의 정치적 상황은 최소한의 신불(信佛) 행위마저 용납될 수 없는 최악의 상황이었던 것이다.

중종 2년 이후의 중종조 불교는 존립 자체가 어려울 정도로 점점 악화되어 갔다. 이 시기 관료와 유생들은 불교의 뿌리를 뽑아 버릴 수 있는 절호의 기회가 왔다는 사실을 공감하면서 각종 조치들을 취해 나갔다. 특히 1538년(중종 33)에 발생한 법난은 수많은 승려들을 죽이고 닥치는대로 사찰을 부수던 조선불교 최대의 법난에 해당한다. 이 법난은 여주 신륵사에서 있었던 한 사건이 빌미가 되어 발생하였다. 경상도 유생 30여 명이 과거에 응시하기 위해 뱃길로 올라오다가 여주 신륵사에 묵게 되었는데, 승려들이 그들을 도적으로 몰아 몽둥이로 마구 때리는 등의 행패를 저질렀다는 것이다. 처음 사헌부에서 이 사실을 보고한 이후 관료와 유생들은 중종에게 사건 당사자뿐 아니라 불교 전체에 대한 전면적 탄압을 강력하게 주장하고 나섰다. 이 해의 법난에 대해 실록에는 지극히 일방적인 기록만 전하고 있을 뿐이다. 따라서 신륵사 승려들이 유생들을 구타한 이유가 무엇인지, 아울러 이 사건의 처리 과정에서 불교계가 얼마나 심각한 피해를 입게 되었는지 등에 대해 정확한 내용을 확인할 수 없다. 하지만 이 해 12월의 실록 기사를 통해 우리는 많은 점을 짐작할 수 있다. 즉, "전라도 경차관 박세옹(朴世蓊)은 사찰을 헐고 승려들을 찾아내는 일과 임피(臨陂)의 승려를 심문하는 일 때문에 내려갔습니다. 그런데 승려들 가운데 형장(刑杖)을 맞고 죽은 사람들이 많습니다. … 박세옹이 명령을 받들고 내려간 것은 이미 오래며, 일도 거의 마무리가 되었으니, 박세옹에게 하문하시어 그가 아직까지 미처 해결하지 못한 일이 무엇인지 알아보시고 관찰사로 하여금 대신 집행하도록 하고 박세옹은 즉시 올라오게 하는 것이 어떻겠습니까"(『중종실록』 33년 12월 16일조)라는 실록 기사를 통해, 당시의 적지 않은 승려들이 곤장을 맞고 죽어 가야 했다는 사실을 확인할 수 있는 것이다. 훗날 명종 대의 불교 중흥을 이끌었던 허응당 보우는 이 참담한 법난의 현장을 직접 목격하고 경험하였다. 그는 "본조 연산군 때에 이르러 한번 거센 산바람이 불어 닥침을 만났고 중종 때에는 버림을 받게 되었다. 이로 말미암아 선풍은 부채를 숨기고 불일(佛日)도 빛남을 감추었다. 모든 나라 안의 사찰들은 나날이 없어지고 다달이 훼손되어 산에는 절이 없고 절에는 승려가 없어 요행히 총림 아래에서 머리 깎고 물든 옷 입은 사람도 관리가 침범하고 속인들이 재앙을 일으켜 눈에는 눈물이 있었고 그 눈물에는 피가 있었다. 장차 외로운 명맥을 남길 곳도 없어지고 형세는 궁극하여 길짐승으로 전락하였다"(「선종판사계명록」, 『허응당집』)고 한탄하면서, 한편으로 다음과 같은 시를 남겼다.

> 불교가 쇠퇴하기가 이 해보다 더하겠는가
> 피눈물을 뿌리며 수건을 적시네.
> 구름 속에 산이 있어도 발붙일 곳 없으니
> 티끌 세상 어느 곳에 이 몸을 맡기리.
>
> 釋風衰薄莫斯年 血漏潛潛滿葛巾
> 雲裏有山何托跡 塵中無處可容身

보우는 중종 33년의 법난을 경험한 이후 피눈물을 흘렸다고 하였다. 아울러 이제 조선의 승려들은 발붙일 곳이 없어서 들짐승으로 전락하게 되었다고 한탄하고 있다. 이러한 참담함은 분명 보우 개인만의 느낌이 아니라 당시를 살아가던 승려 모두가 겪어야 했을 느낌이었을 것이다. 하지만 조선의 관료와 유생들은 여기에 만족하지 않고 더욱 집요한 불교 말살책을 시행해 나갔다. 1539년(중종 34) 성균관 생원 유예선(柳禮善) 등이 올린 상소문을 보면 과연 그들이 추구하고자 했던 불교 탄압의 끝이 어디인가를 확인할 수 있다. 즉, 유생들은 이 상소문에서 "승려들의 뿌리는 봉선사와 봉은사입니다. 전하께서 여러 번 절을 철거하라는 명을 내리셨습니다만, 승려들은 오히려 이 두 사찰을 가리키며 '저 두 사찰이 아직 그대로 있으니 우리들은 걱정할 것 없다'고 하였습니다. 그렇다면 이 두 사찰을 철거하지 않고 다른 사찰을 철거하는 것은 뿌리에다 물을 주면서 가지나 잎을 자르는 것과 같으니 요사스런 승려들을 근절시키려 한들 될 수 있겠습니까"(『중종실록』 34년 6월 3일조)라는 의지를 밝힘으로써 사찰의 완전한 철폐라는 그들의 지향점을 그대로 드러내고 있는 것이다. 불교 자체를 완전히 소멸시키려 했던 세력들은 능침사찰인 봉선사와 봉은사를 마치 불교의 근거지와도 같은 곳으로 인식하고 있었으며, 이렇게 두 사찰을 반드시 철거해야 한다는 상소를 집요하게 올리고 있었다. 결국 중종은 이들에게 사찰의 완전한 철폐를 약속했던 것 같은데, 그 약속이 실행되지 않자 중종 36년부터는 이 문제를 다시 들고 일어섰다(『중종실록』 36년 3월 15일조). 이처럼 중종조의 불교는 40여 년간에 걸쳐 끈질긴 탄압을 받았으며, 종파의 존속 및 승과고시의 시행 문제 등은 감히 엄두조차 내지 못할 상황에 이르고 말았다. 보우의 표현대로 연산군·중종 대를 거치면서 조선의 출가 승려들은 마치 길짐승과 같은 처지에 놓이게 되었던 것이다.

(2) 명종 대의 부흥과 순교승 보우

1) 명종 대의 불교 부흥

중종의 재위 후반기는 척신(戚臣)들에 의한 정치적 갈등이 극심했던 시기였다. 특히 1534년(중종 29) 제2 계비인 문정왕후가 경원대군(명종)을 낳음으로써, 세자와 경원대군을 둘러싼 신료들의 갈등이 극심해지는 양상을 보인다. 일반 정치사에서는 이들의 갈등을 '대윤과 소윤의 투쟁'이라고 표현하는데, 세자의 외숙인 윤임 일파를 대윤(大尹), 경원대군의 외숙인 윤원형 일파를 소윤(小尹)이라 각각 칭한 결과이다. 이들의 갈등은 1544년 11월, 인종이 왕위에 오르자 어느 정도 진정되는 듯한 기미를 보인다. 그러나 30세의 나이로 왕위에 올랐던 인종이 8개월 만에 죽게 되자 대윤과 소윤의 갈등은 다시 격화된다. 물론 인종의 유언대로 조선 제 13대 왕위는 명종에게 계승되었다. 하지만 당시 명종의 나이는 12세에 불과했고, 성종조의 전례에 따라 문정대비의 수렴청정이 시작되었다. 문정대비와 그의 동생 윤원형은 권력을 장악하자마자 곧 대윤 일파를 대대적으로 제거하는 을사사화(乙巳士禍, 1545년)를 일으킨다. 이 사화는 봉성군을 옹립하려던 대윤 일파의 역모를 처단한다는 명분을 내세우고 있지만, 왕실 외척 간에 벌어진 권력투쟁이라는 점에서 앞선 연산군·중종조의 세 차례 사화와는 그 성격을 달리한다. 이처럼 명종 초반기의 정치는 문정왕후와 그를 둘러싼 소윤 일파가 강력한 권력을 행사하는 형태로 일단락되었다.

연산군·중종 대의 극단적인 폐불 정책으로 인해 존립마저 위태로운 상황에 처해 있었던 조선왕조의 불교는 문정대비의 섭정을 계기로 극적인 전환점을 마련하게 된다. 독실한 불교도였던 문정대비는 순교승 허응당(虛應堂) 보우(普雨)를 등용하여 조선 불교의 명맥을 가까스로 되살려 놓는 일을 성사시켰던 것이다. 물론 아무리 막강한 권력을 쥐고 있다고 하더라도 문정대비의 불교 중흥책이 순탄하게 진행될 수는 없었다. 아울러 대비의 흥불 의지에 전적으로 의존하였던 이 시기 불교 중흥 노력은 대비의 죽음과 함께 수포로 돌아갈 수밖에 없는 근본적 한계를 지니고 있었다. 이제 그러한 성격을 지니고 있는 명종 대 불교 중흥 운동을 크게 세 시기로 나누어 살펴보도록 하겠다.

명종 대 불교 중흥 운동의 첫 번째 시기는 문정대비와 보우의 불교 중흥 의지가 유생과 일부 관료들의 심한 저항에 부딪히게 되는 '투쟁기'에 해당한다. 이 시기는 보우가 봉은사 주지로 부임하는 1548년부터 선·교 양종과 승과고시가 부활되는 1551년까지 해당하는데, 그야말로 양 세력 간의 격렬한 투쟁이 전개되던 시기였다. 대비와 보우의 의지를 간파한 성균관(成均館)의 유생들은 성균관을 모두 비우고 떠나는 집단 시위를 하였으며, 양사(兩司), 홍문관(弘文

館) 등의 상소는 거의 매일 계속되었다. 게다가 보우를 모함하는 온갖 풍문이 떠돌면서 이를 근거로 왕과 대비에게 보우의 처단을 촉구하는 상소도 계속되었다. 하지만 당시 절대 권력을 지니고 있던 대비는 불교 중흥의 의지를 결코 굽히지 않았다. 대비는 양종을 부활하는 일과 승과고시를 다시 시행하는 일을 결국 성사시켰으며, 보우에게 '판선종사도대선사(判禪宗事都大禪師)'라는 선종 최고의 지위를 부여함으로써 오히려 그 위상을 더욱 높여 주었다.

문정대비의 불교 진흥책은 1550년(명종 5)부터 본격적으로 시작된다. 대비는 이 해에 비망기(備忘記)를 내려 선교 양종의 부활과 승과고시의 부활이 필요하다는 뜻을 밝히게 된다. 당시 관료와 유생들의 집요한 반대가 있었지만, 결국 이 비망기를 토대로 조선 불교 회생의 분위기는 가까스로 형성될 수 있었다. 사실 선종과 교종의 양종을 부활하는 일과 폐지된 승과고시를 부활하는 일은 불교의 생명력을 존속시킨다는 의미를 지니고 있다.

따라서 1550년에 내린 문정대비의 비망기 내용은 불교를 회생시키는 조치와도 같은 의미를 지니게 된다. 불교를 다시 일으켜 세우기 위해서는 폐지된 종단과 승과고시를 부활시키는 일이 급선무였기 때문이다. 결국 이 비망기의 내용대로 1551년(명종 6), 당시로써는 대단히 획기적인 몇 가지 조치가 시행되기에 이른다. 이 해에 조정은 선·교 양종과 승과고시를 부활하고, 승려들에게 도첩(度牒)을 지급하는 도첩제를 다시 시행하는 조치를 시행하게 된 것이다. 이로써 존폐의 기로에 서 있던 조선 불교가 다시 살아날 수 있었음은 물론이다. 이러한 변화에 대해 1552년 무렵의 사관들은 "다시 승과를 설치하게 된 것은, 교활하고 말에 능한 승려 보우란 자가 있었는데 자전(慈殿, 문정대비)이 그 이름을 듣고 존신(尊信)하였기 때문이다. 그래서 이 일도 있게 된 것이다", "오랫동안 폐지하였던 양종을 다시 세우고 또 승려를 선발하는 구규(舊規)를 회복시켰기 때문에 승려의 무리가 날로 번성하고 부처를 섬기는 것이 더욱 정성스러웠다. 이는 모두 요승 보우가 현혹시킨 소치인 것이니, 재해가 겹치고 국사가 날로 잘못되어 가는 것이 괴이할 것도 없다. 참으로 통탄스러운 일이다"(『명종실록』 명종 7년 4월 12일조)라고 하면서 보우와 문정대비를 비난하고 있다. 여하튼 이때 부활된 승과고시를 통해 청허당 휴정과 사명당 유정 같은 고승이 연이어 배출되었다는 사실은 한국불교사 전체에서도 매우 중요하게 인식되어야 할 장면이다.

 이러한 투쟁기에 이은 1552년부터 1561년까지의 10여 년 시기는 '안정기'로 구분할 수 있다. 이 기간은 부활된 승과고시를 통해 적지 않은 고승을 배출한 시기였으며, 도첩제를 통한 승단의 정비도 이룩할 수 있었던 시기였다. 아울러 불교 교단이나 보우에 대한 탄핵 상소도 현저하게 줄어들었으며, 상소의 내용도 양사·홍문관 중심에서 지방 관료·성균관 유생 등 개인적인 성격의 상소가 주를 이루었다. 이러한 결과 10여 년이라는 짧은 기간이긴 하지만 이 시기 불교계는 긴 침체를 벗어난 중흥기를 맞이하게 된 것으로 평가된다. 특히 이 시기 불교 중흥 운동에는 대비 이외의 일부 정치 세력이 적극적으로 가담하고 있었음이 주목된다. 즉, 대비의 동생인 윤원형(尹元衡)과 그의 친족인 윤춘년(尹春年)을 중심으로 한 소윤(小尹) 일파가 대비의 불교 중흥 시책을 적극 동조하고 나섰던 것이다. 물론 이들 가운데 일부는 정치적 이유 때문에 불교 중흥 시책에 동조하는 모습을 보였을 수도 있지만, 적지 않은 경우는 불교 자체에 대한 신앙의 모습을 보이고 있어 주목된다.

 보우는 이 '안정기'의 기간 동안 약 5년에 걸쳐 청평사로 물러나 있다가 1560년에 봉은사 주지직을 맡으면서 다시 실질적인 불교계 지도자의 위치로 복귀한다. 자료의 한계상 이때의 복귀가 어떠한 일을 계기로 결정된 것인가는 정확히 알 수 없으나, 아마도 보우의 공백 기간 동안 불교계 내부에 약간의 문제가 생긴 것 같고, 대비는 그 상황을 타개하기 위해 보우를 다시 봉은사로 부른 것이 아닐까 한다. 실제로 『허응당집』에는 보우가 선·교 양종의 실무를 책임지고 있는 사람들에게 '종문(宗門)'을 앞세워 다투지 말라는 당부를 간곡히 하였다는 내용이 있으며, 아울러 제목부터 '두 종문의 대선(大選) 무리들이 서로 높고 낮다는 마음을 일으켜 장차 북방의 오랑캐와 남방의 월(越)나라처럼 사이가 벌어지게 되었다는 말을 듣고 곧 장편의 한 게송을 지어 이들에게 보냄'으로 되어 있는 시도 실려 있다. 결국 보우는 5년간의 은퇴기를 정리하고 분열 상태에 빠져 있던 불교 교단을 정비하기 위해 봉은사로 다시 부임했던 것이다.

그런데 보우가 봉은사로 부임한 이후 2년 만에 명종 대의 불교 중흥 운동은 '쇠퇴기'로 접어들고 만다. 1562년 동리사(桐裏寺)의 계당(戒幢)이라는 승려 일이 문제가 되어 보우가 지니고 있던 도대선관교(都大禪官敎)의 직위가 박탈당하면서 불교 교단은 급격하게 위축되어 갔던 것이다. 10여 년 동안 비교적 안정된 모습을 보이고 있던 불교 교단이 이렇게 급격하게 몰락하게 되는 이유는 무엇이었을까?

그 첫 번째 이유로는 앞서 언급했던 선·교 양종의 분열 현상을 들 수 있다. 실로 어렵게 만든 호기를 유지하지 못한채 당시의 양종 교단이 서로 우위를 점하려는 갈등을 노출시키면서 불교 교단의 결집력이 약화되었을 것이라는 점이다. 보우의 '도대선관교' 직위가 박탈당하고 마는 결정적 계기도 역시 승단 내부의 문제였음을 감안해 볼 때, 당시의 이같은 상황은 안타까운 일이 아닐 수 없다.

두 번째 이유는 장성해진 명종과 연로한 대비 사이의 갈등 관계에서 찾을 수 있다. 장성해진 명종이 직접 국정을 관장하기 시작하면서 대비와 명종 사이에는 상당한 갈등이 존재하고 있었던 것 같다. 여전한 영향력을 발휘하고자 하는 대비와 이제 자신의 의지대로 국정을 운영하려는 명종의 갈등이 심각하게 표출되기 시작하였다는 점이다. 심지어는 명종이 대비의 지시를 자주 거부하자, "어떤 때는 때리기까지 하여 임금의 얼굴에 기운이 없어지고 눈물자국까지 보인 적도 있었다"는 표현까지 전하고 있다. 결국 이미 60의 나이를 넘긴 대비의 영향력은 감소될 수밖에 없었으며, 이와 함께 대비가 추진해 오던 불교 중흥 운동도 점차 약화되었을 것으로 보인다. 그리고 그동안 대비의 흥불(興佛) 의지를 비호해 왔던 일군의 정치 세력, 즉 윤원형을 비롯한 명종 대의 정치 주도 세력도 대비의 세력 약화와 함께 그 영향력이 감소되어 갔다.

이러한 이유 등으로 위축되어 가던 불교 세력은 1565년 대비가 죽자 완전히 몰락하고 만다. 보우는 1565년(명종 20) 왕실불교의 본산인 양주 회암사에서 3년 전 죽은 순회세자(명종의 아들)의 명복을 빌기 위해 대규모 무차대회를 개최하고자 하였다. 문정왕후의 후원으로 마련된 이때의 무차대회는 수천 석의 쌀로 공양을 준비하는 등 그야말로 대규모로 치루어질 예정에 있었다. 하지만 무차대회를 하루 앞둔 상태에서 그만 대비가 죽게 되자 유생들은 그 죽음의 책임을 보우에게 덮어씌우면서 보우의 처형을 요구하고 나섰다. 이미 1562년에 진행된 정릉(貞陵, 중종의 능)의 천장(遷葬) 문제를 놓고 보우의 처단을 촉구해 오던 유생들은 대비가 죽자 그 책임 소재를 집요하게 들고 나섰던 것이다. 문정왕후는 죽기 전에 "불교는 이단이기는 하지만 조종조 이래로부터 다 있어 왔고, 양종은 역시 국가가 승도들을 통솔하기 위하여 설립한 것이오. 옛사람 말에 '평상시에는 불도를 섬길 수 없지만 부모에게 간하여도 만일 고치지 않으면 그대로 따랐다' 고 하였으니 주상이 이단을 금지·억제하더라도 조정에서는 모름지기 내 뜻을 따르시오"(『명종실록』 20년 4월 임신조)라는 간절한 내용의 유교(遺敎)를 남기기도 하였다.

하지만 대비가 사라진 상태에서 불교는 더 이상 보호의 대상이 될 수 없었으며, 그 수장 격인 보우 역시 무사할 수 없었다. 명종은 결국 1565년 6월 12일, 보우를 잡아 먼 변방으로 귀양 보낼 것을 명령했고, 보우는 6월 25일 제주로 귀양당했으나 귀양 직후 살해당하고 말았다. 보우의 입적 과정에 대해서는 자세히 알 수 없으나, 실록에 의하면 당시 제주목사(濟州牧使) 변협(邊協)이라는 자에게 살해당했음이 드러나 있다. 문정대비의 죽음과 보우의 입적에 이어 불교계는 또다시 선·교 양종과 승과고시마저 폐지되는 시련기로 접어들게 된다. 하지만 이 시기의 불교 중흥 운동은 조선 중기 이후 불교 존립에 필요한 인적·물적 기반을 상당 부분 제공해 주었던 것으로 평가할 수 있다.

2) 순교승 보우대사

보우대사의 자세한 행장은 전하지 않는다. 당시 불교계에 대한 유생과 관료들의 감시가 워낙 극심하여 그의 입적 이후 행장을 정리하는 등의 일이 순탄하게 진행될 수 없었기 때문이다. 하지만 그의 문집인 『허응당집』과 실록 등의 자료에 의하여 개략적인 생애 구성이 가능하며 그 내용을 정리하면 다음과 같다.

먼저, 보우의 출생 연도에 대해서는 1506년부터 1509년 사이라고 보는 견해가 지배적이며, 그가 남긴 임종게(臨終偈)의 내용으로 보아 60세 이전에 입적하였을 것으로 추측된다. 아울러 문집 내용을 분석해 보면, 보우는 어렸을 때 부모를 잃고 용문사(龍門寺)에 머무르고 있다가 15세 때 금강산 마하연에서 정식 출가한 사실을 확인할 수 있다(『허응당집』에는 "내가 어찌 태어날 때부터 자연스럽게 승려가 되었겠는가. 어려서 부모를 잃어 유학을 버리고 이렇게 승려가 된 것이다", "내가 열 다섯 살 때 스승을 따라 이 암자에 와서 머리 깎고 승복을 입었다"는 등의 내용이 있다). 출가 이후 보우는 마하연·장안사·표훈사 등 금강산 일대에서 20여 년간 수행하면서 선·교 모든 방면에서 상당한 수준을 갖춘 고승으로 성장해 갔다. 봉은사 주지로 부임하던 때의 나이가 30대 후반에서 40대 초반에 해당하므로, 보우는 출가 이후 약 20여 년간 그야말로 세간의 일과는 무관한 상태에서 수행과 학문에 전념하지 않았을까 한다. 많은 연구자들은 문집 내용을 통해 그의 불교 교학 수준이나 성리학 등의 외전에 대한 이해 수준이 매우 높았으며, 아울러 선 수행의 경지도 상당한 수준에 달해 있던 것으로 평가하고 있다. 보우는 스스로 "나는 일찍이 대장경을 다 보았으며 이제 밝은 창가에 앉아 『주역』을 읽는다"고 하였다. 또한 "한가롭게 『주역』「계사전」을 읽으며 공자를 스승으로 삼고, 『장자』「제물편」을 읽으며 장자를 벗한다"고도 하였다. 불교의 선교뿐만 아니라, 유·도교에 이르기까지 보우의 학문 세계는 무척 광범위하게 걸쳐 있었음을 확인할 수 있다.

보우는 금강산에 주로 머물다가 1538년(중종 33) 무렵 잠시 만행을 떠났는데, 이때 '피눈물을 흘리는' 법난을 몸소 겪어야 했다. 그는 명종 대의 불교 중흥 운동 과정에서 자신을 죽이라는 관료와 유생들의 상소가 수백 차례나 거듭되는 가운데서도 이들과 당당히 맞서 싸워 나갈 수 있었다. 불교 중흥에 대한 힘과 의지는 바로 이렇게 처절한 불교 현실을 직접 경험하면서 키워 나갈 수 있었을 것으로 보인다. 법난을 겪은 이후 다시 금강산에 들어가 수행하던 보우는 1543년 금강산을 떠난다. 이후 석왕사(釋王寺)의 무학 자초가 머물던 방에서 지내면서 자초를 흠모하는 시를 남기기도 하였다. 이후 석왕사 인근 은선암(隱仙庵)과 함흥 반룡산의 초당, 국계암(掬溪庵) 등지에서 머물던 보우는 1548년(명종 3) 그의 생애에서 가장 극적인 전환기를 맞이하게 된다. 그는 이 해에 문정대비의 부름을 받고 봉은사의 주지로 부임하게 되는 전환기를 맞이했던 것이다.

보우는 영북(嶺北) 지역에서 호남으로 옮겨 가다가 길에서 병이 나자 천보산 회암사 차안당(遮眼堂)에 들어가 수 개월간 누워 지내고 있었는데, 이때 봉은사의 명곡조사(明谷祖師)가 노병으로 물러나며 보우에게 주지직을 맡기고자 하였다고 한다. 이 일에 대해 『허응당집』에는 "금년 금월 15일(戊申年 12월)이 지나면서 대비로부터 명찰 봉은사로 부임하라는 부름을 받았다. 사실 생각했던 바가 아니어서 처음에는 담장을 뛰어넘어 달아나거나 귀를 씻어 내고 싶었다. 그래서 온갖 계책을 생각하였으나 결정하지 못하고 머뭇거리고 있었는데, 급작스럽게 중사(中使)의 재촉을 받고 사양의 뜻을 표했으나 결국 이루지 못하고 마침내 여기에 이르게 되었다"는 내용이 있다. 이것으로 본다면 보우의 봉은사 주지 취임은 문정대비의 뜻에 의한 것이었음을 명백히 알 수 있다. 하지만 봉은사 주지직은 이미 유생들의 집중적인 표적이 되어 왔던 자리였기 때문에 보우는 봉은사 주지 취임과 동시에 유생들과 맞서 싸우는 벅찬 일을 시작해야 했다. 유생들은 그가 주지 취임을 한 직후부터 '요승', '괴승' 등의 칭호를 붙이며 맹렬히 비난하였고, 심지어 역적을 도운 반역죄를 저질렀다는 모함까지 하고 나섰다. 결국 이때부터 그가 입적하는 1565년까지의 17년 역사는 불교 중흥 세력과 불교 탄압론자들이 극렬하게 대결하는 실로 극적인 시기였다고 할 수 있다.

앞에서 정리한 바와 같이 명종 대 불교 중흥 운동은 1550년, 문정대비의 비망기를 계기로 본격화되었다. 1551년 '판선종사도대선사' 겸 봉은사 주지로 새롭게 임명된 보우는 수 년간에 걸친 투쟁기를 극복하고 어느 정도 안정된 위상을 갖추게 된다. 다소 과장된 표현일 수도 있지만 실록에는 "보우 등은 높은 품계의 관원으로 자처하면서 머리에는 옥관자요 허리에는 붉은 띠를 띠고 있는가 하면 앞에 나열하여 길을 인도하는 사람들은 또 쌍라(雙螺)를 불어 길을 경계하면서 앞뒤로 옹호하여 길을 메웠다. 제산(諸山)의 승려들이 임금처럼 우러러보며 달려 나가 맞이하고 보내기를 감히 조금도 어기지 못하며 승왕(僧王)으로 지목하였다"(『명종실록』 6년 8월 24일조)는 내용이 있을 정도이다. 또한 1554년(명종 9)에는 명정전(明政殿)의 완공식에 참가하여 조정 재상들과 함께 뜰에서 왕에게 예를 표하는 일도 있었다. 앞선 연산군·중종조의 불교가 처해 있었던 상황을 생각하면 실로 획기적인 일이 아닐 수 없다. 불교 중흥의 노력이 어느 정도 안정기에 접어들자, 보우는 1555년부터 청평사에 머물면서 청평사 중창 등의 일을 하였다. 하지만 여러 가지 상황이 변하면서 1560년 서울로 올라와 봉은사 주지직을 다시 맡게 되었고, 이때부터 입적에 드는 1565년(명종 20)까지의 기간은 보우를 중심으로 전개되었던 불교 중흥 운동이 쇠퇴기로 접어드는 시기에 해당한다.

보우는 1562년 동리사(桐裏寺) 승려 계당(戒幢)의 일이 계기가 되어 도대선관교(都大禪官敎)의 직위를 박탈당한다. 그리고 이해 중종의 능인 정릉(貞陵)을 봉은사 인근의 선릉으로 옮기는 일에 관계하는데, 당시의 유생들은 이 일을 대비와 보우가 결탁하여 행한 일이라며 격렬하게 비난하고 나선다. 대비의 정치적 영향력이 크게 떨어지면서 적지 않은 위협을 받고 있던 보우는 결국 1565년 대비의 죽음을 계기로 순교의 길을 걷게 된다. 대비의 죽음에 대한 책임을 묻는 상소가 계속되자, 명종은 처음 보우의 승직을 삭탈하고 서울 근처의 사찰에 출입하지 못하게 하라는 명을 내린다. 그러나 이에 만족하지 못한 유생과 대신들의 항의가 계속되자, 이 해 6월 12일 명종이 보우를 잡아 먼 변방으로 귀양보낼 것을 명령하였고, 6월 25일 제주로 귀양당한 보우는 결국 귀양 직후 제주 목사 변협(邊協)에 의해 피살되고 말았다. 『허응당집』에는 보우가 남긴 임종게(臨終偈)가 다음과 같이 소개되어 있다.

> 허깨비 사람이 와서 허깨비 사람의 고장에 들어가,
> 50여 년 미친 놀이 하였다.
> 인간사 영욕의 일을 다 놓고,
> 승려 탈을 쓴 꼭두각시 벗어나 창창히 올라간다.
>
> 幻人來入幻人鄕　五十餘年作戲狂
> 弄盡人間榮辱事　脫僧魂傀上蒼蒼
> 『허응당집』, 하권

보우의 죽음, 그리고 그의 입적 이후 변화되었던 불교계의 상황에 대해 실록에서는 "양종 선과는 공론을 따라 혁파하도록 하겠다. 처음에 중 보우가 문정왕후를 속여 양종의 선과를 설치하게 하였다가, 문정왕후가 세상을 떠난 뒤 조정과 유생이 잇달아 상소하고 처벌을 주청하여 제주도로 유배되어, 목사 변협(邊協)에게 주살(誅殺)당하였다. 양종 선과는 지금까지 혁파되지 않고 있다가 이때에 양사에서 계청하여 혁파되었다.(중략) 문정왕후가 세상을 떠나자 (양종과 승과고시를) 차례로 혁파하여 제거하였으므로 중앙과 지방에서 뛰면서 기뻐하였다"(『명종실록』 21년 4월 20일조)고 적고 있다. 보우의 입적 이후 약 1년 정도가 지난 시점의 상황을 나타낸 기록이지만, 이를 통해 대비의 죽음과 보우의 입적에 이어 불교계는 또다시 선·교 양종과 승과고시마저 폐지되는 암흑기로 접어드는 상황을 살펴볼 수 있다. 이러한 보우의 삶에 대해 사명당 유정은 『허응당집』 발문에서 이렇게 평하였다.

> 대사는 동방의 좁은 지역에 태어나 백 년이 지나도록 전하지 못할 법을 얻으셨다. 지금의 학자가 그를 힘입어서 돌아갈 곳을 얻어 불도가 끊어지지 않게 되었다. 보우대사가 아니었으면 불교가 거의 없어질 뻔하였다. 이로써 논한다면 보우대사는 역사 속에서 홀로 왔다가 홀로 돌아간 분이다. 보우대사의 인품과 자질이 뛰어나고 도력이 충만하여 따를 이가 없고 인의와 도덕이 아니면 말하지 않았으니 또한 지인(至人)이 아니겠는가. 사람들과 더불어 논할 적에는 석화(石火)와 같고 사자가 버티고 있는 것과 같아서 감히 그 날카로운 방망이를 당할 자가 없었다. 글을 지은 것은 모두 그 형편에 따를 것이나 그 음성은 금석(金石) 소리를 내는 것과 같아서 어떤 내용이든 다 규범이 될 만하였다.

위의 글에서 "보우대사가 아니었으면 불교가 거의 없어질 뻔하였다"는 유정의 표현에서 우리는 보우의 역사적 위상을 확인할 수 있다. 비록 20여 년간을 오로지 불교 중흥의 일념으로 살다간 보우의 생애는 이처럼 비극적으로 끝나고 말았지만, 그가 남겨 놓은 불교 중흥 의지와 숭고한 순교 정신, 위법망구(爲法忘軀)의 가르침은 분명하게 기억될 필요가 있을 것이다.

3. 휴정과 불교 중흥

(1) 휴정의 생애와 승병 활동

1) 휴정의 생애

조선 중기, 왜구의 침입으로 국가가 어려움에 처해 있을 때 승려로서 분연히 몸을 떨치고 일어나 국난을 구하는 데 결정적 기여를 하고, 불교의 정법을 회생시킨 인물로 청허 휴정(淸虛休靜)이 있다. 조선 11대 중종 15년(1520) 평안도 안주(安州)에서 태어나 85세 때인 1604년에 입적한 그의 속명은 최여신(崔汝信)이며, 어릴 때의 이름은 운학(雲鶴), 출가한 후의 법명은 휴정(休靜), 그리고 청허(淸虛)는 호이다. 스스로 백화도인(白華道人)이라 호하기도 하였다. 흔히 서산대사(西山大師)라고 하는 것은 묘향산의 다른 이름인 서산에서 오랫동안 주석하였기 때문에 붙여진 호칭이다.

휴정은 향관(鄕官)이었던 아버지와 자애로움이 넘쳤던 어머니 사이에 4남 1녀 중 막내로 태어났다. 그러나 아홉 살과 열 살에 각각 어머니와 아버지를 여의는 아픔을 겪었다. 12세 때 당시 고을의 목사(牧使)로 와 있던 이사증(李思曾)이라는 사람을 따라 서울로 올라와 성균관(成均館)에 입학해 유학을 공부했다. 3년이 지난 15세까지 아버지의 친구라는 한 노학사의 도움으로 동대문 근처에서 공부하며 과거에 응시하였으나 합격하지 못하고 친구 몇 사람과 함께 스승을 찾아 남쪽 지방으로 여행길에 나섰다.

휴정이 불교와 직접적으로 인연을 맺은 것은 이 여행에서 만난 숭인장로(崇仁長老)에 의해서이다. 지리산의 화엄동(華嚴洞)과 칠불동(七佛洞) 등의 명승지를 구경하던 어느 날, 숭인장로로부터 "너는 기골이 맑고 빼어나 보통사람과 다르다. 마음을 돌려 심공급제(心空及第)를 하고 세상의 명리를 끊어 버려라. 유생들을 보면 하루 종일 애는 쓰지만 일생 동안 얻는 것은 헛된 이름뿐이니 이 어찌 애석한 일이 아니냐?'라는 가르침을 듣고 『화엄경』과 『원각경』, 『전등록』 등 불교 경전 수십 권을 받아 공부하기 시작했다. 심공급제란 과거에 합격하여 부귀영화를 누리는 것이 아니라 마음의 근본 원리를 깨달아 걸림 없는 삶을 사는 것을 말하는 것으로, 그는 여기에서 참다운 공부란 지금까지의 것이 아님을 알게 된다.

함께 간 친구들이 돌아간 후, 홀로 남아 반 년간 경전들을 열심히 읽던 휴정은 숭인장로의 소개로 당시 학덕과 도력이 높은 부용 영관(芙蓉靈觀, 1485~1571)을 만나, 그로부터 3년간 가르침을 받게 된다. 어느 날 소쩍새가 우는 소리를 듣고, 또 이후 물을 긷고 돌아오나 멀리 구름에 쌓인 산들을 보고 각각 깨달은 바가 있었던 그는 이로 인해 스스로 머리를 깎고 일선(一禪)대사 등을 모시고 정식 승려가 되었으니 그때 나이가 18세였다. 이후 5년 동안 지리산의 여러 암자를 돌아다니며 공부를 하던 휴정은 지금의 남원 지방 어느 작은 마을을 지나가다 한낮에 우는 닭 울음소리를 듣고 큰 깨달음을 얻었다.

이후 27세 때(1546) 지리산을 떠나 오대산과 금강산의 여러 사찰에서 지내다 33세 때인 1552년(명종 7) 부활된 첫 승과에 응시하여 합격하였다. 36세 초봄 전법사(傳法師)가 되었으며, 3개월 후 교종의 모든 일들을 총괄하는 교종판사(敎宗判事), 다시 3개월 후에는 선종의 제반사를 총괄하는 선종판사가 되었다.

2년 뒤 선교양종판사에서 물러나 금강산과 지리산, 태백산, 오대산 등을 거쳐 49세에 묘향산에 들어가 주석하자 많은 제자들이 모여들기 시작했고, 이때 세상에서 그를 서산대사라 불렀다. 사명 유정(四溟惟政)이나 소요 태능(逍遙太能) 등 그의 제자 대부분이 여기에서 가르침을 받았으며, 그는 60대 말까지 이곳에서 주석하며 제자들을 지도했다.

그런데 나이 70이 넘어 인생의 큰 전환점을 맞게 되었다. 그것은 개인적으로 모함을 당한 것과 국가적으로 임진왜란이라는 큰 전란이 일어난 일이다. 휴정이 70세가 된 1589년(선조 22) 10월 정여립(鄭汝立)의 반역 사건이 일어났고, 그때 거기에 가담했던 한 무지한 자의 무고로 그도 역모에 가담했다는 죄목을 쓰고 감옥에 갇히게 되었다. 이듬해 선조의 특별 지시에 의해 뒷조사를 한 결과 그가 평소 국왕을 위한 기도와 국태민안을 위한 기원에 전념하였고, 여타 애국심이 나타나 있는 글들이 발견되는 등 역모 가담이 거짓임이 판명되었다. 즉시 휴정은 석방되었고 왕이 직접 그를 만나 친필을 하사하기도 하였다. 그러나 70세의 노구에 감옥에 갇히는 힘든 일을 겪었던 것이다.

또 하나 임진왜란이라는 국가적 위기가 일어난 일이다. 당시 73세의 휴정은 승병들을 총지휘하며 국가를 위기에서 구출하는 데 결정적인 기여를 하였다. 이후 금강산 유점사와 표훈사를 거쳐 묘향산으로 돌아간 그는 1604년(선조 37) 정월 23일, 묘향산의 원적암에서 마지막 설법을 마치고 결가부좌한 채 입적하였으니 나이 85세였다. 돌아가신 날 방 안에는 기이한 향기가 가득했고, 다비 후 사리를 나누어 묘향산과 금강산에 각각 부도를 세우고 안치하였다.

그의 제자로는 천여 명이 있으며, 그중에서도 사명대사(四溟大師) 송운 유정(松雲惟政)과 편양 언기(鞭羊彦機), 소요 태능(逍遙太能), 정관 일선(靜觀一禪)을 비롯해 뛰어난 인물이 70여 명에 이른다. 또한 선사의 저술로는 『선가귀감(禪家龜鑑)』, 『유가귀감(儒家龜鑑)』, 『도가귀감(道家龜鑑)』, 『선교석(禪敎釋)』, 『선교결(禪敎訣)』, 『심법요초(心法要抄)』, 『운수단(雲水壇)』, 『설선의(說禪儀)』, 『청허당집(淸虛堂集)』 등이 있다.

2) 휴정과 임진왜란 기의 승병 활동

청허 휴정이 73세 되던 1592년(선조 25) 왜군이 바다를 건너 조선의 영토를 침범해 왔다. 4월 13일 부산에 상륙한 왜군은 20일 만에 한양을 점령하는 등 파죽지세로 이 땅을 휩쓸었다. 국왕의 실정과 무능, 당쟁으로 일관한 위정자들의 끊임없는 반목과 대립, 관료들의 착취, 해이해진 정치 및 군의 기강 등 부패와 무능으로 가득했던 조선의 조정은 이에 적극적으로 방어하지 못했고, 선조는 평안도 의주까지 쫓겨 간 가운데 나라의 온 백성들은 왜적의 발굽 아래 처참하게 짓밟히고 유린당하는 치욕을 당했던 것이다.

국가가 이렇게 위난에 처하자 정여립의 반란 때 그의 애국심과 충정을 알았던 선조는 그해 7월 휴정을 찾아 국난의 타개책을 물었다. 그는 싸울 수 있는 승려들은 자신이 직접 이끌고 전투에 참여하고, 늙고 병들어 싸울 수 없는 승려들은 절에서 국가를 위해 기도하도록 하겠다는 열정과 충정의 대답을 했다. 선조는 이에 휴정을 팔도십육종선교도총섭(八道十六宗禪敎都摠攝)으로 임명했고, 그는 전국의 승려들에게 총궐기를 호소하는 격문을 보내 전국적으로 의승군(義僧軍)을 모았으니 이것이 임진왜란 시기 승군의 탄생이다. 이보다 앞서 휴정의 제자인 기허 영규(騎虛靈圭)가 의병장 조헌과 호응하여 5백여 명의 승군을 일으켜 청주성을 탈환하는 자발적인 의승군의 봉기가 있었다. 조선조에 들어 유생들의 강력한 척불 행위로 말미암아 온갖 멸시와 수모를 당했던 승려들이 자신들을 그토록 핍박했던 그들과, 백성, 국가를 위해 전국의 산속에서 수행에 전념하던 몸을 떨치고 일어나 그 위기를 구해 내고자 전쟁터로 나섰던 것이다.

당시의 의승군은 휴정이 평안도 순안의 법흥사에 머무르며 모집한 천 5백여 명을 비롯해 사명 유정의 천여 명, 지리산에 있던 처영(處英)의 천여 명, 영규의 8백여 명 등으로 대부분 휴정의 제자들이 이끌었다. 뿐만 아니라 충청·전라·경상도의 접경인 무주 지역에 담양 옥천사의 승려 인준(引俊)이 지휘한 2백여 명의 승군, 두인(斗仁)이 지휘한 남원 지방의 승군, 진주성에서의 신열(信悅) 휘하의 승군 등 역사에 크게 드러나지 않은 수많은 의승군들이 있었다. 또한 오늘날까지도 사원별, 지역별 상황이 제대로 파악되지 않고 있을 만큼 많은 승군들이 있었다. 바로 이들이 전 국토의 곳곳에서 커다란 활약을 하며 임진왜란의 병화를 이겨내는 데 결정적 역할을 하였고, 심지어 유생들의 궐기

를 이끌어 내기도 했다.[8]

　이런 의승군들이 휴정이 있던 곳에 모두 집결해 있었던 것은 아니다. 승군들은 왜군이 점령하고 있던 지역이나 교통상으로 중요한 각 요처에 거점을 두고 있었으며, 일반 의병이나 잔존 관군들과 합류하거나 혹은 의승병 부대별로 독자적인 전투를 하면서 혁혁한 전과를 올렸다.

　휴정이 이끌던 법흥사 주둔의 의승군이 크게 전과를 올린 것은 평양성 탈환 전투에서였다. 당시 승병의 기세는 실로 엄청났던 것으로 『선조실록』에서도 "아군의 병사들은 그 수도 적고 군세도 나약하나 오직 승병만은 숫자가 많고 군세는 시간이 지날수록 점차 위세가 강력해지고 있습니다"라고 표현하고 있을 정도였다. 승병의 숫자도 휴정과 유정의 2천 5백여 명을 비롯해 각지에서 모여든 승군 등 모두 5천여 명의 대군이었다. 이들은 유정의 지휘하에 먼저 평양성 남쪽에 들어가 적의 후방 퇴로를 끊고 왕래를 막으며, 정세를 자세히 파악하여 아군에게 전해 주는 등 정보 활동을 펼쳤다. 탈환전쟁이 시작되자 탈환의 결정적 계기가 된 모란봉 적진을 돌파해 냄으로써 싸움을 승리로 이끌었다. 이에 연합군으로 함께 싸움에 임했던 명나라 총사령관 이여송(李如松)은 "명리와 사욕에 조금도 욕심이 없이 수행에만 전념하던 대사께서 나라의 위급함을 듣고 산에서 내려오셨다"는 내용의 시첩(詩帖)과 함께 "나라를 위해 태양을 꿰뚫는 충성을 받들어 존경한다"는 글에 휘하의 모든 장수들이 배서한 첩지를 바치며 존경의 마음을 표하기도 하였다.

　이외 임진왜란을 극복하는 과정에서 의승군이 보인 활약은 무수하다. 처영 휘하의 승군 천여 명이 권율의 군사들과 함께 행주산성 전투에서 불리한 지형의 서북방 수비를 맡아 분전하면서 승리를 거두게 한 것이나, 유정 휘하의 의

---

8) 당시 도처에서 궐기한 의승군들이 크게 활약하면서 사회에 커다란 자극이 되었는데, 강원도 도순찰사의 공보비서가 되어 모병에 나섰던 홍인상은 "승려들조차 의분을 일으켜 떨치고 일어나 죽음을 맹서하고 왜적을 처부수고 있는데 하물며 우리 유생들이 가만히 있어서야 되겠는가?"(『난중잡록』 임진 10월조)라 하며 의병들을 모았다.

승군이 서울 동북방 수락산에 집결하고 있던 수천 명의 왜군을 패퇴시키고 한양 탈환을 용이하게 한 것, 유정과 처영의 연합승군이 영남 의령에서 진을 치고 진주로 몰려오는 왜군과 공방전을 벌여 패퇴시킨 것, 부휴 선수(浮休善修)의 제자 각성(覺性)의 승군들이 수군(水軍)의 한 부대로 크게 활약한 것, 전라좌수영 이순신 휘하에 자운(慈雲)과 옥형(玉炯)이라는 의승 수군대장과 수군 승병 3백여 명이 혁혁한 전공을 세운 것 등 일일이 헤아릴 수 없다. 군사적 요충지의 사수와 탈환 등 항전의 선봉에는 항상 의승군이 있었던 것이다.

또한 의승군은 전투에만 임한 것이 아니라 전쟁을 승리로 이끄는 데 필요한 각종의 지원 활동도 수행하였다. 특별히 선발된 용맹한 의승 7백 명이 선조가 환도할 때 어가의 호위를 담당하였고, 가야산 용기산성(龍起山城) 및 성주의 금오산성(金烏山城), 대구의 달성산성(達城山城) 등 산성의 구축과 수비를 맡았으며, 4천여 석의 군량미 조달, 화살 등의 군수물자 조달, 전란 후 평화조약 회담에 이르기까지 정예 관군이 하지 못한 일을 담당했다. 즉, 의승군은 전투는 물론 정보, 외교, 군비 및 군수물자 조달 등 다양한 영역에 걸쳐 임무를 수행한 것이다. 그리고 바로 그 중심에 청허 휴정이 서 있다. 그러나 한편 국가의 사태를 이 지경으로 만든 유생들은 이런 그의 구국 활동에 대해 못마땅하게 생각했으니 선조 26년 5월 사헌부에서는 휴정이 조정을 욕되게 함이 극에 이르고 있다는 내용의 글을 올리며 비난하기도 하였다(『선조실록』 권38, 선조 26년 5월 무진조).

선조가 환도한 후 그는 노구의 어려움으로 인해 승군의 지휘를 사명에게 맡기고 산으로 돌아갈 것을 청하였다. 선조는 응락하면서 정2품 당상직을 하사하고 국일도대선사선교도총섭부종수교보제등계존자(國一都大禪師禪敎都總攝扶宗樹敎普濟登階尊者)라는 존호(尊號)를 내려 나라에 기여한 공로와 불교의 덕을 치하하였다.

조선 왕실과 유생들은 개국 초부터 불교를 말살하고 승려를 강제 환속시키며 천인시(賤人視)하는 등 철저한 멸시와 모욕으로 일관하였다. 이러한 최악의 상황에 처해 있으면서도 국가의 위기를 극복하기 위해 분연히 일어선 것이 바로 의승군이며, 이들의 활약이 국가를 위기로부터 구해 내는 데 결정적인 기여를 한 것이다. 이런 의승군의 활동은 불교의 기본 사상인 이타(利他)의 자비 사상을 바탕으로 하면서, 위해(危害) 세력으로부터 구해 낸다는 호국 애족 사상에 연원하고 있다. 호국 애족 사상은 불교도로 하여금 국가와 민족의 일에 직접적이고 구체적으로 참여하도록 하는 의식의 변화와 주체적 행동 의지를 심어 줬고, 이에 의해 승려들은 온갖 핍박 속에서도 오히려 적극적이고 능동적으로 국가와 민족을 위한 일에 뛰어들 수 있었던 것이다.

수행자에서 전쟁터의 군인의 신분으로 몸을 바꾸며 목숨을 내던져 싸운 의승군들이 바랐던 것은 오직 국가의 안위와 국민의 평안이었다. 그들에게서 집권층과 마찰을 피하고 교단을 유지하려 애쓰거나, 조정이나 유신들의 불교 말살 정책을 피하고 불교계의 위상을 제고하려는 어떠한 책략이나 기도, 행동도 찾아볼 수 없다. 오직 그들에게는 구국과 애족의 마음만이 가득해 있으며, 전쟁터에서 산화한 의승군들은 이런 마음을 안고 스러져 간 것이다.

(2) 휴정의 선 사상

청허 휴정의 선 사상은 핵심인 근원 세계와, 이를 이해하고 체득하기 위한 것으로써의 이론 및 수행법, 그리고 이론에 대한 것으로 선과 교학, 수행법으로 선 수행법과 여타의 방법 등으로 나누어 살펴볼 수 있다. 하지만 이를 종합하면 한마디로 선으로 요약된다. 선의 본령에서 근원 세계가 다뤄지고, 교학을 언급하는 이유 또한 선을 바로 알도록 하기 위함이었으며, 선과 교의 이론, 그리고 수행법들을 대등의 관계로 설하고 있는 것이 아니라 선 중심에서 밝히고 있기 때문이다. 즉, 휴정의 모든 사상과 수행법의 중심에는 '선'이 자리 잡고 있다.

근원 세계는 본질계를 나타낸다. 선사는 만유의 본원이자 원천, 불법의 근원을 한 물건(一物)·성품(性)·이치(理)·도(道)·마음(心) 등이라 하고 있다. 시작함이 없는 시간의 저편으로부터, 존재하지 않는 어느 빈 공간 없이 어느 곳에서나 밝고도 신령스런 성품으로 자리하고 있는 것, 그러면서도 생기거나 없어졌다고 할 수 없고, 머리도 꼬리도 없으며, 앞도 뒤도 없고, 이름을 붙일 수도 모양으로 설명할 수도 없는, 말하면 어그러지고 생각하면 이미 어긋나는 불가설(不可說)의 존재이다.

다시 말해 근원의 존재이지만 이런 저런 표현이나 설명으로 나타낼 수 없는, 나타내려 한다면 결코 바로 직지(直指)할 수도 없는 근원계인 것이다. 이는 내용에 따라 다소의 차이는 있지만, 초기 경전에서의 법이나 불(佛), 『열반경』에서의 법 = 12인연 = 불 = 불성 = 제일의공 = 중도 = 열반, 여래장계 경전에서의 여래장, 『화엄경』의 일심, 『대승기신론』의 진여, 선종에서의 달마의 진성(眞性) 및 『신심명』의 도(道), 여타 불성·자성·유일보(唯一寶)·무위진인(無位眞人) 등 무수한 용어의 변화를 보이면서 설해지고 있는 근원 본질계의 내용이다.

그러나 이런 본질계라고 하여 이를 실체화, 실상화해서는 안 된다. 본래부터 있는 것이라거나 존재하는 영원불변의 진리라는 식으로 규정하고 단정해서는 안 된다는 것이다. 휴정은 그러면 이미 그 세계에서 벗어난 것이요, 죽은 것이라고 한다. 남악 회양이 육조의 무슨 물건이 이렇게 왔느냐는 질문에 설사 한 물건이라고 해도 맞지 않다고 대답한 것이나, 무위진인을 설한 임제에게 그게 뭐냐고 묻자, 무슨 똥막대기 같은 소리냐고 방금 한 말을 부정하고 있는 것과 같은 의미이다. 개념화, 관념화, 실체화, 이론화의 기도나 설정은 시작부터가 이미 잘못되어 있는 것이다.

자내증(自內證)의 이런 근원계를 인지하고 지각하는 것은 개인의 내적 소증(所證)이기에 개개인의 체험에 의지할 수밖에 없다. 그러나 중생 존재의 숫자만큼이나 내적 세계의 다양함이 있고, 이들의 용이한 이해를 위해 수많은 설명이 가해졌으며, 이를 정리한 것이 이론이고 접근해 가는 구체적 행이 실천법이다.

휴정에게서의 이론은 선과 교, 곧 선교관(禪敎觀)으로 나타난다. 그는 일단 선은 부처님께서 언어가 아니라 특정 행위를 통해 마음에서 마음으로 전하신 것, 곧 염화시중(拈華示衆) 등의 삼처전심(三處傳心)의 행으로, 교는 여러 내용을 이해할 수 있도록 설하신 일대교설(一代敎說)로 규정하였다. 그러면서 삼처전심에 의해 나타난 선은 부처님의 마음이요, 일대교문에 들어 있는 교는 부처님의 말씀이라고 정의한다. 그리고 이 마음과 말이 불가분의 관계에 있음을 설파한다. 마음이 깃들지 않은 말은 없으며 말은 마음의 표현이므로 둘이 다른 것이 아니요, 둘 또한 모두 부처님 한 분에게서 비롯되었다는 것이다. 따라서 중요한 것은 근원경에 도달함이며, 그렇게 되면 선과 교가 하나일 뿐 다른 것이 아니게 된다고 하고 있다.

다만 선과 교의 차이에 대해 선은 이론과 논리, 이성적 사유라는 알음알이의 지해(知解)로부터 벗어나 있는 것으로 '말이 없이 말 없는 경지에 이르는 것'이며, 교는 그 반대로 '말을 통해 말 없는 경지에 이르는 것'이라 하고 있다. 교설이 언어로 짜여져 있다면 이런 교설의 언어적 접근 형태를 벗어나 무언(無言), 초논리, 단도직입, 비사유의 방법을 통해 궁극의 본원 경지에 도달하는 것이 선이요, 그 반대의 행법을 통해 근원경에 이르고자 하는 것이 교라는 것이다.

선교일원론적인 이런 시각을 흔히 선교일치(禪敎一致), 혹은 교선일치(敎禪一致), 교관겸수(敎觀兼修)라 한다. 그러나 휴정에게서의 이런 관점은 선과 교가 동등하다거나 병렬적 입장에 의거해 있는 것이 아니라는 점을 주의할 필요가 있다. 주지하다시피 당대(唐代)의 규봉 종밀은 선교를 대등히 간주하며 양자의 일치를 설하고 있지만 법안 문익이나 이후 여타의 선사들은 대등함이 아니라 선이 중심이 되고 교학이 뒷받침하는 선주교종(禪主敎從), 통교귀선(通敎歸禪)의 내용을 보이고 있고, 휴정 역시 같은 견해에 있다.

그리고 그렇게 여기는 이유로 선과 교에 대한 다음과 같은 관점이 있다. 즉,

휴정은 자신의 선주교종관에 대한 원인으로 교·선의 용처 차이와 체득 차제의 직곡(直曲)을 들고 있다. 교란 부처님께서 대대로 사람들로 하여금 의지할 곳이 있도록 하기 위해 언어로써 여러 현상세계들을 자세하게 말씀하신 것이고, 선은 근원세계를 즉시 깨닫도록 하기 위해 조사들이 마음의 움직임을 끊어 버린 것이라는 점이다. 즉, 이해와 의지처를 위해 풀이한 것이 교요, 체득을 목적으로 마음의 움직임을 끊어 버린 것이 선이라고 하였다.

또한 부처님께서 말씀하신 교설은 우리가 살고 있는 현상의 모든 것들을 먼저 자세하게 설명하고 나중에 거기에 깃든 핵심을 밝히는 구조로 되어 있으며, 반대로 선은 전후 좌우를 끊고 곧바로 이치를 드러내게 하는 형태를 취하고 있다고 한다. 그리고 이런 양자는 마치 구부러진 활 등과 곧은 활줄과 같아 목적지와 도착에 차이가 있으며, 돌아가는 우회적 방법보다 곧바로 가는 지름길이 빠르다. 즉 핵심을 파악하는 선의 경절법(徑截法)이 더 우위라는 것이다.

이는 또한 한국선의 특징적 모습 중의 하나라는 사교입선(捨敎入禪)과도 연결되어 있다. 글자 그대로 해석해 경전을 버리고 선으로 들어간다는 사교입선은 경전 자체를 무시하거나 아예 살피지도 않고 곧바로 선으로 들어감을 말하는 것이 아니다. 휴정이 설명하고 있듯이 "공부의 시작과 끝을 안 연후, 교설의 가르침을 내려놓고 눈앞에 드러난 자기 마음의 한 생각을 잡고 참구하는 것"을 말한다.

휴정은 이와 관련, 교학의 이론에는 변하지 않는 근본 경지와 인연에 따라 변하는 현상세계가 있고, 이를 깨닫는 방법에도 찰나적으로 깨닫는 돈오(頓悟)와 점차적으로 수행을 지속해야 하는 점수(漸修)가 있는 등 여러 이론과 순차들이 있음을 말한다. 그러나 반면 선에는 그런 것 없이 한 생각 속에 모든 것들이 갖추어져 있다고 하고, 언어문자의 이론에 대한 이해를 한 후 이를 떠나 곧바로 그 근본세계를 체득하는 방법을 취해야 한다고 강조하고 있다. 마치 강을 안전하게 건너기 위해 바르고 좋은 뗏목을 고르듯이, 그리고 건넌 다음에는 뗏목을 버려야만 목적지에 도달할 수 있는 것처럼 먼저 교학을 알고 이후 선을 행해야 한다는 것이다. 여기에서의 중요점은 '공부의 시작과 끝을 아는' 앎이며, 지해의 추구가 아니라는 것, 그리고 진정한 사교입선은 선의 참구로 교설의 바른 의미를 체득했을 때 비로소 이루어지게 된다는 점이다.

이런 선·교 이론의 성취를 위한 구체적 실천법이 수행법이다. 휴정에게서의 수행법은 일단 참선 수행법과 여타 수행법으로 나눠진다. 하지만 핵심은 참선 수행법으로 화두를 참구하는 간화수행, 즉 간화선이며, 효과적으로 하기 위한 준비 사항과 마음자세로서 내외의 몇 가지를 설하였다. 우선 휴정은 철저히 간화, 즉 조사선의 화두 참구를 강조하였다. 화두란 팔만사천의 법문이 본래 완전히 갖추어져 있는, 또한 철통 같은 의심을 타파하면 천 가지 만 가지 의심이 일시에 타파되는, 미묘한 묘용력을 가진 수행 매체이다. 때문에 의심하지 않아도 저절로 의심될 정도로 참구하면 생사의 거센 불길을 잡을 수 있는, 동시에 화두 공부가 한 생각에 전념되면 설사 금생에 깨우치지 못한다 하더라도 죽을 때 악업에 이끌리지 않는, 그러한 효능을 지닌 수행법이다. 언급하는 화두로는 무자화(無字話) 등 십수 종류가 있으나 요체는 활구(活句)를 참구하느냐에 있다.

활구란 '마음으로 살필 수도 없고 언어로 파악할 수도 없으며, 뭔가 모색할 수도 없는' 화두이며, '이치로 헤아릴 수 없고 의미를 통해 이해할 수도 없으며, 아무 것도 모색할 수 없는 상태에서 하는 공부', '마음과 생각과 의식이 미치지 못하는 곳으로 근본 심왕(心王)이 살아 있는 것'이다. 반대로 '이치나 언어 혹은 듣고 이해하고 생각하는' 화두나 '마음과 생각과 의식으로 헤아리는' 화두는 모두 사구(死句)이다. 활·사구에 대해 동산 수초나 각범 혜홍은 "말 속에 말이 있는 것을 사구, 말 속에 말이 없는 것을 활구"라 정의하고 있기도 한데, 말이나 이치, 논리나 의미로 살피면 사구요, 생각하고 헤아림을 벗어나 한 마음으로 집중하여 참구하면 활구가 된다. 바로 이런 활구를 참구하여 깨달으면 부처님 및 조사와 함께 스승이 되지만 사구에서 깨달았다고 한다면 자기 자신도 구하지 못한 것이 되는 것이다.

활구 참구를 올바로 하기 위해서는 입문 단계에서 세 가지의 중요한 요소, 곧 화두에 대한 굳건한 믿음[大信根]과 화두를 타파하고자 하는 결연한 의지[大憤志], 화두에 대한 강한 의심[大疑情]의 세 가지가 반드시 곁들여져야 한다. 이에 대해 수미산이 자리잡고 있는 것과 같은 믿음, 부모를 죽인 원수를 단칼에 베어 버리려는 것과 같은 분심, 캄캄한 곳에서 극히 중요한 일을 꼭 해 내고자 할 때의 마음가짐과 같은 의심이라 하며 이 셋이 함께 갖추어졌을 때 제대로 된 참구를 할 수가 있다.

물론 이 중에서도 가장 중요한 것은 커다란 의심이다. 참선하는 사람이 화두를 의심하지 않는 것이 가장 큰 병이요, 크게 의심할 때 반드시 커다란 깨달음이 있다고 하는 것처럼 큰 의심의 대의단을 핵심으로 하고 있는 것이다. 물론 삼요(三要)의 어느 한 마음이 참구상에서 나타난다면 그것은 바른 행법이 될 수 없다. 따라서 입문 단계에서 갖춰야 할 마음 자세이다.

이런 면에서 활구란 논리나 의미, 즉 머리 속으로 생각하고 헤아리는 것이 아니라 오로지 한 생각에 하나의 강한 의심만이 가득해 있는 참구 양태를 말한다. 그런데 이처럼 이치나 의미의 구조를 띠고 있지 않아 살피기 어렵고, 이해 불가능하며 피부로 전해 오는 느낌이 전혀 없는 활구 참구는 재미가 없을 수밖에 없다. 그렇기 때문에 재미를 느끼려 하지 말고, 재미없는 가운데 모기가 무쇠로 만든 소 등에 앉아 목숨을 걸고 부리를 내리꽂는 것과 같은 마음으로 하라고 한다. 혼신을 다하라는 말이다. 뿐만 아니라 그러면서도 너무 조급히 하거나 느긋이 하지 말고 거문고 줄 고르듯이 하라고 한다. 이렇게 아무런 맛도 재미도 없이 답답하고 암담하며 꽉 막힌 상태에서, 은근하고 끊임없이 혼신을 다해 지속할 때, 바로 그런 상태가 되어야만 비로소 부처님과 조사의 경지로 나아갈 수 있다고 하고 있다.

또한 활구 참구의 또 다른 중요 사항으로 강조되는 것이 간절하고 집중적인 마음 자세이다. 즉, 굶주린 사람 밥 생각하고 타는 목마름에 물 생각하듯이, 닭이 알을 품고 고양이가 쥐 잡을 때와 같은 마음이어야 한다는 것이다. 진심에서 우러나지 않고 억지로 지어 냄은 간절하지 못해 실패하게 되며, 마음이 흩어지고 생각이 다른 데 있으면 원하는 것을 이룰 수 없기 때문이다. 휴정은 이런 방법으로는 깨달음을 결코 얻을 수 없다고 단언한다.

하지만 이렇게 하여 깨달음이 있게 되면 반드시 눈밝은 선지식을 찾아 자신의 깨달음을 점검 받으라고 하고 있다. 깨달은 후 명안의 종사를 통한 확인 점검이다. 만약 그렇지 못하면 조그만 것에 만족하게 되고, 오히려 그것이 독약이 된다고 하고 있다.

휴정이 언급하고 있는 수행법으로는 이러한 참선 수행법 이외에도 보시나 인욕 등 다른 방법들도 있다. 주 수행법인 참선법과 달리 불교의 일반적인 수행법을 밝힌 것으로, 참선을 핵심으로 하면서도 근기가 다른 사람들을 위해 여타의 행법을 배려하는 그의 자비로움을 엿볼 수 있는 부분이다.

이 가운데 주목하는 것은 염불 수행법이다. 그는 선가의 일반적 관점과 다소 다른 견해를 보이고 있다. 사실 선정쌍수(禪定雙修)라 하고, 염불하는 주인공을 찾는 등 선 수행과 염불을 연결시켜 말하기도 하나 기본적으로 선과 염불은 완전히 다른 수행 구조와 형태를 가지고 있다. 기도나 간경·참선·주력·절·염불 등 불교의 모든 수행법이 크게 보면 선 아님이 없고 정토를 지향하고 있지 않음이 없지만 구체적이고 세부적으로 보면 완전히 다른 행법과 내용 구조를 띠고 있다. 특히 스스로의 정진을 통해 현실에서 깨달음을 얻고 대자유의 삶을 사는 자력(自力)의 선과, 염불을 통해 왕생하고 아미타불의 인도로 고통에서 벗어난다는 타력(他力)의 염불 수행은 상반성에서 특히 두드러진 면을 보이고 있다. 같은 불교의 수행법임에도 구조적으로 완전히 다른 형태를 보이고 있는 것이다.

일단 휴정에게서 살펴지는 염불 수행에는 두 가지가 있다. 하나는 자신의 본성이 아미타부처요 마음이 극락정토라는 자성미타(自性彌陀) 유심정토(唯心淨土)의 관점이고, 다른 하나는 극락세계에 아미타부처님이 계신다는 철저한 타방정토(他方淨土)의 관점이다.

그의 말 중 "부처님은 상근인을 위하여 마음이 부처요 정토이며, 자성이 곧 아미타불이라고 하셨고…, 하근인을 위하여 십만팔천 리라 하셨으니 … 만약 누구나 한 생각을 내지 않으면 과거와 미래가 끊어져 자성의 미타가 드러나고 자심(自心)의 정토가 앞에 나타날 것이니, 이것이 돈오(頓悟) · 돈수(頓修) · 돈단(頓斷) · 돈증(頓證)이기 때문에 지위가 없는 것이다"라고 한 것은 자성미타의 관점이며, 반대로 실제로 극락세계가 있고 아미타부처님과 그 원력이 있으니 염불해야 한다고 하고 있는 것은 타방정토의 관점이다. 특히 5조 홍인은 근본의 참마음을 지키는 것이 시방세계의 여러 부처님을 생각하는 것보다 수승하다고 하셨고, 6조 혜능은 어리석은 사람은 염불하여 극락세계에 태어나기를 바라지만 깨친 사람은 자신의 마음을 스스로 깨끗이 할 뿐이다. 또 제도란 자기 자신이 깨달은 마음으로 스스로 제도하는 것이요 부처님이 제도해 주는 것이 아니다고 하셨지만, 이것은 단지 근본 마음을 곧바로 가르친 것일 뿐 실제로는 극락세계와 아미타불이 있으니 염불해야 한다고 하고 있는 것은 타방관점에 대한 극명한 강조이다. 둘 중 어느 것을 수행하는가는 행하는 사람의 근기에 따라 나눠지는 것으로, 상근기는 전자, 하근기는 후자가 된다.

휴정이 남긴 저술 속에서 대체적이고 일반적으로 설해지고 있는 염불 수행법은 유심정토적 방법이 아니라 극락세계가 분명히 존재한다는 타방정토관에 의한 방법이다. 이는 여타 선사들의 일반적인 가르침과는 다른 내용이다. 하지만 휴정의 이런 설이 이론의 부조화나 수행 방법의 혼란에 의한 것이 아니라 근기의 차별을 두면서도 제각기의 행법으로 수행하는 수행자들에게 강한 확신을 갖도록 하기 위함에 그 진실한 의미가 있음을 살펴야 하며, 또한 당시의 시대 상황과 연관되어 있다는 것도 주목해야 한다.

이상 휴정의 사상은 핵심에 근원 세계가 있고, 이를 이해하고 체득하기 위한 것으로서 이론 및 수행법이 있으며, 이론에 선과 교학, 수행법에 선 수행법과 여타 방법으로 정리되고 있다. 그리고 그 중심은 바로 선이며, 선에 의한 사상적 이해와 수행을 강조하고 있다. 교학의 이해도 목표는 선의 귀입(歸入)을 통한 근본경지에의 깨달음에 있으며, 여타 수행법들도 지향점은 근본계의 체득을 향하고 있다.

그런데 위와 같은 휴정의 사상 및 수행 체계가 궁극적으로 무엇을 위함에 있는가, 다시 말해 목적이 어디에 있는가를 명확히 알아야 한다. 휴정은 출가한 것은 편안하고 안락하기 위해서나 따뜻하고 배부름을 위해서, 또는 명예나 이익을 구해서가 아니라 생사에서 벗어나고 번뇌를 끊으며, 부처님의 혜명을 계승하는, 즉 삼계를 벗어나 중생을 제도하기 위함에 있다고 역설하고 있다. 수행자란 여기에 목적을 두고 살아야 한다는 것이다. 이는 출가 승려가 가져야 할 가장 핵심적인 마음가짐이 어떤 것이어야 하는가를 밝히고 있는 것으로 실제 휴정의 사상적 출발점이자 도착지이다. 이러한 내용은 비단 출가 승려만이 아니라 모든 불제자에게 해당되는 것이다. 그리고 삼계에서 벗어나고 중생들을 제도하기 위해 자신을 살피고 정진해야 한다는, 바로 이 말씀에 휴정의 모든 가르침의 핵심이 있다. 이것이 선의 목적이자 불교의 목표이며, 선사가 추구하는 이상적 삶이다.

(3) 중흥조로서의 위상

휴정이 살았던 시기는 잠시 불법에 햇빛이 비친 시기였다. 하지만 조선 건국 이후 혹심한 통제와 억압으로 교단은 피폐해 있었고, 승려의 지위나 역할은 추락할 대로 추락해 있는 참담한 상태였다. 그 모진 압제 속에 승려들은 이념의 반증이나 행동을 통한 항거도 하지 못하고 산속에서만 지냈다. 그러나 왜군이 침입하자 전국 각지에서 분연히 일어섰으며, 국가와 민족을 지키기 위해 목숨을 내던졌다. 위정자들의 무지와 암둔, 당파 싸움, 반목, 부패로 인해 확대된 국가의 위기 극복을 위해 그들로부터 극심한 피해를 입었던 승려들이 나선 것이다. 바로 임진왜란기의 의승군이며, 그들을 선봉에서 이끌었던 것이 바로 휴정이다.

　휴정의 이런 활동에는 애국 애족의 마음이 그 무엇보다도 우선했기 때문이다. 흔히 말하는 호국사상의 발현이요, 인연있는 중생부터 구제한다는 인연법의 실천이며, 삿된 행에 대한 정법의 실천이자, 깨달은 이후 자신의 모든 것을 버리고 오로지 중생 제도를 위해 매진하는 선사로서의 입전수수(入纏垂手)의 삶이다.

　승려에게 살생은 중죄가 되는 엄한 계율이다. 그럼에도 불구하고 그 계율을 파기하면서 전쟁터로 나선 것은 자신의 죄업보다 민족의 생존과 유지를 더 중시하는 마음이 있었기 때문이다. 조선시대에 진행되던 핍박이나 압제도 이런 호국 애족의 마음을 없애지 못했으며, 승려들이 어느 누구보다도 용맹하게 땅의 안녕을 지켜 내게 하였던 것이 바로 이런 정신에 기인한다. 건국 초부터 지속되어 온 승니 사태와 사원 파괴 등으로 법등이 그야말로 바람 앞의 등불 같은 위기에 직면해 있었고, 의승군 자신들이 구국의 일선에서 눈부신 활약을 하고 있을 때 승풍은 더욱 피폐해졌고 사원은 폐허로 바뀌었으며, 불교 교단은 존립의 위기에 직면하고 있었지만 국가와 민족의 생존과 안녕을 위한 마음으로 스스로와 교단을 돌보지 않고 몸을 바쳐 구국에 임했던 것이 의승군들인 것이다. 휴정은 이들을 이끌고 전쟁에 임하며 폐허 속에서 한국불교와 승단의 위상을 드높이기 위해 정진하였다.

　휴정의 사상과 수행으로는 철저한 선사상과 선주교종, 선교일치, 사교입선, 간화 수행, 여타 수행법들이 있다. 그는 무엇보다도 선과 교를 대립적으로 규정하지 않고 아우르고 회통하는 선교일치의 견해를 보이고 있으며, 그러면서도 교학의 진실된 의미를 파악해야 함과 이를 위해 이론에의 천착을 버리고 핵심 근원을 파악하도록 하는 사교입선, 선주교종의 관점을 보이고 있다.

　특히 사교입선에서는 상·하근기의 구별을 통한 가르침, 즉 조사선의 선법을 곧바로 수행할 수 없는 근기가 낮은 사람은 교학을 공부하여 불교의 진실한 내용을 안 다음 선문으로 들어가라, 공부하고자 하는 사람은 누구든지 먼저 이론을 살핀 후 이를 놓고 다시 선으로 들어가라는, 즉 선 입문 전 모든 사람들의 교학 수학을 주장하고 있다는 점에서 그만의 독특한 면을 볼 수가 있다. 선주교종이지만 교학의 중요성과 필요성을 인정하고 반드시 살펴보도록 강조하고 있는 것이다.

일단 이렇게 선교를 아우르며 일치시키고 있다는 것은 전 시대의 대립과 부조화의 갈등으로부터 벗어나는 이론적 기초를 정립했다는 점에서 커다란 의의를 갖는다. 실제 선과 교는 서로의 이해와 수행을 위해 상호 보완적이면서 필수적인 요소이지 결코 대립적인 것이 아니다. 휴정이 밝혔듯이 지해에 얽매이고 추종함에 문제가 있는 것이지 교설 자체에 잘못이 있는 것은 아니며, 이론과 행법의 전후를 알고 수행에 임하라고 하였듯이, 양자는 오히려 커다란 조력의 역할을 한다.

선과 교를 아우르고 핵심을 파악해야 함은 불교도 모두의 공동 지향점이요, 휴정이 가지고 있었던 기본적인 시각이지만, 한편으로 이 역시 외적 상황에 의한 교단 유지의 필요성과 연관되어 있음을 상기할 필요가 있다. 선·교 양 교단의 활발한 활동과 사상의 교류 및 결론에 의해 나타난 것이 아니라 사라질 위기에 있는 교단의 존립과 보존 유지를 위한 노력과도 연결되어 있다는 것이다.

휴정은 조사선, 즉 활구 참구의 간화선을 역설하고 있다. 여기에는 한국불교 수행법의 역사적 전통을 공고히 한 지대한 의미가 담겨져 있다. 그는 지눌 이후 한국선의 전통적 수행법으로 자리잡고 있는 간화 수행을 혼란과 질곡의 역사 속에서도 더욱 분명하고 뚜렷하게 정착시키고 있는 것이다. 그러면서도 간경이나 염불·주력·참회·보시 등 여타 모든 수행법들을 아울러 중시하였다. 선 중심의 입장에 있으면서도 이런 수행법들을 받아들이며 근기에 따라 수행할 수 있도록 인정하고 있는 것이다. 교학을 불필요한 것으로 보는 것이 아니라 필요성을 인정하고 있듯이, 수행 또한 여타의 방법들을 수용하면서 제각기 행할 수 있도록 허용하고 있다. 그리고 여기에도 근기의 차등화에 따른 다양한 수행법의 수용이라는 면과 함께 수행법을 전승시키고자 하는 그의 깊은 사려가 담겨져 있다.

　이러한 전체적 내용들을 통틀어 볼 때, 휴정이 차지하고 있는 한국불교사에서의 위치 및 기여하고 있는 공로는 그야말로 지대하다고 아니할 수 없다. 꺼져가는 법등을 회복시키고 되살렸으며, 선교의 통합 이론 제창을 통해 불법의 골격을 바로잡았고, 활구 참구를 설하여 전통적 수행법을 공고히 하였으며, 그러면서도 다양한 수행법을 수용하여 수행방법의 전승과 정립을 이루었다. 뿐만 아니라 호국 애족과 위민(爲民)의 마음으로 전란에 임하며 중생제도의 실천행을 몸소 행하였다.

　휴정의 일생은 현실에서의 중생제도와 함께 교단의 보존 유지에 집중되어 있었다. 조선 전기 척불의 역사 속에서 존폐 위기에 있던 교단을 되살리고 불조의 혜명이 끊이지 않고 계승될 수 있도록 그는 안팎으로 부단한 노력을 기울였으며, 그야말로 혼신을 다했다. 일부 유교적 윤리를 수용하고, 선 일변도의 강조를 보이며 선교의 순수한 발전을 이루지 못함에는 아쉬움이 있지만 이 역시 수순중생(隨順衆生)이요, 제도와 조화를 위한 선교방편(善巧方便)이었다.

　그에게는 뒷받침해 준 권력이나 우호 세력도 없었다. 또한 선교양종판사가 되어 선·교 양종 교단의 모든 일들을 좌우하던 권좌에서 스스로 물러나 산중으로 돌아감에서 알 수 있듯이 명리에도 욕심이 없었다. 오직 불법과 나라와 민족을 위하는 마음으로 가득했던 것이 그였다. 휴정은 그런 삶을 몸소 보여주었다.

4. 조선 중기의 조계종

(1) 승병의 활동과 불교계의 위상 변화

1) 승군의 활동과 승장

　명종 대인 1550년에서 1566년까지 일시적이나마 양종(兩宗)의 복립과 승과(僧科)의 시행을 계기로 불교는 재기의 기반을 다질 수 있었다. 승과에 합격한 승려들은 승직을 얻어 사찰 운영에 통제권을 행사하였으며, 운신의 폭이 넓어진 만큼 다양한 성향의 유학자들과 친분을 쌓을 수 있었다. 당시 불교계를 주도하는 세력으로 새롭게 부상한 서산 휴정이나 사명 유정도 승과 출신으로 양종 복립의 수혜자였다. 휴정은 선과(禪科)에 합격한 후 양종판사를 겸하였고 선종 본사인 봉은사(奉恩寺)의 주지를 지내는 등 몇 년간 중앙 불교계에서 활동하였다. 이 시기에 그는 척신 윤춘년(尹春年) 등 고위 관료와 교류하면서 정치와 유학에 대한 이해를 높일 수 있었다. 유정도 일찍이 승과를 통해 명성이 알려졌고 양종에서 특기할 만한 활동은 못했지만 박순(朴淳), 이산해(李山海), 고경명(高敬命), 허봉(許篈), 임제(林悌) 등 유학자들과 교유 관계를 가지면서 유학의 대가 기대승(奇大升)과 노수신(盧守愼)에게 배우기도 했다. 당시는 이황(李滉) 등에 의해 주자성리학 이해가 한 단계 진전되었던 시기로, 유학자와의 교류는 개인적 소양을 넓히는 차원만이 아니라 불교계가 유학이나 시대 분위기와 밀접한 관련을 가지면서 새로운 방향을 모색하는 계기가 될 수 있었다.

　선조 대에도 불교는 제도적으로 인정되지 않았지만 휴정이 불교계 내에서 확고한 세력을 다졌고 조사로서 그 역할을 다하고 있었다. 당시 불교계의 실상에 대해 자세한 것은 알 수 없지만, 휴정이 선과 교의 갈등을 무마하면서 독자적인 선풍을 정립한 사실과 제자들에 의해 그가 편찬하고 저술한 책들이 다수 간행된 것을 보면 교단 내에서 그 위상이 높았음을 짐작할 수 있다. 그러나 휴정과 그 문도들이 불교계의 주도 세력으로 입지를 확고히 하는 한편 불교에 대한 사회적 인식을 전환시키게 된 것은 무엇보다도 임진왜란에서의 적극적인 활동 때문이었다. 승군은 전란 중 큰 활약을 하였고 전후 복구 사업에도 적극 참여하는 등 국가적 공익에 기여한 대가로 불교계의 위상이 한층 더 높아졌던 것이다.

승군의 활동 내용과 이를 주도한 승장들의 면모는 다음과 같다. 1592년 4월 임진왜란이 발발하자, 그 해 7월 선조는 승통(僧統)을 설치하고 승군을 모집하면서 휴정을 도총섭(都摠攝)으로 임명하여 승려의 동원과 통솔을 담당하게 하였다. 불교계 내에서 확고한 입지를 차지하였고 이미 중앙정부에도 잘 알려져 있었던 휴정에게 막중한 책임이 부여된 것이다. 이에 휴정은 순안 법흥사(法興寺)에서 전국 사찰에 격문을 띄워 5천여 명의 승려를 소집하였고, 황해도의 의엄(義嚴)을 총섭으로, 관동의 유정과 호남의 뇌묵 처영(雷默處英)을 장수로 삼았다. 8월 휴정의 제자 기허 영규(騎虛靈奎)와 8백여 승병이 의병장 조헌(趙憲)의 7백 의병과 함께 금산에서 전사하였다. 이 일은 승병에 대해 못미더워하던 중앙정부의 인식을 호의적으로 바꾸는 계기가 되었다. 승군은 초기에는 전투에 직접 가담하였는데 행주산성 및 평양성 전투와 같은 큰 전장에서 공적을 세우기도 했다. 하지만 서울을 탈환하고 전쟁이 소강상태에 빠진 뒤부터는 군량 수송과 호송, 산성 수축 등을 주로 담당하였다. 각지의 승군을 통솔한 대표적 승장들은 의엄·유정·처영·태능(太能)·법견(法堅)·인오(印悟)·해안(海眼) 등 주로 휴정의 문도였다.

의엄은 황해도에서 거병하여 휴정을 이어 도총섭에 제수되었고 경기도 파사산성 수축(修築)을 주도하였다. 그는 전란이 끝난 후에도 종묘 건립과 서적 인출과 같은 중요한 일을 담당하였는데, 이후 환속하여 활동한 탓인지 크게 주목받지는 못하였다. 승장 중 가장 명성을 떨친 이는 유정이었다. 유정은 8백여 명의 승병을 모아 휴정의 격문에 응한 후 전투는 물론 산성 축조와 군량 조달에 큰 공을 세웠고 외교에서도 중요한 역할을 수행하였다. 즉, 정세 분석과 일본에 대한 대비책을 진언하기도 하였으며 종전 후 일본에서의 전후 처리를 직접 담당하기도 하였다. 그의 뛰어난 활약과 공적은 대내외에 널리 알려졌고 그에 걸맞게 선교양종판사직은 물론 당상관의 품계가 내려졌다. 다음으로 큰 활약을 펼친 승장은 호남의 처영이었다. 처영은 1천여 명의 승병을 일으킨 후 권율(權慄)과 함께 활동하면서 행주산성 및 평양성 등 큰 전투에서 괄목할만한 전공을 세웠다. 또 권율의 명으로 남원의 교룡산성을 쌓기도 했는데 이후 휴정, 유정과 함께 표충사(表忠祠)에 향사될 정도로 공로를 인정받았다. 한편 태능도 전투에 참가하고 처영과 함께 남한산성 축조에 주력하였는데 이후 효종으로부터 혜감(慧鑑)선사라는 시호를 하사받았다. 또 법견은 전라도 입암산성과 승영으로 이용된 사찰 수축을 감독하고 총섭으로 산성 수호를 맡기도 하였으며, 인오도 휴정을 따라 3년간 승병을 이끌었다. 처음에 처영의 제자였던 해안을 포함하여 전란 중 공적을 세운 승장들 대부분은 휴정의 문도였고, 이들이 승군 활동의 견인차 역할을 하였다.

2) 불교계의 위상 변화

승장과 승병의 활동에 대한 대가로 주어진 것은 군직과 선과(禪科)의 지급이었다. 승장에게는 실직은 아니었지만 높은 품계가 주어졌고, 휴정이나 유정과 같은 도총섭이 공을 평가하고 보고하는 대로 선과를 발급하여 직접 수여하게 하였다. 이는 이들로 하여금 승병을 효율적으로 조직하고 통제할 수 있도록 한 것이었는데, 이로 인해 휴정 문도를 중심으로 한 승장들이 교단을 확실히 장악할 수 있었다. 한편 도총섭이나 총섭 등의 직책은 비변사에서 임명되고 통제되었는데 이러한 총섭제의 경우 상시적으로 제도화된 것은 아니었고 승병을 동원할 필요가 있을 때마다 임시적으로 시행되었다. 그럼에도 승병과 승장에 대한 관직 제수가 일회성에 그치지 않고 관행으로 굳어진 것은 승병 활동에 대한 사회적 필요성이 증대되고 불교의 공적 위상이 어느 정도 확보되었음을 말해 준다.

　승려의 대외적 활동은 불교계의 입장에서 볼 때 긍정적인 것만은 아니었다. 승려의 본분인 수행에 힘쓰지 못하는 현실이 당시에도 문제가 되었다. 휴정의 제자로 전란 중에 병으로 은둔해 있던 정관 일선(靜觀一禪)은 "승려들이 절을 떠나 활동함에 따라 속세의 습관이 싹터서 출가한 뜻을 잊고 계율을 버려 둔 채 허명만을 쫓는 폐해가 생겼다"라고 비판하고 선풍이 장차 꺼질 것이라는 위기의식을 표출하였다. 또 병화와 약탈, 경작지의 황폐화 등은 말할 것도 없고 승병을 동원하고 편제하는 과정에서 불교계에 부담이 가중되었다. 도첩의 유무에 따른 처리 및 지역별로 동원 인원의 과중한 책정이 문제가 되었고, 승군의 운영을 둔전이나 사위전(寺位田)의 소출을 가지고 지급하기도 하는 등 경제적 부담 또한 적지 않았다. 이후 남·북한산성의 축성과 방위를 담당하는 승군이 상례화되는 등, 불교계에 부과되는 노동력과 물산 공여의 부담이 점차 증가되면서 더 큰 폐해를 낳았다. 공을 세워 직책을 받은 많은 승려가 이러한 현실적 어려움 때문에 환속하기도 하였다. 정치적으로도 고위 승려의 위상이 높아지고 불교의 입지가 강화될 조짐이 있자 권한 남용의 사례를 비판하고 양종 복립의 가능성을 우려하는 등 불교에 대한 견제와 경계가 적지 않았다.

　그렇지만 광해군과 인조 대 역시 궁궐 조영과 산성 축조 등에 승군을 동원하고 그 대가로 도첩이나 호패를 지급하였으며 승군을 방어에 이용할 필요성이 제기되었다. 17세기 전반은 양란의 피해를 복구하고 체제를 재정비하는 시기였으므로 승려의 사회적 활동이 요구되고 인정되었던 것이다. 다른 한편으로 전란을 겪으면서 황폐화된 민심을 달래고 위로하는 문제에서도 불교의 역할이 요구되었다. 당시 죽은 이들의 영혼을 달래고 왕생을 비는 천도(薦度)나 수륙재(水陸齋)가 곳곳에서 행해졌고, 현세의 안녕을 기원해 주는 것은 물론 신원미상의 시신을 처리하는 일을 승려들이 담당하기도 하였다. 나아가 국가와 민의 평안과 국왕의 무병장수를 비는 것도 필요하였다. 당시 일반민의 불교 신앙이나 불교에 대한 인식을 구체적으로 확인하기는 어렵다. 그러나 전란 중에 불탄 수 많은 절들이 17세기 이래 상당 수 중창되고 각 지역 유지들을 중심으로 하여 중수나 간행을 위한 시주가 계속된 것을 보면 불교가 사회적 역할을 다하고 있었음을 알 수 있다. 전란기의 종교적 기능은 불교가 존립의 기반을 마련할 수 있었던 또 하나의 중요한 요인이었던 것이다.

불교에 대한 사회적 인식과 위상 변화를 낳은 주된 요인은 승려들의 충의와 국가에 대한 공적, 그리고 현실 문제에 대한 기여였다. 휴정의 제자로서 승장으로 활약했던 법견이 "불법은 일가를 권면하고 나아가 향리와 천하국가에까지 삼대(三代)의 정치를 재현하게 하는 것"이라고 공언할 수 있었던 것은 '제세안민(濟世安民)'과 '복민우세(福民佑世)'에 불교가 도움이 될 수 있다는 자신감의 반영이었다. 백곡 처능(白谷處能) 이후 국가의 입장에서 불교를 비판하는 주된 논지는 승려들이 생산과 요역 등의 사회적 노동을 하지 않고 현실을 벗어나 있다는 것이었다. 하지만 전란을 거치면서 승려들이 군역과 공납의 의무를 충실히 수행하게 되었고, 또 국가에 대한 충의와 공적이 입증됨에 따라 윤리적 약점을 벗어던질 수 있었다.

실제 불교에 대한 비판의 논지는 일시적이나마 약화되었고 오히려 승려에 대한 유학자들의 달라진 인식을 확인할 수 있다. 광해군과 인조 대에 승려와 교류했거나 비문 등의 글을 써 준 대표적 유학자를 열거하면 허균(許筠)을 비롯해 이정귀(李廷龜), 장유(張維), 이식(李植), 그리고 신익성(申翊聖), 이명한(李明漢), 이경석(李景奭) 등 당대의 명문장가 내지 고위 관료들이 망라되어 있다. 이들은 전란기 승군의 활동과 승장의 공적에 대해 높은 평가를 내리고 있다. 이와 함께 공을 세운 승장들은 국가로부터 관직이나 시호를 수여받는 등 공식적 인정을 받았다. 이와 같은 우대는 후대에도 이어졌는데, 1738년 밀양의 표충사(表忠祠), 1794년 묘향산 수충사(酬忠祠)에 휴정과 유정 등이 왕명으로 향사되었고 18세기 전반에 나온 『분충서난록(奮忠紓難錄)』에서는 유정이 불교로써 일본을 심복시킨 이익이 국가에 백여 년간 미쳤다고 높이 평가하고 있다. 이처럼 조선 후기에 국가에 대한 공으로 승려가 향사되고 추숭된 것은 중요한 의미를 가진다. 국난기에 승려들이 사림에 못지않은 역할을 담당한 결과 조선시대 불교가 존립의 기반을 다질 수 있었던 것이다.

(2) 서산계・부휴계 문도와 그 활동

조선 중기 불교는 재도약의 발판을 마련할 수 있었는데 그 중심에는 휴정과 그 문도들이 있었다. 이들은 전국적인 범위에서 불교계에 영향력을 행사하고 있었고 법통 및 수행 체계의 정립을 주도하였다. 또한 당시대뿐 아니라 이후의 불교사 전개 과정을 고려해 볼 때 휴정과 동문이었던 부휴 선수(浮休善修, 1543~1615) 계열을 고려하지 않을 수 없다. 여기에서는 편의상 휴정의 문도들을 '서산계', 선수의 문도들을 '부휴계'로 지칭하기로 한다.

1) 서산계 주요 문파

휴정이 쓴 「벽송당대사행적(碧松堂大師行蹟)」에 의하면 서산계의 연원은 벽송 지엄(碧松智嚴)으로 소급된다. 지엄은 연희교사(衍熙教師)와 정심선사(正心禪師)로부터 각각 선과 교를 전수받았는데, 그의 선교겸수와 간화선풍의 선양이라고 하는 기풍은 휴정의 선풍과 일치하는 것이었다. 지엄의 법은 부용 영관(芙蓉靈觀)과 경성 일선(敬聖一禪)에게 전해졌다. 영관 또한 선과 교에 모두 밝았고 공안(公案)의 참구로 입문을 삼았으며 유학과 도교 등 삼교에 회통하였다. 일선도 지엄에게 활구를 익힌 후 경절문의 언구에 몰두하였는데 그가 묘향산을 근거지로 한 것과 충(忠)을 중시한 것은 주목할 만하다. 휴정은 전법상 영관의 직계제자였지만 일선도 스승으로 모셨고 그로부터 받은 영향도 적지 않았다. 지엄의 법맥을 계승한 휴정은 불교계가 선과 교로 나뉘어 서로 갈등하고 침체되어 있던 상황에서 간화선을 중시하면서 선교를 겸수하는 선풍을 확립하였다.

휴정의 문도 가운데 불교사에서 중시될 만한 제자들은 다음과 같다. 먼저 정관 일선은 『법화경』을 중시하였고 승병 활동에 대해 우려하기도 하는 등 독자적인 색채를 지니고 있던 승려로서, 임성 충언(任性冲彦)으로 이어진 이 계열은 일선의 호를 따서 정관파로 지칭되었다. 다음으로 영허 해일(暎虛海日, 1541~1609)은 영관에게 배운 후 휴정의 법을 전수받은 승려로 시문집 『영허집』을 남겼다. 사명 유정은 직지사(直指寺) 신묵(信默)에게 출가한 후 1561년 승과의 선과에 합격하였고, 이후 직지사 주지가 되었다가 묘향산의 휴정에게 가서 심법을 전수받았다. 앞에서도 언급하였듯이 임진왜란 당시 크게 활약하였고 국난 타개에 앞장선 대표적 승려였다.

이에 비해 제월 경헌(霽月敬軒, 1544~1633)은 승장으로 참여하였으나 선교 양종판사를 사양하고 수행에 전념하였는데, 승려 교육 과정의 사집(四集)에 해당하는 『도서(都序)』・『절요(節要)』・『선요(禪要)』・『서장(書狀)』으로 제자를 이끌었다. 그가 남긴 문집 『제월당집』의 서문에는 당시의 선풍을 반영하면서 나옹 혜근(懶翁惠勤)을 조사로 내세운 법통설이 제시되어 있어 주목된다.

한편 『청매집』을 지은 청매 인오(靑梅印悟, 1548~1623)도 승장으로 활약하였는데, 서산계의 조사들인 정심・지엄・영관・휴정과 함께 부휴 선수까지를 조사당에 모시고 제문을 짓기도 했다. 인오의 법맥은 쌍운(雙雲)에서 무영 탄헌(無影坦憲)으로 이어졌다. 인오와 마찬가지로 승장으로 활약한 기암 법견(奇嚴法堅, 1552~1634)은 주로 금강산 지역에서 활동하였고 많은 중창불사에 참여하였다.

또 소요문파를 일으킨 소요 태능(逍遙太能, 1562~1649)은 처음에 부휴 선수에게 배운 후 휴정의 법을 전수받았고, 이후 언기와 함께 선의 양대 고승으로 존숭되었다. 그의 선맥은 침굉 현변(枕肱懸辯)이, 교법은 해운 경열(海運敬悅)이 각각 이었다. 태능과 함께 승장으로 활약한 중관 해안(中觀海眼, 1567~?)은 처영에게 득도하고, 휴정의 문하에서 임제종맥을 전수받았다. 그는 법통설 정립에 관여하였고, 시문집과 함께 화엄사 및 금산사의 사적기를 지었으며, 능허 청간(凌虛淸侃)을 제자로 두었다.

한편 영월 청학(詠月淸學, 1570~1654)은 수행 체계와 교육의 정비에 관심이 컸는데 그의 『영월대사문집』에는 승려 이력 과정이 체계적으로 정리되어 있다. 마지막으로 편양 언기(鞭羊彦機, 1581~1644)는 휴정의 말년 제자로서 스승의 문집 간행이나 선풍의 정리, 법통설의 정비 등 교단의 내실을 기하는 데 주력하였고, 많은 제자를 양성하여 편양문파를 이루었다.

이들은 휴정의 법맥을 전수받았고 당시 불교계에서 차지하는 비중도 컸다. 선풍이나 성향에서는 조금씩 차이를 보이고 있지만 선교겸수의 방향성에 대해서는 대부분 일치하였다. 이들 서산계 승려들의 활동 지역을 살펴보면, 휴정은 상년 이후 금강산과 묘향산 등 북부 지역에 주로 머물렀는데, 금강산 지역은 경헌과 법견이 주요 근거지로 하였다. 해인사에서 입적한 유정도 임진왜란 이전에는 금강산을 지역 기반으로 하였다. 묘향산에는 경성 일선과 휴정의 뒤를 이어 언기와 그 문도들이 주석하였다. 한편 지리산 일대는 휴정의 조사인 지엄과 스승 영관이 활동한 곳으로, 서산계 승려 대부분이 남방에서 유력한 경험을 가지고 있다. 특히 지리산에는 태능이 구례 연곡사(燕谷寺)를 중심으로 활약하면서 지엄과 영관의 전통을 강조하였고, 청학도 지리산 서쪽의 금화산(金華山)을 기반으로 삼았다. 이들의 공통점은 부휴 선수의 문하에 있다가 휴정의 법맥을 이었다는 점인데, 지역적 기반에서도 부휴계와 대체로 일치한다. 부휴계와 친밀하였던 일선과 그 문도들의 경우에도 덕유산과 계룡산, 전주 종남산(終南山) 등 호서 지방을 주된 근거지로 하였다. 이렇게 지리산을 중심으로 한 호남과 호서 지역은 서산계와 부휴계 모두의 활동 무대였고, 당시 '삼산(三山)'으로 통칭되었던 묘향산·금강산·지리산의 세 산은 불교계의 주된 터전이었다.

휴정의 문도들 중 이후 후예가 번성하여 채영(采永)의 『해동불조원류』 (1764년) 단계에서 4대 문파로 지칭된 것은 일선의 정관파, 유정의 사명파, 태능의 소요파, 언기의 편양파였다. 이들 모두 불교계를 주도하면서 세력을 넓혀 갔는데, 그 가운데에서도 17세기 전반에 가장 두드러진 활동을 한 것은 사명문파와 편양문파였다.

사명파

사명파는 유정이 휴정의 적사로 명실 공히 인정받았다는 점에서 서산계를 대표하는 문파였다. 휴정은 유정에게 "지금 그대가 팔방의 납자들을 대하여 직접 본분사인 경절문 활구로 스스로 깨우쳐 얻게 하는 것이 종사로서 모범이 되는 것이다. 정맥을 택하고 종안을 분명하게 하여 부처와 조사의 은혜를 저버리지 말라"고 당부하였고 정법을 전수하였다. 유정 또한 스승을 대신하여 승군을 이끌었을 뿐 아니라 휴정의 문집을 간행할 것을 유명으로 남기고 그 서문을 허균에게 부탁하는 등 전법 제자로서 역할을 다하였다.

유정 문하에는 3파가 있었으나 정법은 송월 응상(松月應祥, 1572~1645)에게 이어졌다. 응상은 선교 양종을 겸비하였고, 1624년 남한산성의 축성을 감독하는 팔도도총섭으로 임명되었지만 나아가지 않고 교화에 전력하였다. 반면 응상의 전법 제자인 허백 명조(虛白明照, 1593~1661)는 정묘호란이 일어나자 팔도승병대장이 되어 4천여 명의 승군을 이끌고 전공을 세웠고, 병자호란 때는 군량을 보급하는 등 유정에 비견되는 활발한 대외적 활동을 하였다. 명조는 응상에게 선을 전수받았고, 완허 원준(玩虛圓俊)에게 교학을 배웠으며, 불교 의례집인 『승가예의문(僧家禮儀文)』을 남겼다. 문하에 송파 의흠(松坡義欽)과 청파 각흠(淸坡覺欽) 등이 있어 사명파의 정맥이 계승되었으나 두드러진 활약을 보여 주지는 못하였다. 한편 응상의 또 다른 제자로서 명조의 동문 형제인 춘파 쌍언(春坡雙彥, 1591~1658)은 주로 금강산에 머물면서 수행에 정진하였고 교학에도 힘써 『통백론(通百論)』을 지었다고 한다. 그 법맥을 이은 허곡 나백(虛谷懶白, 1604~1681)도 금강산에서 화엄 일승(一乘)의 법문을 설하며 후학을 양성하였다.

```
사명 유정 ─── 송월 응상 ─┬─ 허백 명조 ─── 송파 의흠 …
                          └─ 춘파 쌍언 ─── 허곡 나백 …
```

유정의 문파인 사명파는 승군 활동을 주도하였고 법통설 정립에도 깊이 관여하였다. 이들의 행적과 비문의 내용, 비석이 세워지는 곳을 검토해 보면, 17세기 내내 금강산 지역에 확실한 기반을 가지고 있었음이 확인된다. 하지만 1768년에 간행된 『사명당근원록(四溟堂根源錄)』에서 사명파의 후예인 혜심(譿諶)이 "세력이 있는 각 산문의 종사들은 쇠잔한 이 산문의 후예를 비웃지 말라"고 한 것을 보면 사명파가 분기되면서 영락한 지파가 생겨났음을 알 수 있다. 또 이천보(李天輔)가 지은 편양파 설송 연초(雪松演初, 1676~1750)의 「설송대사비명(雪松大師碑銘)」에서는 사명파를 교종, 편양파를 선종으로 기술하고 있고, 1798년에 중간된 태능의 시문집 『소요당집』의 서문에서도 "조사 문중에서 사명은 교종이고, 소요와 편양은 선종으로 한때 병치하였다"고 평가한 것을 보면, 18세기 후반에 들어 서산계의 다른 문파들이 사명파를 교종으로 인식하였던 것 같다. 이는 비록 사명파의 영향력을 여전히 의식하고 있는 표현이고 또 당시 교학을 겸수하면서 강경이 성행하는 풍조가 일반화되고는 있었지만, 조선 후기 불교계가 선종을 표방한 사실을 고려하면 사명파의 세력이 전과는 달리 약화되었음을 보여 주는 사례이다.

휴정과 유정의 영당에 향사하는 일을 편양파인 연초 등이 주관하는 것을 보면 사명파가 점차 퇴조하고 편양파가 득세하였음을 알 수 있다. 연초는 환성 지안(喚醒志安, 1664~1729)의 제자로서 편양파에서도 가장 세력이 큰 지파였다. 사명파가 이후 주류 문파로서 계속 성장하지 못했던 것은 대외적 활동에 주력한 나머지 수행 체계의 정립이나 문도의 양성 등 내실면에서 편양파에 뒤쳐진 것이 하나의 이유가 될 것이다.

편양파

사명파의 영락과 달리 휴정의 말년 제자 언기의 편양파는 서산계를 대표하는 가장 큰 문파로 성장을 거듭하였다. 언기는 휴정의 문도 중 가장 연소한 축에 속하였고, 묘향산, 금강산 등을 중심으로 활동하여 휴정과 지역 기반이 가장 일치하였다. 또 그는 휴정의 문집 『청허당집(淸虛堂集)』을 새로 간행하였고 휴정의 선풍을 계승하여 선과 교, 염불의 삼문을 겸행하는 수행 체계를 정리, 유포하였다. 이와 함께 사명파가 내세운 허균의 법통설을 부정하고 태고 법통설을 제기하여, 임제종 전통을 계승하는 서산계의 정통성을 바로 세우는 데 중심적인 역할을 하였다. 그 결과 언기는 문도들에 의해 휴정의 적사의 위치에까지 올라서게 되었고, 편양파는 주류 문파로서의 입지를 다질 수 있었다. 언기 자신은 휴정과 유정, 부휴 선수를 당시 불교계의 정통으로 인식하였지만, 유정의 전법 제자인 응상이 「종봉영당기(鍾峰影堂記)」를 언기에게 부탁하면서 "선사(先師) 유정을 잘 알고 우리들의 일을 살펴 기록할 만한 사람이 언기밖에 없다"고 한 것을 보면 언기가 계파를 뛰어넘어 그 위상을 인정받고 있었음을 알 수 있다.

편양파는 언기의 사법제자 풍담 의심(楓潭義諶, 1592~1665) 이후 뛰어난 법제자들을 많이 배출하면서 세력이 크게 확대되었다. 의심은 스승 언기의 부탁으로 『화엄경』과 『원각경』 등의 틀린 부분을 교정하여 음석(音釋)을 지었고, 대둔사에 비석이 세워지는 등 대둔사 화엄강학의 서막을 연 인물로 보인다. 그 문하의 상봉 정원(霜峰淨源, 1627~1709), 월담 설제(月潭雪霽, 1632~1704), 월저 도안(月渚道安, 1638~1715)을 필두로 이후 유명한 화엄종장들이 편양파에서 대거 배출되었다. 먼저 정원은 경론을 배운 후 『열반경』 등 3백여 부의 경전에 토를 달았으며, 이력 과정의 사집에 해당하는 『도서』와 『절요』의 과문(科文)을 지었다. 특히 『화엄경』에 정통하여 과문에서 누락된 것을 교정하기도 하였다. 설제는 의심에게 선교를 모두 배웠는데 역시 이력 과정의 마지막 단계인 화엄과 염송을 특히 강조하였다. 도안도 『화엄경』을 중시하여 한글 번역을 달고 법회를 설치하였으며 그 밖의 경전 간행과 유포에도 힘썼다. 또 조선 초 무학 자초가 남긴 조파도를 증보하여 「불조종파도(佛祖宗派圖)」를 남겼다.

이들에 이어 의심의 손제자 대에 가서는 설제의 제자이며 화엄법회와 『선문오종강요(禪門五宗綱要)』의 저자로 유명한 환성 지안(喚惺志安, 1664 ~ 1729), 도안의 제자로서 대둔사 화엄강회를 주도하고 『도서』와 『절요』에 주석을 쓴 설암 추붕(雪巖秋鵬, 1651 ~ 1706) 등이 유명하다. 이렇게 언기 이후 편양파는 화엄과 이력 과정의 교과목을 대상으로 하는 교학 중시 경향을 선도하였고, 17세기 후반부터 화엄의 종장들을 다수 배출하였다. 이는 부휴계도 마찬가지로서 화엄강학의 성행과 주석서의 편찬은 조선 후기 불교의 중요한 특징 중 하나였다. 그 이유로는 수행 방편으로 교학이 인정되었고 이력 과정의 최고 단계에 『화엄경』이 들어가는 등 수학 체계상 화엄이 강조된 것을 들 수 있다. 또 전통적인 『화엄경』 중시 경향과 함께 당시의 시대사상이었던 성리학과 대비되는 불교 교학으로 화엄이 주목되었을 수도 있다.

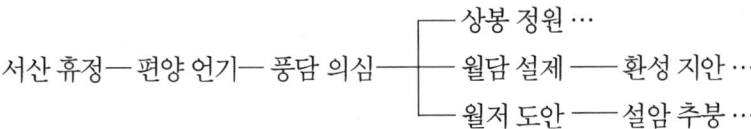

편양파의 세력은 점차 커져서 서산계를 대표하는 주류 문파로 성장하였다. 편양파의 강세는 이들 문도의 비명(碑銘)을 지은 찬자의 명성에서도 확인되는데, 언기가 당대의 유명한 문장가이자 관료인 이정귀(李廷龜)에게 스승 휴정의 비명을 부탁하여 얻었고, 이정귀의 아들 이명한(李明漢)이 언기, 손자 이단상(李端相)이 언기의 제자 의심의 비명을 차례로 썼다. 한편 비석이 세워지는 곳을 지역적으로 분석해 보면, 언기와 의심, 도안의 비석은 휴정이 말년에 주석하였던 묘향산에 세워졌지만 의심 이후 편양파의 근거지는 점차 확대되는 모습을 보인다. 의심의 제자 설제는 만년에 금강산에서 전라도 승주의 징광사(澄光寺)로 거처를 옮긴 후 그곳에 탑비가 세워졌고, 정원은 양평 용문사(龍門寺)에서 입적하였으나 대구 동화사(桐華寺)를 비롯한 경상도와 충청도 지역에 부도가 건립되었다. 또 설제의 제자 지안의 비와 부도는 두륜산 대둔사(大芚寺)에 설립되었고, 도안의 제자 추붕은 묘향산에서 입적하였으나 사리는 징광사와 대둔사에 봉안되었다.

대둔사는 묘향산 보현사(普賢寺)에 견줄 만한 서산계의 종찰로서 그 위상을 점차 높혀 갔는데, 1631년 장유(張維)가 찬하고 1647년에 세워진 「대흥사청허대사비명(大興寺淸虛大師碑銘)」에서 휴정과 대둔사의 인연이 강조되고 있는 것을 보면 이미 17세기 전반부터 대둔사가 중시되었던 것 같다. 한편 18세기 중반에 이르면 사명파의 주요 근거지이기도 했던 금강산의 유점사나 건봉사에 편양파 승려의 비석이 세워지고 있다. 이렇게 편양파는 사명파, 소요파, 정관파와 함께 서산계의 4대 문파 중 하나였지만 가장 문도가 번성하고 세력이 큰 문파로 성장하였다.

2) 부휴계 문도

부휴계는 서산계와 함께 조선 후기의 양대 계파를 형성한 문파로 선풍과 활동 내용에서 서산계와 크게 다르지 않았다. 그것은 서산계와 뿌리를 같이 하였기 때문인데, 부휴 선수는 휴정과 동문으로 함께 영관에게 사사하였고 영관의 정통을 이은 휴정의 권위를 존중하였다. 휴정의 문도인 인오가 정심, 지엄, 영관, 휴정과 함께 선수를 5대 성사(聖師)로 모신 것을 보면 처음에는 부휴계와 서산계의 차별성이 크게 의식되지 않았던 것 같다. 이처럼 당시 불교계에서 휴정에 버금가는 위상을 가지고 있었던 선수는 유정 등 휴정의 문도들과 절친한 관계를 유지하였고, 이들 서산계와 부휴계는 다방면에서 보조를 같이 했다.

부휴 선수는 전북 남원 사람으로 1543년(중종 38년)에 태어났다. 어릴 때부터 부모님께 말씀드리기를, "뜬세상이 매우 어두우니 저는 장차 출가하렵니다"라고 하더니 마침내 출가를 결행하였다. 곧바로 지리산에 들어가 신명장로(信明長老)에게 머리를 깎고 부용 영관(芙蓉靈觀)의 법을 이었다.

그는 내전을 모두 꿰뚫었으며 유서(儒書)를 비롯한 외전을 통달하였다. 이렇게 내외전을 두루 갖추었지만 그 지향하는 바는 문자의 소견을 뛰어넘은 격외선(格外禪) 도리를 종지로 삼았다. 그리고 이러한 격외 도리를 깨닫기 위해서는 대의단(大疑團)과 대분지(大憤志)로 발분망신(發憤忘身)한 상태에서 간절히 무자 화두에 의단을 일으켜야 한다고 했다. 그렇게 해서 물이 다하고 구름이 다한 자리에 이르면 곧바로 조사의 관문을 때려 부수어 낸다. 관문을 돌파한 즉, 시비분별을 모두 여의게 되면 활달자재하게 되는 것이다. 그래서 선수는 다음과 같이 말한다.

> 진실에 돌아와 망상이 곧 공(空)임을 요달(了達)하면 중생과 부처가 본시 통해서 같아지나니, 미혹함은 마치 불나비가 불꽃 속에 뛰어듦과 같고, 깨달음은 마치 학이 새장을 벗어남과 같다.

선수는 송광사에서 오랫동안 머물며 후학을 지도하다가 말년에 쌍계사 칠불암으로 가서 1615년(광해군 6) 72세의 나이로 입적하였다. 그의 문인들이 영골을 수습해 그가 머물렀던 해인사, 송광사, 칠불암, 백장암 4곳에 모셨다.

부휴계의 정맥은 벽암 각성(碧巖覺性, 1575~1660)에서 취미 수초(翠微守初, 1590~1668), 백암 성총(栢庵性聰, 1631~1700)을 이어 무용 수연(無用秀演, 1651~1719)으로 이어졌다. 먼저 선수의 전법 제자 각성은 스승을 대신하여 임진왜란 때 전투에 참여하였고, 판선교도총섭으로 봉은사의 주지를 맡기도 하였다. 1624년에는 사명파 응상을 대신하여 팔도도총섭으로서 남한산성 축성을 감독하였고, 병자호란 때는 3천 명의 승병을 모아 항마군(降魔軍)을 조직하기도 하였다. 그는 이렇게 서산계의 유정과 같은 활발한 대외적 활동을 하는 한편 많은 제자들을 길러 내어 부휴계가 독자적인 계파로 성장할 수 있는 초석을 닦았다. 각성의 문하에는 수초, 백곡 처능(白谷處能), 모운 진언(暮雲震言, 1622~1703) 등의 8파가 번성하였다고 한다. 이 가운데 처능은 니원(尼院) 혁파와 위전(位田) 환속 등의 배불 정책에 대해 조목조목 비판하는 「간폐석교소(諫廢釋敎疏)」를 현종에게 올린 인물로 유명한데, 1674년 팔도선교십육종도총섭을 잠시 지냈으며 특히 시문에 뛰어나 후세에까지 그 이름을 떨쳤다. 또 진언은 『화엄경』에 심취하여 『칠처구회품목지도(七處九會品目之圖)』를 남기는 등 부휴계 화엄강학의 기초를 닦았다.

　이들과 동문형제로서 각성의 정법을 계승한 수초는 사육신 성삼문(成三問)의 후손이기도 한데, 선교를 겸비하였고 일찍이 조사인 선수에게 직접 도를 부촉받기도 하였다.

　수초의 뒤를 이어 선수의 법등을 밝힌 성총은 부휴계를 크게 일으켰다. 그는 불전 간행과 저술로도 유명한데, 1681년 전라도 임자도에 표류해 온 중국 배로부터 교간본 『화엄경소초』 및 『회현기(會玄記)』, 『정토보서』 등 190여 권의 불서를 얻어 15년에 걸쳐 약 5천 판을 간행하였다. 80화엄의 대표적 주석서인 당대 징관(澄觀)의 『화엄경소초』는 조선에서는 이미 일실(逸失)되었거나 쉽게 찾을 수 없었던 것으로 보이는데, 이때 성총의 소초 간행 이후 『화엄경』 강경과 주석서의 집필이 활발해졌다. 『회현기』는 원의 보서(普瑞)가 지은 소초 현담(玄談) 부분의 주석서로 소초를 이해하는 데 큰 도움이 되는 책이다. 한편 『정토보서』는 성총 자신이 편록하여 간행하였고, 『기신론소필삭기(起信論疏筆削記)』도 편찬하였으며, 이 밖에도 『치문경훈(緇門警訓)』의 주석서와 화엄, 법화 등 네 경전의 지송 영험을 서술한 『사경지험기(四經持驗記)』 등을 저술하였다. 성총의 제자 중에서는 수연이 대표적인데, 그는 스승의 유풍을 이어 선교를 겸수하였고 염불도 중시하여 각각 뛰어난 제자들을 배출하였다. 부휴계는 각성 이후 수초에서 수연으로 이어지는 법맥과 각성의 제자 진언으로 연결되는 계열을 중심으로 하여 문파의 세력을 넓혀 나갔다. 특히 진언의 손제자인 회암 정혜(晦庵定慧, 1685~1741)는 도서와 절요의 주석서를 남긴 부휴계의 대표적인 교학승으로 부휴계에서도 서산계의 편양파와 마찬가지로 화엄학을 위시한 교학의 대가들을 배출하였다.

```
                          ┌ 취미 수초 ─ 백암 성총 ─ 무용 수연…
                          ├ 모운 진언… 회암 정혜…
    부휴 선수 ─ 벽암 각성 ┤
                          ├ 백곡 처능…
                          └ 회은 응준…
```

부휴계는 선풍이나 활동, 법통 인식 면에서 서산계와 크게 다르지는 않았지만, 한편으로는 독자적인 계파 의식을 분명히 가지고 있었다. 1615년 선수의 입적 후 제자 각성 등에 의해 간행된 선수의 문집에서 선수가 영관의 정통을 이었고 도통을 회통하여 집대성하였다는 자의식을 확인할 수 있다. 부휴계의 독자성과 관련하여 한 가지 주목되는 것은 이들이 송광사를 거점으로 하면서 보조 지눌의 유풍을 강조하고 지눌의 선교겸수의 선풍을 진작시킨 점이다. 즉 1609년 송광사의 요청으로 중수를 행한 것이 계기가 되어 부휴계는 송광사를 주요 근거지로 삼아 활동하게 되었다. 이후 1622년 전주 종남산에 또 하나의 송광사를 지을 때 신익성(申翊聖)이 찬한 「송광사개창비(松廣寺開創碑)」에는 이것이 지눌의 뜻을 이루기 위한 것이라고 직접적으로 표명되기도 하였다. 이러한 계승 의식에서 한 걸음 나아가 사상적 배경에서도 지눌의 전통과 맞닿아 있는 부분을 찾을 수 있다. 즉, 처능의 문집에서는 지눌이 중시하였던 종밀(宗密)과 밀접한 관련이 있는 『원각경』, 『화엄경』을 특히 부각시키면서 선교겸수를 강조하고 있고, 각성이 지은 『간화결의(看話決疑)』는 그 자체가 지눌의 『간화결의론(看話決疑論)』에 대한 해설이었다. 이 시기 선풍에 미친 종밀과 지눌의 영향은 이력 과정의 체제에서도 확인된다.

한편 법통설에서는 서산계가 정립한 태고법통설을 그대로 수용하였다. 또 1678년 성총이 건립하고 조종저(趙宗著)가 쓴 「사원사적비(嗣院事蹟碑)」에는 지눌의 유풍을 원접하였지만 선수가 그 법을 전수받은 것이 아님을 분명히 하였다. 그럼에도 다시 "금강산과 묘향산이 천하에 알려졌으나 선법사승(禪法師承)의 중요함에 있어서는 송광사와 비견될 수 없는데 이는 지눌이 그 토대를 열어서 그렇게 된 것이다"라고 언급하고 있어, 송광사를 일으킨 지눌을 부각시켜 금강·묘향산의 서산계와 대별되는 부휴계의 독자성과 위상을 강조하려는 의도를 내비치기도 하였다.

이렇게 부휴계가 독자적으로 성장할 수 있었던 배경에는 전란에서의 활동을 통해 조야의 인정을 받을 수 있었던 점도 관련이 있을 것이다. 앞에서도 언급한 것처럼 각성이 남한산성의 팔도도총섭을 맡았고, 그 제자 회은 응준(悔隱應俊, 1587~1672) 또한 스승에 이어 팔도도총섭을 역임하면서 군무에 30여 년간 종사하였다. 남한산성의 팔도도총섭은 승려 동원과 통제를 책임지는 자리인 만큼 교단 내에서도 상징적인 의미를 지녔다. 각성 등이 이를 맡을 수 있었던 것은 관서 등 북부 지역의 승려들이 변란에 대비해 동원되지 않았고 사명파의 응상이 부름에 응하지 않은 것도 큰 이유였겠지만, 삼남 지역을 지역적 기반으로 하였던 이들 부휴계가 승려 동원과 통제에 적합하였던 점도 고려되었을 것이다.

부휴계의 활동 무대를 부도를 통해 살펴보면, 선수의 부도는 송광사·해인사·칠불사(七佛寺)·백장사(百丈寺)에 세워졌고, 각성의 것은 송광사·해인사·화엄사·법주사에 건립되었다. 수초와 같이 송광사 외에 함흥의 삼장사(三藏寺)나 안변의 석왕사(釋王寺) 등에 부도가 세워지는 예외적 경우도 있기는 하지만 부휴계 문손들의 활동 지역과 부도 설립 지역은 대체로 삼남 지방에서 벗어나지 않는다. 대외적 활동은 장기적으로는 문파의 세력을 오히려 약화시킬 수 있는 것이지만, 한편으로는 부휴계가 서산계와 대등한 임무를 수행하는 과정을 통해 독자적 세력화를 이룰 수 있었다고 생각된다. 이렇게 서산계의 사명파와 편양파, 그리고 부휴계 등 주요 문파들이 기반을 쌓고 성장해 감에 따라 조선 중기 불교계는 전시기의 단절을 딛고 중흥의 길에 들어서게 되었고, 이는 법통 및 선풍, 수행 체계의 정비를 통해 이루어졌다.

(3) 휴정 문도들의 법통 정비

1) 법통설의 성립 과정

17세기 전반 휴정의 문도들은 체계적인 법통을 정비하기 위해 노력하였다. 그 결과 고려 말의 태고 보우를 내세워 임제종의 정통을 계승한다고 표방한 '태고법통설'이 공론화되어 정설로 받아들여졌다. 법통설은 당시의 불교사 인식을 반영하는 것이었는데, 먼저 전법에 대한 휴정의 언급은 지엄(智嚴)이 정심(正心)에게 선을 전수받았고 중국의 대혜(大慧)와 고봉(高峰)의 선풍을 원사(遠嗣)하고 중시하였다는 「벽송당대사행적(碧松堂大師行蹟)」의 기록뿐이다. 정심 이전의 법계가 명확하지 않은 것은 조선 전기의 배불 정책으로 인해 불교계가 큰 타격을 입은 결과였다. 대혜 종고는 간화선을 주창한 송대의 승려로 지눌 이후 한국불교에 큰 영향을 미쳐왔으며, 고봉 원묘의 선풍은 원에서 고려로 들어온 이래 그의 어록인 『선요』가 널리 유포되는 등 매우 중시되었다. 하지만 휴정 당시의 이 기록에서 태고를 비롯한 고려 말의 조사에 대한 언급은 없다. 임제종 간화선풍의 계승 의식과 지엄 이후 휴정까지의 법계에 대한 명확한 인식이 확인될 뿐이다.

그러나 1610년 휴정의 전법 제자였던 유정의 입적을 계기로 정심 이전의 법계를 밝힌 법통설이 처음 제기되었다. 1612년 허균이 쓴 「청허당집서(淸虛堂集序)」와 「서산비명(西山碑銘)」, 그리고 「송운대사석장비명병서(松雲大師石藏碑銘幷序)」에서 고려 말의 나옹 혜근을 사법상의 종조로 내세운 법통설이 표방되었다. 불교에 대해 폭넓은 지식을 가지고 있었던 허균은 휴정 및 유정과 절친하였으며, 이 글들도 휴정의 문집을 간행하고자 했던 유정과 그 제자 혜구(惠球)의 부탁에 의해 쓰였기 때문에, 허균 자신의 입장에 유정과 그 문도들의 의견이 반영된 법통설이라고 볼 수 있다.

하지만 허균의 법통설이 나온 지 10여 년이 지나자 그 법통 인식이 잘못되었다는 비판이 일었고 태고를 내세운 새 법통설이 다시 제기되었다. 1625년 편양 언기의 「종봉영당기(鍾峰影堂記)」를 시작으로 「청허당행장(淸虛堂行狀)」을 참고한 1630년 이식(李植)의 「청허당집서(淸虛堂集序)」, 이정귀의 「서산비(西山碑)」, 1631년 장유(張維)의 「대흥사청허비(大興寺淸虛碑)」, 그리고 1640년 해안의 「송운대사행적(松雲大師行蹟)」까지 태고법통설을 제기하는 글들이 15년간에 걸쳐 잇달아 공표되었다.

이를 주도한 것은 휴정의 말년 제자인 언기와 유정의 문도들이었다. 태고법통설을 처음 제기한 언기는 1630년 휴정의 문집 『청허당집』을 새로 간행하면서 당시의 일류 문사이며 한문 4대가로 알려진 이식, 이정귀, 장유 등에게 태고법통설을 실은 서문 및 비문을 부탁하여 공론화에 적극적으로 앞장섰다. 휴정의 다른 제자였던 법견은 언기가 이름난 유학자에게 글을 부탁한 것을 높이 평가하면서 "언기와 쌍흘(雙仡)은 서산 문하의 만년 고제이며 골수를 얻은 자로 법맥과 연원을 궁구하고 세계(世系)의 본말을 탐구하였다. 스승의 입적 30년에 이 일이 성사된 것은 동문 형제와 여러 지방 승려들의 도움"이라고 평하였다. 쌍흘은 유정과 가까웠던 인물이기도 한데 이 글에서 서산계의 공론이 태고법통설로 모아졌음을 알 수 있다. 처음 허균의 법통설에 관여하였던 유정의 문도들도 기존의 입장을 바꾸었다. 즉, 태고법통설이 처음 제기된 언기의 「종봉영당기」는 유정의 전법 제자 응상의 부탁으로 지어진 것으로 "문호를 다투어 자파만을 알고 근원을 모르는" 당시 풍조에 대한 비판 의식이 깔려 있다. 또 유정 문집의 서문을 허균에게 부탁하였던 혜구조차도 법통설 논의에 다시 참여하였고, 유정과 가까웠던 해안도 허균의 법통설을 반박하면서 태고법통설을 지지하였다. 이들 사명파는 잘못 이해된 '종원유파(宗源流派)'를 바로잡기 위해 유정의 문집을 다시 간행하고자 하였는데, 기존 법통설에 대한 비판 논리는 "영명 연수는 법안종이고, 지눌은 별종(別宗)이며, 혜근은 평산 처림(平山處林)에서 분파된 것"이기 때문에 임제의 25세 직손인 휴정의 전법을 제대로 밝히지 못하였다는 것이었다.

2) 법통설에 나타난 불교사 인식

법통설은 제기된 당시의 불교사 인식과 시대 상황을 반영하고 있다. 먼저 허균이 제기한 법통설의 내용상 특징은 다음 두 가지이다. 첫째, 중국 오대의 영명 연수와 고려의 법안종 전통 및 지눌, 그리고 혜근을 중시하였다. 특히 「석장비명」에서는 오직 지눌과 혜근만이 종지를 얻어 선문의 으뜸이 되었고 이들의 법을 휴정과 유정이 계승하였다고 서술하고 있다. 이렇게 법안종이나 지눌 등 고려시대의 전통을 강조하는 입장은, 주자학이 원으로부터 전래된 이후 그 정통성을 강조하는 도학적 인식에 비판적이었던 허균의 성향과 일맥상통한다. 둘째, 사법상의 조사로 혜근을 세우고 그 법이 남봉 수능(南峰修能), 정심 등계(正心登階), 지엄, 영관을 거쳐 휴정에게 전해졌다는 법계 인식이다. 여기서 혜근을 중시하면서도 조선 초 불교계에 영향력이 컸고 혜근의 적사로 인정받았던 무학 자초와 그 제자로 알려진 함허 기화 계통을 고려하지 않고 대신 남봉 수능과 정심 등계를 내세운 점이 주목된다.

법계의 실재 여부에 대해서는 논란이 있지만, 자초와 기화 계통을 배제하고 수능을 통해 혜근과 정심 이후를 연결시키려 한 점은 조선 전기 불교에 대한 당시의 인식이 드러난 것이라고 볼 수 있다. 즉, 자초와 기화 등은 성종 대 이전 왕실이나 훈척과 연결되어 활동한 세력이었고 이들 계통은 사림의 등장과 함께 철저히 비판, 배척받았다. 법통설이 제기된 17세기 전반은 이미 사림이 정국을 완전히 장악한 시기였던 만큼, 훈구와 연결되었다가 사림의 등장으로 도태된 이전 불교계의 주류와는 정체성을 같이 하기 어려웠을 것이다. 또한 사림이 여말선초의 도통 인식에서 조선 개창 세력보다는 역성혁명을 반대한 명분론자들의 학통을 이은 것과 비교해 볼 때, 조선 초기 불교계의 주도 세력을 배제하는 이러한 불교사 인식은 사림의 역사 인식과도 상응하는 것이었다.

다음 태고법통설의 내용은 보우가 원의 석옥 청공에게 임제종 정법을 전수받았고, 그 법이 환암 혼수, 구곡 각운, 정심, 지엄, 영관을 거쳐 휴정에게 전해졌다는 것이다. 휴정이 임제의 적종(嫡宗)임을 강조하는 내용은 앞의 법통설과 동일하지만 고려 말 이전의 국내 전통 대신 원으로부터의 임제종 계승을 강조하여 중국의 정통과 연결시키고 있는 점에서 차이가 난다. 이렇게 고려 말을 기점으로 중국의 정통과 전법을 연결시킨 것은 다른 한편으로 송의 성리학이 원을 통해 들어와 조선에서 독자적인 발전을 한 것과 대응될 수 있는 법통의 성립을 의미한다. 사림의 도통론은 16세기 중반에 이미 확립되었고, 17세기에 들어서는 도통론에 의한 문묘종사도 이루어지고 있었다. 휴정은 조사 지엄이 대혜 종고와 고봉 원묘를 멀리 이은 것에 대해 정주(程朱)가 공맹(孔孟)을 이은 것과 대비시켜 설명하면서 유나 불이 도를 전하는 점에서는 동일하다고 인식하였다.

유학의 도통론에 대응되는 불교의 법통설 정립도 당시의 시대 분위기와 무관하지 않았는데, 태고법통설이 제기된 인조 대는 반정(反正) 이후 문묘종사론이 재개되고 청과의 관계로 인하여 현실적 대처 못지않게 의리명분이 강조되었던 시기였다. 이처럼 양란을 겪으면서 불교계에서 중국 임제종과 직접 연결되는 전통을 내세운 것은 명분론과 중국의 정통이 강조되었던 시대적 상황에서 파생된 불교사 인식이라고 볼 수 있다.

고려 말 이전의 전통에 대한 입장 차이와 함께 허균의 법통설과 태고법통설의 또 다른 차이로는 혜근 대신 보우가 법계상의 조사로 선택되었다는 점이다. 보우는 혜근과 같은 중국 임제종 급암 종신(及庵宗信) 계열의 법을 전수받았는데, 혜근이 종신의 제자인 평산 처림 외에 인도승 지공의 영향을 강하게 받았던 것에 비해 보우는 종신의 제자 석옥 청공에게 전법하였다는 사실을 매우 강조하였다. 또 보우는 혜근과 달리 지눌의 수선사(修禪社)와도 특별한 관계가 없었고 사법 계승도 제자인 찬영(粲英)과 조굉(祖宏) 이후를 확인할 수 있는 자료가 남아 있지 않다. 두 법통설에서 혜근이나 보우 이후의 법계에 대한 인식은 동일한데, 다만 다음 대인 남봉 수능과 환암 혼수의 명칭상의 차이와 태고법통설에서는 그 다음에 구곡 각운을 첨가하고 있는 것이 다를 뿐이다.

보우의 전법 제자로 알려진 혼수의 계통에 대해서는 논란이 있지만 그가 실제로 혜근의 제자였다고 해도 최소한 자초로 이어지는 나옹계의 주류는 아니었다. 따라서 혜근 이후의 나옹계 주류가 배제된 점에서는 양 법통설의 입장이 같다고 볼 수 있다. 이렇게 국내의 전통보다 중국 임제종 정통을 중시했고 또 조선시대에 들어 영향력이 혜근보다 적었다는 사실은 보우를 법통설의 종조로 삼는 데 유리한 점이었다. 이처럼 혜근을 배제하고 보우를 조사로 내세운 태고법통설에는 17세기 전반의 불교사 인식이 그대로 반영되어 있다.

3) 법통설의 문제점과 계승

새로 성립된 태고법통설은 서산계의 공의를 담은 것으로 이후 불교계의 공론으로 자리 잡았다. 하지만 그 과정에서 태고법통설과는 전혀 다른 법통인식도 휴정의 문도에 의해 제기되었는데, 경헌 계열에서 나온 '나옹법통설'이 그것이다. 이 또한 혜근을 종조로 내세웠다는 점에서는 허균의 법통설과 같은 전통설의 연장선상에 있는 것이지만 그럼에도 당시의 선풍 및 사상 내용과 관련이 있는 역대 조사들을 배려하면서 조선 선종의 법통을 정당화하고 있다는 점에서 주목할 만한 가치가 있다. 중국의 임제종은 대혜 종고 이후 간화선풍이 주류였고 지엄과 휴정도 종고와 원묘의 간화선풍을 선양하였음에도, 태고법통설에서는 중국과 법계를 연결시키는 데 치중한 나머지 이들 조사들을 직접 언급하고 있지는 않다. 종고의 경우 임제의 적사로 알려진 원오 극근(圓悟克勤)의 제자였지만 태고법통설에서는 그의 법형제인 호구 소륭(虎丘紹隆) 계열이 중시되었고, 실제 원말의 혜근이나 보우는 이 소륭 계열에서 임제종을 전수받았다. 그러나 휴정 자신도 임제종의 전법 계승을 임제 이후 11대의 종고까지 기술하는 등 종고를 정통으로 보았고, 이는 당시 선풍과도 밀접한 관련이 있는 것이었다. 이런 문제점을 반영하여 태고법통설과는 달리 종고 이후 원묘를 중시하면서 전법상의 문제까지 해결하려고 한 나옹법통설이 제기된 사실은 당시의 불교사 인식과 관련하여 주목할 만한 것이다.

경헌의 문집 『제월당집』에 실린 제자 회백(懷白)의 서문(1637년)에 의하면, 중국 선종의 정통 법계가 설암 조흠(雪巖祖欽)으로 이어졌고, 조흠에서 방출(傍出)한 평산 처림으로부터 혜근이 종풍을 전해 받았으며, 이 법이 7대를 거쳐 휴정에게 전해졌다고 하면서, 지파가 나뉘어도 법인(法印)은 동일하다고 보았다. 이 나옹법통설의 핵심은 혜근이 법을 전수받은 처림을 방계로 보았다는 점이다. 조흠의 제자로는 처림의 스승인 급암 종신과 고봉 원묘가 대표적인데, 처림을 조흠의 방출로 본 것은 법통상 처림의 스승 종신을 방계로 보고 조흠의 다른 제자인 원묘를 정통으로 인정한 것이었다. 이처럼 종고의 간화선을 계승하고 선양한 원묘를 중시한 점은 종고의 『서장』과 원묘의 『선요』를 특히 중시하였던 경헌의 성향과도 관련이 있겠지만 당시의 선풍에 부합되는 법통인식이라는 점에서 중요하다. 또 비록 방계일지라도 법인에서는 동일하다고 하여 조사 혜근이 임제종의 정통을 법계상 잇고 있다는 자의식도 분명히 드러나 있다. 이는 일면 태고법통설에 대한 비판과 극복의 의미를 담고 있는 것으로도 볼 수 있다. 하지만 이 나옹법통설은 서산계 내부에서 태고법통설이 공식화됨에 따라 별다른 파장을 일으키지는 못하였던 것 같다.

법통의 정립은 선종을 중심으로 한 당시 불교계의 정통성을 대내외에 내세우면서 그 정체성을 확인하는 것이었다. 조선 전기에 불교계가 위축되면서 전법 계승이 단절되고 불확실하게 된 상황에서 이 시기 법통설이 새로 성립된 것은 중요한 의미를 가진다. 태고법통설은 서산계뿐 아니라 부휴계에서도 수용하였고 이로써 불교계는 단일한 법통을 계승한다는 차원에서 정체성을 공유할 수 있게 되었다. 이후 여러 사료에서 조사로서의 혜근의 위상이 단편적으로 확인되기는 하지만, 『해동불조원류』(1764년)나 『동사열전(東師列傳)』(1894년) 등 조선 후기의 불교 사서류와 문집 등에서는 기본적으로 태고법통설의 입장에서 조선 불교의 법통과 자파의 법계를 서술하고 있다. 이처럼 태고법통설은 공인된 정설로서의 권위를 잃지 않고 조선 후기 내내 큰 영향을 미치게 되었다.

(4) 수행 및 수학 체계의 정비와 의례

1) 조선 중기의 선풍과 수행 체계

조선 중기 불교계의 성과 중 법통의 정립과 함께 주목되는 것은 수행 및 수학 체계의 정비이다. 선교 양종이 폐지된 후 불교계는 선과 교가 혼재된 상태로 선종 주도하에 명맥을 유지하고 있었다. 그러면서도 선승과 교학승 사이의 입장 차이로 인한 갈등이 존재하였고, 선종 내에서도 서로간의 비판이 없지 않았다. 이런 상황에서 휴정이 선의 입장에서 간화선을 강조하면서 한편으로 선교겸수의 방향을 제시한 것은 선과 교가 함께 유지될 수 있는 사상적 기반을 마련한 것이었다. 이러한 경향은 휴정의 조사인 지엄 단계에서 이미 나타났는데, 더욱 거슬러 올라가면 종밀과 대혜 종고의 영향을 받아 선교겸수의 체계를 세우고 간화선풍을 선양한 보조 지눌과도 연결된다. 또 간화선을 우선시하는 경향성과 무자(無字) 화두의 중시는 고려 말에 전래된 임제종 선풍의 영향이 컸다. 여말선초에 중시된 몽산 덕이와 고봉 원묘의 선풍은 이 시기에 이르러서도 중시되었다. 이는 이들의 어록이 조선 전기 이래 계속 간행되었고 특히 원묘의 『선요』가 이력 과정의 교재로 채택된 사실에서도 알 수 있다.

휴정이 고려 이래의 전통을 집대성하였음은 그의 주저 『선가귀감』에 인용된 서명을 통해 확인된다. 그 면면을 살펴보면 지눌의 제자 혜심(慧諶)이 찬집한 『선문염송(禪門拈頌)』, 고려 말 진정(眞靜) 대선사가 찬한 것으로 알려진

『선문보장록(禪門寶藏錄)』, 보우가 원에서 가져온 『치문경훈』을 비롯해 『도서』, 『절요사기』와 같은 종밀과 지눌의 저술, 『고봉어록』과 『몽산어록』 등이 중시되었다. 휴정의 수행론을 간략히 언급하면 교학을 수행의 입문으로 삼되 지해(知解)에 얽매이지 말라는 '사교입선(捨敎入禪)'과 화두를 들고 참구하는 간화선의 중시로 요약된다. 선교겸수를 용인하면서도 간화선을 중시하는 이러한 수행 방식은 휴정의 문도 경헌에게서 구체적 방안까지 제시되고 있다. 즉, 경헌은 교화할 때 『도서』와 『절요』로 지견(知見)을 분별하여 토대를 쌓게 하고 『선요』와 『서장』으로 지해의 병을 타파한 후 여섯 개의 법어로 참구의 요절을 삼았다. 이는 지눌이 제시한 수행 방식과 그 방향이 일치하며 휴정 당대의 선풍을 일목요연하게 정리한 것이다.

한편 휴정의 제자 인오는 휴정이 선풍을 정립하고 선, 교, 염불을 함께 수행하는 삼문(三門)을 열어 불교의 방향을 제시하였다고 평가하였다. 휴정은 선의 입장에서 염불도 수행 방식으로 인정하였는데, 이러한 종합적인 수행 방식은 "조사선을 참구하고 여러 교학을 공부하며 여가에 정토왕생을 희구한다"라는 지엄의 언설에서 이미 나타나고 있다. 삼문은 『선가귀감』에서 '경절문(徑截門)', '원돈문(圓頓門)', '염불문(念佛門)'으로 분류하고 있고, 휴정의 직제자 언기 또한 이 세 문에 대해 설명을 덧붙였다. 18세기에 나온 『삼문직지(三門直指)』에 삼문의 내용이 체계적으로 정리되어 있는 것에서 알 수 있듯이 휴정이 제시한 삼문의 수행 체계는 조선 후기에 걸쳐 일관되게 지속되었다. 비록 선 수행이 일차적이고 가장 근원적인 수행 방식이었지만 교학이나 염불을 특히 중시하는 경우도 종종 있었다.

이 중 교학을 특히 중시한 예로 이력 과정을 제시한 청학(淸學)을 들 수 있다. 그는 간화선의 맹목성을 지적하고 단계적인 점수(漸修)를 강조하면서 교학을 중시해야 할 것을 역설하였는데, 이는 교학을 단순한 입문 이상의 수행 방편으로 보는 입장이다. 당시 경전 중에서는 『화엄경』이나 『법화경』이 가장 중시되었는데, 특히 『법화경』은 정관 일선이 매우 중시하였고 강경과 간행에 주력하였다. 그는 『법화경』의 대가로 알려진 정련 법준(淨蓮法俊)에게 교학을 배웠고 그 가르침을 임성 충언에게 전수하였다. 언기 또한 삼문수행의 입장에서 교학을 중시하였는데, 종밀의 『도서』뿐 아니라 『원각현판(圓覺懸判)』이나 『천태사교(天台四敎)』를 중심으로 제자를 가르쳤다고 한다. 또 징관과 종밀, 법안종의 영명 연수를 높이 평가하고 휴정과 유정을 이들에 견주기도 하였는데, 이들은 화엄학자 또는 선교겸수의 이론적 토대를 만든 중국 승려들이었다. 이렇게 삼문의 수행 체계가 정착되면서 선 일변도의 수행 방식을 지양하고 교학과 염불을 포괄함에 따라 조선 중·후기 불교는 선종을 표방하였음에도 다양한 색채를 지닐 수 있었다.

2) 승려 이력 과정의 정비

선풍 및 수행 체계의 정립은 승려 교육 과정인 이력 과정(履歷課程)의 정비로 이어졌다. 이력 과정에는 당시의 수행관이 그대로 반영되어 있고 선에서 중시되었던 어록과 교학의 주요 경전들이 망라되었다. 이력 과정의 성립 시기와 구체적인 시행에 대해서는 정확히 알 수 없지만 자료상으로는 17세기 초까지 소급해 올라간다. 우선 청학의 「사집사교전등염송화엄(四集四敎傳燈拈頌華嚴)」에 체계적인 이력 과정이 최초로 소개되어 있는데, 이 글이 실린 『영월당집』은 1656년에 간행되었고 청학은 1654년에 입적하였기 때문에 그 전에 명칭과 체계가 완비되었음은 분명하다. 또 조종저(趙宗著)가 찬한 「보현사풍담대사비(普賢寺楓潭大師碑)」에 풍담 의심이 14세에 출가의 뜻을 품은 지 수년 후 원철대사(圓澈大師)에게 사집(四集)을 얻었다는 기록이 있는데, 의심은 1592년에 태어났으므로 17세기 초에는 적어도 사집의 체계가 이미 갖추어져 있었던 것 같다. 이력 과정을 정리한 청학은 처음 부휴의 문하에 있다가 휴정의 제자가 되었는데, 송광사와 지눌을 강조하는 등 사상적 경향이나 지역 기반에서 부휴계와 밀접한 관계에 있었다. 특히 이력 과정이 실린 청학의 문집 서문을 부휴계의 처능이 지었음을 보면, 이력 과정을 서산계와 부휴계 모두 공유하였을 가능성이 크다.

이력 과정의 체계는 사집(四集), 사교(四敎), 대교(大敎)의 순으로, 사집은 고봉 원묘의 『선요』, 대혜 종고의 『서장』, 종밀의 『도서』와 지눌의 『절요사기』였으며, 사교과는 『원각경』, 『금강경』, 『능엄경』, 『법화경』, 그리고 대교과는 『화엄경』, 『경덕전등록』, 『선문염송』 등이었다. 이는 현재 승려 교육 과정의 원형으로 이후 『법화경』 대신 『기신론』이 포함되고 사미과(沙彌科)가 사집에 앞서 입문 과정으로 들어간 것이 다를 뿐이다. 청학의 설명에 따라 각 단계별 내용과 취지를 살펴보면 다음과 같다.

사집과는 점수(漸修) 및 참구를 통한 마음의 깨침을 위한 것으로 선심(禪心)과 간화선을 중시하면서 교학을 방편으로 인정한다는 점에서 점수적 방식을 함께 제시한 것이다. 사교과는 선종과도 관련이 있는 주요 경전으로 구성되어 있는데, 이 과정은 경전을 통해 이치를 깨닫는 것이다. 대교과는 교학 중 최고로 꼽히는 화엄과 함께 선의 역사와 조사풍을 배울 수 있는 과정이다. 이와 같은 이력 과정의 순서는 마음〔心〕 – 이치〔理〕 – 조사풍의 습득〔史〕으로 요약된다.

이력 과정에는 선교겸수와 간화선의 선양이라는 당시의 선풍이 그대로 반영되어 있다. 특히 사집의 『선요』와 『서장』은 지엄이 원사했던 고봉과 대혜의 간화선풍이 담긴 것이며, 지눌이 중시하거나 직접 주석을 달았던 『도서』와 『절요』는 선교겸수의 이론적 바탕이 된 책이다. 또 『선문염송』은 지눌의 제자 혜심의 저술이며 『도서』, 『절요』와 함께 조선 후기에 주석서가 간행되기도 하였다. 이들 서적은 앞서 살펴본 대로 지엄에서 휴정, 그 문도들이 중시한 것으로 조선 중기 불교계의 선풍을 집약해 놓았다고 해도 과언이 아니다. 16세기 후반부터 17세기 전반까지 집중적으로 간행되고 이후 계속 중간된 사실은 이력 과정에서의 수학 체계가 조선 중·후기 불교에 큰 영향을 미쳤음을 보여 준다.

3) 승단의 규율과 의례

선풍 및 수학 체계가 정비되는 것과 아울러 승단 내의 규율과 의례를 규정하는 예의문(禮儀文)이 17세기 중반에 동시에 만들어진 것도 불교계의 체제 정비와 관련하여 주목되는 현상이다. 구체적으로 벽암 각성의 『석문상의초(釋門喪儀抄)』와 그 제자 나암 진일(懶庵眞一)의 『석문가례초(釋門家禮抄)』, 허백 명조의 『승가예의문(僧家禮儀文)』이 그것이다. 특히 대외적 활동을 활발히 했던 부휴계 각성과 사명파 명조 등이 주도적으로 편찬에 참여한 것은 교단 정비상 규율과 의례 정립의 필요성이 컸기 때문으로 생각된다.

예의문을 간행하게 된 이유는 『석문상의초』에 있는 각성의 서문에, "흉례가 중요함에도 조선에는 불가의 상례의(喪禮儀)에 대한 근본이 없고 현재 시행되고 있는 것은 규범에 잘 맞지 않는다. 따라서 최근 얻은 『선원청규(禪院淸規)』 등의 상례의에 의거하는데 중국의 법이 동방의 예와 맞지 않으므로 알맞게 요점만을 간추린다"라고 밝히고 있다. 즉, 불가의 상례에 대한 규범이 필요하다는 것으로 이는 전란과 경제적 변화를 겪으며 상례에 대한 현실적 요구가 증가된 것과 관련이 있을 것이다. 또 중국의 예법이 조선과 다르므로 실정에 맞게 간추린다고 하였는데, 『석문가례초』에 대한 매곡 경일(梅谷敬一)의 발문에서 "속례인 주자가례(朱子家禮)를 취해, 거기에 선원청규 등에 빠진 부분을 보충하고 그 절요를 취한다"고 하고 있어 당시 조선 예법의 전범이 되고 있던 『주자가례』에 따르고 있음을 알 수 있다.

예의문의 내용상 불교의 청규류에 없는, 즉 주자가례에서 취한 내용은 상례의 5복제(五服制)와 관련된 것이다. 『석문상의초』에는 불가의 사제와 속세의 족친을 모두 포함시켜 친소의 원근을 규정한 「승오복도(僧五服圖)」가 맨 처음에 실려 있고, 『석문가례초』는 여기에 「본종오복지도(本宗五服之圖)」와 「촌수도(寸數圖)」까지 부기되었다. 『승가예의문』의 「승상복도(僧喪服圖)」의 경우에는 상복이 4복만으로 규정된 점이 특이하다.

이러한 유교적 상복 제도의 수용은 당시 주자가례를 중심으로 한 유교 의례가 사회 저변에까지 영향을 미쳤음을 반증하는 것이지만, 불교 내적으로는 종법(宗法)과 관련된 사찰 내부의 경제적 문제와 결부되어 있다. 17세기에는 사적으로 상속할 수 있는 승려의 사유 전답이 조성되었고, 따라서 상속의 대상과 범주는 중요한 문제였다. 당시 승려의 재산을 상좌(上座)와 4촌 이상 족친이 절반씩 상속받는다는 법령이 시행되었음을 볼 때, 적장자 상속을 원칙으로 하는 종법에 의해 친원의 범위를 설정할 필요성이 제기되었을 것이다. 종법에 의한 친원 관계를 규정하는 이같은 예의문이 당시 세력이 컸던 부휴계와 사명파에 의해 간행된 것도 사승 관계와 상속 등이 중요해지고 또 문파의 결속력이 강화되고 있던 상황과 관련이 있을 것이다. 이처럼 상례와 상속에서의 종법제의 수용은 법맥의 전수 및 법통의 정립과 함께 정통론적 요소를 강하게 띠는 것으로 문파가 발전하고 사회경제적 조건이 변화되었던 시대적 특성을 반영하는 것이다.

　조선 중기에는 임진왜란 이후 승병의 활동을 통해 불교계의 위상이 높아졌고 그 과정에서 서산계, 특히 사명, 편양파와 부휴계가 대외적 활동과 내적인 체제 정비를 주도하였다. 체제 정비의 내용으로는 태고법통설의 정립, 선교겸수 및 간화선풍의 고양과 삼문수행의 정착, 이력 과정 및 불교 의례의 정비를 들 수 있다. 즉, 불교계의 성장과 함께 임제선종의 정통성이 표방되고 수행 및 수학 체계가 정립되었던 것이다. 이 때 만들어진 체제는 이후 큰 변동 없이 지속되었고, 이 점에서 조선 중기 불교에 대한 이해는 매우 중요하다.

5. 조선 후기의 조계종

(1) 영조의 불교 정책

조선시대 5백년의 역사에서 숙종 이후 경종을 거쳐 영조와 정조에 이르는 125년간을 흔히 조선 문화의 전성기라고 부른다. 16세기 중엽 퇴계와 율곡의 성리학 집성과 이해는 조선 고유의 성리학 체계를 수립해 나갔다. 사회 전반에 성리학적 가치관이 보편화되면서 불교는 더욱 위축될 수밖에 없었다. 임진왜란과 병자호란의 국난 극복 과정에서 호국의 기치를 드날리며 일시적으로 불교는 소생의 기운을 맞았다. 그러나 여전히 성리학적 지배 이념의 틀 속에서 벗어날 수 없었고, 승려는 승역과 각종 부역의 수취 체계에 편입되었다.

더욱이 병난의 와중에서 많은 대찰이 소실되었고, 의승으로 자원한 승도들도 그만큼 희생당하면서 물리적·인적 기반은 더욱 약화되어갔다. 이처럼 안팎의 위기에 처한 불교는 새로운 지배 질서에 발맞추어 변화를 모색하기 시작하였다. 성리학적 가치와 불교적 세계관의 공통점을 모색하여 유·불의 불이론(不二論)을 제창하고, 유교 문화를 수용하여 문화적 조화를 시도하였던 것이다. 승려의 묘탑에 유가의 양식인 종형(鍾形)을 수용하고, 고승의 비문 찬술에 명문장가라는 명목으로 당대의 대표적인 유자들을 내세웠다.

조선 후기 국가의 억불 정책은 이렇다 할 시책이 보이지 않는다. 건국 초기와 중기에 철저한 탄압이 이루어져 더 이상의 후속 조치가 필요 없었기 때문이라 생각된다. 이러한 토대에서 불교는 자생적 노력과 국왕의 지원에 힘입어 18세기 문화의 부흥기를 일궈 나가는 데 커다란 역할을 하게 된다.

영조는 국가 통치의 틀에서 벗어나지 않는 한 불교에 대한 억압 정책을 시행하지 않았다. 1725년(영조 원년) 도성 인근에 사찰이 증가하여 양인(良人) 여성이 출가하는 일이 많아지자 이를 금지하라는 요청이 있었다. 그러나 영조는 "유교의 도가 크게 성하고 있으니, 설사 이단이 있다 한들 어찌 감히 유교의 도를 해칠 수가 있겠는가"라며 다만 여승(女僧)들의 도성 왕래만 금지하였다. 승려의 도성 출입은 엄격히 금지되지 않았다. 1749년(영조 25)에도 사헌부의 요청에 따라 재차 금지령을 내렸지만(『영조실록』 권69, 25년 2월 18일조), 여전히 도성에는 승려가 왕래할 수 있었다. 영조는 불교가 이단이지만 유교의 도를 해치지 않는다는 온건한 인식을 지니고 있었다.

이후 1756년(영조 32)에는 북한산성 도총섭을 지낸 호암 약휴(護岩若休)가 산성 부역에 종사하는 상번제(上番制)의 혁파를 건의하였다. 영조는 이를 받아들여 승려가 직접 복무해야 하는 상번제 대신 상근하는 승려를 두고 사찰은 그들의 제반 비용을 부담하는 방번전제(防番錢制)를 채택하였다. 남·북한산성 의승군은 1714년(숙종 40) 제정되어 승군을 산성 방어에 상주시키는 제도였다. 승군은 일 년에 2개월씩 근무하는데 연 6번의 교대가 이루어졌다. 영조는 전국 각지의 승도가 입직(入直)해야 하는 수고를 덜고, 또 군사 조직의 효율성을 위해 의승방번전제(義僧防番錢制)로 개편하였던 것이다.

의승방번전(義僧防番錢)의 시행은 일찍이 숙종 대부터 제기해 왔다. 영조대에 이르러 활발한 논의가 이루어져 1754년(영조 30) 호남의 이정사(釐正使) 이성중(李成中)은 상번제 대신 의승방번전이라 이름 짓고, 각 고을에서 군포(軍布)의 규례와 같이 징수하자는 혁신적인 제안을 내놓기도 하였다. 장기간 상주하는 승군을 두고, 승군에 편입되어야 할 승도와 사찰은 일정한 금전, 즉 방번전(防番錢)을 납부하는 것이다. 방번전의 실시로 불교계는 오랜 숙원을 해소할 수 있었고, 여기에 각종의 국가 부역에 동원하는 승역도 아울러 폐지되었다. 그렇지만 이러한 의승방번전 역시 사찰과 승도를 옭아매는 형식에서는 변함이 없었다. 사찰의 입장에서는 새로운 변화를 환영하였으나, 방번전의 과중한 액수는 여전히 고통으로 남아 있었다.

불교에 대한 국왕의 완화된 입장은 점차 사회 전반에 영향을 미쳤다. 많은 유학자들이 승려와 교유하면서 유불 상호 간의 사상적·학문적 발전을 가져왔고, 대찰의 중건에 왕실은 물론, 지방관이 직접 참여하는 등 사찰은 더 이상 수탈의 대상이 아니었다. 불교계는 이전 시기에 비해 비교적 안정된 기조 속에서 내적 발전을 추구해 나갈 수 있었다. 수행자 본연의 자세에서 경전을 탐구하고, 주석과 각종 소(疏)를 간행하였으며, 마침내 1764년(영조 40) 사암 채영(獅巖采永)은 『서역중화해동불조원류(西域中華海東佛祖源流)』를 편찬하여 조선시대 처음으로 불교사를 정리하기도 하였다.

영조는 52년 동안의 치세를 통해 붕당정치를 쇄신하고 중앙집권 정책을 펼쳐 나갔다. 그는 지방의 서원을 정리하고 군사력을 왕권하에 강화시켰으며, 이 과정에서 불교에 대해서는 적극적인 배척도 옹호도 하지 않는 중립적 입장을 지녔던 듯하다. 의승방번전을 도입하여 승려의 고역을 면해 주었지만, 이는 승려도 백성이라는 통치 원리에 바탕한 것이다. 이러한 국가 운영의 원칙에서 폐단으로 지적받았던 사찰의 궁방(宮房) 원당(願堂)을 혁파하였고(1768년), 왕릉 주변에 사찰을 창건하는 것을 금지하였다(1770년).

(2) 정조의 불교 정책

1) 불교에 대한 이해

조선 중기 명종 대의 불교 부흥 이후, 조선 후기 불교의 새로운 활기가 등장한 것은 정조 대에 와서의 일이다.

정조는 즉위 초기에는 몇 가지의 억불조치를 시행하였으나, 용주사의 창건을 전후하여 돈독한 불심으로 호불의 군주로 변화하였다. 먼저 억불의 조치를 살펴보면, 1776년 즉위 즉시 원당(願堂)의 건립을 금지하였고, 1783년(정조 7)에는 걸미승(乞米僧)의 도성 출입을 제한하였다. 원당은 사찰이 왕실의 위패를 봉안하고 왕실의 안녕과 기복을 빌기 위한 전각으로 조선 초기부터 있어 왔다. 국가의 입장에서는 선왕과 왕족을 추선(追善)하는 것이므로 장려할 만한 일이었고, 사찰은 억불의 사회에서 각종의 부역과 징세를 면할 수 있는 좋은 방도였다. 유학자들은 일찍부터 원당의 철폐를 주장하였고, 어려서부터 유학을 익힌 정조는 즉위 초부터 국가의 통치 기반을 강화하기 위해 원당의 신축을 금지하였던 것이다.

이처럼 정조는 집권 초기 억불의 흐름을 그대로 유지하였다. 그는 "불씨에 이르러서는 우리 유학과 그 구분이 털끝 정도의 차이가 있어 곧 옳은 것 같으면서도 그르며, 이(理)에 매우 근사(近似)하지만 크게 어지럽히는 것이다"라고 하면서 불교에 대한 부정적 견해를 드러내기도 하였다(『정조실록』 권6, 2년 12월 15일조).

그런데 이로부터 불과 7년 뒤인 1785년(정조 9) 정조는 남·북한산성의 의승방번전을 반감시키는 조칙을 내렸다. 정조는 비록 유학적 사고(思考)를 지니고 있었으나, 의승방번전의 잘못된 제도에 대한 과감한 개혁안을 시행하였던 것이다. 즉, 사상적으로는 여전히 불교를 이단시하였지만, 국가 통치의 대의적(大義的) 입장에서 불교 또한 수용의 대상으로 인식하고 있었다. 방번전의 과중한 액수는 여전히 고통으로 남아 있었는데, 이 방번전을 반액으로 줄이는 정조의 특명은 불교계의 숨통을 여는 혁신적인 조처였다.

2) 용주사 창건

정조는 일찍이 세손(世孫)으로서 당대 제일의 유학자들에게 수학하면서 역대 제왕 가운데 제일의 유학적 소양을 갖추었다. 즉위 후 탕평책(蕩平策)으로 기성 관료를 쇄신하고 북학파(北學派)의 젊은 인재를 중용하는 등 이른바 조선시대의 문예부흥기를 일궈 나갔다. 불교 정책에 있어서는 원당의 신설을 금지하는 등 여전히 구태를 답습하였다. 그러나 1785년 의승방번전의 반감을 시작으로 1788년(정조 12) 선암사(仙巖寺)에서 후손 탄생을 기원하는 백일기도를 올리는 등 점차 변화된 모습을 보여 준다.

1790년 용주사의 창건을 절정으로 정조는 불교에 대한 돈독한 신앙심을 지닌 조선 후기 대표적인 호불의 군주로 탈바꿈하였다. 그의 이러한 변화가 어떠한 계기에서 비롯되었는지는 알 수 없다. 장흥(長興) 보림사(寶林寺)의 보경당(寶鏡堂) 사일(獅馹)이 정조에게 『부모은중경』을 권하였고, 부모의 은혜와 불교의 공덕 신앙에 감명을 받은 정조는 불교에 대한 열렬한 지지자로 선회하였다고 한다. 비운의 죽음을 맞은 부친에 대한 간절한 효심에 불교의 공덕이 조화를 이루어 마침내 열렬한 불교 신앙인으로 거듭났던 것이다.

용주사는 정조가 부친 사도(思悼)세자의 능을 화산(花山)으로 이전하고, 이곳을 수호하는 능침사찰로 창건하였다. 사도세자의 영우원(永祐園)은 원래 경기도 양주(楊州)의 배봉산(拜峰山)에 있었다. 1789년(정조 13) 지금의 화성(華城)으로 옮겨 현륭원(顯隆園)이라 하였다. 비명에 돌아가신 아버지에 대한 간절한 효심으로 세자의 신분을 복권시키고 사당을 새로 지어 위의(威儀)를 갖춘 후, 마침내 현륭원을 조성한 것이다. 현륭원은 새로운 정치를 통해 절대적인 왕권을 확립하려는 정조의 원대한 계획 중의 하나였다. 즉, 도읍을 수원으로 옮기기 위해 화성을 건설하였고, 행궁(行宮)의 조영을 계획하였으며, 부친의 능을 이전하였던 것이다. 결국 도읍 이전은 무산되었으나 정조는 국력을 기울여 화성을 축조하였고, 현륭원과 용주사를 완성하였다.

절의 건립불사는 현륭원이 완성된 바로 이듬해부터 시작하였다. 1790년 2월 19일 전각을 짓기 위해 터를 다듬는 '개기(開基)'가 시작되었다. 이에 앞서 보경당 사일을 팔도도화주(八道都化主)로 임명하고 전국의 유명 고승들을 도화주(都化主)로 선발하여 불교계의 화주를 모연하였다. 여기에 경기감사를 비롯한 지방관들도 대시주로 참여하여 국가적 대불사에 일익을 담당하였다. 창건불사의 책임자는 이인찰방(利仁察訪) 조윤식(曹允植)이었고, 황덕순(黃德諄)과 윤흥신(尹興莘)은 불상과 탱화의 조성을 담당하였다. 당대의 대학자 이덕무(李德懋)가 「용주사창건권선문(龍珠寺創建勸善文)」을 지었고, 좌의정 채 제공(蔡濟恭)은 「화산용주사상량문(花山龍珠寺上樑文)」을 찬술하였다. 조선시대 들어 백 년 넘게 중단되었던 능침사찰의 창건에 불교계는 물론이고, 국가의 역량이 총동원되면서 건립이 순조롭게 진행되었다. 8월 16일에는 불상의 조성을 시작하여 10월 1일 점안재(點眼齋)를 봉행하였다.

용주사의 건립에 소요된 기간은 불과 7개월이었다. 대웅전과 천보루, 좌우의 요사, 행랑 등 대규모의 공사이면서도 이렇게 짧은 기간에 완성된 사찰은 유례가 없었다. 절의 건립이 이처럼 신속히 이루어질 수 있었던 것은 용주사가 독립된 사찰로서가 아니라, 도읍의 이전과 현륭원의 건설 등 장기적이고 체계적인 일련의 계획 아래 진행되었기 때문이다. 국왕의 강력한 의지에 전국의 읍진(邑鎭)과 중앙의 각 궁(宮), 호조, 병조 등의 중앙관청은 물론 민간 상인들까지 시주에 동참하였다. 「팔로읍진여경각궁조전시주록(八路邑鎭與京各宮曹廛施主錄)」은 이들의 명단과 시주금액, 사용처 등을 자세히 적은 기록이다. 여기에 등재된 금액은 대략 8만 7천 냥이다. 이는 3년이 소요된 화성의 축조에 든 87만 냥의 10% 정도이다. 그리고 현륭원의 이전에는 18만 4천 냥이 들었다. 이러한 규모와 공사의 성격에서 볼 때 용주사의 건설에 실로 막대한 예산이 투입되었음을 알 수 있다. 결국 7개월이라는 단기간에 불사를 완성할 수 있었던 것도 이러한 물량 지원이 있었기 때문에 가능했던 것이다.

용주사는 창건과 동시에 전국의 사찰을 관장하는 팔도5규정소(八道五糾正所)로 지정되어 출발부터 최고의 사격을 지녔다. 1791년(정조 15)에는 절의 승군(僧軍)에 필요한 일체의 장비를 지급하였다. 1794년(정조 19)에는 왕과 모친 혜경궁(惠慶宮)이 현륭원에 참배하고 돌아가는 길에 절의 승군이 군복을 입고 호위하였다. 용주사에는 승군의 책임자인 승통(僧統)이 있어 남·북한산성의 총섭(總攝)을 담당하였다. 1795년(정조 20)부터는 절의 승군이 수원부(水原府)의 장용영(壯勇營) 외영(外營)에 편입되어 포 쏘는 법 등 조직적인 군사훈련을 받았다. 위와 같이 용주사는 능침의 수호사찰이면서 정조의 친위부대와 같은 역할을 하였다. 출가승도 본연의 자세는 아니었지만 수백 년간의 억불을 겪으면서 존립조차 어려웠던 상황에 이처럼 국가의 지원을 받으며 중요한 역할을 담당하였다는 것은 불교 전체의 위상을 강화하는 발전적 의미를 지니게 된다.

1796년(정조 20) 정조는 부친에 대한 못다한 효심을 참회하면서 『불설부모은중경』 목판을 제작하여 절에 하사하였고, 「화산용주사봉불기복게(花山龍珠寺奉佛祈福偈)」를 직접 짓고 썼다. 이 「봉불기복게」에서 정조는 "소자는 팔만사천 법문의 경의(經義)를 베껴 쓰고 부처님의 가르침을 받아 삼가 게어(偈語)를 지어 삼업(三業)의 공양을 본받아 은혜에 보답하는 복전을 짓고자 합니다. … 부모는 길러 주신 은혜가 있으니 공경으로써 공양하면 이것이 바로 보은의 길입니다"라고 하였다.

조선 후기 정조의 치세는 왕권의 절정기라고 할 만큼 강력한 중앙집권 통치가 이루어졌다. 비명에 돌아간 부친 사도세자의 신원을 복권하는 일은 자식으로서의 도리이자 왕권의 정통성을 수립하는 일이었다. 즉, 현륭원의 이전과 용주사의 창건은 표면적으로는 효심과 불심의 발로였고, 내적으로는 왕권 강화를 통해 새로운 정치를 지향한 정조의 야심찬 첫 계획이었다.

3) 사찰의 증가

정조의 불교 진흥 정책에 따라 전국의 사찰은 점차 활기를 되찾았고, 과중한 부역에 절을 떠났던 승도들이 다시 돌아왔다. 이에 따라 18세기 말에는 전국의 사찰 수가 증가하기 시작했다. 1530년에 편찬한 『신증동국여지승람』에는 모두 1,658개의 사찰이 확인된다. 그런데 1760년의 『여지도서(輿地圖書)』에는 1,530개로 120여 사찰이 감소하였다. 그러나 이 기록에는 39개 군현의 사찰이 누락되었다. 1개의 군에 대략 5개의 사찰이 있었음을 감안하면 약 2백여 사찰이 증가하였을 것으로 추정된다. 즉, 억불의 사회에서도 조선 후기 사찰은 꾸준히 증가하였다. 이후 정조의 활발한 호불 시책이 이루어지던 1799년(정조 23)에 편찬한 『범우고(梵宇攷)』에는 1,763개가 현존하고 있었다. 『동국여지승람』의 16세기 중엽에 비해 105개의 사찰이 증가한 것이다.

이러한 사찰의 수는 사(寺)와 암(庵)을 구분 짓지 않은 총계이다. 사・암은 절의 규모나 대중 수가 차이가 있으므로 사찰이 증가하였다고 해서 승도가 증가하였다고 볼 수는 없다. 명승지에 자리 잡은 대찰은 국가와 지방 관아, 심지어 유생들의 탐학의 대상이 되어 승도는 아예 환속하거나, 이를 피할 수 있는 깊은 산중, 곧 소규모의 암자로 은신하는 경우가 많았다. 따라서 사찰 수의 증가는 소규모 암자의 증가를 의미한다.

15세기 말 이후 불교계는 사찰을 새로 창건하지 못하였고, 다만 옛터에 중수하는 경우 선・교 양종에 고하고 예조에 신청하여 국왕의 허락을 받아야 했다. 이러한 제도는 사실상 사찰의 증가를 원천적으로 봉쇄하였다. 그럼에도 불구하고 조선 후기 사찰은 소규모의 암자를 기반으로 꾸준히 증가하였다.

조선 후기 승도 수의 추이를 알 수 없는 상황에서 일률적으로 사찰의 산술적 증가만으로 불교의 성쇠를 가늠하기는 어렵다. 다만 분명한 것은 국가의 억불 정책하에서 크게 위축되기는 하였으나 불교는 절명(絶命)되지 않고 지속적으로 법등을 이어 나갔다는 점이다. 여기에 18세기 말 용주사의 창건으로 촉발된 정조의 진흥책은 불교계에 새로운 기운을 불러일으켰던 것이다.

(3) 선 논쟁의 전개와 의의

1) 선 논쟁의 전개

조선 후기 어려운 상황에서 불교계는 법등을 유지하기 위한 자구책을 다양하게 모색하였다. 시주와 공양에 의해 이루어지는 물적 기반은 오랫동안의 억불 과정에서 점차 약화될 수밖에 없었다. 수행과 진리 탐구의 본질을 추구하기 위해서는 불교계 스스로의 힘으로 일어서야 했고, 이에 따라 승려의 경제 활동이 다양하게 전개되었다. 미투리를 제작, 판매하고 광산과 제언을 개발하였으며 때로는 누룩을 취급하기도 하였다. 아울러 사찰을 중심으로 승려와 속인이 함께 발심하여 신앙공동체인 계(契)를 결성하여 활발한 보사활동(補寺活動)을 펼쳐 나갔다. 갑계와 염불계, 불량계 등을 대표로 하는 이러한 사찰계(寺刹契)는 17세기 이후 점차 증가하여 18·19세기에는 전국적으로 확산되었다.

이러한 물적 기반에 힘입어 불교계는 교리와 사상의 정립에 힘을 쏟았다. 조선불교의 전통을 임제종에 두고 서산(西山) 이후의 법통을 수립해 나갔다. 조선 후기 불교사에서 크게 주목받았던 이른바 선 논쟁의 전개는 이러한 임제종의 법통 수립 과정에서 등장하였다.

1816년 백파 긍선(白坡亘旋, 1767~1852)은 『선문수경(禪文手鏡)』을 저술하여 삼종선(三種禪)의 개념을 정리하였다. 그러나 초의 의순(艸衣意恂)은 『선문사변만어(禪門四辨漫語)』를 통해 삼종선의 오류를 지적하고 이종선(二種禪)을 제시하였다. 여기에 추사(秋史) 김정희(金正喜)가 실학을 바탕으로 초의와 같은 입장에서 백파의 견해를 비판하였다. 이후 설두 유형(雪竇有炯)이 스승 백파의 선론(禪論)을 재차 설파하였고, 축원 진하(竺源震河, 1851~1926)가 백파와 설두의 논리를 반박하면서 무려 120년에 걸친 불교계 초유의 논쟁이 진행되었다.

백파 긍선의 삼종선

백파는 1767년(영조 43) 전북 고창에서 태어났다. 12세에 선운사에서 시헌(詩憲)을 은사로, 연곡(蓮谷)을 계사로 득도하였다. 1790년(정조 14) 당시 화엄의 대가였던 설파 상언(雪坡尙彦, 1707~1791)에게 구족계를 받았다. 이후 전북 순창의 구암사(龜岩寺)에서 설봉(雪峰)의 법을 이었는데 이때 백파당(白坡堂)이라는 당호를 받았다. 1812년(순조 12)에는 용문암(龍門庵)으로 옮겨 정혜결사를 결성하고 수선(修禪)에 열중하면서 조사선(祖師禪)의 경지를 닦았다. 백파는 일찍이 26세에 개강(開講)하여 교학에 충실하였으나, 용문암 시절부터 선 수행으로 전환하였다. 이후 백양사 운문암으로 옮겨 그 동안의 교학과 수행을 바탕으로 『선문수경』을 저술하였다. 『선문수경』은 모두 22편으로 구성되어 있는데, 그 요지는 임제선(臨濟禪)을 선불교의 정통으로 인식하고 선의 경지를 독자적으로 해석한 것이다.

그는 먼저 "임제 삼구(三句)는 일대선교(一代禪敎)의 교지를 모두 섭렵하고 있기에 온총삼구(蘊摠三句)라고 한다"고 하여 임제 삼구에 의거하여 선법을 펼쳐나갔다. 임제 삼구는 '삼현삼요(三玄三要)의 설법'이라고도 하는데, 그 요체는 제1구에서 깨달으면 불조사(佛祖師)가 되고, 제2구에서 깨달으면 인천사(人天師)가 되며, 제3구에서 깨달으면 제 몸도 구제할 수 없게 된다는 것이다.

임제의 선풍은 송(宋) 대에 크게 일어나 청(淸) 대에 일대의 주류를 형성하였다. 많은 선사들이 임제의 어록을 주석하였는데, 특히 지안(志安, 1664~1729)은 『선문오종강요(禪門五宗綱要)』와 『선문강요집(禪文剛要集)』 등에서 임제 삼구를 자세히 설명하였다. 백파는 이 『선문오종강요』를 토대로 삼종선(三種禪), 즉 조사선·여래선·의리선을 적용하여 새롭게 임제 삼구를 해석한 것이다.

제1구는 삼요(三要)에 비유되는 인장(印章)을 누르면 그것에 새겨진 문자가 그대로 드러나는 것처럼, 일체의 분별이 없고 주관과 객관이 나누어지기 이전의 세계이다. 제1구는 기용(機用)을 갖추고 살활(殺活)을 모두 겸한 것이므로 이 도리를 터득하면 불조의 스승이 되는 조사선의 경지가 된다는 것이다. 제2구는 살(殺)만 있고 활(活)이 없기 때문에 이 도리를 터득하는 것이 여래선(如來禪)의 경지로서 인천(人天)의 스승이 된다고 하였다. 제3구는 무대 위의 꼭두각시가 여러 가지를 연출하는 것은 모두 무대 뒤의 사람이 조종하는 것이다. 이를 꼭두각시의 행동으로만 알고 무대 뒤의 사람을 보지 못하는 정도는 자기 자신도 구제하기 어려운 하류(下流)로서 이를 의리선(義理禪)의 경지로 분류하였다. 이는 불조가 방편을 제시하면 이를 좇아 성불하는 방법은 알지만 본래 불성은 깨닫지 못한다는 것이다.

백파는 이러한 임제 삼구가 선과 교의 모든 교리를 포섭한다고 하였다. 이를 위해 환성(喚醒)의 견해를 인용하고, 천하고금의 선지식들이 남긴 모든 언구(言句)는 이 삼구를 떠날 수 없다고 하였다.

또한 이상의 제1구의 조사선과 2구의 여래선은 격외선이 되고, 3구는 의리선이라고 주장하였다. 즉, 부처님이 가섭에게 교외별전의 격외선을 전한 삼처전심(三處傳心)은 의리선을 배격한 것이므로, 여래선과 의리선을 동일시하는 것은 잘못이라고 하였다. 그는 「살활변(殺活辨)」에서 다음의 주장을 편다. 즉, 삼처전심의 첫째 분반좌(分半座; 眞空)는 살인도(殺人刀)로서 제2구이니 오직 살(殺)만 있고 활(活)이 없다. 청원 행사(靑原行思)가 이를 얻어 육조(六祖)의 후손이 되었다. 둘째의 거염화(擧拈華)는 활인검(活人劍)으로 제1구이니 기용(機用)과 삼요(三要)・진공묘유(眞空妙有)・살활(殺活)을 모두 갖추었다. 남악 회양(南岳懷讓)이 이를 얻어 육조의 정법을 전수하였다. 셋째의 곽시쌍부(槨示雙趺)는 살활을 아울러 드러낸 것으로 제1구 중에서도 최상이 된다고 하였다.

법을 기준으로 구분하는 의리선과 격외선, 사람을 기준으로 구분하는 조사선과 여래선을 하나로 합쳐 독창적인 삼종선을 제창한 것이다. 이를 입증하기 위해 용담(龍潭)과 혜암(惠庵), 연담(蓮潭) 등의 이론을 인용하였다.

백파는 조사선과 여래선의 두 가지 선을 5개의 종파에 배치시켰다. 조사선에는 임제종과 운문종(雲門宗)의 두 종파가 속한다. 임제종은 기용을 모두 갖추었기 때문에 조사선의 정맥(正脈)이 되지만, 운문종은 절단(截斷)만을 밝혔을 뿐, 기용을 설명하지 못하였으므로 임제종에는 미치지 못한다. 여래선에는 조동종(曹洞宗)・위앙종(潙仰宗)・법안종(法眼宗)의 세 종파가 속한다. 그중 조동종은 향상(向上)을 깊이 밝혀서 순금에 해당하므로 여래선의 정맥이 된다. 위앙종은 본체와 작용은 밝혔으나, 향상은 밝히지 못하여 순금에는 해당되지 못하므로 조동종에는 미치지 못한다. 법안종은 마음만을 밝힌 까닭에 위앙종에도 미치지 못한다. 이상이 5개 종파를 조사선과 여래선에 배대시킨 그의 논지다.

백파는 또한 임제 삼구를 선문의 기본 원칙으로 삼아 달마의 '불립문자',

'직지인심', '견성성불' 론도 적용하였고, 달마와 혜가(慧可)와의 선문답을 셋으로 구분하여 달마의 삼처전심을 논하기도 하였다.

이 밖에 그는 유식의 삼성(三性)을 삼종선에 적용하였는데, 분별과 실체가 있는 망집(妄執)의 편계소집성(遍計所執性)을 의리선, 인연에 의해 일어나 현상으로 나타나는 의타기성(依他起性)을 여래선, 완전한 진실을 의미하는 원성실성(圓成實性)을 조사선으로 분류하였다. 여기서 그치지 않고 백파는 삼신불관(三神佛觀)·사홍서원(四弘誓願)·오분법신(五分法身) 등도 삼종선으로 풀이하였다. 한편 독특한 기호의 원상도(圓相圖)를 창안하여 삼구에 입각한 삼종선을 표현하였다. 또한 이상의 삼구를 일목요연하게 표로 정리하여 삼구도시(三句圖示)를 제시하였다.

백파는 한국 선종의 전통과 사상을 정립하기 위해 『선문수경』을 저술하였다. 임제 삼구를 선종의 기본원리로 인식하여 제반 종맥(宗脈)과 선론을 전개하면서 한국불교에 선의 개념과 체계화를 도입하였다. 그러나 지나친 도식화와 자의적 해석이 초의 등에게 비판받으면서 보편적 이론으로 수용되지는 못하였다.

초의 의순의 백파 비판

백파가 『선문수경』을 저술하자, 초의는 곧바로 『선문사변만어(禪門四辨漫語)』를 통해 그의 주장을 비판하였다. 초의 의순(1786~1866)은 전남 무안에서 태어났다. 열다섯 살이 되던 해에 나주군 다도면(茶道面) 운흥사(雲興寺)로 찾아가 벽봉 민성(碧峰敏性)을 은사로 출가하였다. 해남 대흥사(大興寺)에 와서 완호(玩虎)에게 구족계를 받았으며 초의(艸衣)라는 법호는 이때 받은 것이다. 완호는 연담(蓮潭)의 법손으로 조계문인(曹溪門人)이다.

그는 24세(1809년)에 강진 다산초당(茶山草堂)에 와서 유배 생활을 하던 다산 정약용(丁若鏞)과 만나 깊이 사귀면서, 다산에게 유서(儒書)와 시학(詩學)을 배워 유학에도 정통하였다. 1824년에는 일지암(一枝庵)을 중건하고 이후 일생 동안 은거하였다. 일지암은 초의의 사상과 철학을 집대성한 곳이요, 차 문화를 펴던 자리이기도 하다. 그는 이곳에서 선(禪)의 논지를 바로 세워『초의선과(艸衣禪課)』와『선문사변만어』를 저술하였고, 차문화를 부흥시키고자『동다송(東茶頌)』과『다신전(茶神傳)』을 저술하였다.

『선문사변만어』를 통해 초의는 백파의 선론을 조목조목 열거하며 오류를 지적하고, 자신의 견해를 밝혔다. 책 제목 '사변만어'는 4종의 선, 즉 여래선과 조사선, 격외선과 의리선에 대한 정의와 체계를 제시한다는 의미이다.

초의는 먼저 백파가 세존의 반분좌의 전법에 오직 살인도(殺人刀)만 전하고 활인검(活人劍)이 없다고 하였다는 사실을 비판하였다. 살(殺)과 활(活)은 기(機)와 용(用), 체(體)와 용(用) 등의 선구(禪句)와 같은 말이므로 표리의 관계에 있는 것이다. 즉, 대기대용(大機大用)처럼 살활은 상자(相資)하여 떨어질 수 없는 관계로 손발과 같은 관계라고 하였다. 그러므로 분반좌의 전법에 살인도만 전하고 활인검을 전하지 못했다면 세존의 전법은 온전한 것이 되지 못한다는 오류를 범하는 것이라고 하였다.

백파는 선을 조사선·여래선·의리선의 3종으로 분리하고 여기에 임제의 삼구를 배대하였는데, 그 결과 이 3종의 선이 근기의 우열에 따라 차등지워졌다. 조사선과 여래선은 사람에 대해 나눈 분별이고, 격외선과 의리선은 법에 대해 나눈 분별인데, 백파는 이 다른 기준을 초월하여 4종의 선을 묶어 3종선으로 구분하였던 것이다. 초의는 여래선과 조사선을 모두 격외선으로 규정한 백파를 비판하였다. 즉, 선의 분류에 언구의 사용 유무를 기준으로 삼았는데, 언구를 사용하지 않는 것이 조사선이고, 언구를 사용하는 것이 여래선이다. 따라서 언구를 사용하는 의리선은 여래선에 포함된다는 것이다. 결국 언구를 사용하는 선을 정격(正格)으로 본다면 언구를 사용하지 않는 선은 격외이므로 조사선은 격외선이 된다. "마음을 깨달아 말을 잊으면 교가 선이 되는 법이고, 말에 집착하여 마음이 미혹하면 선이 교가 되는 법이다"라는 것이다.

백파는 임제종과 운문종을 조사선, 조동종·위앙종·법안종을 여래선으로 분류하였다. 그중에서도 운문종은 단지 절단(截斷)의 도리를 밝혔을 뿐, 기용(機用)의 작용을 발휘하지 못하였기 때문에 임제종에 미치지 못한다고 하였다. 그러나 초의는 기용의 입장을 벗어나 달리 수류(隨流)의 절단이 있으며, 수류를 절단하는 작용을 벗어나서 달리 기용이 있을 수 있는가? 임제의 기용과 운문의 절단수류는 둘이 아니고 또한 우열도 있을 수 없다고 하였다. 초의는 또한 위앙종과 조동종 역시 우열이 있을 수 없음을 역사적 사실에 입각하여 논리적으로 반박하였다.

이 밖에 초의는 「이선래의(二禪來義)」와 「격외의리변(格外義理辨)」의 두 항목을 따로 두고 선의 유래와 체계를 규명하였다. 여기에는 역대 선사들의 어록 등을 실증적으로 논증하는 고증학적 방법이 사용되었다. 초의는 일찍이 김정희를 비롯한 당대의 실학자들과 교류하면서 경전만을 고집하지 않고 다양한 학문과 사상을 섭렵하였다. 이러한 소양을 바탕으로 임제종의 정통성만을 무리하게 역설하였던 백파의 오류를 지적하고 올바른 선의 체계를 정립하고자 하였다.

백파에 의해 비롯된 선 논쟁은 여기서 그치지 않았다. 조선 후기 실학의 완숙한 경지를 이루었던 추사 김정희(1786~1856)가 백파에게 수차례의 서신을 보내 이론(異論)을 제기하였다. 추사는 유학과 경학뿐만 아니라 당대의 고승들과 교유하면서 불교 교학에도 일가견을 이루었다. 특히 초의와는 동갑으로서 불우했던 유배 시절에 만나 수십 년 동안의 학문적 교감을 나누었다. 이 과정에서 초의를 통해 백파의 저술을 소개받고, 초의와 같은 입장에서 자신의 견해를 주장하는 서신을 보냈다.

추사의 서한은 3건이 전하고 이에 대한 백파의 답신은 1건이 남아 있다. 추사의 글은 선론에만 국한되지 않았다. 우선 선의 문제에 있어서 살활(殺活)은 분리된 것이 아니라 "하나의 같은 줄기로서 능살독초(能殺毒草)가 되기도 하고, 능활영초(能活靈草)가 되기도 한다"고 하였다. 또한 살활의 본래 면목, 선과 교의 관계, 간화(看話) 등에 대한 반론을 제기하였고, 나아가 유교에 대한 이해의 오류, 반야(般若)에 대한 비상식적 설명, 불설(佛說)과 번역문에 대한 문제 등 불교 사상 전반에 걸쳐 의문을 제기하였다.

추사는 학문 연구에 고증학적 방법을 기초로 삼았다. 일찍이 우리나라 금석학의 기초를 이루었던 만큼 논리적이고 과학적인 태도를 견지하였다. 이러한 입장에서 볼 때 오류와 비약이 적지 않았던 백파의 주장에 동감할 수 없었던 것이다. 이에 대해 백파는 추사와의 논쟁을 '마치 아이와 떡 싸움하는 것(無異小兒爭餠)'과 같다고 하면서 불교는 고증학적 검증에 의해 이루어지는 것이 아니라고 하였다. 그는 선의 전통을 견지하는 입장에서 『선문오종강요』에 입각한 자신의 신념을 굽히지 않았다.

계속되는 선 논쟁

백파의 선론에 대한 논쟁은 그의 사후에도 계속되었다. 먼저 우담 홍기(1822~1881)가 말년에 『선문증정록(禪門證正錄)』을 지어 백파의 주장에 반론을 제기하였다. "삼처전심(三處傳心)은 선문(禪門)의 원천이다. 원천이 맑으면 흐르는 물도 맑으며 또 의리선·격외선·여래선·조사선의 사변(四辨)은 선문의 이름이라, 이름이 바르면 선의 실지가 바르게 될 것이다. 또 살인도, 활인검은 문(門)의 비유이니, 비유가 지극하면 법도 지극해질 것이요. 삼구(三句)는 선문(禪門)에 있는 선의 문채(文彩)이니 문채가 근본에 다다르면 말(末)도 맑아지게 된다고 보고 선문의 제 문제를 분명히 증정(證正)해야 한다"는 것이다.

우담은 침명 한성(枕溟翰醒)에게서 교학을 배웠는데 침명은 백파의 제자였다. 즉, 우담은 백파의 손제자(孫弟子)이면서도 젊은 학인들에게 올바른 선의 체계를 전하기 위해 백파의 논리를 비판한 것이다. 백파가 『선문수경』을 저술한 이래 초의를 시작으로 추사, 그리고 앞의 우담에 이르기까지 일방적인 비판이 제기되었다. 이에 대한 백파의 반론은 추사의 서신에 대한 답신만이 유일하였다. 그러나 백파의 4대 법손인 설두 유형(雪竇有炯, 1824~1887)이 『선원소류(禪源溯類)』를 지어 스승의 입장을 다시 한 번 강조하면서 선 논쟁은 더욱 심화되었다.

　설두는 기본적으로 선의 근원을 찾아야한다는 우담의 견해에 찬동하였지만, 선을 이해하기 위해서는 선지(禪旨)와 선전(禪詮)의 구별이 필요하다고 하였다. 선지는 선의 활구안목(活句眼目)에서 보면 일체가 교외별전이다. 선전은 선의 종류별 요약이 가능하니 이것이 바로 삼종선이라는 것이다. 여래선과 조사선을 구분하였는데, 여래선은 여래가 깨달은 내용으로 『화엄경』의 설법이 바로 그것이고, 조사선은 진귀조사(眞歸祖師)가 여래의 깨달음이 미진함을 보고 여래에게 전심(傳心)한 것이다. 끝으로 석가여래가 조사에게 이를 전해 삼처전심을 이루었다고 하였다. 한편 설두는 『화엄경』의 사법계(四法界)를 삼종선에 대비하였다. 이법계(理法界)와 사법계(事法界)는 의리선, 이무애(理無礙)·사무애(事無礙)·이사무애(理事無礙)법계까지는 여래선, 그리고 사사무애(事事無礙)법계는 조사선이라고 하였다. 그러나 앞서 『화엄경』의 설법 모두를 여래선이라고 했던 스스로의 논리와 배치되는 등 모순을 드러냈다.

　조선 후기 선 논쟁의 마지막 인물은 축원 진하(竺源震河, 1866?~1926)이다. 축원은 『선문재정록(禪文再正錄)』을 통해 초의와 우담의 입장에서 백파와 설두의 논지를 비판하였다. 초의와 우담이 일찍이 올바른 선 사상을 설파하였지만, 수행자들은 여전히 잘못된 인식을 지녀 선가(禪家)의 병근(病根)이 되고 있다는 것이다. 축원은 삼구(三句)와 삼선(三禪), 의리선, 살·활 등의 문제를 합리적으로 설명하였다. 백파가 의리선을 자구불료(自救不了)라고 하였는데, 그렇다면 의리선은 범부법(凡夫法)인가 성현법(聖賢法)인가를 묻고, 성현법이라면 의리선을 지칭해서는 안된다고 하였다. 사선(四禪)이 모두 한 판으로 방법만 달리할 뿐이고, 인명에 의한 구분은 합(合)이요, 법명에 의한 구분은 개(開)이며, 격외선과 의리선에도 우열의 차이가 있는 것이 아니라는 것이다. 살·활의 문제에 있어서 살인도, 활인검은 사실상 일가(一家)에 함께 있는 보도(寶刀)이므로 살역검(殺亦劒)·활역검(活亦劒)이라고 하였다. 기(機)와 용(用)은 살(殺)과 활(活)의 다른 이름으로 기만 있고, 용이 없거나 용만 있고 기가 없을 수는 없는 것이라고 하였다.

축원은 백파의 법맥을 이은 설두에게서 경학을 배웠다. 그러나 건전한 논리를 가지고서는 이해할 수 없는 모순을 지니고 있기 때문에 후학의 올바른 수행관을 정립하고자 했던 것이다.

2) 선 논쟁의 의의

18세기 중엽 백파에 의해 야기되었던 조선 후기의 선 논쟁은 세기를 넘어 20세기 초까지 지속되었다. 억불 정책으로 불교계는 크게 위축되었으나 천년을 넘게 이어 온 불법의 진리를 탐구하려는 당시 승려들의 노력은 사그러들지 않았다.

임제선을 강조하기 위한 백파의 논지는 독창적인 한국 선의 한 모습을 보여 주려 했다는 데서 주목할 만하다. 비록 초의를 시작으로 거센 반론과 비판에 부딪혔지만, 여전히 자신의 선론을 굽히지 않았고, 제자인 설두에 의해 다시 한 번 강조되면서 축원에 이르기까지 논쟁이 지속되었다. 논쟁의 중심은 임제삼구에 입각한 삼종선과 삼처전심, 살·활의 동이성 등에 있었다. 백파는 선의 체계와 분류를 철저한 전통주의적 틀에서 이해하였고, 이를 논박한 초의 등은 실학의 새로운 학문적 경향에 영향을 받아 논리와 증거를 강조하였다. 여기에 추사의 고증학적 학풍이 작용하였고, 직접 백파에게 서신을 보내 실학자로서의 관점과 이해를 개진하였다. 수차례의 서신이 왕래하면서 비판에 재비판이 가해졌고, 장문의 치밀한 논박이 이어졌다. 그러면서도 추사는 백파의 사후 그의 비문을 쓰면서 백파를 "선문의 종장(宗匠)이며, 사람들이 기용살활을 알지 못하면서 백파가 이를 고집하였다고 비난한다면 이는 하루살이가 큰 나무를 흔드는 격"이라고 칭송하였다.

선 논쟁은 논쟁의 옳고 그름을 떠나 이렇다할 논점과 토론이 없었던 불교계에 신선한 자극을 주었다. 논쟁의 과정에서 다양한 용어의 개념 규정이 이루어졌고, 삼종선, 사종선 등에 대한 올바른 이해 방안이 제시되었다. 밖으로는 유교적 사회 체제에 대응해야하는 현실 속에서도 안으로는 끊임없이 자기 발전을 위한 정진이 백여 년간의 선 논쟁으로 나타난 것이다. 선의 이해를 통해 깨달음의 실체에 접근해 나가려는 이러한 노력은 한국불교의 수준을 한층 격상시켰던 것이다.

(4) 조선 말기 불교계의 변화

1) 사찰계의 결성과 활동

조선 초 많은 사찰이 혁파되고 그 재산이 몰수되는 억불의 사회에서 무엇보다도 어려웠던 점은 사찰의 경제적 곤란이었다. 전통적으로 시주에 의해 운영되었던 사찰의 재정은 더 이상 기대하기 어려웠다. 승려들은 사찰을 유지하기 위한 자구책을 모색하면서 때로는 불법(佛法)에 배치되는 생산과 식리 활동에 참여하기도 하였다. 그러나 이러한 경제 행위는 보편적인 현상은 아니었고 생계조차 어려운 대부분의 사찰은 폐허로 남기 일쑤였다. 이러한 배경에서 사찰계(寺刹契)가 등장하였고, 18·19세기 전국의 거의 모든 사찰에서 각종의 계가 번성하면서 조선 후기 사찰의 신앙적·경제적 기반을 확충시켜 나갔던 것이다.

사찰계란 불교 신앙을 바탕으로 수행과 신앙심을 증진시키거나 사찰 재산, 전각, 혹은 의식용품 등을 마련하기 위해 결성한 모든 조직체를 총칭한다. 그러므로 사찰계는 추구하는 목적이 불교 신앙으로 귀결됨으로써 단순한 이익집단으로서의 의미보다는 공동체적 요소, 다시 말하면 신앙공동체적 목적을 전제로 성립된다. 이러한 의미에서 삼국시대부터 존재했던 향도(香徒)나 고려시대의 보(寶)와 결사(結社) 등도 넓은 의미에서 사찰계에 포함될 수 있을 것이다.

사찰계에 관한 자료는 대부분 사찰에 전하는 비문, 현판문, 그리고 필사본 등의 일차적 형태로 전한다. 현재까지 210여 건의 각종 사찰계가 확인되었는데, 이들을 결성 목적과 활동 양상에 따라 구분하면 신앙활동과 보사활동(補

寺活動)의 두 유형으로 구분된다.

사찰계의 유형과 개설 시기

시기 \ 명칭	甲契	燈燭契	門徒契	佛糧契	喪布契	念佛契	地藏契	廳契	七星契	기타	합계
18세기	24	4	1	9	1	4	0	1	0	1	45
19세기	39	11	14	17	2	20	2	8	8	12	133
1900년 이후	5	3	2	3	0	9	2	5	0	3	32
합계	68	18	17	29	3	33	4	14	8	16	210

　신앙 활동의 사찰계는 염불계와 칠성계·지장계 등으로서 이 가운데 염불계가 대표적인 사례였다. 신분의 귀천이나 근기의 우열이 없이 누구나 염불 수행을 통해 극락왕생할 수 있다는 믿음은 마침내 신앙결사체인 염불계의 성행을 가져왔고, 서민불교라는 조선 후기 불교의 성격을 규정하는 데 큰 역할을 담당하였던 것이다. 다음으로 보사활동의 사찰계는 갑계를 위시하여 불량계·등촉계·문도계·청계·상포계 등이었다. 갑계는 조선 후기 사찰계 중에서 가장 많은 68건이 활동하면서 사찰의 재정 확충에 큰 역할을 담당하였다. 갑계가 수행한 보사활동의 범위는 재원이 필요한 모든 불사에 미치지 않는 곳이 없었고, 때로는 노동력을 제공하기도 하였다. 많은 사찰에서 절의 운영을 전적으로 갑계에 의존할 정도로 그 역할이 컸다. 실례로 25건 이상이 활동하였던 범어사의 경우 갑계는 절을 부찰(富刹)로 성장시키는 원동력이 되었다.

　사찰계는 참여가 자유로운 개방 조직이었다. 물론 계의 성격에 따라 참여자의 신분이 다르기는 하였지만 참여자의 자격을 엄격히 제한한 경우는 많지 않았다. 즉, 사찰의 전문 운영 기관에서 결성한 청계(廳契), 동일 스승의 문하생만이 참여하는 문도계(門徒契), 특정한 직장 내에서 결성한 불량계 정도만이 참여자를 제한한 경우이다. 또한 속인이 포함된 경우도 간혹 있었지만 갑계도 원칙적으로 승려만으로 결성한다는 점에서 제한적 조직이었다. 이들을 제외하면 대부분의 사찰계는 참여자를 제한하지 않았다. 보사활동의 계에 있어서는 목적이 재정 확충에 있었으므로 많은 계원의 참여는 곧 계금의 확대를 의미한다. 또한 신앙활동에 있어서도 수행과 포교를 위해 계원의 확보는 필수적이었다. 따라서 계의 취지와 규약에 찬동하는 사람은 누구나 계원이 될 수 있었던 것이다. 조선 후기 사찰계가 번성할 수 있었던 일차적인 바탕은 이러한 참여의 개방성에 있었다.

계의 결성과 활동에 있어서 속인의 존재는 큰 비중을 차지한다. 직접 수행에 참여하거나 또는 시주자로서 이들은 신앙과 보사라는 계의 근본 목적을 달성하는 과정에서 중요한 역할을 담당하였다. 속인들이 결성한 불량계 중에서 1890년(고종 27) 마곡사(麻谷寺)의 경우나 1900년에 결성한 남원 천은사(泉隱寺)의 경우는 군영(軍營)과 관찰사 등의 특정한 관청 관리들만이 참여한 불량계였다. 같은 직장의 공동체적 유대감에서 비롯되기 때문에 계의 활동은 조직적으로 진행되었고, 사찰의 입장에서는 장기간 일정한 시주를 보장받을 수 있었다. 그러나 이들의 존재는 물질적인 시주보다 오히려 관청이 지닌 권위와 힘으로써 사찰을 외호(外護)한다는 내재적 효과가 더 크게 작용하였다.

사찰계의 활동은 불교 전반에 미치지 않은 곳이 없었다. 보사활동은 금전과 물자를 시주하는 것이 일반적이었다. 그러나 시주가 아니라 집단의 노동력을 제공한 갑계도 있었고, 삼림을 육성하는 송계(松契)에서는 아예 노동 활동이 계의 근본 기능이었다. 또한 사찰계의 다양한 기능은 교육 활동에까지 영역을 확대하였다. 후학을 양성하기 위한 학계(學契), 범패를 전수하기 위한 어산계(魚山契) 등은 사찰계가 교학과 의식(儀式)의 발전에도 기여하였음을 보여 준다. 조선 후기 이후 16건이 확인되는 문도계는 스승의 안위(安慰)와 장례를 위해 제자들이 계를 결성하여 각종의 보사활동을 전개하였다. 그러나 계를 통해 문도들 간의 결속을 강화하고 스승의 학문과 사상을 계승한다는 신앙적 의미가 더욱 큰 가치를 지녔다.

조선 후기 사찰계의 결성은 단순히 재정적 어려움을 해결하기 위한 경제적 결합이 아니라 억불의 사회에서 승려와 승려, 또는 승려와 세속이 사찰을 유지, 발전시키기 위한 신앙적 결합이었다. 계는 일정량의 계금이나 물질적 지원을 통해서가 아니라 이를 매개로 한 계회(契會)와 법회, 그리고 의식 등을 통해 불교 신앙을 고취하려는 데 더 큰 목적을 두고 있었다. 이와 같이 억불의 사회에서 불교가 존속할 수 있었던 기저에는 사찰계의 활동이 대단히 중요한 역할과 기능을 담당하였던 것이다.

2) 가람의 중건과 불사

19세기 불교계의 흐름은 활발한 가람의 중창과, 새로운 전각의 건립 등 다양하게 전개되었다. 전국의 수많은 사찰이 어려운 여건 속에서도 꾸준히 가람을 정비하고 불상을 조성하는 등 지속적으로 법등을 이어 나갔다. 실례로 1842년(헌종 8) 큰 화재에 가람의 대부분이 소실된 송광사의 경우, 이듬해부터 15년간에 걸쳐 대규모의 가람을 중건하였다. 이러한 장기간의 대역사(大役事)는 전국적인 모금 활동과 관청의 도움이 있었기에 가능하였다. 특히 조선시대 전기간에 걸친 왕실의 지원과 보호는 국가의 정책과는 달리 불교를 장려, 육성할 수 있을 만큼 든든한 힘이 되었다. 특히 조선 후기 사찰 중수 불사에 왕실의 후원은 각별하였다.

1831년(순조 31)에는 유점사에서 왕대비의 발원으로 『화엄경합론』 120권, 『법원주림』 100권 등의 사경이 이루어졌다. 대원군 이하응(李昰應)과 조대비(趙大妃)의 신심은 각별하여 1864년(고종 1) 보광사의 중창 불사를 도왔고, 1866년(고종 3)에는 화계사의 중건 불사를 지원하여 석수와 목공을 보냈으며, 직접 여러 전각의 현판을 쓰기도 하였다. 또한 1851년(철종 2)에 법주사는 대왕대비의 시주로 공명첩 5,600장을 받아 가람을 중수하였다. 아울러 승역과 여러 잡역을 면제하고, 관청과 향교 등에 제공하였던 산과(山果)·산채(山菜) 등의 공납을 금지하는 등 제반 폐단을 근절하였다.

1858년(철종 9) 신륵사는 순원대비가 시주한 내탕금을 받아 극락전을 중수하였고, 아미타삼존을 봉안하였다. 1881년(고종 18)에는 왕이 내탕전 3,500민(緡)과 공명첩 5백 장, 백목과 지속(紙束) 등을 귀주사(歸州寺)에 하사하여 3백여 칸의 당우를 중건하였다. 귀주사는 숙종과 정조의 어필을 간직한 인연이 있었다. 1879년 고종은 왕손의 탄신을 경축하며 건봉사를 원당으로 지정, 일체의 잡역을 혁파하였고, 이듬해 조대비는 시왕전 불사를 지원하였다.

  한편 18세기 이후 불교계와 유학자들의 교류는 사찰의 중수에도 좋은 결과를 불러왔다. 즉, 당대의 관료와 학자들이 사찰의 중수에 시주자로 참여하거나 직접 관여하여 현판문, 중창기문, 사적기 등을 남겼다. 추사의 부친인 김노경(金魯敬, 1766~1840)은 경상감사로 있던 1817년(순조 17) 해인사의 중건에 참여하였고, 32세의 젊은 추사는 대적광전의 중수상량문을 짓고 직접 썼다. 1842년(헌종 8) 장안사의 중건에는 영의정을 지낸 조만영(趙萬永, 1776~1846)이 공명첩 5백 장을 지원하고 막대한 사재를 시주하여 3백 칸의 당우를 중수하였다. 이때에는 또한 민영휘(閔泳徽, 1852~1935)·민영환(閔泳煥, 1861~1905) 등의 영흥 민씨 가문도 참여하였다. 1888년(고종 25) 김룡사의 16나한도 등의 조성에는 전권대신을 지냈던 민영익(閔泳翊, 1860~1914)도 시주자로 참여하였다.

  19세기 이후 안동 김씨 가문의 불교 지원은 매우 각별했다. 김씨 세도의 선조인 김조순(金祖淳, 1765~1832)이 1824년(순조 24) 표훈사 불지암을 중창한 이래 그의 아들인 김유근(金逌根, 1785~1840) 역시 표훈사의 청련암 중창을 도왔다. 이어 1854년(철종 5)부터 1864년(고종 원년)까지는 김조순의 아들로 영의정을 지냈던 김좌근(金左根, 1797~1869)과 손자 김병기가 대를 이어 오랫동안 불사를 지원하였다. 이 둘은 조금 앞선 1859년(철종 10)에는 대승사의 신중도 조성에 참여하기도 하였다. 또한 김병기는 1881년(고종 18) 불지암의 칠성각 중수를 지원하는 등 김조순 일가의 지원은 수십 년간 지속되었다.

  이처럼 왕실과 사대부 등의 지원에 힘입어 사찰은 중건을 거듭해 나갔다.

구체적으로 19세기에 조성, 중수된 주요 전각으로는 대흥사 대웅전(1813년), 마곡사 대광보전(1813년), 완주 송광사 대웅전(1814년), 안심사 대웅전(1816년), 해인사 대적광전(1817년), 숭림사 보광전(1819년), 신흥사 대웅보전(1821년), 불갑사 대웅전(1825년), 선암사 대웅전(1825년), 고운사 대웅전(1835년), 김룡사 대웅전(1846년), 화엄사 각황전(1847년), 대승사 극락전(1872년), 금산사 미륵전(1897년) 등이 있다.

가람의 중창과 더불어 많은 불상과 불화 등이 새로 조성되었는데, 1800년 이후에 조성하여 화기가 남아 있는 19세기의 불화만 해도 대략 243점에 이를 정도로 불사(佛事)는 번성하고 있었다. 한편 이 시기 불화의 조성에서 눈에 띄는 것은 괘불(掛佛)의 제작이 부쩍 많아졌다는 사실이다. 직지사(1802년), 홍천사(1832년), 청량사(1852년), 청계사(1862년), 봉은사(1886년), 불암사(1895년) 등의 괘불이 19세기에 조성되었다. 괘불은 야외 법회를 위해 조성하므로 괘불의 번성은 곧 많은 대중이 운집하는 대규모의 법회가 그만큼 많이 개설되었다는 사실을 말한다. 즉, 괘불의 조성은 불교 신앙의 대중적 확산과 그에 따른 물질적 기반이 뒷받침될 때 비로소 가능하므로 이를 통해 조선 말기 불교의 발전을 엿볼 수 있는 것이다.

(5) 조선 말기 선사들의 활동과 사상

18·19세기 조선 후기의 새로운 문화는 불교의 발전을 가져왔고, 불교의 발전은 다시 조선 후기 문화의 번성을 이끌어 가는 데 기여하였다.

조선 후기 불교를 이끌어간 힘은 수많은 고승들의 활동에서 비롯되었다. 임진왜란 이후 한층 격상된 불교계의 위상은 보다 안정된 분위기에서 교학의 진흥과 수행에 진력할 수 있는 계기가 되었다. 1695년(숙종 21) 백암 성총(栢庵性聰, 1631~1700)은 징광사(澄光寺)를 중심으로 『금강경소』, 『화엄현담』 등

190여 권이나 되는 많은 경전을 목판 5천 매에 간행하였다. 이러한 경전의 보급과 아울러 강경(講經)법회가 곳곳에서 개설되었다. 18세기 초 환성 지안(喚醒志安, 1664~1729)이 금산사(金山寺)에서 화엄법회를 개설하자, 1,400명이나 되는 많은 대중이 운집하였고, 상월 새봉(霜月璽封, 1687~1766)이 1754년(영조 30) 선암사(仙巖寺)에서 개설한 화엄강회에는 천여 명이 참석하였다. 여기에 숙종 대(1674~1720)의 여러 차례에 걸친 각종의 불서 간행은 교학의 발전에 밑거름이 되었다.

이러한 불교계의 내적 발전은 성리학의 새로운 변화를 이끌고 불교와의 공존을 모색하였던 유학자들에게 힘입은 바가 크다. 일찍이 율곡 이이에서 비롯하여 다산 정약용, 추사 김정희에 이르는 이른바 '외유내불(外儒內佛)'의 지식인들과 많은 승려들의 교류는 불교의 교학적 수준을 한층 고양시켰다. 유자(儒者)들의 입장에서는 이러한 스님들을 '심유적불(心儒跡佛)' 또는 '흑명유행(黑名儒行)'이라 일컬으며 조선 후기 사상과 문화의 균형적 발전을 도모하였다. 19세기에 활동한 승려들의 문집과 저술 등이 57종에 달한다는 대략적인 통계는 이 시기 불교의 진흥을 가늠하게 한다.

18세기 중엽 이후 19세기까지의 많은 고승들 중에서 후학의 양성과 교학의 발전에 공헌하였던 인물들을 통해 이 시기 불교의 면목을 살펴보고자 한다. 특히 저술과 문집을 남긴 연담 유일(蓮潭有一), 사암 채영(獅巖采永), 범해 각안(梵海覺岸), 화악 지탁(華嶽知濯), 화담 경화(華潭敬和) 등을 중심으로 살피겠다. 이 밖에 문집을 남긴 이로는 완호 윤우(玩虎倫佑), 함명 태선(涵溟太先), 혼원 세환(混元世煥), 월하 계오(月荷戒悟) 등이 있다.

연담 유일

조선시대 선풍을 정립, 진작시킨 서산대사의 문도들 중에서 대흥사를 중심으로 활동한 분들을 '13대 종사'와 '13대 강사'라고 불렀다. 풍담(楓潭)을 시작으로 초의에 이르는 13대 종사 가운데 한 분이 연담 유일(蓮潭有一, 1720~

1799)이다.

  속성은 천(千)씨로 개성에서 태어나 18세에 출가하여 이듬해 법천사의 안빈(安貧)에게서 구족계를 받았다. 이후 보흥사, 대흥사, 보림사, 해인사 등지에서 경전을 수학하였다. 특히 체정(體淨)의 문하에서 3년간 선리를 익혔고, 법형인 설파 상언(雪坡尙彦)에게서는 『화엄경』을 배웠다. 십여 년간의 수학을 통해 31세에 처음으로 보림사에서 강석을 시작한 뒤, 평생을 강학과 후학 양성에 진력하였다. 대사가 남긴 자서전에는 당시의 일상을 다음과 같이 적고 있다.

    내가 입실한 뒤로부터 매일 새벽과 저녁 두 차례씩 경을 읽고 주문을 외우며 부처님께 예배하고서야 경을 강하였다. 그래서 항상 가사를 입고 이른 새벽 일찍 일어나서 향촉을 밝히지 않은 채, 칠불과 팔보살께 예배를 올린 뒤에 대중들과 함께 향촉을 켜고 예배하는 것을 항례로 삼았다. 이는 참으로 고행이지만 감초와 같이 달게 여겼기에 30년 동안 경을 강설하면서 한 번도 큰 장애나 어려움이 없었고, 병에 시달리는 일도 없었다.

  이처럼 치열한 신앙심과 교학을 터득하기 위한 고행이 있었기에 조선 후기 어려운 여건에서도 불교가 지속적으로 법등을 이어갈 수 있었던 것이다. 대사의 강의는 철저한 논증을 통해 이루어졌다. 『화엄경사기(華嚴經私記)』는 경론의 난해한 구절을 끝까지 생각하고 연구하여 깨달은 바를 낱낱이 적은 기록이다. 당시에도 『화엄경사기』는 학인들은 물론 강사들까지도 베껴 지니고 있을 만큼 『화엄경』 이해의 필수 지침서였다. 오늘날에도 이 사기는 강원 교육의 귀중한 참고 자료로 사용하고 있다. 이 밖에 대사가 남긴 저술은 『금강하목(金剛蝦目)』, 『기신사족(起信蛇足)』, 『대교유망기(大敎遺忘記)』, 『도서사기(都序私記)』, 『서장사기(書狀私記)』, 『선요사기(禪要私記)』, 『연담대사임하록(蓮潭大師林下錄)』, 『염송착병(拈頌着柄)』, 『원각경사기(圓覺經私記)』, 『절요사기(節要私記)』, 『제경회요(諸經會要)』 등이 있다.

유일의 학식은 불교 경전에만 국한되지 않았다. 천성이 영민하여 어린 시절부터 유학의 경서를 체득하는 데 비범함이 있었으므로 이를 바탕으로 폭넓은 식견을 갖추었다. 당시의 선비들은 대사의 풍모를 동경하며 산중에서 나와 환속할 것을 요청하기도 하였다. 유일의 문도들이 엮은 『연담집』에 서문을 쓴 안책(安策)은 "아깝구나. 연담이 어찌하여 도의를 주장하는 유교의 문에 나오지 아니하고, 도리어 공적(空寂)을 주장하는 불교로 갔는가"라고 하였다.

유일이 지녔던 선과 교의 회통 정신은 많은 제자들에게 전하여 이후 조선 후기 불교의 일대 법맥을 형성해 나갔다.

사암 채영

사암 채영(獅巖采永, 생몰년 미상)은 한국 불교의 법맥을 정리한 『서역중화해동불조원류』의 저자로 유명하다. 대사는 생몰년조차 알 수 없지만, 한국불교의 법맥사를 전체적으로 정리하기 위해 3년 동안 자료를 수집하고, 고증하여 『불조원류』를 편찬하였다.

채영은 금파 행우(錦波幸祐)의 제자이고, 금파는 월저 도안(月渚道安, 1638~1715)의 제5세 법제자이므로 월저의 법맥을 이었다. 이후의 행장은 알 수 없으나 일찍부터 한국불교의 법맥을 정리하려는 원력을 세웠다. 1762년(영조 38)부터 각종의 자료를 수집하고 고승을 탐방하기를 3년여, 마침내 1764년(영조 40) 전북 완주의 송광사(松廣寺)에서 『불조원류』를 완성하였다. 간행에 앞서 전국의 고승들을 초빙하여 회람하는 등 철저한 고증과 자문을 받았다.

『불조원류』는 오랫동안 다양하게 제기되었던 한국불교의 법맥에 대한 이설(異說)을 정리하여 '태고법통설(太古法統說)'의 계보를 일원화하였다. 책의 체제는 제목과 같이 인도와 중국, 우리나라의 전법 조사들에 관한 기록으로 구성되었다.

먼저 서두에 당나라 왕발(王渤)의 「석가여래성도응화사적기실(釋迦如來成道應化事蹟記實)」을 실었다. 본문의 첫내용은 인도의 나무제일비파시불(南無

第一毗波尸佛)에서 시작해 석가모니가 출생하기 이전의 과거 6불과 석가모니불에 대한 설명이다. 「서천조사(西天祖師)」에서는 제1조 마하가섭에서 시작하여 제28조 보리달마까지 인도의 28조사들을 열거하였다. 다음의 「중화조사(中華祖師)」는 제1조 달마에서 시작하여 제6조 혜능대사(慧能大師), 이후 임제(臨濟)를 거쳐 평산(平山)과 석옥(石屋)에 이르는 임제종의 법맥을 기술하였다. 그리고 평산 밑에 나옹 혜근(懶翁惠勤), 석옥 밑에 고려의 보우(普愚)를 기술하여 한국 선종의 법맥이 혜근과 보우에 의해 중국 임제종을 직접 계승하였음을 밝힌 것이다.

우리나라의 법맥을 기술한 「해동원류(海東源流)」에서는 먼저 혜근을 시작으로 제자인 무학(無學)·지천(智泉)으로 이어지는 나옹의 법맥을 실었다. 이어 태고 보우를 '해동정맥제일조(海東正脈第一祖)'라 하였고, 휴정(休靜) 이후의 조선시대 법맥은 책을 저술하던 영조 대까지를 「해동선맥정전도(海東禪脈正傳圖)」라는 도상으로 나타냈다. 다시 시대를 거슬러 보조(普照)에서 고봉(高峰)에 이르는 조계산 십육조사(曹溪山十六祖師)를 나열하였다. 끝으로 「지공행적(指空行蹟)」과 '산성(散聖)'이라 하여 태고 보우 이전의 법사(法嗣)가 없는 고려시대 승려를 열거하였다.

조선 초기 무학 자초(無學自超)는 『조파도(祖派圖)』를 찬술하여 한국불교의 임제 법맥을 정리하였고, 18세기 초에 월저 도안은 이를 증보하여 『불조종파도(佛祖宗派圖)』를 찬술하였다. 도안의 법손인 채영은 이 『불조종파도』를 계승하면서 서산계 법맥을 정통으로 내세우고, 상대적으로 부휴(浮休)계를 소략하게 서술하였던 것이다. 이에 불만을 가진 송광사의 벽담 행인(碧潭幸仁)은 절에 있던 목판본을 모두 불태웠다고 한다.

『해동불조원류』는 조선 후기까지의 한국불교 법맥을 체계적으로 정리한 저술이다. 이 중에 입전된 인물들은 대부분 법명만을 기록하여 계파도(系派圖)의 수준을 넘어서지 못하였다. 그러나 법맥의 수립을 통해 조선 후기 불교의 정체성을 인식하고, 나아가 불교계 내부의 역량을 결집시키려는 노력은 중요한 의미를 지닌다고 하겠다.

화악 지탁

18세기 이후 불교의 특징 가운데 하나는 유학자들과의 밀접한 교류를 통해 불교적 토양을 배양시켰다는 점이다. 일찍이 경전은 물론이고 유가의 학문까지 섭렵한 고승들과 실학의 개방적 사고를 익힌 유학자들과의 교류는 이 시기 불교의 발전적 모습이었다.

화악 지탁(華嶽知濯, 1750~1839)은 많은 유학자들과 만나면서 여러 편의 글을 남겼다. 지탁은 황해도 백천의 견불산(見佛山) 강서사(江西寺)에서 성붕(性鵬)을 은사로 출가하였다. 이후 금강산과 보개산, 그리고 통도사와 운봉사(雲峰寺) 등에 주석하며 수행에 전념하였는데, 『수능엄경』을 만 번이나 읽었다고 할 정도로 치열한 구도의 자세를 지녔다. 그는 총명하기가 남보다 뛰어나 외전에도 통달하였고, 문장력도 비교할 이가 없을 정도였다고 한다. 홍국사에 주석할 때는 여러 유생과 함께 시를 읊었고, 유불도 삼교에 대해 토론을 벌이기도 하였다. 그가 교류한 유학자로는 영의정을 지냈던 이상황(李相璜, 1763~1841), 안동 김씨 세도정치의 중심에 있었던 김조순(金祖淳, 1765~1832), 조선 후기 새로운 서화를 구축한 추사 김정희, 그리고 영의정을 지내며 조선의 개화를 주장했던 이유원(李裕元, 1814~1888) 등이 있었다. 김정희는 대사를 기려 '화악(華嶽)' 2자를 크게 쓰고, 영찬을 남겼다. 이유원은 대사의 비문을 찬술하였는데, 불교의 오계(五戒)와 유교의 오상(五常)을 비교하여 유·불의 도는 다르지만, 도를 위하는 마음은 하나라며 대사가 평소 지녔던 사상을 대변하였다.

대사의 제자는 백여 명을 헤아리는데, 그 가운데 화담 경화(華潭敬和)와 보월 혜소(寶月慧昭)가 유명하다. 혜소는 지탁의 글을 모아 문집 『삼봉집(三峰集)』을 편찬하였다. 삼봉은 대사가 삼각산에 오랫동안 주석했던 인연에서 붙여진 별호이다. 『삼봉집』의 발문에서 혜소는 "사미 때 스님을 금강산 유점사에서 뵈었다. 칠순에 접어들었는데 용모는 단정하고 우아하였으며, 정신은 청명하였을 뿐만 아니라 목소리도 낭랑하였다. 늘 만면에 자비를 머금고 교화하니, 사람들은 부처의 출세인 듯 여겼다"고 하였다. 그는 1839년 세수 90세로 금강산 장안사 지장암에서 입적할 때까지 평생을 후학 양성과 교학의 증진에 매진하였다.

화담 경화

화담 경화(華潭敬和, 1786~1848)의 속성은 박씨이고, 교호(敎號)가 화담, 선호(禪號)가 시중(示衆)이었다. 18세에 재봉(霽峯)대사가 신흥사에서 설법하는 것을 듣고 환희심을 일으켰다. 재봉이 말하기를, "너는 속세에 있을 사람이 아니니 출가하는 것이 어떻겠는가"라고 권유하자, 마침내 양주 화양사(華陽寺)의 월화 성찬(月華性讚)대사에게 출가하였다. 그 후 보개산(寶盖山) 석대암(石臺庵)의 율봉 청고(栗峯靑杲)를 찾아가『화엄경』과『열반경』등을 배웠다. 수년 후 율봉대사와 함께 금강산 마하연으로 옮겼다. 보덕굴에서 백 일 동안 대비주(大悲呪)를 염송하다가 꿈에 관음보살을 친견하였다. 이후 크게 깨달음을 얻고 경전의 진리를 더욱 깊이 이해하였다.

이후 화악 지탁(華嶽知濯)의 법통을 이었다. 화악이 그의 그릇을 알아보고 경문을 입으로 가르치고 마음으로 전하니 날로 배움이 깊어갔다. 다시 지리산으로 가 서봉 두옥(瑞鳳斗玉)의 문하에서 3년 동안『선문염송』을 배우고 격외선을 익혔다. 경화는 당대의 유명한 종사를 모두 찾아가 교와 선을 두루 익히며 선교를 겸수하였다.

보문사(普門寺)에서 처음으로 강석을 열자 많은 대중이 운집하였고, 이후 인연 닿은 대로 유력하면서 설법과 수행을 병행하였다. 1841년 봉은사에 주석하자 역시 이곳에도 많은 사람이 찾아들었고, 다시 범어사로 옮겼다. 무신년 봄 경기도 가평군의 운악산(雲岳山) 현등사(懸燈寺)로 옮겼으나 십여 일 만에 열반하였다. 대사의 세수는 63세로 법랍은 45년이었다. 출가 이후 29년간을 장좌불와하였고, 『화엄경』을 55회나 강의하였으며 『법화경』, 『열반경』 등은 이루 헤아릴 수 없을 정도로 강독하였다.

경화는 충신열사의 고사를 들을 때면 눈물을 흘리며 말하기를, "남자로 세상에 태어나 목숨을 바쳐 인의(仁義)를 이룬다면 진실한 삶이다"라고 하였다. 이러한 절개를 지닌 그는 유학자들과도 주저 없이 교류하였고, 유교 경전에도 깊은 조예를 지녔다. 그의 법맥은 휴정의 법을 이은 한암(漢巖) – 화악(華嶽)으로 연결되고, 교법을 이은 제자로는 보월 혜소(寶月慧昭)를 비롯하여 22명, 선맥을 이은 제자로는 송암 대원(松巖大遠)을 비롯한 29명이 유명하다. 그의 행장 말미에는 이 밖에도 백여 명의 이름이 등재되어 있을 만큼 교학과 선맥을 전수받은 문도들이 많았다. 보월 혜소는 대사의 진영 찬문에 "학업의 돈독한 뜻은 맑은 얼음과 같고 장좌불와의 계율을 간직하였네. 석장은 멀리 땅 끝까지 이르렀고, 정진하였으며, 강론은 한결같아 청풍명월이어라"라고 하였다. 저서로 『천지팔양신주경(天地八陽神呪經)』과 『게송육십칠품』 등을 남겼다.

범해 각안

우리 나라의 불교사를 연구할 수 있는 자료는 많지 않다. 1,700년의 한국불교사 전개 과정에서 수많은 고승대덕이 법등을 이어갔지만, 이들의 행장을 체계적으로 정리한 고승전은 『해동고승전』과 『동국승니록(東國僧尼錄)』, 『동사열전』 정도이다. 특히 『동사열전』은 조선시대의 고승에 중점을 두고 있어 어려운 여건에서도 법등을 잃지 않았던 선조들의 발자취와 수행의 진면목을 여실히 기록한 귀중한 자료이다.

범해 각안(梵海覺岸, 1820~1896)은 경주 최씨로 전남 완도에서 태어났다. 14세에 해남 대흥사에서 출가하여 16세에 호의 시오(縞衣始悟)를 은사로 모시고, 하의 정지(荷衣正持)에게서 사미계를 받았다. 그 후 초의에게서 비구 및 보살계를 받았고, 문암(聞庵), 운거(雲居), 응화(應化), 태호(太湖), 자행(慈行) 등의 여러 승려들에게 교학과 의식을 배웠다. 1846년(헌종 12) 진불암(眞佛庵)

에서 처음 개강한 이래, 22년간 『화엄경』을 6회, 『범망경』을 12회나 강설하였다. 이후 평생을 후학 교육과 저술에 전념하였다. 각안의 저술은 『동사열전』을 비롯하여 『경훈기(警訓記)』, 『동시선(東詩選)』, 『명수집(名數集)』, 『박의기(博儀記)』, 『사략기(史略記)』, 『사비기(四碑記)』, 『사십이장경기(四十二章經記)』, 『유교경기(儒敎經記)』, 『은적사사적(隱跡寺事蹟)』, 『진보기(眞寶記)』, 『통감기(通鑑記)』 등이 있다. 제자들이 대사의 시문을 모아 『범해선사유고(梵海禪師遺稿)』와 『범해시고(梵海詩稿)』를 찬집하였다.

『동사열전』은 우리나라 역대의 고승과 불교인 198명에 대한 행장을 6권 2책에 기록하였다. 삼국시대에서 신라까지가 10인, 고려시대가 16인, 그리고 조선시대가 172인이다. 여기에 저자 자신의 자서전까지 포함하면 조선시대 특히 조선 후기의 인물이 대다수를 차지한다. 그는 이와 관련하여 다음과 같이 말한다.

> 불법이 동국에 처음 유통된 뒤 조선시대에 이르기까지 전성시에는 승려에게 도첩, 승과, 승관(僧官)이 있어 이들의 역사와 전기가 있었다.… 내가 학인과 더불어 문답하는 여가에 동국 스님의 시대 사적을 모아 선각자가 후학을 깨우치는 잠계에 갖춘다. 또한 대략 계보와 계파를 기술한다.

각안은 강학과 수행에 전념하면서도 전국의 명찰과 명승을 두루 유력하였다. 이 과정에서 『동사열전』을 편찬하는 데 필요한 자료를 수집하였던 것 같다. 1894년(고종 31) 75세의 나이로 해남의 두륜산 일로향실(一爐香室)에 머물며 『동사열전』을 탈고하였다. 이 과정에서 대흥사에 주석하였던 고승들이 대거 입전되었다. 자료 수집의 한계와 자신의 법맥을 중심으로 서술한 결과이지만, 이로 인해 고승전으로서의 완전한 틀을 갖추지 못했다는 한계를 지닌다. 그럼에도 불구하고 『동사열전』은 고려시대 『해동고승전』 이후 최초의 체계적인 고승전으로서 많은 역사가 공백으로 남아 있는 조선시대 불교사를 확충할 수 있는 귀중한 사서이다.

(6) 근대 불교로의 이행

　조선 후기의 조계종은 조선 중기에 정비된 수행 및 수학 체계에 따라 교학을 연마하고 수행한 결과 여러 고승들이 출현하여 후학 양성과 교학 발전, 그리고 조계종의 법맥을 계승하게 되었다. 즉, 청허 휴정과 부휴 선수의 양대 법맥이 조선 후기까지 이어져 조계종의 사상과 수행은 물론 그 문화를 지켜 나가고 발전시키게 되었던 것이다. 나아가 이러한 조계가풍은 근대로 연결되어 현 대한불교조계종을 탄생시키는 데 지대한 역할을 하게 된다.
　조계종의 근간을 형성하는 선 수행의 측면에서 보면, 이 양대 법맥에서 훌륭한 고승들이 법을 이어 그들로부터 경허 성우(鏡虛惺牛), 용성 진종(龍城震鐘) 등이 출현하여 쇠잔해 가던 선풍을 진작시키기에 이른다. 경허 성우와 용성 진종은 모두 태고 보우의 10세인 환성 지안의 법맥을 이은 조계의 적손이다. 또한 환성문중 설송파(雪松派)에서는 근대에 성해 남거(聖海南巨)가 출현하여, 통도사에서 선맥을 이어 가게 된다. 이 남거의 문하에서 구하, 경봉이 등장하게 되는 것이다. 송광사에는 환성 지안의 함월파(涵月派) 석두 보탁(石頭寶鐸)의 문손 효봉 학눌(曉峰學訥)이 자리 잡아 보조 지눌을 원사(遠嗣)하여 수행 가풍을 세웠다.

경허 성우의 법맥

환성 지안(喚醒志安) – 호암 체정(虎巖體淨) – 청봉 거안(靑峰巨岸) –
금허 법첨(錦虛法添) – 용암 혜언(龍岩慧彦) – 영월 봉율(詠月奉律) –
만화 보선(萬化普善) – 경허 성우

용성 진종의 법맥

환성 지안을 원사(遠嗣)함

성해 남거의 법맥

환성 지안 – 설송 연초(雪松演初) — 경파 경심(慶坡敬審) — 학송 이성(鶴松理性) — 보우 민희(普雨敏希) – 축용 태일(鷲龍泰逸) – 성해 남거

 그 밖에도 호남 지방에서는 백파 긍선을 이은 설두 유형 문하에서 다륜 익진(茶輪翼振) – 금화 유성(錦華維性)으로 법맥이 이어지고 근대에 이르러 학명 계종(學鳴啓宗)이 출현하여 선농불교를 일으켰다. 환성 지안의 연담 유일 계에서는 초의 의순을 비롯한 13대 종사와 13대 강사가 나왔고, 취운 도진(醉雲道珍) 문하에 만암 종헌(曼庵宗憲)이 출현하여 백양사를 중심으로 뚜렷한 선맥을 형성하기에 이른다. 또한 설두 유형 – 완성(玩性) – 관해(觀海) – 만허(萬虛)로 이어지는 법맥에서는 근대에 혜안 봉수(慧眼鳳秀)가 출현하여 내소사 일대에서 선풍을 진작시키게 되었다.

 강맥의 전수에서는 백파 긍선 – 설두 유형 – 다륜 익진 – 설유 처명(雪乳處明) – 영호 정호(映湖鼎鎬)로 이어져, 영호 정호의 문하에서 근대 대강백들이 출현하게 되었으며, 백파 긍선의 또 다른 법맥에서는 경송 언천(慶松彦泉) – 운허 용하(耘虛龍夏)로 이어지는 강맥을 형성하게 되었다. 선암사에서는 침명 한성(枕溟翰醒) – 함명 태선(涵溟太先) – 경운 원기(擎雲元奇) – 금봉 병연(金峰秉演) – 철운 대순(鐵雲大淳)으로 이어져 일가를 이루게 되었으며 이 밖에도 여러 강사들이 출현하여 강맥을 이었다.

 이러한 선맥과 강맥의 전수로 조선 후기 조계종은 근대 불교의 서장을 여는

정신적 기반 역할을 하게 되었다. 그리고 이렇게 선맥과 강맥, 그리고 율맥이 이어진 데는 사찰계를 중심으로 한 경제적 기반은 물론 신앙적 기반이 형성되어 있었기 때문이다.

그러나 이렇게 선맥이 전승되었다고 해서 백파와 초의의 선 논쟁 외에 조선 후기의 선풍이 활발하게 전개된 것은 아니었다. 그것은 오랜 억불의 흐름 속에서 수행과 포교를 근간으로 하는 불교의 기능이 원활하지 못하였고, 더욱이 선 수행보다는 대중화된 염불신앙이 주류를 이루고 있었기 때문이다. 하지만 억불의 상황 속에서도 법등을 이으려는 고승들의 각고의 정진이 있었기에 법맥이 끊어지지 않았던 것이며, 이로 인해 근대에 이르러 경허, 용성의 등장으로 선맥이 다시 힘차게 흐르게 되었고 선풍이 새롭게 진작되어, 그것이 대한불교조계종의 출범으로 면면히 계승되었던 것이다.

찾아보기

찾아보기

3대 부동선문 158
3대 부동선원 160
4념처관 71
4무외대사 122, 127, 131, 158
9차제정 71

【가】
『가락국기』 40, 43
『가송』 261
『가송잡저』 224
가슬사 36-37
가야갑사 155
가야산 42-43, 48-49
『가야산정경』 43
가지사 175, 218, 235, 267
가지산문 86, 90, 92, 104, 108, 116-117, 129, 165, 170, 174-175, 212, 216, 219, 221-224, 241, 256-257, 266
각덕 37
각림사 277, 280
각미 285-286
각범 혜홍 176, 333
각성 328, 354-355, 368
각운 212, 291, 297, 299-300, 361-362
각원 225

각진 166, 215-219, 265
각휴 128
각흠 349
『간화결의론』 184, 187-188, 208, 356
간화선 170, 187, 203, 207-209, 211, 215, 217, 224, 228, 237-240, 243-246, 248-249, 251-253, 261, 263-265, 333, 339, 346, 358, 363-365, 367, 369
감로사 232, 274, 277
갑사 49
강서사 397
강승회 71
개경사 272, 280, 291
개돈사 172
개청 123-124
개태사 137
거덕사 42
거돈사 159
거조사 181-182, 184, 186-187
건봉사 353, 391
건자암 124
『게송육십칠품』 399
『게송잡저』 221
격외선 380, 382, 384, 398

격의불교 25
견등 48-49
견암사 274
『결사문』 181, 186, 190
결언 48
결응 146
겸익 30
『경덕전등록』 101-102, 129, 211, 236, 367
경란 164
경룡사 234
경보 119, 154, 156-157
경복사 277
경봉 401
경산 법흠 81, 103
경성 일성 286, 302
경송 언천 402
경열 347
경운 원기 402
경유 131, 158
경의 224
경일 368
경지 215
경질 121
경허 성우 401, 403
경헌 347-348, 362-363, 365
경호 217
『경훈기』 400

경흥 34, 51-52, 54-55
계당 316
계송 265-266
계월 285
『계정집』 291
계조 연진 257
『계초심학인문』 183-184, 209, 249-250
계환 173
고달사 120, 157-158
고달원 158
「고려국대장이안기」 226
『고려사』 166, 225, 275
고봉 독수 224
고봉 법장 219, 255-256, 268, 288, 396
고봉 원묘 239, 298, 358, 361-364, 367
『고봉어록』 298, 365
고산암 263
고암 일승 268
고암 천긍 268
고운사 392
『고존숙어록』 99
고행 300-301
곡산 도연 153, 157, 237
공부십절목 261
공안 211, 215, 236

공안염불 248
공암 조구 258, 272
공적영지심 192-195
관륵 30-31
『관무량수경』 57
『관불삼매경』 70
관상염불 248, 262
「관세음응험기」 31
관승 171
『관심론』 77
관음굴 274, 277, 280
관해 402
관혜 145
광명사 172, 221, 241, 267, 277
광암사 257, 266, 268
광조사 110, 127, 155
광지 174, 231
「광지대선사지인묘지명」 173
광휘 221
굉묵 216
굉소 216
굉연 255
굉훈 221
교관겸수 150-151
교외별전 247, 385
교장도감 152, 162

교종 111, 138, 141, 151, 154, 177, 184, 208, 276-277, 290-291, 309, 324, 350
교학 150, 159, 174, 176, 185, 188-189, 202, 205-206, 222, 246-247, 290, 318, 332, 338-339, 349-350, 352, 365-367, 378, 384, 392
교학불교 85-88, 94, 104, 106, 141, 153, 159-160
구곡 각운 218, 255, 257, 265-267, 286
구나발타라 72, 78
구마라집 24
구봉 도건 153
구산문 111-112, 114, 129
구산선문 106-108, 113-114, 116-117, 129-132, 177-178, 207, 215-228, 230, 234, 242, 251
구암사 378
구양수 168
구유식학 51
『구자무불성화간병론』 210-211, 237-238
구하 401

국계암 319
국신사 49
국청사 112, 139, 163
굴산사 123, 128, 156
궁예 56, 117
『권수정혜결사문』 181, 183-184, 186-187
귀법사 139, 146
귀산사 175
귀종 93
귀주사 391
귀진 57
규기 50-51, 149
규봉 종밀 83, 188, 192, 199, 151, 331, 356, 364-367
균여 49, 145-146, 149-150
『금강경』 32, 75, 78-79, 95-96, 98, 105, 183, 211, 281, 297, 367
『금강경설의』 292
『금강경소』 392
『금강경오가해해설의』 290
『금강반야경』 32, 76
『금강반야경의』 76
금강사 26, 174, 398
금강산 57, 294, 318-319, 324-325, 347-351, 353, 357, 397-398
『금강삼매경』 75
『금강삼매경론』 46
『금강하목』 394
『금광명경』 57
『금광명최승왕경』 44, 52
『금광명최승왕경소』 51
금대암 210
금봉 병연 402
금산사 55, 58, 149, 348, 392-393
『금산사사적』 227
금승절목 305
금파 행우 395
금화 유성 402
급암 종신 224, 226, 239, 361, 363
긍양 125-126, 154, 156, 158-160
『기신론』 49, 77, 150, 367
『기신론소』 46
『기신론소필삭기』 355
『기신사족』 394
기원사 35
기주 동산 74
길상사 182
길상암 220

길장 31
김대성 53
김룡사 391-392
김무상 82, 98
김시습 45, 286, 295-296, 302
김영 88
김정희 378, 383-384, 386, 391, 393, 397

【나】

나백 349
나옹법통설 362-363
나옹 혜근 209, 213, 219, 230, 237, 239, 255-263, 265, 255, 259, 268, 281, 284-285, 287-289, 347, 358, 360-363, 396
『나옹화상어록』 261
낙산사 47, 56, 274, 293
난원 146, 162
『남명집』 293
남복선원 120
남산종 273-274, 279
남악 행사 83
남악 혜사 31
남악 회양 80-82, 103-104,

107, 109-110, 235, 330, 380
남전 보원 82, 124, 153
남전 부목 219, 255-256, 290
남종사 111
남종선 78, 80-81, 86, 88-90, 94, 104-110, 112, 117, 126, 129, 132, 207
『남종정시비론』 97
낭월사 217
낭혜 무염 89, 115, 121-122, 128, 131-132, 154-156
내원당 223
내원암 301
내제석원 175
『내중불법혈맥보』 74
『능가경』 37, 70, 72-73, 105
『능가사자기』 72, 74
『능가인법지』 72
능가종 72, 78, 86-88
『능엄경』 56, 169-170, 212, 281, 288, 367
능인 48
능침사찰 272, 280

【다】
다륜 익진 402
다산초당 381
『다신전』 382
단속사 88, 108, 172-173, 227
단하 천연 83
달공 본적 268, 284
달마다라선경 70
달마종 78
『달마화상절관론』 76
담당국사 216
담무갈보살 57
담선법회 178-179, 181, 184
담시 25
담욱 30
담육 37
담진 165-168, 170, 172-174, 176, 237
담징 28
대각 회련 167, 169
대경 여엄 127
대교 367
『대교유망기』 394
대둔사 351, 353
『대반야경』 176

『대방광원각수다라요의경』 298
대선사 288
『대승기신론』 46, 98, 193, 330
『대승기신론동이약집』 49
『대승무생방편문』 77
대승사 391-392
『대승의림장』 50
『대승입도방편법문』 74
대안 59
대우 82
대웅 220
대원암 289
대원화상 61
대자암 280, 289
대장도감 223
『대장수지록』 221
대존암 301
대주 혜해 103
대지국사 267
대통 122, 154
대통사 30, 33
대통 신수 77, 76-77, 78-81
『대학』 295
『대혜서』 211

『대혜어록』 181, 183,
　　 187, 201, 298
대혜 종고 170, 203-204,
　　 207-208, 211, 298,
　　 358, 361-364, 367
『대화엄법계도주』 296
대흥사 267, 381, 392-394,
　　 399-400
「대흥사청허대사비명」
　　 353
「대흥사청허비」 359
덕린 164
덕산 선감 83
『덕이본 육조단경』 225-
　　 226
『도가귀감』 325
도갑사 295, 299-300
도건 122, 156
도경 173
도량사 58
도륜 51-52
도림 27
도문종 273-274
도봉 52
도봉원 158
『도서』 347, 351-352, 365-
　　 367
『도서사기』 394

도선 119, 300
도솔가 55
도승 156
『도신장』 47
도안 24-25, 351-352
도암 251
도연 곡산 126
도영 216
도윤 89, 124, 130
도읍 48
도의 86, 88, 90-95, 98-99,
　　 104-105, 108, 111,
　　 116-118, 127, 131,
　　 207, 219, 301
도인 155
도증 50-52, 122
도진 167-169
「도천수대비가」 56
도태 271
도현 29
돈오 79-80, 185, 190-193,
　　 196, 199-201, 205,
　　 208, 332
돈오돈수 79, 190, 236
돈오선 72
돈오점수 188-190, 192,
　　 200, 206-208, 238
동광 121, 157

『동국승니록』 399
『동다송』 382
동리사 316, 320
동리산문 116, 119
동백련사 212
『동사열전』 296, 364,
　　 399-400
동산법문 76
동산 양개 83, 120, 157,
　　 221
동산종 72, 74, 76, 78
『동시선』 400
『동안거사집』 225
동화사 58-59, 149, 353
두순 151
두인 326
득재 184, 187
득통 289
등계 360
등곡 학조 293

【마】
마곡 218
마곡 보철 121, 153
마곡사 389, 392
마라난타 30
마명 151
마조 도일 69, 81-82, 86,

88, 98-99, 101-104, 106-107, 120-121, 123-124, 153-154, 236
마하연 318, 398
만덕사 297
『만선동귀집』 158-159
만수암 299
만암 종헌 402
만우 266, 280-281, 291
만의사 258, 274
만일결사 178
만허 402
망덕사 53
『매월당집』 296
명곡 319
명관 37
명랑 45, 52, 54
『명수집』 400
명적 90-91
명조 349, 368
명회 251
명효 48-49
목암 찬영 255-257, 265-267, 283, 362
몽산 덕이 209, 217-218, 223-227, 237, 239, 262, 265-266, 364
『몽산서설』 227

몽산선풍 215, 217-218, 226-227, 237, 256, 262
『몽산어록』 365
몽암 명우 216
몽여 212, 214-215, 221
묘각왕사 299
묘구 217
묘길상암 298
묘련사 216, 224, 229
묘문암 220
『묘법연화경』 284
묘봉 284
묘부 225
묘지 225
묘향산 178, 301-302, 324-325, 345-348, 351, 353, 357
묘혜 225
『무구정광대다라니경』 52-53
무념무수설 94
무량사 219, 296
『무량수경』 27, 57
무량수사 154
무명승 61
무심합도 205, 207
무위사 127
무위진인 236, 239, 330

무의자시집』 210
무자공안 244
무자화두 203-204, 211, 217, 224, 232, 238
무준 사범 224
무학 자초 217, 239, 255-260, 262, 268, 271-272, 281-289, 319, 352, 360, 396
문수보살 39, 57, 91, 104, 220
문수사 301
『문수설반야경』 74
문암 399
미륵보살 35, 55-56, 58
미륵불 33, 35, 55-56
미륵불광사 32
「미륵불광사사적」 30
미륵사 32, 33
미륵삼부경 55
미륵선화 32, 35
미륵하생신앙 33, 35
미리사 49
미타산 53
「미타증성게」 57
민성 381
민장사 56
밀교 45, 49, 52

【바】

『박의기』 400
반룡사 26
반야바라밀 97
『반야심경』 33, 224
반야전 274
『반야참문』 290
『반주삼매경』 70
발정 30
배달다삼장 30
백고좌회 35-36
백련결사 178, 182
백련사 229, 268
백록원사 26
백률사 291
백암사 126, 304
백암 성총 284, 251, 354-355, 357, 392
백양사 378, 402
백엄사 157
백운 경한 209, 219, 230, 237, 239, 259, 262-265, 262
『백운화상어록』 263
백율사 54, 56
백장사 357
백장암 354

『백장청규』 82, 132, 249
백장 회해 69, 82, 91, 98, 218, 236, 249
백파 긍선 378-386, 402-403
백화 218
백화도량 47
「백화도량발원문」 47, 56
『범망경』 400
범어사 49, 388
범여 48-49
『범우고』 376
범일 89, 123-124, 128, 131, 156, 171, 215
범중엄 168
범체 48
범해 각안 393, 399-400
『범해선사유고』 400
『범해시고』 400
법견 342-343, 345, 347-348, 359
법경 경유 127, 148
『법계도』 48
『법계도기총수록』 47
법계연기 150
법랑 87, 125
법륭사 28, 29
『법보단경』 78, 95, 215,

217
법상 27
법상종 56, 140
법성 121
「법성게」 200
법안 문익 83, 158-159
법안종 83, 111, 126, 158-160, 164, 360, 366, 382
『법어약록』 226
법언 215
법왕사 137
법원대사 167
『법원의림장』 50
『법원주림』 390
법위 51
법융 48, 301
『법융기』 47-48
법웅대사 120
법장 47, 53, 145, 149, 151
법정 28
법주사 58-59, 149, 174, 299, 357, 390
법준 297, 366
법지 76
『법집별행록』 188
『법집별행록절요병입사기』 184

법천사 148, 394
법해 48-49, 54-78
『법화경』 30-31, 33, 56-57, 64, 70, 77, 212, 281, 294, 298, 365-367, 399
『법화경론술기』 50
『법화경별찬』 296
『법화현찬』 149
법흥사 124, 327, 342
벽계 정심 281, 286, 296
벽담 행인 396
「벽송당노적송」 297
「벽송당대사행적」 346, 358
「벽송당행적」 296
벽송 지엄 227, 281, 286
『벽암록』 211
변청우 215
별교일승 145
보감국사 226
보경사 223
보광사 218, 390
보단사 91
보당암 220
보덕 28
보리달마 69, 72-76, 78, 86, 88, 192, 249, 330, 380-381, 396
보리사 127, 155
보림사 49, 88, 90, 92-93, 104, 107-108, 116-117, 130, 132, 374, 394
보문사 180, 184, 186, 197, 398
보살계 53
『보살계본소』 50
보살행 99
보승 216
보양 128
보원사 145
보월 혜소 397, 399
보은사 272
보적 78, 87-88
보제사 172, 178-179, 181, 184, 186, 215, 257
『보제존자삼종가』 289
「보조국사체징비」 90
보조선 237
「보조선사영탑비명」 88
「보조선사창성탑비」 93
보조 지눌 110, 112, 117, 170, 177-218, 220, 222, 228, 237-238, 249-250, 252, 280, 290-291, 298, 339, 356-358, 360-361, 364-367, 396, 401
보조 체징 88, 92, 104, 107, 116-117
보종 58
보현보살 146
보현사 178, 302, 353
「보현사풍담대사비」 366
보현산사 123
「보현십원가」 146
보홍사 394
복구 216-219, 255-256, 265
복암 정혜 219, 255
복천사 292-293, 299
본정 104
봉림사 109, 121
봉림산문 86, 116, 118, 120
봉선사 272, 293, 298, 311-312
봉암사 88, 110, 125-126, 157-158
「봉암사지증대사적조탑비」 86, 90, 118
봉은사 143, 234, 311, 312, 313, 315, 316, 318-320, 341, 354,

392, 398
봉종대사 126
부견 23-24
『부모은중경』 374
부산 법원 167
부석사 46-49, 115, 119, 121, 146
부용 영관 286, 298-302, 324, 346-348, 353-354, 356, 360-361
부인사 222
부휴 선수 301, 328, 346-348, 351, 353-356, 366, 401
북종선 75-78, 80, 87-88, 109, 111, 121, 125-126
분사대장도감 220, 223
『분충서난록』 345
분황사 56
불각사 232
불갑사 392
『불거기』 213, 215
『불공견삭다라니경』 48
불광 여만 121
불국사 53, 60
『불설부모은중경』 376
『불씨잡변』 230, 290
불아사 392

불일사 139, 220
『불정존승다라니경』 62
『불조원류』 395
「불조종파도」 352, 396
『불조직지심체요절』 263
불지암 391
불타삼장 151
불호사 295
붓다가야 43
비로암 110
「비로암진공대사비」 90
비로자나불 47, 132
비마라사 49
비보사사 272, 273, 275

【사】
『사경지험기』 355
사교 367
사교입선 247, 252, 332-333, 338, 365
사굴산문 108, 116, 120, 123-124, 131, 165, 170, 174, 176, 179, 215-216, 220, 255-256
『사략기』 400
『사명당근원록』 350
『사비기』 400
「사산비명」 129

『사십이장경기』 400
사암 채영 348, 372, 393, 395-396
「사원사적비」 357
『사익경』 77
사일 374
사자산문 86, 116, 124-125, 130
사집 347, 351, 366-367
사찰계 378, 387-390
사천왕사 54
산림 221
「산중자락가」 234
살다라 61
『삼국사기』 23-24, 29-42
『삼국유사』 23, 30, 32, 35, 47
삼랑사 121, 157
삼론 28, 31
삼론종 101
삼문수업 182-183, 187-189
『삼문직지』 365
『삼봉집』 397
삼장사 217, 357
상무주암 181-182, 187, 201
상봉 정원 351

상부 283
상원 48
상원사 231, 274, 277, 292, 297, 299
상원암 253, 301
상월 새봉 393
상초암 298
상총 255-256, 280-281, 283, 290-291
서당 지장 86, 88, 91, 98, 102-104, 106-107, 116, 118-119, 153
서명사 51, 61
「서방가」 46
서봉 두옥 398
서봉사 277
서산 마애삼존불상 33
「서산비」 359
「서산비명」 358
『서역중화해동불조원류』 372, 395
서운사 128
『서장』 347, 363, 365, 367
『서장사기』 394
서혈원 126
「석가여래성도응화사적기실」 395
석광 255-256

석굴암 56, 60
석남사 267
석두 보탁 401
석두종 81, 83, 89
석두 희천 69, 81-83, 107, 153-154
석등대덕 121
『석문가례초』 368
『석문상의초』 368
『석보상절』 281
석상 경저 123, 126
석옥 청공 160, 224, 226, 232-233, 235, 238-240, 259, 262-263, 266, 361, 396
석왕사 274, 277, 287, 319, 357
『석원사림』 152
석인정 61
「석장비명」 360
석전 한영 251
석정소 61
석조 182
석충 59, 147
『선가귀감』 325, 364-365
『선교결』 325
선린 221
『선림승보전』 176

선림원지 132
『선무수경』 379
『선문강요집』 379
「선문규식」 132
『선문보장록』 90, 93-94, 237, 365
『선문사변만어』 378, 381, 382
『선문삼가염송집』 214
『선문수경』 378, 381, 384
『선문염송』 208, 210-212, 214, 238, 364, 367, 398
『선문염송사원』 221
『선문염송설화』 212
『선문오종강요』 352, 379, 384
『선문재정록』 385
『선문증정록』 384
선문청규 218
선봉사 110
「선봉사 대각국사비」 109, 112
선불교 85-86, 104, 169
선암사 172, 373, 392-393, 402
『선요』 239, 347, 358, 363-365, 367

『선요가욕경』 70
『선요사기』 394
선운 297
선원사 213-218, 220, 226, 255-256, 265
『선원소류』 384
『선원청규』 250, 368
선월사 220
선정쌍수 335
『선조실록』 327
선종 61, 107-109, 111-116, 118-119, 122, 128-129, 138, 141, 146, 151, 154, 159-161, 168, 177, 184, 201-202, 208-209, 239, 253, 268, 276-277, 279-280, 283, 286, 290-291, 309, 330, 341, 350, 363-364, 366-367, 381
『선행법상경』 70
선현 219
설두 유형 214, 384, 385, 386, 402
설봉 378
설봉 의존 83
『설선의』 325

「설송대사비명」 350
설암 조흠 224, 226, 363
설연 285
설유 처명 402
설은 298
설제 351-353
설파 상언 378, 394
『섭대승론』 37
성등사 274
성리학 230, 240, 352, 370
성민 291
성봉 397
『성실론』 37
성적등지 194
성주사 115, 121-122, 128, 156
성주산문 86, 116, 121-124, 131, 154
성준 302
성해 남거 401
세속오계 37
『세종실록』 294
세친 151
소룡 362
소림사 70, 73
소산 광인 120, 153, 156-157
소설암 234

소성거사 44, 59
『소요당집』 350
소요 태능 324-325, 342-343, 347-348, 350
소지 217
소현 148-149
『속고승전』 70, 72
속대암 398
속리사 235
속리산사 149
『속자치통감장편』 166
손도 25
송계선원 120
송광사 110, 177, 182, 208, 217, 255-256, 261, 277, 280, 283, 287, 290, 354, 356-357, 366, 390, 392, 395-396, 401
「송광사개창비」 356
『송광사사적』 216
송암 대원 399
「송운대사석장비명병서」 358
「송운대사행적」 359
수국암 298
수능 360, 362
『수능엄경』 169, 397

『수능엄경환해산보기』
    221
수덕사 31
수락사 295
수류사 288
수미 281, 292, 297, 299-
    300
수미산문 116, 126-127,
    155
수선사 182-184, 187, 189,
    208-210, 212-221, 226,
    229, 255-256, 266-267,
    280, 289, 361
수식관 71
『수심결』 184, 187, 190,
    192
『수심요론』 75
수연 354-355
수원사 32, 35
수일불이 74, 75
수자 266
수정사결사 178
수철 118-119
수초 333, 354-355, 357
수충사 345
순경 45, 50, 52
순도 23
순응 48

순지 128, 138, 154
숭교사 147-149
숭림사 392
숭인장로 298, 323-324
숭제 58
숭효사 277
『승가예의문』 349, 368
승과 140-141, 159, 172,
    179-180, 184
승랑 28
승량 122
『승만경』 37
승묵 299
승실 71
승업 48
승장 51-52
승전 47
승조 28, 71, 82, 101
승현 50
승형 171, 212
『시의선인』 246
시헌 378
시흥종 273-276, 279
식영 연감 256
식영암 255-256, 265
신경 123
신광사 263, 267, 274
신당 284

신돈 228, 235, 260
신라원 60
신륵사 261, 268, 310, 391
신림 48
신묵 347
신미 226, 281, 292-293,
    299
신방 50, 58
『신심명』 73-74, 330
신암사 277
신열 216, 326
신옹 301
신원 284
신유식학 51
신의 123-124
신인종 273-274
신정 216
신조 258-260
신종 124
『신증동국여지승람』 277,
    278, 376
신총 284, 300-301
『신편수륙의문』 224
『신편제종교장총록』 152,
    162
신행 87-88
신화 216
신흥사 128, 392

실법사 28
실상사 118, 120, 130, 132
실상산문 116, 118-119
실제사 35, 124
실학 378, 386
심광 122, 155-156
심묘사 121
심백 218
『심법요초』 325
심지 59
심충 125
심희 120-121, 157
『십구장』 48
『십륜경초』 50
『십문화쟁론』 46, 252
『십이문다라니경소』 52
『십일면경소』 50
『십일면신주심경소』 52
『십지경론』 309
『십현담요해』 296
쌍계사 90, 109, 128, 131, 353
쌍계산문 128
쌍림사 297
쌍봉 도신 47, 72, 74-78, 86-88, 125
쌍봉사 124, 128, 169, 174, 215

쌍언 349
쌍운 347
쌍홀 359

【아】

아도 23-24
『아미타경』 56
아미타불 46, 57
아비지 33
아스카문화 34
안락사 125
『안반수의경』 70
안봉사 119
안세고 70
안심법문 74
안심사 392
안암사 305
안적사 172
안진 217
안홍 37
안화사 175
앙산 징허 122
앙산 혜적 82, 154
야원 48
『약사본원경소』 31
약산 유엄 83
약휴 371
『양고승전』 25, 70

양부 126, 157
양산사 235, 237
양정사 301
억성사 92, 117
억정사 267
언기 325, 347-349, 351-352, 359, 365-366
언하변오 79
여근 251
여래선 379-380, 382, 384-385
『여래장경사기』 37
『여래장경소』 37
여래청정선 101
여말삼사 219, 255, 259, 265
여엄 122, 131, 154-155, 157
『여지도서』 376
여해 156
여현 166
연경사 272, 274
연곡 378
연곡사 223, 301, 348
연기 48-49
연담(淵湛) 171
연담 유일 380, 393, 395, 402

『연담대사임하록』 394
『연담집』 395
연등회 138, 142-144
연묘 164
연복사 215, 257, 266, 277
연온 267
연초 350
연화장세계 47
연희 298, 300, 346
『열반경』 28, 31, 33, 37, 212, 330, 351, 398-399
『열반경의기』 31
염거 88, 92, 107, 117
염관 제안 123, 153
염불 98, 159, 188, 190, 205-206, 248-249, 262, 335-36, 339, 351, 355, 365-366, 403
염불만일회 57
염불선 76, 244, 252
『염불요문』 184
『염송』 291, 309
『염송착병』 394
염정불이 79-80
염화시중 331
영각사 122
영감 158
영감암 289

영규 326, 342
영녕사 240
영명 연수 158-160, 360, 366
영수 58
영신사 155
영심 58-59
영암 266
영암사 159
영원 122
영원사 261
『영월당집』 366
『영월대사문집』 348
영인 51
영준 159-160
영지정사 298
영탑사 26
영통사 146, 277
『영허집』 347
영혜 117
영호 정호 402
『오가해』 292
오대산 39, 53, 57, 91, 104-105, 124, 178, 289, 292, 294, 297-298, 324
오룡사 127
『오문선요경』 70

오색석사 121
오어사 220
『오종성의』 50
오진 48
옥룡사 119, 156
옥정 297
옥천사 49, 326
옥형 328
와월당 216
완공 승찬 72-74, 78, 86
완성 402
완호 윤우 381, 393
왕륜사 137, 149
왕안석 167
『왕오천축국전』 60
왕후사 41
왕흥사 32-33
요암 원명 225
요연 260
요오선사 138
용담 380
용담 숭신 83
용문사 283, 287-288, 302, 318, 353
용문암 378
용문 장공 268
용성 진종 401, 403
용수 151

용암사 128
용장사 55, 295
『용재총화』 293-294
용주사 372, 374-377
용천사 218, 220
용추사 301
용화향도 35
우담 385
우두 법융 76, 82, 233
우두종 76, 81, 83
우정 328
운개 지원 153, 155
운거 399
운거 도응 117, 127, 153, 155, 157-158,
운문 문언 83, 383
운문사 128, 175, 220-221, 223, 267, 302
운문암 378
운문종 83, 111, 169, 214, 380, 382-383
운봉사 397
『운수단』 325
운암 담성 83
운오 280
운해사 220
운허 용하 402
운흥사 217, 381

『원각경』 212, 232, 246, 324, 351, 356-357
『원각경사기』 394
『원각경소』 216, 290
원각사 281, 296, 299, 305, 309
『원각현판』 366
원각회 165
원감 충지 216
원감 현욱 118, 120
원경 충조 221
원광 36-37
원교국사 151
원규 218, 265
『원돈성불론』 184, 187-188, 197, 200
원랑 대통 124
원명국사 175, 217
원묘 요세 182
원오(圓悟)법사 298
원오 극근 362
원오 천영 212, 214-218
「원왕생가」 57
원응 학일 164-165, 170, 219, 221
원적암 325
원정국사 215
『원종문류』 152

『원종문류집해』 152
원종 찬유 121
원준 349
원진국사 294
원철 366
원측 51, 55
『원통기』 47
원표 48-49, 54
원효 44-46, 51-52, 55, 57, 59, 149, 151, 252
월광사 42, 122
월남사 267
월명 54-55, 57
『월인석보』 281, 292
『월인천강지곡』 281
월저 도안 395-396
월정사 124, 293
월창 의침 292
월하 계오 393
월화 성찬 398
위봉 300-391
위산 영우 82
위앙종 82, 128, 154, 380, 382-383
『유가귀감』 325
『유가론』 44, 51, 56
『유가론기』 51
『유가사지론』 50

유가종 56, 140-141, 147-
149, 152, 161-163,
224, 229, 273
유교 115, 290
『유교경기』 400
『유기론의림』 31
유마거사 97
『유마경』 33, 70-71, 77,
97-99, 101, 105
『유석질의론』 290, 300
『유식술기』 149
유식학 34, 45, 50-52, 56,
147, 150
유점사 110, 266, 274,
293, 325, 353, 397
유정 315, 322, 324-327,
341-343, 345, 347-351,
353, 358-360, 366
유창 231
유형 378
『육도보설』 226
육륜회 58
육왕 개심 173
『육조단경』 78-80, 180,
183, 187, 197, 225
『육조단경발문』 184
『육조대사법보단경』 226
『윤관』 290

윤다 119
율봉 청고 398
융체 121
은선암 319
『은적사사적』 400
음광 118
응상 349, 351, 354, 359
응수 173
응연 52
응준 357
응화 399
의리선 379-380, 382, 384-
385
의림사 172
의변 302
의빈 51
의상 45-49, 52, 54, 56-57,
145-146, 151, 199
의심 351-353, 366
의엄 342
의연 27
의영 31, 51
의적 48, 50, 52, 55
의지 46
의천 45, 111-112, 146, 149-
152, 162-165, 168,
175, 252
의초 117

의침 292
의흠 349
이능화 254
이불란사 24, 26
이색 230, 268, 291
이순 54
이승휴 225
이엄 126-127, 131, 154-
155, 157
『이입사행론』 73-74
이자현 169-171
이제 361
이제선 235
이제종 396
이천보 350
이통현 180, 183, 187, 197
이현보 298
익륜 257, 269
익장 110
익종 164
인각사 110, 221, 223, 241
「인동선봉사대각국사비」
164
인명학 52
인법사 28
인오 342-343, 347, 353,
365
『인왕반야경』 57

인왕사 282
인일 216
인주 298
인준 326
인홍사 220
인홍사 220
『일본서기』 29-30, 42
일선 298-302, 324-325, 344, 346-348, 365
일성개불설 51
일승 257
「일승발원문」 47
일연 158, 175, 213, 216, 219-224, 226, 229, 241
일운 204
일인 216
일정 302
일지암 381, 382
일진 298
일행삼매 74-75, 77, 79, 97
임제 의현 82, 98, 235, 236, 238, 263, 330, 360, 362-363, 379, 382-383
임제선 168, 170, 173, 230, 233, 236-240, 259, 301, 379, 386

임제선풍 265-266, 280, 287, 302
임제종 82, 167-168, 173, 209, 214, 224, 228, 239, 254, 262, 351, 358, 361-364, 380, 382-383

【자】

자각 도영 215-216
자복사 273-275, 279
자비 294
자앙 173
자운 328
자원 216-217
자은종 273-276, 279
자인 122, 124
자인국사 215
자장 38-39
자정 일인 215-216
자진 216
자행 399
「잡화삼매가」 247
장경 회휘 120, 153
장담사 124
장순 155
장안사 277, 280, 298, 318, 398

장원심 293-294
장유사 41
장의사 305
장인사 298
『장자』 318
장흥사 302
재봉 398
재웅 61
재조대장경 223
『전등록』 99, 267, 291, 309, 324
전륜성왕 26, 32-35, 54, 56, 61
『전법보기』 78
전인 121
전장법회 218-219
절간 익륜 268
『절관론』 76
절관망수 76
『절요』 184, 188, 195, 199, 200-201, 204-205, 208, 347, 351-352, 365
『절요사기』 365, 367, 394
절중 124-125
점개 58
점수 80, 185, 191-193, 196, 199-201, 208, 332, 365, 367

점오선 72
『점찰경』 57-58, 178
점찰교법 58, 59
점찰법회 36, 57-59
점찰보 36
『점찰선악업보경』 58
점찰회 35-36, 58
정각 72
정각국사 214
정곡사 277, 280
정도전 230
정릉사 26
정림사 220, 222
정심 297-300346-347, 353, 358, 361
정안 216
정약용 381, 393
정양사 277
정업원 305-306, 309
정오 224
정원(淨圓) 150-151
정원(淨源) 301
정인 도진 167-168, 171
정인사 272
정중 무상 106
정중종 98
정지국사 288
정진국사 237

정토교 248
『정토보서』 355
정토사 110, 156, 218-219
정현 148
정혜 218, 356
정혜결사 177-178, 181-184, 188-189, 206, 208-209, 252, 378
정혜국사 218-219, 255, 266
정혜쌍수 184-187, 189, 193-194, 201, 208, 252
『제경회요』 394
「제망매가」 57
제석사 32
『제승법수』 221
『제월당집』 347, 363
『조계고승전』 216-217
조계보림사 107
조계산 91, 106, 112, 182
조계업 108-110
조계종 90, 104, 106, 107-112, 117, 133, 140-141, 153, 158, 160-161, 164-166, 170, 173-175, 177, 207-209, 215, 219, 229, 235, 251, 254, 259-260,

271-276, 279-282, 290-291, 298, 401-403
조계 혜능 69, 72, 75-76, 78-81, 91, 94-96, 98, 104-112, 117, 128, 132235, 266, 330, 336, 380, 396
조광 362
『조당집』 90, 100, 102, 129
조동선 168, 214
『조동오위』 158, 221-222
『조동오위현결』 221
조동종 83, 111, 157-158, 214, 221, 380, 382-383
조림 282
조문발 217
조사선 69, 78-79, 81, 91, 104-106, 131, 133, 235-236, 247-248, 264-265, 338-339, 365, 378-380, 382, 384-385
조산 본적 83, 221
조생 282
『조선불교통사』 237, 254
『조선왕조실록』 285
조우 300, 302
조운 221, 301

조원 171
조응 169, 171
조이 265
『조정사원』 221
조주 82, 203, 244
조징 298
『조파도』 221, 287, 396
졸암 연온 218, 255, 257
『종경록』 158-159, 201
『종문십규론』 159
『종문원상집』 214
「종봉영당기」 351, 359
종안 280-281
종파불교 163, 165
종헌 215
종휘 110, 179
좌선간심 75
『좌선삼매경』 70
『주금강반야경』 76
『주서』 29
『주역』 92, 318
주인 288
주자가례 368-369
죽간 굉연 256, 268
죽암묘인 224
준범 87-88, 125
중관 해안 227
중도종 273-274

중생사 56
중신종 273, 275-276
중언 128
『중용』 92, 295
중인 280-281
『중편염송사원』 224
『중편조동오위』 158, 220-222
중흥사 232, 234, 266-267, 295
『증도가』 262
증효대사 124
지겸 214, 221
지공 88, 125, 257-262, 268, 284, 287, 289, 361
지관쌍수 252
지도림 24-25
지력사 127
『지론』 291
지론종 27, 151
지륵사 174
지명 37
지목 218
지부 218
지선 81
지실사 118
지안 350, 352-353, 379

지엄 45-46, 48, 76, 145, 151, 297-302, 346-348, 353, 358, 360-362, 364, 367
지원 93
지위 76
지의 28, 54
지인 50, 169, 171, 173-174
지자대사 164
지장 99
지장보살 58
지종 126, 159-160
지증 도헌 87-88, 125-127, 157
「지증대사적조탑비」 91
지천 256, 285, 288, 396
지통 47-48
『지통기』 47
지혜 36
지황 28
『직주도덕경』 227
직지사 293, 302, 347, 392
『진각국사어록』 210
진각 혜심 208, 210-216, 237-238, 280, 290, 350, 364, 367
진감 혜소 88, 109, 111,

126, 128, 131
「진감국사비」 90
진강 216
진경 심희 120
진공 110
진관사 274, 280, 285
진구사 128
진기 298, 301
진명국사 212, 215-216
『진보기』 400
진불암 399
진산 262, 286, 289
진선 59
『진수기』 47
『진심직설』 184
진언 355-356
『진업집』 298
진일 368
진자 32, 35
진장 48, 175
진적 216
진전사 88, 92, 105, 117, 132, 220
진전사원 272
진정 48, 364
진철 110
진표 53-56, 58-59, 147
진하 378

진해 59
진호 251
질웅 48
징관 101, 150-151, 355, 366
징광사 353, 392
징엄 175

【차】
찬유 154, 157-160
『참동계』 83
『참선명』 244
창운 146
창주 신감 128, 153
처광 155
처능 345, 355-356
처영 326-328, 342-343, 347
처적 81
천관산 57
천동 214
『천봉집』 292
천수사 139
천영 212, 214-218
천왕사 157
천은사 389
『천지팔양신주경』 399
천책 90, 93, 212, 237

천태 덕소 158
천태법사종 273
『천태사교』 366
천태소자종 273
천태종 31, 64, 101, 111-112, 141, 163-165, 175, 216, 224, 229, 237, 252, 258-260, 272, 274-276, 279, 282
천태학 150
천통 156
천황 도오 83
천희 219, 260
철감 도윤 124
철산 소경 218, 225-227, 256
철운 대순 402
철호 조선 282-283, 285, 268, 286
청간 348
청계사 258, 282, 392
청담사 50
「청도운문사원응국사비」 175
청량사 392
청량암 288
청룡사 268
『청매집』 347

청분 221
청원사 180, 184, 186, 197
청원 행사 80-82, 107, 110, 127, 153-154, 380
청진국사 212, 214
청평사 315, 320
청학 348, 365-367
『청허당집』 325, 351, 359
「청허당집서」 358-359
「청허당행장」 359
청허 휴정 254, 266, 286, 296-298, 300-302, 315, 323-349, 351-353, 358-367, 393, 396, 399, 401
체선사 128
체정 394
체진 59
초문사 24, 26
『초암가』 83
『초의선과』 382
초의 의순 378, 381-386, 393, 399, 402-403
초조대장경 222
총경 123
총남종 275
총림회 169
총지종 273-274, 276, 279

총통 297
『최상승론』 75
최치운 295
최치원 42, 86, 91, 129-130
추붕 352-353
축도생 71
축법심 25
축원 지천 268
축원 진하 385-386
충감 217-219, 226, 256
충담(忠湛) 154-156
충담(忠談) 54, 55
충언 347, 366
충탄 224
취암사 263
취운 도진 402
측천무후 74, 81
『치문』 251
『치문경훈』 244, 249-251, 355, 365
『치문보훈』 251
『칙수백장청규』 209, 244, 249-251
칠불사 357
칠불암 354
칠장사 148
『칠처구회품목지도』 355

침명 한성 402
칭명염불 248, 262

【타】
탁연 212, 215
탄문 145, 153
탄연 108, 171-174
탄헌 347
『탐현기』 47
태고법통설 357-359, 361-364, 369, 395
태고 보우 170, 209, 218-219, 226, 228, 230-235, 237-238, 243-259, 260, 262-263, 265-268, 280-281, 283
「태고보우행장」 231
태고암 232
『태고화상어록』 243, 245-246, 248
태안사 119, 127
『태종실록』 284
태현 52, 54-55, 149
「태현법사의기서」 52
「태현법사행장록」 52
태호 399
『통감기』 400
통도사 397, 401

『통백론』 349
퇴경 덕령 224
「투사례」 47
투자 대동 153, 157
티베트불교 51

【파】
파사석탑 40
팔관회 35-36
팔만대장경 223
편양 350
편운 119
평산 처림 224, 259-260, 360-361, 363, 396
표원 48-49
표충사 343, 345
표훈 48, 54
표훈사 274, 301, 318, 325, 391
풍담 393
풍류도 34-35

【하】
하의 정지 399
하택 신회 80-81, 94, 97-98, 105, 284
하택종 81
학매 301

학명 계종 402
학열 281, 292-293, 297
학일 164-165, 175-176, 219, 221
학조 281, 292-293
한성 384
한암 399
한암 보환 221
함명 태선 393, 402
함허 기화 227, 262, 286, 289, 292, 296, 360
『함허화상어록』 290
『해동고승전』 30, 399-400
「해동고신행사비」 87
『해동불조원류』 217, 226, 291, 296, 348, 364, 396
해린 148
해산 301-302
해선 285
해안 342-343, 347, 359
해안사 148-149
해인사 42, 48-49, 146, 163, 293, 348, 354, 357, 391-392, 394
『해인삼매도』 48-49
『해인삼매론』 48

해일 347
행겸 293
행근 121
행달 51
행밀 173
행적 123
행호 280
향도 140, 387
향수사 175
허균 349, 351, 358-361
허당 지우 224
『허응당집』 315, 318-319, 321-322
허응 보우 311-322, 351, 358, 361-362, 365, 396
허종 297
혁련정 146
현광 31
현등사 398
현린 265
현범 51
현변 347
현사 사비 83
현색 72
현암사 288
현영 122
현욱 89, 127
현일 51

현장 50-51, 149
『현정론』 227, 290
『현종기』 97
현준 48
현화사 139, 147-149
현휘 122, 154, 156
형미 117, 127, 131, 158
형초 159
혜가 72-74, 78, 86, 381
혜각국사 217
「혜각국사비」 217
혜각 신미 292
혜각존자 292
혜감 만항 208, 216-219, 224, 226, 237
혜감선사 343
혜거 158, 160
혜경 51
혜공 59
혜관 29
혜광 151
혜구 359
혜량 27, 35
혜린 182
혜림 221
혜문 71
혜방 76
혜숙 59

혜안 봉수 402
혜암 380
혜여 221
혜영 224
혜운 128
혜원 178
혜은 87-88, 125
혜인 30
혜자 28
혜조 담진 128, 165-170, 216
혜징 298, 301
혜철 86, 88, 119, 127
혜초 60
혜총 34
혜충 76
혜통 52, 54
혜편 28
혜하 221
혜함 175
혜현 31
호계사 40
호의 시오 399
호장사 274
혼구 223-226
혼수 256-257, 260, 265-266, 268, 281, 283, 291, 361-362

혼원 214-216
혼원 세원 393
홍기 384
홍림 124
홍원 212
홍원사 139, 146, 151, 165
홍주종 81-82, 86, 88-89, 101, 105-106, 115
홍진국사 218-219, 255
홍척 86, 88, 118-119, 127
홍혜국사 268
화담 경화 393, 397-399
화두 188, 202-205, 211, 220, 232, 235, 238-239, 244, 247-248, 263, 333-334, 365
「화산용주사봉불기복게」 376
화악 지탁 393, 397-399
화양사 398
『화엄경』 30, 47-49, 52, 56-57, 70, 77, 101, 121, 145-146, 162, 179-180, 187, 212, 247, 309, 324, 330, 351-352, 355-356, 365, 367, 385, 394, 398-400
『화엄경개종결의』 49

『화엄경문의요결문답』 49
『화엄경사기』 394
『화엄경소』 46, 150
『화엄경소초』 355
『화엄경요결』 49
『화엄경합론』 180, 390
화엄교학 46-48, 77, 131
『화엄론』 180, 183, 186-187, 197-198
『화엄론절요』 184, 187
화엄사 49, 146, 277, 280, 348, 357, 392
『화엄사사적』 227
『화엄석제』 296
화엄선 247, 249, 252
『화엄신중경』 146
화엄십찰 49
『화엄일승법계도』 47
『화엄일승성불묘의』 49
화엄종 49, 52, 82, 93-94, 101, 105-106, 111, 114-115, 140-141, 144-146, 148-155, 161-162, 219, 229, 260, 273-276, 280, 283, 292
화엄학 45, 47, 111, 150-151, 154-155, 159, 187

『화엄현담』 392
화장사 214
화쟁국사 151
화쟁사상 44, 45
확심 152
환산 정응 224
환성 지안 393, 401-402
환암 혼수 213, 255, 265
환주 지현 251
활구 333, 334, 339-340
활행 156
황룡사 35-36, 38-39, 49, 137
황매 홍인 72, 74-78, 80-81, 106, 336
황벽 희운 82, 98, 236
황복사 47
회련 169
회백 363
회암사 231, 255, 257, 260-262, 268, 274, 280, 282-283, 285, 287, 289, 292, 317, 319
『회현기』 355
효돈 171
효봉 학눌 401
효정 224

훈선 121
훈요십조 138, 142
혼정 155
혼홍 121, 157
홍교사 277, 280
홍국사 397
홍녕사 125
홍녕선원 124
홍덕사 275-277, 280, 298, 306
홍룡사 280
홍륜사 35-36, 51, 58
홍법사 156
홍성사 263
홍왕사 139, 146, 152, 162-163
홍용사 277
홍천사 274-277, 280-283, 285-286, 290, 292, 294, 306, 392
희랑 48, 145
희명 56
희법사 298
희양산문 116, 125-126, 157, 212
희양원 158

지도 위원

無比스님
전 교육원장

法山스님
동국대학교 교수, 조계종 고시위원회 위원장

金相鉉
동국대학교 교수

연구 및 집필

宗浩스님
동국대 선학과 박사과정 수료, 문학박사, 동국대 교수

承垣스님
동국대 불교학과 박사과정 수료, 중앙승가대학교 강사

曉坦스님
동국대 사학과 박사과정 수료, 문학박사, 동국대 강사

金相鉉
동국대 사학과 박사과정 수료, 문학박사, 동국대 교수

金相永
동국대 사학과 박사과정 수료, 중앙승가대학교 불교학과 교수

曺凡煥
서강대 사학과 박사과정 수료, 문학박사, 서강대 연구교수

車次錫
동국대 불교학과 박사과정 수료, 문학박사, 동국대 강사

崔鈆植
서울대 사학과 박사과정 수료, 문학박사, 서울대 강사

黃仁奎
동국대 사학과 박사과정 수료, 문학박사, 동국대 강사

韓相吉
동국대 사학과 박사과정 수료, 문학박사, 동국대 강사

金邦龍
원광대학교 불교학과 박사과정 수료, 철학박사, 원광대 강사

金龍泰
서울대 사학과 박사과정 재학

● 대한불교조계종 교육원 소임자

교육원장 | 청 화　　교육부장 | 정 산　　불학연구소장 |
교육국장 | 효 범　　연수국장 | 재 현　　불학연구소 사무국장 | 희 경
교육차장 | 전형근　　연구과장 | 고명석　　교육과장 | 이상봉
교육계장 | 전창훈　　연수주임 | 김영환
사원 | 박주현 · 손보라 · 명훈제 · 김영진 · 최은미

● 교육원 위원회

교육위원회
　　　　향적　계성　법산　정인　지환　해월　현응　지형　능허

교재편찬위원회
　　　　무관　지오　지현　지욱　진원　현진　용학　본각　일진

역경위원회
　　　　지안　혜남　학담　법장　법진　원철　해강　해주　혜원

曹溪宗史 고중세편

초판 1쇄 | 2004년 5월 31일
초판 2쇄 | 2012년 9월 20일

편 찬 | 대한불교조계종 교육원 불학연구소
발 행 | 대한불교조계종 교육원

편집 · 제작 | (주)조계종출판사
주 소 | 서울시 종로구 견지동 13번지 대한불교조계종 전법회관 7층
전 화 | (02)720~6107~9
팩 스 | (02)733~6708

ISBN 89-86821-27-3

값 15,000원